AF548270

DAS KULTURELLE GEDÄCHTNIS
ASTV NON VI
VERLAG

Max
Hachenburg

KOLUMNEN IN DER
DEUTSCHEN
JURISTEN-ZEITUNG
1918–1933

WIE EINE RIESENWOGE RAUSCHT DAS SCHICKSAL AUF UNS ZU

*AUSGEWÄHLT UND
KOMMENTIERT VON*

*Ulrich Krüger und
Benjamin Lahusen*

Inhalt

Vorwort

„*Rundschauen* ist fast unmöglich, wenn der Boden unter unseren Füßen wankt.“ Mit diesen Worten beginnt Max Hachenburg im Dezemberheft des Jahres 1918 seine Kolumne, die er unter dem Titel „Juristische Rundschau“ über Jahrzehnte hinweg in der Deutschen Juristen-Zeitung veröffentlichte.

Am 1. April 1912 hatte er die Rubrik übernommen, und bald schon gehörten seine Meinungsberichte zu den meistgelesenen und -diskutierten juristischen und rechtspolitischen Debattenbeiträgen seiner Zeit. Er selbst berichtete später stolz, ihm würden immer wieder Minister, Richter und Rechtsanwälte erzählen, dass sie in jeder neuen Ausgabe der DJZ zuerst die Rundschau läsen, mitunter sogar ausschließlich diese. Was Hachenburg schrieb, hatte Gewicht.

Das Recht war ihm dabei der feste Boden, der Grund, von dem aus sich „rundschauen“ ließ, um die Leser über die Gesellschaft und ihre juristischen Bedürfnisse zu informieren. Doch 1918 war dieser Boden erheblich ins Wanken geraten. Der Krieg war verloren, der Kaiser dankte ab und die Revolution fegte die Monarchie hinweg. Aber Hachenburg blieb auch in unruhigen Zeiten ein besonnener Beobachter und Chronist und nahm vom juristischen Standpunkt aus das Entstehen der Republik, ihre Erfolge und vor allem: ihre Krisen in den Blick. Er kommentierte, ordnete ein und erklärte ohne Unterlass die fundamentalen und weniger wichtigen Ereignisse, bis die nächste, noch weitaus folgenreichere geschichtliche Zäsur Deutschland und bald schon die ganze

Welt erfasste. Im Dezember 1933 erschien Hachenburgs letzte Kolumne. Wer war dieser Max Hachenburg, der so umfassend den „Rechtsalltag“ der Weimarer Republik kommentierte?

Max Hachenburg

Max Hachenburg, geboren am 1. Oktober 1860 in Mannheim, entstammte einer angesehenen jüdischen Kaufmannsfamilie. Sein Vater Heinrich arbeitete als Makler an der Börse, seine Mutter Johanna war die Tochter des Rabbiners Elias Präger und die Schwester von Moses Präger, der als Rabbiner der Mannheimer Gemeinde und Verfasser von Gebetsbüchern und Erbauungstexten noch bekannter war als sein Vater.

Nach seiner Schulzeit in Mannheim studierte Hachenburg Rechtswissenschaften in Heidelberg, Leipzig und Straßburg. 1882, unmittelbar nach dem Examen, wurde er, wie damals in Heidelberg üblich, ohne Dissertation promoviert, 1885 erhielt er in Mannheim seine Zulassung als Rechtsanwalt.

Hachenburg wurde bald zu einem überaus erfolgreichen Anwalt, Publizisten und Funktionär. Seit 1887 veröffentlichte er zu einem breit angelegten juristischen Themenspektrum: Zuerst eine annotierte Ausgabe des (damals geltenden) badischen Landrechts, ein Jahr später eine Darstellung des Gewährleistungsrechts beim Tierhandel, kurz darauf eine knappe Studie über „Die besondere Streitgenossenschaft“. Ab 1889 widmete er sich in einer ganzen Serie von Untersuchungen dem neuen Bürgerlichen Gesetzbuch, bis er sich dann 1899 vor allem dem Handels- und Gesellschaftsrecht verschrieb. Gemeinsam mit dem Richter Adelbert Düringer, mit dem ihn eine enge Freundschaft verband, veröffentlichte er einen mehrbändigen Kommentar zum eben erst in Kraft getretenen Handelsgesetzbuch. 1906 schließlich übernahm er die große Kommentierung des GmbH-Gesetzes von Hermann Staub, einem der damals renommiertesten Gesellschaftsrechtler des Reiches. Beides wurde ein durchschlagender publizistischer Erfolg und brachte den Autoren große Anerkennung ein, sowohl von Seiten der Wissenschaft als auch von praktizierenden Juristen. Hachenburg wurde im Wirtschaftsrecht einer der produktivsten juristischen Autoren der Wilhelminischen Ära und später auch Mitherausgeber der beiden bedeutendsten juristischen Fachzeitschriften, der Juristischen Wochenschrift und eben der Deutschen Juristen-Zeitung.

Einen Ruf als ordentlicher Professor für Wirtschaftsrecht an die Universität Bonn lehnte er 1917 ab. Er blieb lieber Rechtsanwalt in Mannheim und engagierte sich in der Standesvertretung seiner Zunft. Zunächst im Vorstand der badischen Anwaltskammer und des Mannheimer Anwaltsvereins, ab 1907 dann als Vorstandsmitglied im Deutschen Anwaltsverein, bis er schließlich Deputierter des altehrwürdigen Deutschen Juristentages wurde. Für den Deutschen Anwaltsverein nahm Hachenburg ab 1920 für mehrere Jahre das Mandat im vorläufigen Reichswirtschaftsrat wahr und kam so in die unmittelbare Nähe der Politik, obwohl er sich selbst nicht als politischen Menschen sah, sondern eher als „Vernunftrepublikaner“ einordnete. Aus vielen seiner Kolumnen lässt sich die intime Kenntnis der politischen Verhältnisse und ihrer Protagonisten ablesen. Hachenburg war nun ein einflussreicher Mann. Als Anwalt äußerst erfolgreich und angesehen, erhielt er 1930 die Ehrendoktorwürde der Universität Heidelberg und im gleichen Jahr die goldene Ehrennadel der Stadt Mannheim, 1932 dann den Dr. h. c. der Wirtschaftshochschule Mannheim.

Mit der ‚Machtergreifung' der Nationalsozialisten im Januar 1933 setzte die Herabwürdigung und Verfolgung der Juden in Deutschland ein. Dass sogar ihr Leben bedroht war, wird Hachenburg, wie so viele andere, wohl erst während der Novemberpogrome 1938 wirklich begriffen haben, als seine Kanzlei und Wohnung verwüstet und sein Sohn Hans kurzzeitig inhaftiert wurde. Hachenburg – dessen Frau bereits 1933 verstorben war – konnte 1939 über die Schweiz nach England fliehen. Er folgte dorthin seinem Sohn Hans, dessen Ehefrau Hildegard und deren Adoptivsohn Ulrich (der sich später Roger William Harrison nannte). Aber ein Großteil seiner Familie fiel dem Holocaust zum Opfer. Seiner chronisch kranken Tochter Liesel wurde die Emigration verweigert; sie wurde 1943 im Konzentrationslager Auschwitz ermordet. Hachenburgs zweite Tochter Margarete, die mit Fritz Bing verheiratet gewesen ist – Bing war Hachenburgs Kanzlei-Sozius und von April 1931 bis April 1933 auch Ko-Autor seiner Kolumnen in der DJZ – hatte zwar gemeinsam mit ihren Kindern Heinz Wolfgang und Albert Felix 1934 den Sprung ins holländische Exil geschafft, dort aber wurden sie 1942 inhaftiert, nach Auschwitz deportiert und ermordet. Nur Margaretes ältester Sohn Helmut, der später seinen Namen in Jean Michel Bing Fromont änderte, entging als Student in Frankreich der Judenverfolgung und rettete sich 1943 in die Schweiz.

Kleen

Hachenburg, der sich 1946 in den USA niederließ, hat seine Trauer über die Ermordung seiner Familienmitglieder und seine seelischen Verletzungen nie öffentlich gemacht. Der berühmte Rechtswissenschaftler Gustav Radbruch, während der Weimarer Republik zeitweilig auch Justizminister, schrieb Hachenburg 1948 nach Berkeley, ob er nicht seine 1927 veröffentlichten „Lebenserinnerungen eines Rechtsanwalts" fortschreiben könne, vor allem mit Blick auf die Erfahrungen seit 1933. „Es würde gewiss", versprach sich Radbruch von dem erbetenen Bericht, „ein zugleich weltweises und gefühlstiefes Buch werden und ohne dass Sie dies auszusprechen brauchten, ein Dokument der Schuld und des Unheils, gerade weil Sie darüber ohne blinden Hass, vielmehr mit der Ihnen angeborenen Gerechtigkeit und Besonnenheit schreiben würden". Hachenburg lehnte ab. Obwohl er auch in hohem Alter weiter in Deutschland publizierte, sah er sich dieser Aufgabe nicht gewachsen: „... ich halte mich nicht für fähig, die Zeit seit 1933 zu schildern. Ich müßte meine eigenen Erlebnisse behandeln. Die sind aber so schmerzlich, daß ich nicht darüber sprechen mag, am wenigsten vor der breiten Öffentlichkeit." Am 23. November 1951 starb Max Hachenburg im Exil.

Die „Juristische Rundschau“ der Deutschen Juristen-Zeitung

Die DJZ war bis 1933 die meistgelesene juristische Fachzeitung in Deutschland. Fachzeitschriften werden zumeist nur aus Pflicht, nicht aber mit Vergnügen gelesen. Das war bei der Deutschen Juristen-Zeitung von Anfang an anders, weil ihr Verleger Otto Liebmann dem 1896 gegründeten Journal ins Stammbuch geschrieben hatte, dass es weder ein „Archiv für rechtsgelehrte Untersuchungen“ sein solle noch ein Repertorium, das lediglich die Entscheidungen der Gerichte abbilde. Vielmehr sollte in der DJZ Raum sein für aktuelle juristische Debatten, und dies verband man mit dem Anspruch, auch stilistisch den politischen Feuilletons ebenbürtig zu sein. Das Konzept ging auf. Liebmanns Verlag übernahm in der juristischen Publikationswelt eine Führungsrolle. Die „Juristische Rundschau“ war bei diesem Erfolg durchaus von Bedeutung. Das lag nicht nur an den vielfältigen Themen, die darin behandelt wurden. Die Kolumnisten waren zunächst Hermann Staub, später Josef Stranz und Julius Magnus. Ihnen gelang es, die „Juristische Rundschau“ als rechtspolitisches Forum zu etablieren.

Zu einer eigenen Textgattung erhoben wurde die Rundschau aber erst durch Max Hachenburg, der seine Kolumnen sprachlich und formal so ausgestaltete, dass der von ihm selbst dafür geprägte Begriff der „juristischen Journalistik“ tatsächlich zutraf. Seine umfassenden Beobachtungen des juristischen

Alltagsgeschehens waren weitaus mehr als praxisbezogene Gebrauchsartikel, sondern protokollierten auch für heutige Leser auf besondere Weise die Geschichte der Zeit. Wie umfassend diese Beobachtungen zu sein hatten, formulierte Hachenburg so: „Alle Ereignisse des politischen und wirtschaftlichen Lebens, Parlamentsdebatten und Gesetzgebung, Gerichtsverhandlungen und Äußerungen der Tagespresse, es gibt nichts, was von dieser Betrachtung ausgeschlossen ist, wenn es nur irgendwie eine juristische Beleuchtung verträgt." In seiner Rundschau kam alles vor, was irgendwo in der weiten Welt des Rechts stattfand oder von Interesse war. Deutschland stand im Mittelpunkt, aber auch die Entwicklungen im übrigen Europa oder in Übersee entgingen Hachenburgs Aufmerksamkeit nicht. Über chinesisches Familienrecht oder afghanische Anwälte wusste er ebenso zu berichten wie über die englische Gerichtsverfassung oder über Romane, die von Juristen verfasst worden waren. Hachenburg muss seine Augen überall gehabt haben.

Seine Beobachtungen fasste er, vor allem für einen Juristen ungewohnt, in knappe Sätze. In einer Laudatio des Justizrats Albert Pinner zu seinem 70. Geburtstag wird Max Hachenburgs „rein auf klare Logik eingestellte Arbeitsmethode" genauer beschrieben. Seine Kunst, so der Laudator, bestehe darin, dass er „Satz für Satz nacheinander die einzelnen Gedanken aufmarschieren läßt, unter sich nicht besonders verbunden, wirkend durch die rein logische Anordnung". Man habe einmal versucht, „durch Zwischenworte und Interpunktionen einen größeren Zusammenhang herzustellen"; nach Belehrung durch den Meister werde man dies „nie wieder tun". Hachenburg selbst beschreibt es in seinen „Lebenserinnerungen" wie folgt: „Bei mir hatte sich bald eine Abneigung gegen die durch die lateinischen Autoren uns aufgepfropften Perioden eingestellt. Je kürzer der Satzbau, desto klarer kommt der Gedanke zutage. Wer jemals versuchte, seine Auffassung über einen Gegenstand darzustellen, kennt den Kampf der Idee mit dem Wort. Was sich im Gefühl zuerst regt und sich langsam zu Begriffen gestaltet, ist unendlich schwer in die richtige Form zu bringen. Auf den Leser soll der Gedanke des Verfassers übertragen werden. Der Buchstabe ist tot, wenn er nicht den Geist in sich trägt. Jeder wissenschaftliche Aufsatz, jedes Rechtsgutachten, jeder Vertrag, jede Prozeßschrift ist ein Kunstwerk. Freilich nicht im Sinne der freien Kunst. Jene sind zweckgebunden, wie die Architektur und das Kunsthandwerk. Aber die klare Übersicht und die helle Ausdrucksweise sind auch bei den juristischen Schriften die Auswirkung einer Kunstfertigkeit. Auch hier gibt es eine Technik. Zu dieser gehört gerade auf diesem Gebiete das System der kurzen Sätze, der ‚Lapidarstil', wie ihn einmal einer meiner Kritiker nannte."

Über dieses Buch und die vorliegende Auswahl

Hachenburg schrieb kurze Sätze und lange Texte. Seit 1912 verfasste er für jede Ausgabe der DJZ eine Rundschau. Die DJZ erschien ab 1925 zweimal im Monat. Die „Juristische Rundschau" nahm darin vier bis fünf Spalten ein, was rund 14.000 Zeichen entspricht und sich, auf einen Jahrgang hochgerechnet und das vorliegende Buchformat berücksichtigend, weit über 100 Seiten pro Jahr summiert. Bedenkt man, dass er im Hauptberuf noch immer Anwalt war, dazu in unzähligen Gremien und Institutionen saß, die „Rundschau“ also nur seine Nebentätigkeit und auch darin nur ein Nebenaspekt gewesen ist, dann wird sein immenses Arbeitspensum deutlich. Allein die „Juristischen Rundschauen“ der Weimarer Republik dürften rund 1.500 Seiten umfassen.

Für diese Ausgabe war deshalb schon aus Platzgründen das erste Gebot: Kürzen! Das begann für uns als Herausgeber bereits mit der Entscheidung, die Chronik erst mit dem Ende des Ersten Weltkriegs beginnen zu lassen. Aber dies allein genügte natürlich nicht. Und so standen wir vor der Entscheidung, innerhalb der Jahrgänge ganze Kolumnen herauszunehmen, oder uns aber auf bestimmte Jahrgänge zu fokussieren und von diesen alle Kolumnen, wenn auch gekürzt, in diese Buchauswahl aufzunehmen. Letzteres schien uns sinnvoller und auch im Geiste Hachenburgs angemessener. Schließlich wollten wir den Charakter der Chronik nicht aufbrechen und das unterschiedslose Nebeneinander von den ganz großen Fragen der Zeit und den ganz kleinen Alltagsbeobachtungen so abbilden, wie Hachenburg es eingefangen und seinen damaligen Lesern im zweiwöchentlichen Rhythmus präsentiert hat. Bei unserer Auswahl bilden die Hochs und Tiefs der Weimarer Republik den beinahe zwangsläufigen Spannungsbogen. Die Republik begann mit einer Revolution, erlebte mit der Hyperinflation des Jahres 1923 eine tiefe Wirtschaftskrise, stabilisierte sich innen- und außenpolitisch im Jahr 1925 mit dem Aufwertungsgesetz und dem Locarno-Abkommen, geriet mit der wiederkehrenden Wirtschaftskrise und dem Erstarken der NSDAP 1930 erneut in schwere Turbulenzen und ging im Januar 1933 schließlich unter. Von da an wurde Deutschland abrupt und gewalttätig, wenn auch unter dem Deckmantel der vermeintlichen Legalität, in eine Diktatur verwandelt. Das Ziel war eine neue, totalitäre Herrschaftsform, aber viele Zeitgenossen fragten sich: War diese neue Regierung aus einer „Revolution" hervorgegangen? Oder aus etwas ganz Anderem? Und konnte es so etwas wie eine „legale Revolution" überhaupt geben? Oder war eine solche Sicht auf die Ereignisse nur die selbst verschriebene Beruhigungspille des Bürgertums, das sich zudem sein eigenes Scheitern nicht eingestehen wollte? Darüber lässt sich lang debattieren. Hachenburg hielt die Frage, „ob man von einer Evolution oder Revolution sprechen will", für gleichgültig, sprach dann allerdings selbst ausschließlich von „Revolution". Dem schließen wir uns an. Revolution oder Evolution: Zum Jahresende 1933 mussten Hachenburg und sein ebenfalls jüdischer Verleger Otto Liebmann ihre Arbeit an der DJZ beenden. Den Verlag übernahm C.H. Beck.

1918/19, 1923, 1925, 1930, 1933: Diesen Zyklus von Revolution, Krise, Stabilität, Krise, Revolution haben wir für die vorliegende Edition herausgegriffen. Selbst innerhalb dieser fünf Jahrgänge waren wir gezwungen, die einzelnen Kolumnen mitunter bis zur Hälfte zu kürzen. Aus heutiger Sicht ist nicht jedes Detail, das Hachenburg festhielt, von Belang. Aber manchmal waren es eben doch wieder die vermeintlich nebensächlichen Details, die wir unbedingt in diese Auswahl aufnehmen wollten. Hachenburg betrachtete Zentrum und Peripherie, Inland und Ausland, Politik und Dogmatik, Wissenschaft und Praxis, alltägliche Fälle und außergewöhnliche Skandale. Manches davon ist zeitlich eng und schicksalhaft mit der Geschichte der Weimarer Republik verbunden. Bei vielem jedoch drängen sich die Parallelen zur

Gegenwart auf. Steuerehrlichkeit, Finanzkrisen, Populismus, staatsbedrohende Wirtschaftsturbulenzen – Hachenburg nutzte das Recht als Spiegel der Gesellschaft, und wenn wir heute in diesen Spiegel schauen, können wir viele Ähnlichkeiten erkennen.

Die von den Herausgebern für dieses Buch beigesteuerten kurzen Exkurse, die den jeweiligen Jahrgängen vorangestellt sind, sollen den Zugang zu juristischen Themen erleichtern, die in Hachenburgs Kolumnen immer wieder auftauchen: Völkerbund, Aufwertung, Konkurs und Notverordnungen. Wir haben sie so geschrieben, dass sie, wie wir hoffen, auch ohne juristisches Spezialwissen lesbar und in ihren Verbindungen zur Gegenwart verständlich sind. Auch ließen sich durch diese Essays die durch die Kürzungen entstandenen chronologischen Lücken zumindest ein wenig schließen. Die innerhalb der Jahrgänge von uns vorgenommenen Kommentare dienen der historischen Kontextualisierung und sollen das Verständnis von Hachenburgs Ausführungen befördern. Ihr Adressat ist ein aus juristischen Zusammenhängen vertrautes Konstrukt: Der verständige Durchschnittsleser mittlerer Art und Güte. Da es dieses Fabelwesen nicht gibt, haben wir beide stellvertretend dafür in die Auswahl und Anmerkungen des anderen kräftig hineingeredet. Das nun in Buchform vorliegende Resultat ist deshalb tatsächlich ein Gemeinschaftswerk beider Herausgeber geworden.

Für keinen der hier geäußerten Gedanken beanspruchen wir Originalität, in jeder Fußnote ließe sich eine unübersehbare Fülle von Quellen- und Literaturnachweisen anbringen. Darauf haben wir bewusst verzichtet. Stattdessen einige Lektüreempfehlungen: Von den allgemeinen Überblicksdarstellungen zur Weimarer Republik sind nach wie vor anregend Horst Möllers „Die Weimarer Republik“ (überarbeitete Neuausgabe München 2018) und Ursula Büttners „Weimar. Die überforderte Republik 1918–1933“ (Stuttgart 2008). Für das Verständnis der gesellschaftlichen Situation der Zeit ist unverzichtbar Hans-Ulrich Wehlers „Deutsche Gesellschaftsgeschichte. Band 4. Vom Beginn des Ersten Weltkriegs bis zur Gründung der beiden deutschen Staaten 1914–1949“ (München 2003). Eine Analyse, die das Geschehen in die größeren europäischen Zusammenhänge einordnet, findet sich in Lutz Raphaels „Imperiale Gewalt und mobilisierte Nation. Europa 1914–1945“ (München 2011). Von den zahllosen online-Darstellungen ist besonders das „Lebendige Museum Online“ des Deutschen Historischen Museums hervorzuheben. Im Bereich der Rechtsgeschichte hat, wenig überraschend, die Weimarer Verfassung die meiste Aufmerksamkeit auf sich gezogen. Ihr notorisch schlechter Ruf wurde anlässlich der Hundertjahrfeier 2019 etwas aufgebessert, wobei sich freilich unter Juristinnen und Historikern keine Einigkeit einstellte, inwieweit zwischen einer vermeintlich guten Verfassung und einer zweifellos defizitären Verfassungspraxis unterschieden werden kann. Hingewiesen sei insbesondere auf Udo di Fabio, „Die Weimarer Verfassung. Aufbruch und Scheitern“ (München 2018) und auf den von Horst Dreier und Christian Waldhoff herausgegebenen Band „Das Wagnis der Demokratie. Eine Anatomie der Weimarer Reichsverfassung“ (München 2018). Zuletzt auch hier ein Hinweis auf die internationalen Zusammenhänge: Der Versailler Vertrag als *das* überragende Thema der damaligen Politik ist mit allen handwerklichen Finessen einer geschichtswissenschaftlichen Qualifikationsschrift, dabei aber immer leichtfüßig im Stil, untersucht von Marcus M. Payk, „Frieden durch Recht?“ (Berlin 2018). Wer sich für das geistige Klima der Pariser Vorortverträge und die Spielräume der deutschen Regierung interessiert, ist hier bestens aufgehoben.

Unser Ziel war kein wissenschaftliches Editionsprojekt, aber dennoch so etwas wie eine Quellenrettung für eine auch heute noch spannende Lektüre. Uns erschien Hachenburgs Juristische Rundschau wie ein historischer Radar, in dem Punkte aufleuchteten, die wir sonst für die Zeit der Weimarer Republik nicht mehr gesehen hätten, die wir aber, unmittelbar und gekonnt aus ihrer Zeit erzählt, als anregend, oft sogar als aufregend wahrgenommen haben. Wir hoffen, dass es vielen anderen auch so gehen möge.

Heft 24. Berlin, den 15. Dezember 1933. 38. Jahrgang.

Deutsche Juristen-Zeitung.

BEGRÜNDET AM 1. JANUAR 1896 VON LABAND — STENGLEIN — STAUB — LIEBMANN.

Unter Mitwirkung von

DR. F. ENGEL, Oberlandesgerichtspräsident i. R., Mitgl. des österreich. Verfassungsgerichtshofes, DR. FR. GRIMM, Rechtsanwalt, Professor, DR. DR. MAX HACHENBURG, Rechtsanwalt,

DR. DR. ERNST HEYMANN, Geh. Justizrat, Professor, DR. H. LINDENAU, Vizepräsident des Oberverwaltungsgerichts i. R., DR. E. MAMROTH, Rechtsanwalt, Justizrat, DR. K. MEYER, bayer. Staatsrat, Oberlandesgerichtspräsident a.D.,

DR. J. POPITZ, Preuß. Finanzminister, Staatsrat, Professor, DR. E. SCHIFFER, Reichsjustizminister a. D., Wirkl. Geh. Rat, DR. DR. RICH. SCHMIDT, Geh. Hofrat, Professor, D. DR. R. SCHWANDER, Oberpräsident a. D., Wirkl. Geh. Rat,

DR. A. VON STAFF, Wirkl. Geh. Oberjustizrat, Kammergerichtspräsident a. D., DR. DR. H. TRIEPEL, Geh. Justizrat, Professor, DR. G. WILDHAGEN, Geh. Justizrat, Rechtsanwalt beim Reichsgericht,

herausgegeben von

DR. DR. OTTO LIEBMANN, Berlin.

Verlag von Otto Liebmann, Verlag des Deutschen Wohnungs-Archivs, Berlin W 57.

Bankkonto: Deutsche Bank u. Disconto-Ges., Kasse P, Berlin. Postscheckkonto: Nr. 45561 Postscheckamt Berlin NW 7.

Die „Deutsche Juristen-Zeitung" erscheint am 1. und 15. jeden Monats. Ueber die Bezugspreise und die Preise für einzelne Hefte vgl. die Angaben auf der 2. Umschlagseite. Bestellungen werden durch den Buchhandel und die Postanstalten sowie unmittelbar durch die Geschäftsstelle Berlin W 57, Potsdamer Str. 96, entgegengenommen.

DEUTSCHE JURISTEN-ZEITUNG 1896

Alle Sendungen sind nur nach Berlin W 57, Potsdamer Str. 96, zu richten. Jeder Einsendung ist Rückporto beizufügen. Anzeigenannahme: Anzeigen-Verwaltung der DJZ., Berlin W 57, Potsdamer Str. 96, u. bei allen Anzeigenstellen. Anzeigen: die 6 gespaltene Nonpareillezeile 40 Pf. mit 15 % Notrabatt. Fernspr. B 7 Pallas 2403 u. 2564.

Zum Abschied.

Mit diesem Hefte nehme ich Abschied von den Lesern der Deutschen Juristen-Zeitung und einem großen Kreise der deutschen Juristen.

Achtunddreißig Jahre lang habe ich die von mir selbst begründete DJZ. als Schriftleiter und Herausgeber geleitet. Vierundvierzig Jahre sind seit Begründung des meinen Namen tragenden Verlages vergangen. In einem Alter von fast 69 Jahren, nach einer mehr als 50jährigen Berufstätigkeit, glaube ich damit, die Berechtigung zu haben, mich zur Ruhe zu setzen.

Der Verlag Otto Liebmann geht am 15. Dezember 1933 in den Besitz der altbewährten und bekannten C. H. Beck'schen Verlagsbuchhandlung (Inhaber Dr. phil. Heinrich Beck), München, über.

Die Schriftleitung und Herausgabe der DJZ. übernimmt Herr Senatspräsident beim Kammergericht a. D. Dr. Adolf Baumbach, Berlin.

Wenn ich heute von meiner Tätigkeit und Arbeit scheide, so wird mir dieser Entschluß nicht leicht. Habe ich doch meinen Verlag und die DJZ. selbst aus Eigenem geschaffen und aufgebaut, in dieser langen Zeit allein und selbständig geleitet ...

Einigen Trost in dieser Abschiedsstunde finde ich darin, daß ich Verlag wie Schriftleitung in so bewährte Hände legen kann. Zur besonderen Genugtuung gereicht es mir, daß gerade Herr Präsident Dr. Baumbach die Leitung der DJZ. übernimmt. Er ist mehr und besser geeignet als irgendein anderer, die schwere Aufgabe, die mit der Herausgabe eines solchen Blattes von je verbunden war und künftig noch mehr verbunden sein wird, in ausgezeichneter Weise zu erfüllen. Sein Name ist mit Wissenschaft und Praxis des Rechts durch seine hervorragenden Kommentare und Werke wie durch zahlreiche Abhandlungen in der DJZ. selbst eng verknüpft. Präsident Dr. Baumbach war es, der auf meine Anregung schon im Jahre 1928 den bahnbrechenden Aufsatz über den „Bankerott der Strafjustiz" in der DJZ. veröffentlicht und den Mut gezeigt hat, als Erster gegen die Abkehr von einer wahrhaften Gerechtigkeit im deutschen Sinne seine warnende Stimme zu erheben. Er war es, der den heutigen Zielen und Bestrebungen vielfach auch sonst schon lange vorgearbeitet hat. Ich bin überzeugt, daß die DJZ. unter seiner Leitung einen weiteren großen Aufschwung nehmen wird.

Jahrgang 1918/19

Prinz Max von Baden am 3. Okt. 1918, dem Tag seiner Ernennung zum letzten Reichskanzler des Deutschen Kaiserreichs, vor dem Reichstagsgebäude.

Max Hachenburg beschäftigt sich Ende 1918 und im Laufe des Jahres 1919 in seiner „Juristischen Rundschau" vor allem mit den großen politischen Themen der Zeit, der Revolution und den Verhandlungen über die Verfassung und den Friedensvertrag. Im Wirtschaftsrecht geht

es um Gesetze gegen die wirtschaftliche Notlage, Steuer- und Sozialisierungsgesetze sowie den Weiterbetrieb von Unternehmen in der Krise. Das teils blutige Revolutionsgeschehen spiegelt sich in Strafverfahren wider.

1918

1. Dezember

Rundschauen[1] ist fast unmöglich, wenn der Boden unter unseren Füßen wankt. Wie eine Riesenwoge rauscht das Schicksal auf uns zu. Wie gebannt sehen wir sie näher und näher rücken, widerstandslos wird sie über uns hinweggehen, wir werden uns dann wieder aufrichten. Kraft genug dazu haben wir. Es gilt nur, das Vertrauen dazu zu festigen. *Der Krieg ist vorbei,* für Deutschland verloren. Ich habe im August 1914 an dieser Stelle den alten Gedanken des Gottesurteils aufgegriffen. Ich muß ihn gelten lassen. Die Geschichte hat gegen uns gesprochen. Deutschland in seiner politischen und staatsrechtlichen Verfassung hatte sich überlebt. (...) Am 11. November wurde der *Waffenstillstand* unterzeichnet. Deutschland mußte ihn annehmen. Seine Bedingungen schreien das vae victis im Triumph in die Welt. (...) Die Rache hat das Wort geführt. Das muß sich wieder rächen. „Unsere modernen Kriege machen viele unglücklich, indessen sie dauern, und niemanden glücklich, wenn sie vorbei sind", schrieb Goethe im Jahre 1787.[2] Auch die Sieger würden dieses Sieges nicht froh werden, wenn sie auf ihm beharren wollten.

1 Sämtliche Kursivsetzungen sind aus dem Original übernommen (dort im Sperrdruck).

2 Goethe, Italienische Reise, Zweiter römischer Aufenthalt, Brief vom 6. Sept. 1787.

Deutschland im Zeichen der *Revolution!* Noch ist die Tinte nicht recht trocken, mit der die Änderung der Verfassung[3] unterschrieben war, und schon ist alles wieder umgestürzt. Die Freude an der parlamentarischen Reform war nur kurz. Was jahrelang erstrebt war, mit einem Schlage kam es: die Verantwortung des Reichskanzlers und die Notwendigkeit des Vertrauens des Reichstages, die Zulässigkeit der gleichzeitigen Zugehörigkeit zu Bundesrat und Reichstag und die Einordnung der Heeres und der Militärgewalt in den Rechtsstaat. Aber schon ist auch das vorbei. Die Republik ist über Nacht gekommen. Die Bundesfürsten resignieren oder werden für abgesetzt erklärt. Der Kaiser hat abgedankt und ist geflüchtet. Die Reichsregierung ist in den Händen der Sozialdemokratie. Dem Reichskanzler Ebert übertrug sein Vorgänger das Amt. Er hat es aber nach seiner Auffassung aus den Händen des Volkes. Jede Kontinuität ist gerissen. Neues gestaltet sich. Möge es zum Heile des Ganzen werden.

In den Industriestädten zuerst und dann in anderen Bezirken wurden *die Arbeiter- und Soldatenräte* gebildet. Russisch ist der Name. Ihr Inhalt aber deutsch. Sie übernahmen die Macht. Sie übertrugen sie weiter. Neue Ministerien werden berufen. Die Behörden arbeiten weiter unter ihnen. Wir sehen den Übergang der Staatshoheit auf dem nicht durch das Gesetz geregelten Wege. Ein neues Recht entsteht durch die Gewalt. Was wir in rechtsphilosophischen Schriften erörterten, erleben wir jetzt selbst. Noch ist der Abschluß nicht da. Bis heute geht die Umwälzung mit wenig Ausnahmen ruhig vor sich. Die Staatsmaschine hat nicht gestockt.

3
Wilhelm II. hatte am 30. Sept. 1918 die Einführung eines parlamentarischen Systems im Deutschen Reich versprochen, die als „Oktoberreform“ mit einer Verfassungsänderung am 28. Okt. 1918 Wirklichkeit wurde. Aus Sicht des Kaisers und der Obersten Heeresleitung mit Hindenburg und Ludendorff ging es dabei vor allem darum, die Schuld für die sich abzeichnende Niederlage einer parlamentarischen Regierung geben zu können und damit vorzubereiten, was als „Dolchstoßlegende“ die Weimarer Republik von Anfang an schwächen sollte.

Gelingt es, sie zu erhalten, dann liegt darin ein glänzendes Zeugnis für das deutsche Volk, für seine Einsicht und seine Willenskraft, aber auch für seine neuen Führer.

Wir nehmen auf immer *Abschied vom Kaiser und dem Kaisertum.* Das ist ein schmerzhafter Gedanke für Viele. Wer sich erinnert, mit welchem Jubel das wieder erstandene Reich und sein Symbol, der deutsche Kaiser, begrüßt wurden, dem wird es nicht leicht, sich davon zu trennen. Ein Stück Romantik im Verfassungsrecht fällt damit. Auch die heute siegende Richtung wird verstehen, was im Gemüte zahlreicher Volksgenossen vorgeht. Der scheidende Kaiser mag an seiner Mission gescheitert sein. Er mag die Eigenschaften nicht besessen haben, die zur Führung eines großen Reiches in schwerer Zeit erforderlich sind. Er war aber besten Willens. Er glaubte daran, Deutschland herrlichen Tagen entgegenzuführen. Hüten wir uns vor einer Verunglimpfung, die nur auf uns selbst zurückfallen würde.

Vor dem Kaiser schied ein Mann aus dem Amte, mit dessen Namen des Reiches Schicksal eng verknüpft ist: *Ludendorff.*[4] Er war der genialste Soldat des Weltkrieges. Im Osten und auch im Westen. Er war aber kein Staatsmann. Ihm fehlte der weite Blick in die Zukunft der Völker und die Selbstbeherrschung. Wer sich schuldlos daran fühlt, daß es so kam, daß nur der Leiter des Heeres auch über die politischen Fragen entschied, der möge den Stein gegen ihn schleudern. Wir waren in einem Taumel und erwachen nun mit Grauen daraus.

4
Erich Ludendorff, 1865–1937, war seit August 1916 General der Infanterie und Stellvertreter Hindenburgs. Er galt als das intellektuelle Zentrum der deutschen Kriegsführung. In den letzten Kriegsjahren dominierte er die Oberste Heeresleitung und baute ihre politische Macht kontinuierlich aus („stille Diktatur der OHL“). Den von ihm selbst angeregten Weg zum Friedensschluss durch eine parlamentarische Regierung wollte er nicht mehr mitgehen, als Wilson weitergehende Forderungen nach einer Demokratisierung Deutschlands erhob. Prinz Max von Baden, Reichskanzler vom 3. Okt.–9. Nov. 1918, sah darin jedoch die einzige Möglichkeit zu einem Frieden unter Erhalt einer parlamentarischen Monarchie und erzwang mit seiner Rücktrittsdrohung vom Kaiser am 26. Okt. 1918 die Entlassung Ludendorffs aus der Obersten Heeresleitung.

Urteilen über die Schuld der führenden Männer der Kriegszeit kann erst die Nachwelt. Ludendorff ist die tragischste Gestalt unserer Zeit. Hoch war sein Flug, tief ist sein Fall. Vielleicht bringt das neue Deutschland wieder neue Denker und Dichter hervor. An dramatischem Stoff wird es nicht fehlen. (...)

1919

1. Januar

Wir stehen noch immer im Zeichen der Erwartung. Kein Jahr schloß so trübe wie das jetzt dem Ende sich nähernde. Der Waffenstillstand drückt mit seiner ganzen Schwere auf uns. Man darf sich nicht wundern, wenn die Alliierten ihn auch durchführen. Das ist ja die Genugtuung, die sie Frankreich und Belgien gewähren. Man darf nicht erstaunen, daß die Besetzungen des deutschen Gebiets durch diese beiden Staaten sich in besonders unangenehmer Weise bemerkbar machen. Wer jahrelang den Feind im eigenen Lande hatte, müßte übermenschlich stark im Bezwingen eigener Gefühle sein, wenn er jede Regung der Vergeltung unterdrückte. Auch muß man hier in der Beurteilung beiderseitiger Handlungen vorsichtig sein. Wir kennen vielfach die Motive nicht. Aber wir mißbilligen sie. Es ist nicht undenkbar, daß die Verwendung der Kolonialtruppen[5] zur Besetzung sich daraus erklärt, daß man dadurch den weißen Franzosen die Rückkehr in die Heimat rascher ermöglicht. Freilich für uns bleibt das Unbehagen vor den „Schwarzen“ bestehen, mag man sie auch nicht

5 Frankreich hatte im Ersten Weltkrieg aus seinen Kolonien – etwa dem Senegal – Soldaten zwangsrekrutiert. Diese Besatzungstruppen wurden in Deutschland propagandistisch als „schwarze Schmach“ bezeichnet.

aus Bosheit uns geschickt haben. Wir warten auf den Frieden selbst. Er allein entscheidet unser Schicksal. Dann auch wird es sich zeigen, ob die innere Neugestaltung auch auf die Friedensbedingungen von Einfluß ist.

Das am 1. Dez. 1918 unterzeichnete *Schlussprotokoll über die Waffenstillstandsbedingungen* legt der deutschen Regierung die Verpflichtung auf, „keinerlei Maßnahmen zu ergreifen, welche geeignet sind, ihren fiskalischen oder privatrechtlichen Besitz in irgendeiner Weise zu vermindern, da dieser Besitz das gemeinsame Unterpfand der Alliierten zur Deckung der Kriegsschäden ist“. Es dürfen Eisenbahnen, Kanäle, Bergwerke usw. weder veräußert, noch dürfen Gold oder ausländische Wechsel oder Effekten, die dem Reiche gehören, ins Ausland gebracht werden. Ist Deutschland durch unabweisbare Bedürfnisse seines Wirtschaftslebens gezwungen, von diesen Maßnahmen abzuweichen, so sind die Alliierten sofort in Kenntnis zu setzen. Deutschland steht also wie ein zahlungsunfähiger Schuldner unter Geschäftsaufsicht. Nicht nur das. Auch das höhnende Mißtrauen, daß es sein Staatsvermögen gleich einem betrügerischen Bankerotteur auf die Seite schaffe und durch Schiebungen die Ansprüche seiner Feinde vereitele, ist deutlich ausgesprochen. Der Pfeil kam aus Frankreichs Köcher. Das zeigt schon die dem code civil entstammende Phrase von dem Vermögen als dem gemeinsamen Unterpfand aller Gläubiger. Er soll den am Boden liegenden Gegner seelisch verwunden. O Völkerfrieden, o Völkerbund! (...)

Zum 16. Dez. sandten die sämtlichen Arbeiter- und Soldatenräte des Reiches Delegierte nach Berlin.[6] Mit großer Mehrheit sprach sich der Kongreß für die *Einberufung* der *Nationalversammlung* und für die Wahlen schon am 19. Januar 1919 aus. Das spricht für die richtige Auffassung der politischen und der rechtlichen Lage. Usurpiert ist die Macht der Arbeiter- und Soldatenräte. Sie kann als vorübergehende ertragen werden. Je rascher sie verschwindet, desto besser das Andenken, das sie hinterlassen kann.

6
Vom 16.–21. Dez. 1918 tagte in Berlin der Reichsrätekongress. Die sozialdemokratischen Delegierten besaßen dort eine klare Mehrheit, weshalb der Kongress sich nicht für eine sozialistische Räterepublik nach sowjetischem Vorbild, sondern für eine parlamentarische Demokratie aussprach. Freilich verlangte der Kongress auch die unverzügliche Sozialisierung einzelner Industriezweige, insbesondere des Bergbaus.

Das Wahlgesetz für die verfassunggebende Nationalversammlung ist am 30. Nov. 1918 im Reichsgesetzblatt erschienen. Den Inhalt kannte man aus den vorhergegangenen Kundgebungen bereits. Wahlberechtigt ist jeder Deutsche, der das zwanzigste Jahr vollendet hat ohne Unterschied des Geschlechtes. Nur die Entmündigung oder Aberkennung der bürgerlichen Ehrenrechte nimmt das aktive Wahlrecht. Die Armenunterstützung also nicht mehr. Auch nicht der Konkurs. Der Besitz spielt nicht die geringste Rolle.[7] (...)

7
Das Wahlrecht im Rahmen der deutschen Reichsverfassung von 1871 stand nur Männern ab dem 25. Lebensjahr zu und nicht in den genannten Ausnahmen.

Die Presse der Entente erörtert die *Auslieferung des deutschen Kaisers*. Sie sucht ihr Recht darauf durch Gutachten von Autoritäten zu begründen. Als ob nicht für jedes Begehren des Siegers sich völkerrechtliche Grundsätze konstruieren ließen. In Deutschland wich der Volksbeauftragte Ebert dieser Frage aus.[8] Er sprach nur von der Errichtung eines Staatsgerichtshofes, der über die am Kriege und im Kriege Schuldigen urteilen soll. Wer sich vor ihm zu verantworten habe, bleibt noch offen. Das wird wohl für die ganze Frage gelten.

8
Der Rat der Volksbeauftragten war seit dem 10. Nov. 1918 Deutschlands provisorische Regierung, gebildet aus jeweils drei Vertretern von MSPD und USPD. Er blieb bis zum 13. Feb. 1919 im Amt.

Ist die Ruhe wieder eingekehrt, so wird die Vernunft wieder zu Worte und zu Gehör kommen. Sie warnt davor, im Unglück den Schuldigen nach strafrechtlichen Begriffen zu suchen. Das schafft Märtyrer. Und daraus wieder erwachsen den Ideen, für die jene leiden, neue Anhänger. (...)

Die *künftigen Steuern* werfen ihre Schatten voraus. Die neue Regierung erläßt Gesetze. Sie hat die diktatorische Macht. Sie erhöhte am 15. Nov. 1918 die Rücklage für die Kriegsgewinnsteuer auf 80%. (...) Eine weitgehende Amnestie wurde durch die Verordnung des Rates der Volksbeauftragten v. 3. Dez. 1918 verkündet. Alle Untersuchungen wegen solcher vor dem 9. Nov. 1918 begangenen Straftaten, die mit Freiheitsstrafe bis zu einem Jahre oder mit Geldstrafe bedroht sind, werden niedergeschlagen. Ist die Untersuchung noch nicht eingeleitet, so wird Straffreiheit gewährt. (...)

Als der Krieg ausbrach, war die sog. Kriegsklausel in den Lieferungsverträgen der Lieferer von ungeahnter Bedeutung geworden.[9] Ihr folgend hat der Militärfiskus als Großbesteller namentlich in den letzten Monaten des Krieges sich durch die Friedensklausel den Rücktritt gesichert, wenn er die bedungene Heereslieferung nicht mehr braucht. (...) Die Kriegsindustrie wird sich in diese Bestimmung finden. Es ist schließlich gleichgültig für sie, ob ihr der Nutzen später durch die Kriegsgewinnsteuer abgenommen oder ihr sofort versagt wird. Rechtlich liegt der Fall einer Lastabschüttelung des Staates vor. Er befreit sich selbst von einer zivilrechtlichen Pflicht. Das ist die Folge der Notlage und ein Zeichen der Revolution.

9 Ein Unterfall der insbesondere in internationalen Kaufverträgen üblichen Klausel zur Lieferbefreiung bei höherer Gewalt.

1. Februar

Die *Wahlen zur Nationalversammlung* haben am 19. Januar stattgefunden. Die Ergebnisse liegen in dem Augenblicke, in dem ich dies schreibe, noch nicht vor,[10] aber daß sie zustande kam, daß ihre Geburt unblutig und normal verlief, läßt schon allein ein Gefühl der Beruhigung in uns aufkommen. Sie schließt die Revolution ab. Sie ist eine ordnungsgemäß aus dem Umsturz auftauchende Vertretung des gesamten Volkes. Der Rechtsstaat beginnt wieder. Möge die Arbeit der konstituierenden Versammlung zum Wohle des Vaterlandes werden. Es harret voll Verlangen auf die Wiederkehr besserer Tage.

10
Die mit Abstand stärkste Partei wurde die (M)SPD mit 37,9%, gefolgt vom Zentrum mit 19,7% und der DDP mit 18,5%.

Er bildet eines der dunkelsten Blätter in der Geschichte unserer traurigen Zeit, der *Spartacusaufstand in Berlin* in der Woche v. 6. zum 13. Jan.[11] Wir stehen ihm noch zu nahe, um Ursache und Folgen völlig zu übersehen. Das eine ist heute schon klar, daß es sich um eine zweite Revolution handelte, bei der nicht nur die radikalere Auffassung, der Glaube an eine sofortige Durchführung des sozialistischen Staates bestimmend waren. Die Herbeiführung der völligen Anarchie und die Aufhebung jeden Besitzes stand auf der roten Fahne. Daneben liefen alle die, welche diese allgemeinen Begriffe auf eigene Faust zu eigenem Nutzen betrieben. Man nannte sie bisher gemeinhin Mörder und Räuber. Nun der Berliner Aufstand blutig niedergeschlagen ist, wird das Recht wieder in seine Rechte treten. Man wird die Gefangenen nach dem Strafgesetz aburteilen. Dabei wird der Zweck ihres Vorgehens, ihres Verhaltens

11
Nach Absetzung des von der USDP gestellten Berliner Polizeipräsidenten Emil Eichhorn am 4. Jan. 1919 durch den Rat der Volksbeauftragten unter Führung Friedrich Eberts (MSPD) kam es zu Protesten der USDP, der zur Jahreswende 1918/19 u.a. von ehemaligen „Spartakisten" gegründeten KPD und weiterer linksradikaler Gruppierungen. Die Unruhen in Berlin, aber auch in Bremen und im Ruhrgebiet wurden unter der Führung von Gustav Noske, dem sozialdemokratischen Volksbeauftragten für Heer und Marine, auch mit Hilfe von Freikorps-Truppen blutig niedergeschlagen.

wesentlich werden. Das gemeine Verbrechen muß streng von dem politischen gesondert werden. Es wird sich zeigen, wieviel verführte Idealisten neben dem Gesindel stehen. Liebknecht und Rosa Luxemburg sind getötet. Der erstere ist bei einem Fluchtversuche erschossen, die letztere von der Volksmenge gelyncht worden.[12] Jenes bedauerlich. Es wäre besser gewesen, wenn Liebknechts Vergehen in öffentlicher Gerichtsverhandlung geklärt und gesühnt worden wäre. Dieses verabscheuenswürdig. Nur die von jeder moralischen Empfindung losgelöste Masse handelt nach solch brutalen Instinkten. „Also starben der große Räuberhauptmann und mit ihm die besten seiner Gesellen den Tod freier Männer und ehrlicher Soldaten." Mit diesen Worten schließt Mommsen seine Schilderung des Sklavenkrieges.[13] (...)

12 Diese berühmt gewordene Verharmlosung der Ermordung von Liebknecht und Luxemburg hatte der Pressechef der Gardeschützenkavalleriedivision Friedrich Grabowsky (1886–1957) in einem Kommuniqué erfolgreich verbreitet. Der Jurist Grabowsky hatte sich nach dem Krieg der antirepublikanischen Freikorpsbewegung angeschlossen. 1938 wurde er im KZ Oranienburg inhaftiert und erst auf Betreiben von Canaris freigelassen, für den er vermutlich im Nachrichtendienst tätig wurde.

13 So die Schilderung bei Mommsen über den Tod des Spartacus (Römische Geschichte Bd. 3, 1861, S. 82).

Die Handelskammer München hat an das Reichsjustizamt den *Antrag auf Ausdehnung der Vorschriften über die Geschäftsaufsicht* auf alle Schuldner gestellt. Die bisherige Voraussetzung, daß die Zahlungsschwierigkeit eine Folge des Krieges ist, soll fortfallen. Das trägt all denen Rechnung, die durch die innenpolitischen Umwälzungen in ihrer wirtschaftlichen Existenz gefährdet wurden. Damit ist ein begrüßenswerter Schritt aus der Mitte des Handelsstandes heraus zum Ausbau einer lebensfähigen Idee getan.[14] Nur wird man hierbei nicht stehenbleiben dürfen. Noch wird der außergerichtliche Zwangsvergleich als Nachspiel zur Geschäftsaufsicht betrachtet. Noch ist diese die notwendige Voraussetzung für jenen. Man wird in den immer kritischer werdenden Zeiten erkennen lernen, daß er als

14 Vgl. „Die Ordnung der Krise: Konkurs", S. 261

eigenes Mittel zur Vermeidung des Konkurses zu gestalten ist. Und wenn er dabei etwas freier und wenig formal-ängstlich gehalten wird, so wird auch das den Intentionen des Handels- und Gewerbes entsprechen. (...)

Stärker als je taucht der Gedanke des *gesetzlichen Miterbrechts* und Pflichtteilsrechts des Staates auf.[15] Ihm liegt die Sorge um seine finanzielle Stärkung zugrunde. Das gilt nicht nur für Deutschland. In Holland hat der frühere Finanzminister Treub den Entwurf eines Staatserbrechts veröffentlicht. Danach soll dieser neben Deszendenten, Ehegatten und Aszendenten ein Drittel erhalten, jedoch nicht mehr als ein Kindesteil. Auf diese Quote hat er einen Pflichtanspruch. Sind nur Seitenverwandte vorhanden, so fällt auch der Rest an den Staat. Doch kann der Erblasser über diesen letztwillig verfügen. In Deutschland tritt jetzt auch der frühere bad. Finanzminister Rheinboldt in seiner lichtvollen Schrift über die deutsche Finanzwirtschaft für ein Erb- und Pflichtteilsrecht des Staates ein.[16] Vielleicht wird man, wenn die Zeiten wieder ruhiger werden, doch auch die Bedenken dieses Staatserbrechts nicht ganz übersehen. Es wird lähmend auf den Spar- und Kapitalerhaltungstrieb wirken. Dieser ist uns für die Zukunft bitter nötig. Der Staat darf nicht nur nehmen. Er muß auch auf eine Förderung der Privatwirtschaft wirken. Auch darf man die Bedeutung eines dem Testamente weichenden Staatsanspruches nicht zu hoch veranschlagen. Man vermehrt dadurch die Testamente. Daß endlich die Väter bei Lebzeiten suchen werden dafür zu sorgen, den Pflichtteil des Staates

15
Der Gedanke eines Staatserbrechts zur Verwirklichung einer sozialen Demokratie wurde in der Weimarer Republik viel diskutiert, konnte sich jedoch nicht durchsetzen.

16
Josef Rheinboldt, 1860–1931, von 1910–1918 badischer Finanzminister, 1911–1918 badischer Eisenbahnminister. Von 1919 bis zum Ruhestand 1926 im Auswärtigen Dienst. 1919 veröffentlichte er *Die deutsche Finanzwirtschaft während des Krieges und die Möglichkeiten ihrer Ordnung.*

tunlichst klein zu halten, darf man wohl auch vermuten. Das wird zu unerwünschten Prozessen und Konflikten führen.

1. März

Am 6. Februar 1919 ist die *Deutsche Nationalversammlung* in Weimar zusammengetreten. Aller Augen richten sich auf sie. Alle Gedanken kreisen um die Vorgänge im Weimarer Theater. Wir sehen in ihr den Uebergang von der gesetzlosen Zeit der Revolution zum geordneten Rechtsstaat. Revolution ist Bewegung. Sie kann von kurzer oder längerer Dauer, aber doch nie von Dauer sein. Noch mehr wie der ewige Stillstand wäre die ewige Unruhe der Tod eines Volkes. Revolution kann das einzig übrigbleibende Mittel zur Erhaltung des Staates sein. Aber nie ist sie Selbstzweck. Die Nationalversammlung kann die Gedanken, die zur Revolution führten, vollenden. Aber deshalb endet doch mit ihrer Eröffnung die Revolution. (...)

Es sind nur vereinzelte Töne energischer Art gewesen, die bei der Eröffnung der Nationalversammlung *an das Ausland* gerichtet wurden.[17] So bescheiden sie sind, sie lösen doch eine tiefe Befriedigung aus. Deutschland lebt noch. Es atmet wieder. Es wird auch wieder laut reden lernen. Niemals sollen die Worte Eberts, „lieber Entbehrung als Entehrung", vergessen werden. Jeder durfte sich an dem Regierungsprogramm freuen, das für den kommenden Frieden ein Festhalten an den 14 Wilsonschen Punkten[18] und an dem Verlangen der

17
Vereinzelt waren die Töne tatsächlich, „energisch" allerdings ist eine Untertreibung: „Aus dem Gefühl der Erschöpfung bei unseren Gegnern entspricht ihr Bestreben, sich schadlos zu halten am deutschen Volk, wird der Ausbeutungsgedanke in das Friedenswerk hineingetragen. Diese Rache- und Vergewaltigungspläne fordern den schärfsten Protest heraus. Das deutsche Volk kann nicht auf 20, 40 oder 60 Jahre zum Lohnsklaven anderer Länder gemacht werden [...]" (Protokolle der Nationalversammlung, 1. Sitzung, 6. Feb. 1919, S. 1 f.).

18
Gemeint sind die Grundsätze einer Friedensordnung, die US-Präsident Woodrow Wilson (1856–1924) am 8. Jan. 1918 vor beiden Häusern des Kongresses präsentiert hatte. Die deutsche Seite hatte daraus ein umfassendes Selbstbestimmungsrecht der Völker herausgelesen, auf das sie sich bei den Friedensverhandlungen immer wieder bezog.

Rückgabe der deutschen Kolonien verspricht. Aber jede Regierung, sie mag sein, welche sie will, muß sich darauf besinnen, daß wir leben wollen und leben müssen.

Am 10. Febr. 1919 erhielt das Deutsche Reich seine *Notverfassung.*[19] Sie verdient den Namen aus zwei Gründen. Einmal weil sie nur die notwendigsten Teile enthält. Sie ist nur im Rohbau fertig. Aber fest genug, um dem Reiche Schutz zu gewähren. Sie bestätigt seine Rechtsfähigkeit. Sie macht es verhandlungsfähig. Zum andern aber – und das ist der schlimmere Teil – ist sie nur unter Vorbehalt erfolgt. Sie ist ein Kompromiß zwischen zwei Gegensätzen, die sich bei allen zusammengesetzten Republiken zeigen. Auch die Schweiz und die Vereinigten Staaten von Nordamerika haben den Streit zwischen Unitarismus und Föderalismus ausgetragen. Das muß auch bei uns geschehen. (...) Daß das Streben nach starker Zentralisierung im ganzen Reiche lebendig ist, konnte man schon während des Krieges beobachten. Es ist in der Revolution trotz aller partikularistischen Neigungen nur stärker geworden. (...)

19
Nämlich das „Gesetz über die vorläufige Reichsgewalt“, das im Wesentlichen von Hugo Preuß (1860–1925), damals Staatssekretär im Reichsinnenministerium, geschrieben war und der Nationalversammlung die Aufgabe zuwies, „die künftige Reichsverfassung sowie sonst dringende Reichsgesetze zu beschließen“ (§ 1).

„Ich wünsche den einzelnen Mitgliedern dieses Hauses nicht, daß sie in ihrem Leben je die schweren Stunden durchmachen müssen, wie es mir in Trier beschieden war“. Mit diesem Worte begann Reichsminister *Erzberger* am 17. Febr. seinen Bericht in der Nationalversammlung über den Abschluß des Waffenstillstandsabkommens v. 16. Febr. Die Abgeordneten haben ihn mit Bewegung angehört. Sie wird sich durch das ganze Volk verbreiten. Sie wird verstärkt durch die zugleich veröffentlichten Aufzeichnungen über die Verhandlungen.[20] Aufgabe und Verantwortung der deutschen Vertreter sind ungeheuer. Wer darf es in solchem Augenblick wagen, die Besprechungen abzubrechen? Wer gewährleistet es, daß die Entente nicht doch den Rhein überschreitet und den ganzen Westen besetzt? So müssen wir Verständnis für die ganze Schwierigkeit der Stellung des deutschen Vertreters haben. (...)

20
Matthias Erzberger, 1875–1921, seit 1903 MdR (Zentrum), war schon im November 1918 in Compiègne Leiter der deutschen Waffenstillstandskommission. In Trier ging es im Januar 1919 darum, den Waffenstillstand zu verlängern. Veröffentlicht wurden die Verhandlungsprotokolle von der Waffenstillstandskommission selbst als Drucksache Nr. 11 (Berlin 1919).

In dem Programm der neuen deutschen Regierung[21] ist auch die *Sozialisierung* der hierzu reifen Unternehmungen und ihr Uebergang auf Reich, Staat oder Gemeinde enthalten. Namentlich sollen die Bergwerke und die Erzeugung von Energie der öffentlichen Kontrolle unterstellt und in öffentliche Bewirtschaftung übergeleitet werden. Man hat sich mit diesem Gedanken, der ja kein sozialistischer ist, schon früher beschäftigt und wird ihn unter der neuen Aera noch eingehender verfolgen. Aber liegt nicht auch in dem oben wiedergegebenen Programmsatze eine Vermengung zweier verschiedener Ziele? Auch in den Händen einer Privatgesellschaft kann der Betrieb eines Unternehmens sozial sein. Auch die Staatsfabriken und -Werkstätten können sehr asozial geleitet werden. Nicht die Form des Eigentumes entscheidet, sondern der Geist, in dem es genützt wird. Nicht die Enteignung der Unternehmungen ist der Weg zur Sozialisierung, sondern die Arbeitergesetzgebung, die ihnen einen Anspruch auf einen Teil am Gewinne und auf Betätigung ihrer eigenen Meinung innerhalb der durch den Geschäftszweck möglichen Grenzen verschafft. Auch die großen gewerblichen Unternehmungen können wirtschaftliche

21
Gemeint ist das erste Kabinett von Philipp Scheidemann, die sog. Weimarer Koalition aus SPD, Zentrum und DDP.

Republiken werden. Nur muß die Regierung auch hier in einer einzigen zielbewußten Hand ruhen. Ob aber der kapitalistische Eigner des Geschäfts eine Aktiengesellschaft oder der Staat ist, das verschlägt für die Arbeiter und den sozialen Gedanken gar nichts. Die Ueberwachung durch den Staat gehört daher zum sozialen Programm. Nicht aber die rein finanziell wirkende Uebernahme der Werke auf ihn. Hier ist er nur Fiskus.

Die Unabhängigen Sozialdemokraten hatten einen Antrag gestellt, der die *Arbeiter- und Soldatenräte* in die Verfassung aufnehmen sollte. Auch dieses auf der Revolution beruhende Organ wäre dadurch legalisiert worden. Die Reichszentrale der Arbeiter- und Soldatenräte sollte die Kontrolle über die Nationalversammlung haben. Ihr stünde das Recht der Antragstellung zu. Ihr auch die Einholung einer Volksabstimmung. Es ist nötig, sich diesen von der Nationalversammlung abgewiesenen Versuch vor Augen zu halten. Die A.- und S.-Räte wollen nicht der souveränen Nationalversammlung sich unterordnen. Sie wollen ihr übergeordnet sein. Das ist das Zeichen der einseitigen *Klassenherrschaft des Proletariats*. Man braucht nur sich zu erinnern, wie die bolschewistische Verfassung in Rußland sie ausgebaut hat, um die Tragweite dieses Verlangens zu verstehen.[22] (...)

Auch die Klagen über *Eingriffe der A.- und S.-Räte in die Rechtspflege* verstummen nicht. In Cuxhaven waren Mitglieder des dortigen A.- und S.-Rats auf Klage des Kommandeurs einer militärischen Abteilung zur

22 Im *Grundgesetz der Russischen Sozialistischen Föderativen Sowjetrepublik* vom 10. Juli 1918 heißt es in Art. 1: „Russland wird zur Republik der Sowjets der Arbeiter-, Soldaten- und Bauerndeputierten erklärt. Alle gesamtstaatliche und örtliche Macht gehört diesen Sowjets."

Herausgabe der zu Unrecht konfiszierten Vorräte und Gelder des Offizierskasinos verurteilt worden. Daraufhin verhaftete der A.- und S.-Rat den Kommandeur und bestrafte ihn mit einem Tage schweren Arrestes. Der Rechtsanwalt, der den Prozeß geführt hatte, erhielt eine Verwarnung.[23] Das Auflehnen dieses A.- und S.-Rats gegen Recht und Urteil zeigt deutlich, wie wenig seine Mitglieder geeignet sind, sich selbst zu beherrschen. Damit ist auch ihre Unfähigkeit, über andere zu regieren, dargetan. (...)

In Paris spielte sich hinter den Kulissen der *Kampf um den Völkerbund* ab. Anscheinend widerstrebte ihm nur Frankreich. Oder doch seine derzeitige Regierung. Wilson arbeitete mit der Zähigkeit der Amerikaner für seine Idee. Frankreich will eine Fortsetzung der Entente unter Einschluß der Vereinigten Staaten als Bund zur Niederhaltung Deutschlands. Dem will es die Bezeichnung Völkerbund zugestehen. Das wäre nur die Neuauflage der heiligen Allianz von 1815, nur jetzt gegen Osten gerichtet.[24] Wilson will einen alle nach freierem staatlichen Grundgesetz lebenden Nationen umfassenden Bund. Aus diesem Gedanken heraus soll sich dann die friedliche Lösung aller internationalen künftigen Streitfragen ergeben. Das ist nicht utopistisch. Man blättere nur in der Rechtsgeschichte. Wie lange hat es gedauert bis der Einzelne von der Selbsthilfe und Blutrache zum geordneten Rechtswege kam. Wie lange, bis das Fehderecht der Grafen und Herren, der Städte und Fürsten aufhörte? Weshalb soll nicht dem ewigen Landfrieden der ewige Weltteil-Friede folgen? Aber nur dann ist er möglich, wenn die Schlußbilanz

23
Cuxhaven war am 11. Jan. 1919 zur sozialistischen Republik erklärt worden. Das Experiment dauerte nur wenige Tage, hinterließ aber einen relativ starken örtlichen Arbeiter- und Soldatenrat. Die Cuxhavener Marinesoldaten hatten im Revolutionsgeschehen in Berlin als Teil der sog. „Volksmarinedivision" eine wichtige Rolle gespielt. Sie radikalisierten sich nach links und waren Auslöser der „Weihnachtsunruhen" 1918, als sie sich weigerten, das eigentlich von ihnen zu bewachende Schloss zu räumen.

24
Die Heilige Allianz ist das Bündnis, das die drei Monarchen von Russland, Österreich und Preußen am 26. Sept. 1815 nach dem Sieg über Napoleon schlossen, um gemeinsam den „Ewigen Frieden" zu sichern. Frankreich trat 1818 bei. Die Grundsätze des Christentums waren für die Allianz Grundlage des Völkerlebens, daher blieb das Osmanische Reich von einer Mitgliedschaft ausgeschlossen.

des Krieges zugleich die Eröffnungsbilanz einer neuen Epoche ohne alten Zündstoff ist. Die Vorschläge, wie sie hier veröffentlicht werden, deuten auf einen einstweiligen Sieg der französischen Regierung. Der Schwerpunkt liegt in der Beschränkung der Mitglieder bei der Zulassung weiterer Staaten zum Bunde nur durch Einwilligung von mindestens zwei Dritteln der in der Delegiertenversammlung vertretenen Staaten. Deutschland ist also noch vor der Türe. Wird es Wilson gelingen, sie aufzutun? Am Tage nach dem Waffenstillstand sprach er vor dem Kongreß, sagte er von sich und den Mitträgern seiner Gedanken „they have a mind in the matter not only, but a heart also". Wir vertrauen, daß er sein Wort einlösen will und kann.[25] (...)

25
Vgl. „Zahnloser Tiger: Der Völkerbund", S. 89.

1. April

Noch liegt Deutschland in den *Zuckungen* der *Revolution*. In Weimar wird die Verfassung beraten. Sie ist aber nur das Kleid für den Volkskörper. Weit wichtiger ist jetzt dessen Schicksal selbst. Wie wird das Verhältnis zu den bisherigen Feinden werden? Wer siegt dort, *Clemenceau* oder *Wilson*?[26] Wie wird sich unser inneres Leben gestalten? Anarchie oder Staatsordnung? Wer wird es bestimmen, russischer oder deutscher Geist? Man hat gefunden, daß die juristische Rundschau zu politisch geworden sei. Aber die Zeiten der behaglichen Kleinarbeit sind vorbei. Es genügt längst nicht mehr, über einen Erlaß eines Justizministers zu sprechen, ein merkwürdiges Urteil zu verzeichnen, einzelnen Punkten aus den Reden zum Justizetat herauszugreifen

26
Mit George Clemenceau und Woodrow Wilson sieht Hachenburg die beiden Extreme der Alliierten Deutschlandpolitik markiert. Clemenceau (1841–1929), war von 1906 bis 1909 und dann wieder von 1917 bis 1920 französischer Ministerpräsident. Während der Friedensverhandlungen beharrte er auf einer harten Politik gegenüber Deutschland. Zu seinen Forderungen gehörten die Abtretung von Elsass-Lothringen, des Saargebiets und des Rheinlands, dazu umfangreiche Reparationszahlungen. Der amerikanische Präsident Wilson dagegen war durch sein 14-Punkte-Programm (s. März 1919) die Projektionsfläche für deutsche Hoffnungen auf einen milden Friedensvertrag.

usw. Eine neue Welt ist im Entstehen und mit ihr ein neues Recht. Nur wer jene Vorgänge mit verfolgt, wird auch dieses zu erfassen vermögen. Anders ist die Erörterung des gewordenen, anders des werdenden Rechtes. Die ungeheuren Vorgänge auf politischem und wirtschaftlichem Gebiete stehen im Vordergrund jeder Betrachtung. Sie müssen es auch für den Juristen sein. Ihre Wirkung wird sich in den Formen des Rechtes ausprägen. Diese sind später aus jenen zu erklären. Das kann man nur, wenn man sie heute miterlebt.

Das *Brüsseler Abkommen* vom März 1919 zwischen den alliierten und assoziierten Mächten und Deutschland über die *Lebensmittelversorgung* ist für uns ein Moment von vitaler Bedeutung. Es wird auch für spätere Zeiten geschichtlich und völkerrechtlich von Interesse sein. Es enthält zwei scharf zu trennende Teile. Einmal die unmittelbare Lieferung von 270 000 Tonnen Getreide und Fett durch die Entente. Sie müssen in Gold oder ausländischen Währungsmitteln bezahlt werden. Zum anderen die Erlaubnis, trotz Fortdauer der Blockade bis zu der angegebenen Grenze in den feindlichen und den neutralen Ländern die festgesetzten Gegenstände zu kaufen.[27] (...)

Eine in Paris tagende Kommission hat ein *Sündenregister Deutschlands* im Kriege zusammengestellt. Eine ganze Reihe von Punkten ist in dieser Anklageschrift enthalten.[28] Die Verletzungen des Völkerrechts sollen gesühnt werden. Man wundert sich schließlich, daß die Liste nicht noch größer wurde. Es ist keine besonders schwere Aufgabe, aus allerhand unkontrollierbaren

27
Für die 270.000 Tonnen Lebensmittel waren 220 Millionen Mark in Gold zur Verfügung zu stellen, die allerdings später durch andere Zahlungsmittel ausgelöst werden konnten.

28
Solche Berichte hatte die französische Regierung schon seit Jahresbeginn 1915 zusammengestellt. Hier bezieht sich Hachenburg wohl auf die *Commission on the Responsibility of the Authors of the War and on Enforcement of Penalties*, die am 25. Jan. 1919 erstmals zusammengetreten war und am 29. März 1919 ihren ersten Bericht vorgelegt hatte, in dem die Kriegsschuld Deutschland und Österreich-Ungarn zugeschrieben wurde.

Angaben, ohne den Beschuldigten zu hören, Verstöße gegen völkerrechtliche Grundsätze zu konstruieren. Wo aber ist der unparteiische Richter, der über Tatsachen und Rechtsfragen entscheidet und vor dessen Forum auch die andere Seite Rechenschaft zu geben hat? Heute ist kein Fürst und kein Staat auf der ganzen Erde zu diesem Amte berufen. Erst die Geschichte wird das Urteil fällen. Wir erwarten es in Ruhe. Für die Entente wäre es einfacher auszusprechen, daß Deutschland verurteilt wird, den Krieg verloren zu haben. Also ist alles, was es getan hat, Unrecht. Das ist doch die ganze Quintessenz der Untersuchungen und Aussprüche, die aus Frankreich kommen.

Die Nationalversammlung hat am 13. März 1919 das sog. *Sozialisierungsgesetz* angenommen.[29] Es enthält Vorschriften verschiedenster Art. Der erste Teil proklamiert den Schutz der Arbeitskraft durch das Reich, den Anspruch auf Arbeit und mangels einer solchen das Recht auf Unterhalt. „Das Nähere wird durch besondere Reichsgesetze bestimmt." Das ist kein Gesetz, sondern das Versprechen von Gesetzen. Der einleitende Satz: „Jeder Deutsche hat unbeschadet seiner persönlichen Freiheit die sittliche Pflicht, seine geistigen und körperlichen Kräfte so zu betätigen, wie es das Wohl der Gesamtheit erfordert" noch weniger. Er motiviert nur die übrigen Erklärungen. Im zweiten Teile wird dem Reiche das Recht zugesprochen, „im Wege der Gesetzgebung gegen Entschädigungen" die dazu geeigneten Unternehmungen in die Gemeinwirtschaft zu überführen. Es darf „im Falle dringender Bedürfnisse die Herstellung und Verteilung wirtschaftlicher Güter

29
Es trat am 23. März 1919 in Kraft. Ebenfalls am 13. März wurde per Gesetz der Reichskohlenrat geschaffen, der die Kohlenwirtschaft leiten sollte.

gemeinwirtschaftlich regeln“. Auch hier bleiben „die näheren Vorschriften“ dem besonderen Reichsgesetz überlassen. Das ist wieder keine gesetzliche Regelung. Es ist ein Programm. Kommen solche gemeinwirtschaftlichen Gesetze, so wird aus ihnen das Prinzip sich von selbst ergeben. Kommen sie nicht, so bleibt der allgemeine Teil ohne den besonderen abstrakte Theorie. (...)

Von Zeit zu Zeit bilden sich neue Schlagworte. Sie verbreiten sich, ohne daß man es merkt, und beherrschen plötzlich Ausdruck und Empfinden. So ist jetzt „die Verankerung“ überall zu hören.[30] Sie ist aber doch nur ein Bild. Es kann nichts anderes besagen, als daß bestimmte politische oder wirtschaftliche Vorgänge rechtlich festgelegt werden sollen. Dazwischen aber der weitere Gedanke, daß diese Sicherung unter den besonderen Schutz der Verfassung gestellt wird. Und endlich, daß jede Aenderung der einmal getroffenen Vorschrift nur im Wege der Verfassungsänderung möglich werde. Es ist dringend notwendig, sich über den jeweiligen Sinn solcher Verlangen klar zu sein. Das gilt namentlich in dem Punkt, wo die Verankerung am lautesten gefordert wird, bei der *Gestaltung der Arbeiterräte*. Sie sind zunächst nur eine Erscheinung der Revolution. Die erste Frage ist, ob sie mit ihr wieder völlig zu verschwinden haben. Bleiben sie, so muß ihre Bedeutung im Gesamtkörper des Reiches erfaßt werden. Eine ganze Stufenleiter mehr oder minder durchdachter Vorschläge kann man täglich lesen. Da ist das Verlangen ihrer ausschließlichen Herrschermacht. Nach russischem Vorbild sollen sie die Diktatur übernehmen.

30
Das Digitale Wörterbuch der deutschen Sprache verzeichnet tatsächlich eine auffallende Häufung im Frühjahr 1919, etwa in der Vossischen Zeitung und im Berliner Tageblatt. Wenn dort von „Verankerung“ die Rede ist, geht es zumeist um eine Verankerung der Räte im Verfassungsrecht.

Rußland zeigt, wohin diese Diktaturen führen. Dann der gemilderte Gedanke, sie neben das Parlament zu stellen. Sie sollen ein Kontrollrecht haben, das Volk befragen dürfen, Gesetze einbringen usw. Das ist ein Herrenhaus, schlimmer noch als das preußische in seinen schlimmsten Tagen, geeignet, den Reichstag zur Ohnmacht zu verdammen. Ein weiterer Schritt. Mit den Arbeiterräten sollen andere Berufsstände sich zusammenschließen. Die freien Berufe, die Kaufleute, die Beamten und wie sie alle heißen sollen, ihre Stätte in diesem Hause finden. Das führte im günstigsten Falle zu einer ersten Kammer und einer Vertretung der Berufsstände. Im ungünstigsten wieder zu einer verkappten Herrschaft der Industriearbeiter. Man wird schließlich doch wieder die Arbeiterräte aus dem politischen Bereiche entfernen müssen. Sie gehören in das wirtschaftliche Gebiet. Dort werden sie im neuen Staate Gutes leisten können. Sie sind eine Interessenvertretung. Als solche können sie niemals beanspruchen, die Leitung des Ganzen zu übernehmen.[31]

Als Notgesetz hat das Deutsche Reich eine *neue Wehrverfassung* erhalten.[32] Das stolze deutsche Heer ist verschwunden. Mit ihm das Reichsmilitärgesetz, die Wehrordnung und alle Einzelvorschriften. Was man noch vor einem halben Jahre für undenkbar erklärt hatte, die allgemeine Wehrpflicht besteht nicht mehr. Die Not der Zeit schuf ein Freiwilligenheer. Sie brachte auch zugleich den Mann, der aus dem Buchstaben des Gesetzes organisches Leben schafft, den Reichswehrminister *Noske*.[33] In der Hand des energischen Mannes wird auch die neugebildete Wehrmacht

31
Diese politische Positionierung war zu diesem Zeitpunkt, von der USPD abgesehen, bei allen Parteien in der Nationalversammlung konsensfähig.

32
Gesetz über die Bildung einer vorläufigen Reichswehr vom 6. März 1919. Damit sollte die Reichswehr künftig aus den bereits bestehenden Freiwilligenverbänden und neu anzuwerbenden Freiwilligen zusammengesetzt werden. Weil das zugleich das Ende der Soldatenräte bedeutete, stimmte die USPD (als einzige Fraktion) dagegen.

33
Gustav Noske, 1868–1946, war ein populärer Redakteur der Chemnitzer Volksstimme, bevor er 1906 für die SPD in den Reichstag einzog. Im November 1918 wurde er zum Vorsitzenden des örtlichen Arbeiter- und Soldatenrates nach Kiel gewählt, nach der Revolution stieg er zum Volksbeauftragten für Heer und Marine und später zum Reichswehrminister auf. Zu den Volksbeauftragten schon oben Feb. 1919.

genügen, Ordnung zu bringen. Sonderbar erscheint es, daß nach dem Ende des Weltkrieges Deutschland zum Berufsheer greifen muß. Sonderbar, daß die Volkswehrpflicht in England und den Vereinigten Staaten besteht. Der Militarismus ist nicht tot. Er ist nur ausgewandert (...)

Der Kriegsausbruch hatte die Ermächtigung der Richter zur *Bewilligung von Zahlungsfristen* gebracht.[34] Man erwog bereits während des Krieges, inwieweit diese Vorschrift in das gemeine Recht zu übernehmen sei. Einen Schritt auf diesem Gebiete zeigt das Gesetz „zum Schutze gegen die Folgen der Verkehrserschwerung" v. 3. März 1919. Es dehnt die Rechte des Richters auf Fristgewährung, auf Einstellung der Zwangsvollstreckung oder deren Aufhebung und auf die Beseitigung der Folgen nicht rechtzeitiger Zahlung einer Geldforderung nunmehr auf alle Schulden aus, auch auf die, die nach dem 31. Juli 1914 entstanden sind. Voraussetzung ist heute, daß infolge der derzeitigen Erschwerung des Verkehrs mit Teilen des Reichsgebietes die wirtschaftliche Lage des Schuldners wesentlich erschwert ist. Man wird bei diesen Spezialfragen nicht stehenbleiben. Die wirtschaftliche Lage des Schuldners kann aus einer Reihe von anderen Gründen genau so schlimm sein, als daß ihm der Verkehr mit dem linksrheinischen Gebiet oder mit dem östlichen Teile des Reiches unmöglich geworden ist.

Die Nationalversammlung hat das Gesetz über die *Gewährung einer Entschädigung* an die Mitglieder ohne Debatte erledigt.[35] Sie erscheint heute selbstverständlich.

34
Gemeint ist die *Bekanntmachung über die gerichtliche Bewilligung von Zahlungsfristen* vom 7. Aug. 1914, mit der kriegsbedingte Einschränkungen des Wirtschaftslebens berücksichtigt werden sollten.

35
Gesetz über die Gewährung einer Entschädigung an die Mitglieder der verfassunggebenden deutschen Nationalversammlung vom 22. Feb. 1919. Außer den genannten Diäten erhielten alle Mitglieder freie Fahrt mit den deutschen Eisenbahnen.

Der Gedanke der früheren Verfassung, die den Diäten grundsätzlich abhold war und sich erst spät zu bescheidenen Anwesenheitsgeldern bekehrte, ist verschwunden. Jeder Abgeordnete erhält monatlich 1000 M. Für jede versäumte Sitzung werden 30 M. abgezogen. Durch die Zugehörigkeit zur Nationalversammlung entsteht der Anspruch kraft Gesetzes. Er ist aber ausdrücklich als nicht übertragbar erklärt. Er soll jedenfalls auch nicht pfändbar sein. In das Gesamtgut einer ehelichen Gütergemeinschaft fällt er also auch nicht. Das fließt aus der Unübertragbarkeit. Aber für den verstorbenen Abgeordneten erfolgt die Zahlung gültig an die Ehefrau, „ohne daß deren Erbrecht nachgewiesen zu werden braucht“. Aber die Erben haben doch wohl das Recht des Widerspruches und des Beweises, daß die Ehefrau vom Nachlaß ausgeschlossen ist. Eine Aufrechnung ist nicht verboten. Das Reich kann seine Gegenforderung abziehen. Etwa eine solche wegen zuviel erhobener Vergütung. Man freut sich auch wieder einmal an der kleinen Jurisprudenz des täglichen Lebens der Nationalversammlung.

1. Mai

Die *Waffenstillstandsbedingungen* bilden die Quelle fortgesetzter Bedrängungen für uns. Wohl fordert auch dieser völkerrechtliche Akt eine Auslegung nach Treu und Glauben. Aber der Sieger Frankreich kennt ihn nur als Mittel zur Rache und Demütigung des gefallenen Gegners. Deutschland hat der Entente den Truppendurchzug zur Aufrechterhaltung der Ordnung in den

Gebieten des ehemaligen russischen Reiches gestattet. Nun verlangt sie die Landung einer polnischen Armee in Danzig.[36] Diese bilde einen Teil ihrer Streitkräfte. Wir bestreiten das. Denn Polen war und ist kein Teil der Entente. Aber auf diese formalen Momente kommt es nicht an. Das Verlangen eines vorübergehenden Aufenthaltes einer polnischen Streitmacht in Danzig dient nicht der Vertragsabsicht. Die deutsche Zusage soll zu einem Zweck ausgenützt werden, der ihrem Sinne widerspricht. Wieder zeigte sich, daß ein aufrechtes Ablehnen unlauterer Zumutungen das beste Mittel ist, sich wieder Achtung zu verschaffen. Der Danziger Plan fiel. Es ist keine Freude für uns, die ohnehin belasteten Eisenbahnen zum Transport unserer intimsten Feinde herzugeben, besser aber sie rollen durch Deutschland hindurch, als sie setzen sich in Westpreußen fest.

36
Danzig wurde durch den Versailler Vertrag aus dem deutschen Staatsverband herausgelöst und – gegen heftigen Widerstand der Danziger Bevölkerung – zur Freien Stadt erklärt. Die polnischen Truppen von Józef Haller, die auf Seiten Frankreichs gegen das Deutsche Reich gekämpft hatten, sollten über Danzig in den restaurierten polnischen Staat gebracht werden, was man in Danzig und Deutschland als Vorbereitung einer polnischen Besetzung der Stadt fürchtete.

Die Regierung hat bei der Nationalversammlung den Entwurf eines *Staatsgerichtshofes* eingebracht. Vor ihm soll auf Anklage eines Ausschusses der Nationalversammlung gegen politische und militärische Leiter über Vorgänge, „die zum Ausbruche, zur Verlängerung oder zum Verlust des Krieges“ beigetragen haben, verhandelt werden. Der Gerichtshof soll aus dem Reichsgerichtspräsidenten, den Präsidenten des Reichsmilitärgerichts, des preußischen Oberverwaltungsgerichts, des bayerischen Obersten Landesgerichts und des Oberlandesgerichts Hamburg bestehen. Des weiteren ernennt der Staatenausschuß und die Nationalversammlung je fünf Mitglieder. Die Verurteilung spricht zunächst das Verschulden aus. Sie kann aber zugleich den Schuldigen dauernd für unfähig erklären, öffentliche Aemter zu bekleiden. Der Schwerpunkt liegt auf der moralischen Seite. Auch die Aberkennung der Fähigkeit zu öffentlichen Aemtern ist eine Ehrenstrafe als Ausfluß der Mißbilligung des Verhaltens. Wird aber ein Gerichtshof, seine Mitglieder mögen noch so sorgsam gewählt sein, heute ein politisch moralisches Urteil fällen können? Das Verschulden setzt doch die genaue Feststellung der Pflicht voraus. Und deren Inhalt wird durch die politische Auffassung bestimmt. Anders muß ein Pazifist, anders ein Militarist, anders muß ein Sozialdemokrat, anders ein Konservativer denselben Vorgang auffassen. „Diese Fragen erschöpfend zu beantworten, ist letzten Endes Sache der Geschichtsschreibung". Das sagt die Begründung zu dem Gesetz selbst. Damit spricht sie sich selbst gegen den Entwurf aus.

Der 1. Mai ist nun doch zu einem *allgemeinen Feiertag* geworden.[37] Freilich nicht zu dem des revolutionären Deutschlands. Er soll ein Weltfeiertag werden. Ein Tag des Gedenkens an Freiheit und Fortschritt, Kriegsende und Verbrüderung. Aber solche Tage lassen sich nicht dekretieren. Nicht nur wird die feindliche Gruppe, die siegreiche Entente, sich von Deutschland keinen solchen gemeinsamen Gedenktag aufzwingen lassen. Man wird auch bei uns kaum in die Herzen der Menschen heute den Gedanken eines Feiertages einimpfen können. Sowenig wie die Bezeichnung „Wilhelm der Große" jeweils im Volke Wurzel geschlagen hat. Es ist ein Zeichen der Zeit, daß man glaubt, alles durch Gesetze erreichen zu können.

37 *Gesetz über einen allgemeinen Feiertag* vom 17. April 1919, mit den Stimmen von SPD, DDP und Teilen des Zentrums angenommen und ursprünglich nur auf das Jahr 1919 beschränkt.

Vielleicht macht sich ein späterer Historiker an die Aufgabe, den *Begriff des Bolschewismus* festzustellen. Oder wenigstens herauszufinden, was sich die Deutschen im Jahre 1919 darunter gedacht haben. Vielleicht entdeckt er, daß hier weder Gedanke noch Begriff zu finden ist, sondern nur ein Gefühl, ein nervöser Schrei, ein Ausbruch der Verzweiflung. Wer nie etwas besaß oder wer nichts mehr zu verlieren hat, ist der natürliche Parteigänger des alles Eigentum verneinenden und vernichtenden Bolschewismus. Aber aus der Psyche des Volkes erklärt es sich, daß ihn auch die bekennen, welche den Zusammenbruch fürchten. Die Angst vor dem Tode macht zum Selbstmörder. Nur so läßt sich der Aufsatz von Prof. *Eltzbacher* im „Tag" v. 2. April begreifen.[38] Die Zukunft des deutschen Volkes kann „nur noch durch den Bolschewismus gerettet werden", wenn die Entente nicht zur Einsicht kommt. Dann soll dem Bolschewismus die Führung überlassen werden. Eine seltsame Rettung, die uns unter den Trümmern begräbt, ein seltsamer Führer, der uns in den Untergang stürzt. Man brauchte kein Wort darüber zu reden, wenn hier nicht ein Jurist von Name und Ansehen gesprochen hätte. (...)

38
Paul Eltzbacher, 1868–1928, Jura-Studium in Leipzig, Heidelberg, Straßburg und Göttingen, seit 1900 Privatdozent in Halle und seit 1906 Professor an der Handelshochschule in Berlin. 1900 hatte er eine vielbeachtete Schrift über den Anarchismus herausgegeben, 1919 veröffentlichte er *Der Bolschewismus* und die *deutsche Zukunft*. Eltzbacher stammte wie Hachenburg aus einer jüdischen Familie, war wie dieser zunächst nationalkonservativ eingestellt, wurde nach dem Ersten Weltkrieg jedoch zu einem der Vorkämpfer des Nationalbolschewismus.

Auch die jetzige Regierung erhielt ihr *Ermächtigungsgesetz*. Uebergangsvorschriften darf sie ohne das Plenum der Nationalversammlung treffen.[39] Es bedarf nur der Mitwirkung des Staatenausschusses und eines Ausschusses der Nationalversammlung. Der Grund ist die Beschleunigung der Arbeit. Die Verlangsamung der Beratung soll vermieden werden. Die Erfahrungen, die man während der Kriegszeit mit den bundesrätlichen

39
Gesetz über eine vereinfachte Form der Gesetzgebung für die Zwecke der Übergangswirtschaft vom 17. April 1919. 1920 und 1921 folgten dazu weitere Gesetze.

Verordnungen gemacht hat, verlocken gerade nicht zur Weiterverfolgung auf diesem Wege. Es ist nicht nur die Volksvertretung als solche ausgeschaltet. Auch die Oeffentlichkeit und deren starker Einfluß fehlt. Erst durch die Verordnungen werden die Beteiligten über das, was über sie beschlossen wurde, unterrichtet. Was hat man in den Kriegsjahren nicht alles unter die wirtschaftliche Fürsorge gebracht. Strafrechtliche und zivilprozessuale Neuerungen und völkerrechtliche Gegenmaßnahmen. Auch die neue Ermächtigung läßt den weitesten Spielraum. Uebergang ist alles. Man vergißt auch, daß trotz der Vorwürfe über das zu viele Reden doch die Bevölkerung das Recht hat, alles zu erfahren. In dem jetzt beschlossenen Wege ist die Grundlage zu einer Diktatur geschaffen.[40] (...)

40
Das bezieht sich wohl nur auf die Möglichkeit, per Ermächtigungsgesetz zu regieren. Insoweit erwies sich Hachenburgs Sorge als unbegründet; bis 1933 gab es lediglich neun, sachlich und zeitlich klar begrenzte, Ermächtigungsgesetze. Die Möglichkeit, nach Art. 48 per Notverordnung zu regieren, konnte Hachenburg zu diesem Zeitpunkt nicht voraussehen; für die nationalsozialistischen Ermächtigungsgesetze gilt das erst recht. Vgl. insgesamt „Im Zwielicht: Notverordnungen“, S. 339.

Das *Gesetz über die Ausbildung von Kriegsteilnehmern zum Richteramt* ist am 11. April 1919 von der Nationalversammlung in unmittelbar aufeinanderfolgenden 3 Lesungen *angenommen worden.*[41] Den Studierenden können die Zwischensemester als volle Halbjahre angerechnet, der dreijährige praktische Vorbereitungsdienst kann um ein Jahr abgekürzt werden. Damit ist die vielumstrittene Frage erledigt. Der Reichsjustizminister sieht in dem Gesetz den Anreiz für die Studierenden, ihre Arbeit wieder aufzunehmen. Er bittet aber die, welche der Vergünstigung nicht bedürfen, die volle Studienzeit auszunützen. Ginge es so, dann wäre wohl das dem Gerechtigkeitsempfinden entsprechend. Es ist aber auch das Gegenteil denkbar. Die, deren „Spannkraft und Fähigkeit, sich geistig intensiv zu betätigen“, schwer gelitten haben, werden kaum die Energie haben,

41
Gesetz über die Ausbildung von Kriegsteilnehmern zum Richteramte vom 19. April 1919. „Zwischensemester“ konnten in den Semesterferien eingerichtet werden.

das ganze Jahr hindurch und ohne größere Ferien zu arbeiten. Die nervenstark Gebliebenen werden sich der Zwischensemester mit Erfolg bedienen. Die Bitte des Ministers, so berechtigt sie ist, wird gerade auf die am wenigsten Eindruck machen, die sich die stärkste geistige Frische mitbrachten. Daß die Zwischensemester auch an die Kräfte der Lehrer unserer Hochschulen besondere Anforderungen stellen, sollte bei allem Hervorheben des Interesses der Kriegsteilnehmer nicht unerwähnt bleiben. (...)

Die *weiblichen Studierenden der Rechte* an der Univ. Leipzig haben an die Volkskammer der Republik Sachsen eine Eingabe gerichtet mit der Bitte, ihnen „die Zulassung zu den juristischen Staatsprüfungen und die Ausübung der juristischen Berufe zu ermöglichen".[42] Richtig ist darin die unabweisbare Logik, die aus der Erteilung des aktiven und passiven Wahlrechts auch den Anspruch auf das Staatsamt und die Rechtsanwaltschaft ableitet. Zweifelhafter die Begründung, daß gerade die Frauen der besseren Volksklassen „das dringende Bedürfnis haben, von Frauen beraten zu werden". Das kann erst durch eine Probe nach erfolgter Zulassung erwiesen werden. Am bedenklichsten erscheint die wirtschaftliche Seite. Staat und Anwaltschaft stöhnen unter der Ueberfüllung. Sie haben keinen Nahrungsspielraum für den trotz des Krieges immer noch gewaltigen Zudrang. Ist es klug, ihn aus logischer Folgerichtigkeit noch zu vergrößern? Ich darf die Frage aufwerfen. Ich bin seit Jahren für die Gleichstellung der Frauen eingetreten. Auch für die weiblichen Rechtsanwälte. Dann darf ich auch *heute* die Bedenken aussprechen.

42
Diese Bitte wurde bald überregional aufgegriffen. Der *Bund Deutscher Frauenvereine* forderte im Juli 1919 vom Reichstag die Zulassung von Frauen zu den juristischen Staatsprüfungen und bat um entsprechende Änderung des § 2 GVG. Zum Beruf der Richterin oder Anwältin wurde Frauen reichsweit erst 1922 zugelassen.

1. Juni

Die Welt ist wieder einmal um eine Hoffnung ärmer *geworden!* Damit drückt Scheidemann am 12. Mai in der Nationalversammlung die Stimmung über die Friedensbedingungen der Feinde aus. Es gibt keine Verständigung, sondern nur einen Diktatfrieden. Kein besseres Zeichen dafür, als der Ausschluß jeder mündlichen Verhandlung. Man fürchtet das gesprochene Wort und seine Wirkung. Der große Völkerprozeß soll in einem mittelalterlichen Verfahren zu Ende geführt werden. Die deutsche Abordnung darf schriftliche Gegenvorschläge machen. Ueber die Schrift kann man in geheimer Verhandlung hinweggehen und wieder mit der spitzen Feder kalt antworten. Die Geschichte wird ihr Urteil hierüber bald genug fällen.

Der Inhalt der Friedensbedingungen ist das Werk kühnster Rabulistik. Feierlich versichert Herr Clemenceau, daß die Entente an den 14 Punkten *Wilsons* festhält.[43] Aus dem Engel ist aber ein Teufel geworden. Es hat keinen Zweck, auf jeden einzelnen Punkt hinzuweisen. Jeder einzelne, man mag anfassen wo man will, zeigt dasselbe Gesicht. Man denke an das feierliche Versprechen, daß es keine Annexionen geben soll. Daher erhält Frankreich nicht das Saarbecken.[44] Aber die Kohlengruben gehen in sein Eigentum über. Nach 15 Jahren soll eine Volksabstimmung erfolgen. Man mag sich heute schon eine Vorstellung von dieser freien Selbstbestimmung dieses Teiles des Deutschen Reiches machen. Aber wenn Deutschland die Kohlenbergwerke wieder haben will, so muß es deren Wert in

43
Siehe zu Wilson und den 14 Punkten bereits oben März 1919.

44
„Saarbecken“ war die direkte Übersetzung der französischen Bezeichnung „Territoire du Bassin de la Sarre“ aus Art. 48 des Versailler Vertrages. Das Saarbecken wurde für 15 Jahre bis zur Abstimmung 1935 zum Mandatsgebiet des Völkerbundes erklärt. Frankreich erhielt das Recht, die Kohlegruben als Wiedergutmachung für sich auszubeuten.

Gold bezahlen. Ist dies nicht innerhalb eines halben Jahres geschehen, so wird Frankreich endgültig Souverän des Gebietes. Daß eine solche Zahlung in Gold nach 15 Jahren dem ausgesogenen Lande unmöglich ist, weiß jeder. Also nur die schamhafte Vermeidung des Wortes. Die Geschichte wird urteilen. Deutschland ist der zusammengebrochene Schuldner. Es hat sich zu hoch gewagt. Die Kräfte reichten nicht aus. Das ist das Unrecht, für das es büßt. Nun soll es für alle Zeit gefesselt werden. Seine wirtschaftliche Entrechtung im Friedensdokumente ist eine vollständige Versklavung. Man braucht heute nicht mehr die formell rechtliche Angliederung. Sie erscheint als unpraktisch. Aber wer dem andern so verschuldet ist, daß er jeden Pfennig diesem abzuliefern hat, der gehört ihm mit Leib und Seele. Nur daß der Gläubiger nicht einmal die Pflicht der Herren hat, für den Knecht zu sorgen. Die Unsittlichkeit dieses Vertragsteiles springt in die Augen. Die Folgen werden sich zeigen. Es wird vielleicht weniger Zeit dauern, als man heute glaubt und der Richter wird seinen Spruch hierüber verkünden.

Die Hoffnung auf *Wilson und seine Ideale* ist zuschanden geworden. Er hatte die Macht und hat sie nicht gebraucht. Weshalb, wird man vielleicht später hören. Die Erwartung, daß die Völker in den Ententestaaten, daß die Arbeiter in Frankreich und England sich gegen den Gewaltfrieden wenden werden, ist noch utopischer. Sie haben so wenig als Amerikas Präsident den Willen, für das feindliche Deutschland sich selbst zu wagen. Sie haben noch weniger Macht dazu. Der deutsche Sozialismus, der an die Verwirklichung seiner Ziele glaubte, wird durch den Frieden bitter enttäuscht werden. Nicht eine Reaktion oder Gegenrevolution wird ihn beseitigen. Die Quelle, aus der er emporkam, wird vernichtet. Nur eine hochentwickelte Industrie kann eine hochstrebende Arbeiterschaft haben. Nur für sie ist die Mitbestimmung bei den Schicksalen der Werke denkbar. Die Entwaffnung unserer Heere hat uns unter die nackte Gewalt der Feinde gebracht. Diese wieder zerschlägt den Aufbau unseres gewerblichen Lebens. Das weitere muß man sich selbst daraus ableiten.

Das Verlangen der fortgesetzten Verwendung *aller Reichs- und Staatseinkünfte* für die unendliche Reihe der Ansprüche der Feinde an erster Stelle ist nicht nur eine unsittliche Härte. Sie ist eine wirtschaftliche Dummheit. Jeder Kaufmann und Rechtsanwalt könnte den Ententeregierungen sagen, daß kein Schuldner nur für den Gläubiger arbeitet. Die Methode der Friedensbedingungen ist der Weg, auf dem Deutschland zugrunde geht, aber Frankreich nichts erhält. Die Geschichte der Schuldhaft dürfte den Herren in Paris zeigen, was deren Resultate waren. Schon fiel in der Nationalversammlung das Wort vom Bankrott des Reiches und der Bundesstaaten. Es ist die natürliche Folge der Versklavung. Glauben denn die französischen Finanzleute wirklich, daß ein deutscher Staat noch Steuern beitreiben kann und will? Der Gläubiger, der zu seinem Gelde zu kommen hofft, hilft dem Schuldner. Durch freudige Arbeit nur wird ein wirtschaftliches Ergebnis erzielt. (...)

München hat seine Schreckenstage hinter sich.[45] Ein trauriges Schauspiel irregeführter Menschen. Mißleitet von Fanatikern und schlechten Gesellen. Der Gedanke der kommunistischen Republik dürfte wohl begraben sein. Die Schäden, die die vierwöchentlichen Experimente gebracht haben, sind nicht so rasch wegzuwischen. Damit meine ich nicht nur die Vernichtung des Eigentums, sondern auch den tiefergreifenden moralischen Schaden. Der Mord der Geiseln, der auch in der heutigen Zeit, die gegen so vieles abgestumpft wurde, die Gemüter erschüttert. Die Strafe hierfür wird wieder nur die treffen, die das unmittelbare Werkzeug waren. Wieder haben sich die schuldigen Anstifter geflüchtet. Das Standrecht hat wieder seine Opfer gefordert. Möchten die, die darüber klagen, sich doch bewußt sein, daß auch hier nur die Folgen der vorhergehenden Verbrechen sich geltend machen.

45
Am 7. April 1919 hatte die USPD die Münchener Räterepublik ausgerufen. Es kam zu Kämpfen ihrer „Roten Armee“ mit Regierungs- und Freikorpsgruppen. Am 30. April 1919 wurden zehn Mitglieder der deutsch-völkischen „Thule-Gesellschaft“, die als „Geiseln“ genommen worden waren, ermordet. Die daraufhin in München einmarschierenden Freikorpstruppen töteten bei der Niederschlagung der Räterepublik mehr als 600 Menschen, darunter über 300 Zivilisten.

Vor dem Militärgericht fand die Verhandlung gegen Runge und Genossen wegen der Tötung *Liebknechts und der Frau Rosa Luxemburg* statt.[46] Die Anklage lautete auf Mordversuch und Beihilfe zum Mord. Die meisten Angeklagten wurden freigesprochen. Soweit eine Verurteilung stattfand, erfolgte sie nicht wegen Mord oder Tötung. Es ist schon schwer, sich auf Grund der Akten ein Bild von einem Strafverfahren zu machen. Noch schwerer ist es, dies lediglich an der Hand von Zeitungsberichten zu tun. Man hat nicht das Gefühl einer restlosen Aufklärung. Die Grenze zwischen dem erlaubten Vorgehen gegen die Verhafteten und Fluchtverdächtigen und dem strafbaren Vergehen gegen dieselben ist hier außerordentlich schwer zu ziehen.

46
Vom 8.–14. Mai 1919 fand vor dem Militärgericht des Garde-Kavallerie-Schützen-Korps der Prozess statt. Der Soldat Otto Runge hatte – ohne einen entsprechenden Befehl – Rosa Luxemburg beim Abtransport aus dem Hotel Eden mit seinem Gewehrkolben schwer am Kopf verletzt. Er wurde zu zwei Jahren Gefängnis verurteilt. Ende Mai 1945 wurde er von der sowjetischen Geheimpolizei verhaftet und verstarb vermutlich auf dem Transport in den Osten.

Wir sind es gewohnt, einen Richterspruch zu respektieren. Das muß auch hier gelten. Der schon in der früheren Zeit oft ausgesprochene Wunsch, daß die Militärgerichte den Zivilgerichten Platz machen, regt sich erneut. Er ist bei Vorfällen wie dem vorliegenden begreiflich. Jedenfalls hätte ein Urteil eines Schwurgerichtes einen festeren Boden im Volke.

Zur Vorbereitung der kommenden großen Steuern hat jeder Steuerpflichtige auf 31. Mai 1919 *ein Vermögensverzeichnis* zu errichten. Er soll aber die Werte nach dem 31. Dez. 1918 zugrunde legen. Dazu dient eine amtliche Kursfeststellung. Sie trifft vielfach nicht zu. Jedenfalls für die jetzige Zeit nicht mehr. Das Sinken der Wertpapiere geht weiter und weiter. Es erscheint unbillig, ein Vermögen nach einer Größe zu besteuern, die es vielleicht einmal hatte, aber sicher nicht mehr besitzt. Man erwartet in den Kreisen der Bevölkerung eine Rücksichtnahme auf dieses Moment. Es wäre unverständlich, wenn gerade der durch die Ereignisse der letzten Monate am schwersten getroffene Teil der Bevölkerung der Steuer auf Grund eines fingierten Vermögens unterworfen würde. (...)

Das Gesetz über die *Betriebsräte* ist fertiggestellt.[47] Jedes Gewerbe, das über zwanzig Menschen im Lohn beschäftigt, muß einen Ausschuß dieser Arbeiter haben. Eine doppelte Aufgabe ist ihm gestellt. Die eine ist rechtlich fest umrissen. Das ist die Mitwirkung bei Einstellung und Entlassung der Arbeitnehmer. Sie sind gegen willkürliche Kündigung geschützt. Namentlich die politische und religiöse Meinung darf

47
Das Gesetz wurde dann am 18. Jan. 1920 vom Reichstag gebilligt. Fünf Tage zuvor war es bei einer Großdemonstration von USPD und KPD zum „Blutbad vor dem Reichstag“ gekommen, bei dem 42 Menschen ums Leben kamen, nachdem die Polizei das Feuer eröffnet hatte.

nie zur Entlassung führen. Der Gedanke ist schön, aber wohl nur in der Welt der Gedanken. In der Wirklichkeit wird er durch viel zuviel Menschliches getrübt werden. Die andere Aufgabe des Betriebsrates ist nur angedeutet. Er soll die Geschäftsleitung unterstützen, soll raten, vermitteln, helfen. Das sind Dinge, mit denen man alles und nichts anfangen kann. Was aus den Betriebsräten wird und aus der Industrie, wird nicht durch papierne Gesetze, sondern durch die Macht der Tatsachen entschieden. (...)

Das Bezirksgericht Lundenburg in Böhmen lehnte das Ersuchen des Bezirksgerichts Wien-Leopoldstadt um Einziehung einer Geldstrafe ab, weil im *tschechoslowakischen Staate ein im Auslande gefälltes Urteil nicht vollstreckbar sei.*[48] Man darf sich darüber nicht wundern! Denn sobald die Tschechen eine Stadt besetzt hatten, mußte auch der Richter wechseln. Sie ziehen die Folgerungen aus ihren politischen Bestrebungen. Ein Gewähren der Rechtshilfe hieße bei ihnen ein Anerkennen des Fortbestandes der gestürzten Monarchie. Freilich ließe sich die Vollstreckung der Urteile auch ohne dieses begründen. Die Gerichte könnten ruhig die Rechtshilfe als Fortdauer der einmal begründeten Rechtspflicht weiter dauern lassen. Das käme der Rechtspflege zugute. Aber solche Erwägungen stimmen nicht zur Auffassung der Tschechen von ihrer Selbständigkeit und ihrem Siege. Es ist ein Kennzeichen der Revolutionäre aller Richtungen und aller Zeiten, daß ihnen die formale Konsequenz ihrer politischen Richtung höher sein muß als die Sorge um die materielle Gerechtigkeit. Es ist nicht unverständlich, wenn die Menge die Gefängnisse öffnet. Nur unsinnig.

48
Mit der tschechoslowakischen Unabhängigkeitserklärung war im Oktober 1918 der neue Staat ausgerufen und das Königreich Böhmen aufgelöst worden. Die Gebietsverluste Österreich-Ungarns wurden im Vertrag von Saint-Germain („Pariser Vorortverträge") am 10. Sept. 1919 völkerrechtlich besiegelt.

1. Juli

Am 14. Juni wurde die *Antwort der Entente* der deutschen Delegation übergeben. Eine Einleitung in herrischem Tone stellt noch einmal das Recht des Siegers fest. Nur wenige Konzessionen sind mit roter Tinte in den Text hineingeschrieben. Das ist das ganze Ergebnis. Deutschland durchlebt seine schwersten Tage. Bis dieses Heft der DJZ. erschienen ist, ist unser Schicksal entschieden.[49] Während ich schreibe, prüft und erwägt die Regierung. Weshalb voraussagen wollen, da doch die Entscheidung selbst schneller erfolgen muß, als die Fertigstellung des Druckes einer Zeitschrift! Schwer lastet das Unglück auf uns. Aber mit derselben Minute, in der der Gewaltfrieden angenommen wird, muß auch Deutschlands Wiedergeburt beginnen. „Das Reich sie müssen lassen stahn." Das ist heut Alles für uns. In dem verstümmelten Körper lebt eine unzerstörbare Kraft. Wir werden uns zusammenschließen und arbeiten. Mit dem Ende des Krieges beginnt das Werk des Friedens.

49
Am 28. Juni 1919 wurde der Friedensvertrag am Ort der deutschen Kaiserproklamation 1871, im Spiegelsaal von Versailles, durch die Minister Hermann Müller (SPD) und Johannes Bell (Zentrum) unterzeichnet. Es war nicht gelungen, die Feststellung der alleinigen deutschen Kriegsschuld aus dem Vertrag streichen zu lassen. Drei Tage vorher waren Hindenburg und die Oberste Heeresleitung zurückgetreten und hatten sich so der Verantwortung entzogen.

Immer noch ist der Gedanke nicht verschwunden, daß Deutschland die Feinde überzeugen kann, daß es nicht die ausschließliche *Schuld am Kriege* trage. Ein Weißbuch erscheint und bringt neue Belege für die Vorgänge im verhängnisvollen Jahre 1914.[50] Der Reichskanzler jener Zeit veröffentlicht seine Bemerkungen zu den Ereignissen. Keines von beiden wird beachtet. Der Staatsgerichtshof ist durch das Staatenhaus im Prinzip gebilligt.[51] Mit mannigfachen Aenderungen. Es lebt im Entwurfe jetzt die Aberkennung der Fähigkeit zur

50
Es handelt sich um das *Weißbuch betr. die Verantwortlichkeit der Urheber am Kriege*, das am 11. Juni 1919 vom Auswärtigen Amt veröffentlicht worden war.

51
Art. 108 WRV – zu dieser Zeit noch nicht in Kraft – sah die Einrichtung eines Staatsgerichtshofs vor, der endgültig mit dem Reichsgesetz vom 9. Juli 1921 errichtet wurde.

Bekleidung öffentlicher Aemter. Es gibt nur eine Feststellung, eine moralische Verurteilung. Man wird sich auch hiervon nichts versprechen dürfen. Weder dem Auslande gegenüber, das auch dem ehrwürdigsten deutschen Gerichtshofe nichts glaubt. Noch im Inlande, das je nach der Parteien Richtung auch hier gespalten sein wird. Ueber die politische Schuld urteilt nur die Geschichte.

Der von den Alliierten entworfene Friedensvertrag enthält auch das Verlangen der *Auslieferung Kaiser Wilhelms* und seiner Aburteilung durch ein von den feindlichen Staaten selbst zu bildendes Gericht. Deutschland hat sich schon längst gegen diese Zumutung verwahrt. Es ist erfreulich zu sehen, daß besonders auch in Holland selbst sich die Entrüstung gegen diese Zumutung immer energischer regt. Eine Reihe führender Juristen der Niederlande hat das Wort ergriffen. Darunter der Staatsminister *Kuyper.* Sie weisen die Unmöglichkeit einer rechtlichen Begründung schlagend nach. Die dem Kaiser aufgebürdete Verantwortung beruhe auf neuen, nirgend anerkannten Grundsätzen des Völkerrechts. Der Gerichtshof, der ihn abzuurteilen habe, sei ein Gelegenheitsgericht, dem jede Gewähr für die Unparteilichkeit fehle. Er wäre frei in der Prozedur, frei in der Entscheidung, frei in allen Beschlüssen über das, was strafbar ist, frei in der Feststellung des Strafmaßes. Der ganze Gedanke ist so ungeheuerlich, daß die Erklärung nicht unwahrscheinlich klingt, die Entente rechne mit einer Ablehnung Hollands und rechtfertige sich dann in ihren eigenen Ländern mit dieser Weigerung. (...)

Die Erschütterungen im deutschen Volkskörper dauern weiter. Man wird sich darüber nicht wundem. Die Revolution ist eine wirtschaftliche. Wäre sie eine politische, wie die französische Revolution von 1789, dann wäre sie mit dem Uebergang der Macht im Staate vollendet. Jetzt soll sie aber eine Veränderung der sozialen Verhältnisse herbeiführen. Das kann, wenn überhaupt, nur im Wege langsamer Arbeit geschehen. Man lese die Reden auf dem Parteitag der Sozialdemokratie. (...) Man kann nicht mit beiden Füßen aus dem Kapitalismussystem hinausspringen und plötzlich ein anderes an dessen Stelle setzen. Man kann nicht das ganze Gefüge der Staatsverwaltung ausschalten, will man nicht den ganzen Betrieb stillegen und die Anarchie heraufbeschwören. Man kann nicht ohne eine Wehrmacht bestehen, wenn nicht Mord und Plünderung das Reich verwüsten sollen. Aber werden die Massen das begreifen? Sie wollen eine Umkehrung des bisher Bestehenden. Das ist nur durch Gewalt denkbar. Kommt es dazu, dann geht der Weg noch durch viel Schlamm und viel Blut, bis schließlich auch die heute der Revolution dienenden Massen sich wieder der Reaktion zuwenden. Das hat die Geschichte noch immer gezeigt. (...)

In Bayern findet die *Abrechnung mit dem niedergeworfenen Kommunismus vor den Standgerichten* statt.[52] Ein unerfreuliches Schauspiel für den Juristen. Die Standgerichte mögen eine politische Notwendigkeit sein. Ein reines Organ der Rechtspflege werden sie niemals bilden. Ueber Leviné-Nissen wurde das Todesurteil gesprochen und vollstreckt.[53] Der folgende Strafprozeß gegen Klingelhöfer zeigte ein milderes Urteil.

52
Neben den neuen „Volksgerichten“ wurden für die Verurteilung im Zusammenhang mit der Münchener Räterepublik auf der Grundlage des Kriegsrechts Standgerichte eingesetzt.

53
Eugen Leviné, 1883–1919, wurde in St. Petersburg geboren und kam als Dreijähriger nach Deutschland. Während des Jura-Studiums kam er in Kontakt zu russischen Aktivisten, kehrte nach Russland zurück und beteiligte sich dort an der Revolution. Nach Haft und Misshandlung in Russland beendete er in Deutschland ein Studium der Nationalökonomie, wurde provomiert und Mitglied der SPD, später der USPD. 1918 gehörte er zu den Gründern der KPD. Im April 1919 wurde er Anführer der zweiten Münchner Räterepublik. Das Todesurteil gegen ihn wurde am 4. Juni 1919 vollstreckt. Gustav Klingelhöfer (1888–1961) war ein Kommandant der „Roten Armee“.

Man wird sich mit dem einen Todesurteil begnügen. Rechtlich zulässig war es. Wer um die Macht im Staate kämpft und mit den Mitteln der Gewalt sie an sich reißt, muß wissen, daß er dabei sein Leben einsetzt. Wer das Leben anderer dabei vernichtet, muß darauf gefaßt sein, das eigene zu verlieren. Die Ermordung der Geiseln in München ist die moralische Rechtfertigung für die Erschießung Levinés. Die bayerische Regierung wird aus Gründen des politischen Zwanges gehandelt haben. Milde wäre Schwäche gewesen. Das Volksgewissen hält sich an die Münchener Vorgänge.

Am 19. Mai 1919 haben die *Richter von Eisenach* beschlossen, ihre Tätigkeit solange einzustellen, bis ihnen ein ausreichender Schutz gewährt wird. Bei Vorkommnissen, wie sie sich bei dem Putsche v. 9. Mai 1919 abspielten, bei dem gewaltsamen Eindringen einer Rotte von Menschen in das Gerichtsgebäude, dem Vernichten der Akten und der Befreiung von Gefangenen, lasse sich eine geordnete Rechtspflege nicht aufrechterhalten.[54] Die Würde der Gerichte und ihre Unabhängigkeit verbieten das Weiterarbeiten. Das Schicksal des Eisenacher Gerichtes und sein Entschluß steht nicht allein. In andern Städten erlebte man das gleiche Ereignis, das blindwütende Einstürmen des Pöbels auf die Gerichte und die Gefängnisse, das sinnlose Zerstören der dort bewahrten Urkunden und Beweismittel, das Loslassen bestrafter Verbrecher auf die Bewohner. Das ist ein in allen Revolutionen sich findendes Symptom der Gesetzlosigkeit. Man stürzt nicht ungestraft die bestehende Ordnung um. Der Umsturz läßt sich nicht auf das Gebiet, das den Führern vielleicht vorschwebt,

54
Am 9. Mai 1919 hatte es in Eisenach Arbeiterunruhen gegeben. Am 19. Mai besetzten unter Billigung der Regierung Freikorpstruppen die Stadt und verhängten den Ausnahmezustand.

beschränken. Die Anarchie fordert ihre Opfer. Die Revolution gleicht bei den Massen dem Geiste, den sie begreifen. Was Wunder, wenn es Teile derselben gibt, die auch die Gerichte als Unterdrücker angreifen. (...)

Zwischen den *Rechtsanwälten und den Bureaugehilfen* sind seit der Revolution in einer Reihe von Städten *Verhandlungen über Lohntarife* und Regelung der Anstellungsbedingungen im Gange. In einzelnen gelang die Verständigung, in anderen steht sie noch in Frage. In Berlin ist sie gescheitert. Die Sätze, auf die sich die beiderseitigen Kommissionen geeinigt hatten, wurden von der Berliner Anwaltschaft abgelehnt. Das ist sicher zu bedauern. Man darf auch zugeben, daß die Sätze der Berliner Angestellten keine übermäßigen waren. Allein man wird dabei doch die wirtschaftliche Lage der Mehrzahl der Anwälte nicht vergessen dürfen. Sie müssen auch imstande sein, die Lohnsätze zu bezahlen. Sie wollen und dürfen keine Versprechungen machen, die sie nicht erfüllen können. Nun rächt sich die Kurzsichtigkeit des Systems der früheren Regierung, die seit Jahren allen Bestrebungen der Anwaltschaft auf Besserstellung gegenüber taube Ohren hatte und die erst im Jahre 1918 auf die unhaltbaren alten Sätze von 1879 einen Zuschlag von 3/10 gegenüber der Verteuerung aller Lebensbedingungen um 2-300% gewährte. Eine Hebung der Anwaltsgehilfen ist nur möglich, wenn die Rechtsanwälte auch die Mittel dazu haben. Dort ist der Hebel einzusetzen.

1. August

Vor uns liegt der *Friedensvertrag*. Die Nationalversammlung hat ihn auch ratifiziert. Das war nicht anders möglich. Ein Gefühl tiefer Niedergeschlagenheit greift um sich. Nicht nur wegen der unerträglichen Lasten. Mehr noch wegen des Geistes der Rache und des ihr zugrundeliegenden schrankenlosen Volksegoismus. Schön klangen die Botschaften des amerikanischen Präsidenten, und seine Worte von der Völkerversöhnung und dem Völkerbund gewannen ihm heimliche Freunde trotz der offenen Feindschaft. Der Egoismus blieb Sieger. Nicht nur hier. Es zeigt sich dasselbe Schauspiel im Innern. Was erwartete man nicht alles von der Befreiung des Volkes! Der Klassenkampf sollte aufhören. Der Wiederaufbau des zerstörten Lebens sollte in steter Arbeit beginnen. Wie anders ist die Wirklichkeit. Die Streikbewegung ist heute ein Wahnsinn. Was hilft aber jedes beschwörende Wort der Führer? Der Masseninstinkt ist egoistisch gerichtet. Daher die stets steigenden eigenen Ansprüche auf Lohn und Gehalt, daher die Gleichgültigkeit gegen die Interessen der Allgemeinheit. Daher die Hingabe an den Genuß der Stunde. Der ideale Glaube an das Gute in der Menschennatur scheint zuschanden geworden zu sein. Und trotzdem wird es wieder anders werden im Leben der Volksgenossen und im Leben der Völker. Wir vermögen es nur heute nicht zu begreifen. Kein Kranker vermag sich selbst die Prognose zu stellen. Seine Lebenskraft hilft ihm trotz seiner Schmerzen und seiner Verzweiflung. (...)

Die *Auslieferung des Kaisers* und seine Aburteilung vor einem durch die Entente zu bestellenden Gerichte nach einem von ihr zu erlassenden Strafgesetz zu den von ihr zu findenden Strafen bewegt die Köpfe und Herzen aller Deutschen. Aller, auch derer, die seine Gegner waren, auch derer, die an seiner Entthronung mitwirkten. Sie können dem in der Weltgeschichte bisher nicht gekannten Mißbrauch der Gewalt unter der Maske des Rechtsverfahrens nicht gleichgültig gegenüberstehen. So tief wurzelt das Rechtsgefühl in jedem, daß die Verletzung der obersten Prinzipien der Gerechtigkeit als eigener Schmerz empfunden wird. Man beobachte, wie die mannhafte Erklärung *Bethmann-Hollwegs* wirkte, der auch jetzt die volle Verantwortung für alles, was unter seiner Reichskanzlerschaft geschah, tragen und der sich an Stelle des Kaisers den feindlichen Richtern stellen will.[55] Wie *Hindenburgs* ritterliches Eintreten für seinen obersten Kriegsherrn aufgefaßt wird. Wie auch das romantisch anmutende Anbieten der fünf jungen preußischen Prinzen, sich für den Vater zu opfern, menschlich sympathisch erscheint. Das geht in letzer Linie doch wieder auf das Gefühl des entsetzlichen Unrechts zurück, das die Sieger dem früheren deutschen Kaiser und damit dem ganzen deutschen Volke antun. Man rechne nicht mit einer wiederkehrenden Einsicht in den Völkern Frankreichs und Englands. Die Hybris zeigt sich wieder in ihrer vollen Stärke. Daraus aber folgt für uns wieder die sichere Erwartung der von ihr selbst hervorgerufenen Strafe.

Der Entwurf des Abkommens über die *Besetzung der Rheinlande*, der erste Nachtrag zum Friedensvertrage,

55
Der frühere Reichskanzler Theobald von Bethmann Hollweg (1856–1921) hatte sich am 20. Mai 1919 in einem Telegramm an den Reichsaußenminister gewandt und darin erklärt: „Für die politischen Handlungen des Kaisers trage ich für die Dauer meiner Amtszeit als Kanzler die im dt. Staatsrecht geregelte Verantwortung. Ich stelle hiermit anheim, daß die all. und ass. Mächte mich vor ihre Gerichte stellen, liefere mich hierdurch aus und bitte dieselben, mir Ort und Tag zu bezeichnen, wo ich mich ihnen zur Verfügung stellen kann." Paul von Hindenburg ließ am 3. Juli 1919 ein ähnliches Telegramm an Reichspräsident Ebert folgen.

zeigt, was wir von diesem zu erwarten haben.[56] Die oberste Macht liegt in den Händen des hohen Ausschusses. Er besteht aus je einem Vertreter Belgiens, Frankreichs, Englands und der Vereinigten Staaten. Er hat das Recht, Verordnungen mit Gesetzeskraft zu erlassen. Freilich nur, soweit dies für den Unterhalt, die Sicherheit und die Bedürfnisse der Besatzungstruppen der Alliierten erforderlich ist. Aber was läßt sich nicht alles unter diesen Titel bringen. Die deutschen Gerichte bleiben für Zivil- und Strafsachen in Tätigkeit. Aber wer sich eines Vergehens gegen Person oder Eigentum der fremden Streitkräfte schuldig macht, wird von deren Kriegsgerichten abgeurteilt. Die Zivilverwaltung bleibt in der Hand der deutschen Behörden. Aber sie haben sich an die Verordnungen des hohen Ausschusses zu halten. Andernfalls droht ihnen Strafe oder Abberufung. Und im Hintergrunde steht das Recht des hohen Ausschusses, den Belagerungszustand über das besetzte Gebiet zu verhängen. Damit kann er dort jede selbständige Regung unterdrücken. Und ein solcher Zustand soll 15 Jahre dauern! (...)

56
Die Grundlage für das Rheinlandabkommen vom 10. Jan. 1920, in dem die interalliierte Rheinlandkommission festgelegt wurde mit ihren drei Besatzungszonen, der britischen mit Sitz in Köln, der amerikanischen mit Sitz in Koblenz und der französisch-belgischen mit Sitz in Mainz.

Die *neuen Steuergesetze* liegen der Nationalversammlung vor. Die Finanzreform bildet ein Stück der neuen Verfassung Deutschlands. Der Krieg hat die ganze Wirtschaft verändert. Der Neuaufbau muß den veränderten Verhältnissen Rechnung tragen. Die Zuständigkeit der Nationalversammlung steht außer Zweifel. Die beiden wichtigsten Gesetze sind das über die Abgabe von Vermögenszuwachs und das über die Erbschaftssteuer. Das erste will die Kriegsgewinne, soweit sie noch nicht erfaßt sind, einziehen. Es bildet den Schluß der Kriegssteuergesetze. Das eigenartige dabei ist, daß die Höhe des Steuersatzes der Nationalversammlung in zwei Versionen vorgeschlagen wird. Die eine rührt von der Regierung, die andere vom Staatenausschusse her. Ein staatsrechtlich neuer Vorgang. Das Erbschaftssteuergesetz bildet den Auftakt zu der kommenden Reihe von Gesetzen. Es wirkt zugleich sozial umgestaltend. Es soll nicht nur dem Reiche die so bitter nötigen Geldmittel verschaffen. Es beseitigt auch die großen Vermögen und damit die Ungleichheit zwischen den verschiedenen Klassen der Bevölkerung. Der Entwurf bringt auch die Rückwirkung für die Schenkungen an Abkömmlinge, die beim Herannahen des Gesetzes etwas zahlreicher wurden. Sie greift bis 1. Januar 1916 zurück. Dabei wird man freilich nur die notariell beurkundeten Zuwendungen sicher erfassen können. Was in formloser Weise durch sofortige Uebergabe geschenkt wurde, entzieht sich der Kenntnis der Steuerbehörde.

Mit den Steuergesetzen Hand in Hand geht die Frage, ob die *Steuermoral* auch stark genug ist, diese Last zutragen. Es ist in der Menschennatur nur zu sehr begründet, daß sich der einzelne dem Druck zu entziehen sucht. Das gilt ganz besonders von denen, deren Erwerb alles andere als zweifelsfrei ist. Die Erzählungen von den Milliarden Kriegsgewinn, die über die Grenze geschmuggelt wurden, mögen zum Teil übertrieben sein. Ein hinreichender Kern ist sicher vorhanden. Das übt wieder seine Wirkung auf die anderen Steuerpflichtigen. Warum sollen sie die Ehrlichen bleiben? Ein Stück sittlichen Willens wird untergraben. Der Staat muß hiergegen mit seinen stärksten Kräften einschreiten.

Das Gesetz gegen die Steuerflucht ist gegen den auswandernden Menschen gerichtet. Die verschleppten Kapitalien trifft es nicht. Der Offenbarungszwang wird gegen die Banken eingeführt. Er wird vielfach zu spät kommen. (...)

Daß neben der sinkenden *Steuermoral* sich auch Zeichen vaterländischer Gesinnung erhalten, soll nicht verschwiegen werden. Daher darf ich den mir mitgeteilten Gedanken einer deutschen Frau der Oeffentlichkeit unterbreiten. Sie will die Abgabe allen Schmuckes. Er soll ebenso enteignet werden wie die fremden Wertpapiere. Das gibt wieder ein Mittel, Zahlungen an das Ausland zu leisten. Es ist heute keine Zeit mehr, Perlen und Brillanten zu tragen oder zu besitzen. Was in den Ländern des Bolschewismus durch Raub geschah, soll bei uns in freiwilliger Ordnung aus der eigenen Initiative der Frauen erfolgen. Was sagen diese dazu?

Zu den wichtigsten Problemen gehört der Kampf gegen die fortgesetzte *Steigerung der Grundstückspreise.* In Baden ist seit 1. Mai 1919 ein Gesetz in Geltung, das zu jeder Grundstücksveräußerung die staatliche Genehmigung fordert. Daneben besteht das Vorkaufsrecht des Staates. Es kann auch auf Kreise und Gemeinden und gemeinnützige Anstalten übertragen werden. In besonderen Fällen tritt endlich auch ein Enteignungsrecht ein. Damit will der Staat die Gewährung von Spekulationspreisen unterdrücken. Die Genehmigung soll überall da versagt werden, wo solch übermäßige Summen gewährt werden. Der Gedanke ist zweifellos ein glücklicher. Die Ausführung aber stellt die Behörden vor eine sehr schwere Aufgabe. Eigentlich sollte jeder einzelne Fall untersucht werden. Das wird aber kaum möglich sein. Man muß fürchten, daß ein rein schematisches Beurteilen sich aufdrängen wird. Dann reizt das Erfordernis der Staatsgenehmigung zur Umgehung dieser Vorschriften, wenn nicht die Berücksichtigung der konkreten Prüfung gesichert ist. In der Hand der Vollzugsorgane liegt daher das Schicksal das Gesetzes.

Die Zwangsvollstreckung gegen die Kriegsteilnehmer wird langsam wieder auf die normalen Wege geleitet.[57] Nach der Verordnung v. 14. Dez. 1918 war sie nur mit Zustimmung der Vollstreckungsgerichte möglich. Sie sollte in der Regel versagt werden. Die neueste VO. v. 17. Juni 1919 verlängert die Schonfrist zwar wieder bis 1. Jan. 1920. Aber sie trägt auch den Interessen der Gläubiger Rechnung. In drei von ihr aufgestellten Gruppen, bei den Ansprüchen auf Unterhalt, bei Forderungen, die erst nach Beendigung der Kriegsteilnehmerschaft entstanden, und überhaupt nach Ablauf von sechs Monaten seit dieser Zeit soll die Vollstreckung nur ausnahmsweise versagt werden. Die Zahl solcher Fälle wird sich voraussichtlich bei der Handhabung des Gesetzes als vermehrungsbedürftig zeigen. Je mehr die Kriegsteilnehmer wieder in das bürgerliche Leben zurückkehren, je schwerer dieses für die Gesamtheit wird, desto mehr wird man von der Privilegierung der Kriegsteilnehmer Abstand nehmen müssen. Es muß dem Richter im Einzelfalle gestattet sein, bei der Stundung auch auf dieses Moment Rücksicht zu nehmen. Ein langdauerndes Vorrecht, einfach auf die Tatsache

57 Vgl. „Die Ordnung der Krise: Konkurs“, S. 261

der Teilnahme am Kriege gestützt, verträgt sich mit der wirtschaftlichen Not des ganzen Volkes nicht. (...)

Die Drohungen des *Generalstreiks* am Ende Juni haben einen denkwürdigen Erlaß *des Reichswehrministers* hervorgerufen. Er verlangt Rückkehr zur Arbeit. Er verbietet das Niederlegen derselben. Nur Arbeitsunfähigkeit befreit davon. Er verweist auf das Strafgesetz und die Strafen wegen Landesverrat. Er stützt sich aber, soweit dies nicht zutrifft, auf den § 9 des Gesetzes über den Kriegszustand. Auch die neue Regierung muß mit dem Rüstzeug der alten arbeiten. Die Instinkte der Menschen walten ohne Hemmungen. Nur mit Reden und Mahnungen bannt man sie nicht wieder. Die menschliche Natur ist die gleiche in der Monarchie wie in der Republik. Ohne Ordnung kein Leben. Ohne Macht keine Ordnung, und keine Macht ohne Gewalt. Das zeigt der Noskesche Erlaß lehrreicher als alle wissenschaftlichen Erörterungen.

Die Rechtsanwälte schreiten zur Selbsthilfe. Die Gebührenordnung von 1879 trotz der im letzten Kriegsjahr bewilligten Zuschläge von 3/10 ist längst ungenügend gewesen. Das bedeutete gegenüber den steigenden Ansprüchen des eigenen Lebens und der Angestellten einen Zusammenbruch. Allerorts fassen die Verbände Beschlüsse, nur noch gegen eine besondere, vom Gegner im Falle des Unterliegens nicht ersatzpflichtige Vergütung einen Prozeß zu übernehmen. Man sichert sich gegenseitig die Einhaltung dieser Abrede zu. Nur aus Rücksicht auf die wirtschaftliche Lage des Klienten ist ein Abweichen hiervon gestattet. Die Sätze der

Erhöhung schwanken zwischen 30 und 100%. Ein einheitliches Vergehen wäre erwünscht. Aber es ist bei der gebotenen Eile nicht durchführbar gewesen. (...)

1. September

Die *neue Verfassung* des Deutschen Reichs ist von der Nationalversammlung angenommen. Zum Zeichen wurde die schwarz-rot-goldene Fahne gehißt.[58] Daß aus dem Chaos wieder Ordnung wurde, ist an sich schon ein tüchtiges Stück. Doch kann die Verfassung nur die Richtschnur dafür geben. Wichtiger fast als ihre Feststellung wird jetzt sein, daß sich das Leben des Volkes danach richtet. Der Rechtsstaat zeigt sich nicht in seinem Programme. Er ist erst vorhanden, wenn jeder nach den Rechtsgrundsätzen handelt und behandelt wird. Erst die Zukunft wird dann das Urteil über die Verfassung von 1919 fällen, politisch wie juristisch. Der Jurist ist geneigt, das Kapitel von den Grundrechten als zwecklos abzulehnen. Es scheint nur eine Unterlage für den künftigen Schulunterricht in der Bürgerlehre. Es kann gefährlich werden in der Hand der Opposition, die bei der Gesetzgebung leicht einen Widerspruch zu Verfassungsgrundsätzen findet und daher die Form der Verfassungsänderung fordern wird. Lassen wir die Erfahrung sprechen. Die Verfassung ist nun einmal mit diesen theoretischen Teilen ausgestattet. Wir wollen sie uns nicht hierdurch verderben. Und politisch gilt erst recht das Verlangen einer ehrlichen Probe. Unwandelbar ist nie eine Verfassung gewesen und wenn sie für die Ewigkeit bestimmt wäre. Wer hätte in

58
Die Verfassung des Deutschen Reiches vom 11. Aug. 1919 hatte sich in ihrem Art. 3 zu diesen Farben bekannt, die die alten Reichsfarben schwarz-weiß-rot ablösten.

Frankreich im Jahre 1795 geglaubt, daß man in 10 Jahren einen Kaiser und nach wieder 10 Jahren einen König haben werde! (...)

Der Entwurf der *großen Vermögensabgabe* ist unter dem Namen des „*Reichsnotopfers*" veröffentlicht worden. Er baut auf dem Gedanken auf, daß die Verschuldung des Reiches eine Verschuldung seiner Angehörigen ist. Sie haben ihr Vermögen jenem zur Tilgung seiner Verpflichtungen zur Verfügung zu stellen. Das geschieht auch hier in progressiver Weise. Die großen Vermögen tragen die schwersten Lasten. Das wird als ein Akt der Sozialisierung bezeichnet. Die Unterschiede zwischen dem Riesenvermögen und der Armut verringerten sich. Deutschland kehrt wieder auf den Stand des mittleren Vermögens zurück. Das mag vielleicht mildernd wirken. Eine Sozialisierung ist es aber doch deshalb nicht. Das Schlagwort, daß der beste Finanzminister der beste Sozialisierungsminister ist, darf dabei nicht irreführen. Das Gesetz ist erst im Werden. Es wird, bis es im RGBl. steht, noch mancherlei Aenderung erfahren. Eine ist schon auf dem Marsche. Sie ist im Entwurf angedeutet. Die Abgabe wird für die Industrie auf 30, für die Landwirtschaft auf 50 Jahre gestundet. Dann hört sie aber auf, Vermögensabgabe zu sein. Sie wird aus dem Einkommen erwirtschaftet werden. Dabei will das Reich aber Vorzugsgläubiger sein. Das wird bei den Grundstücken in den Hypothekenkredit verwirrend eingreifen. Alle Eintragungen werden um den Betrag der Staatssteuerforderung schlechter. Auch Handel und Industrie sollen Sicherheit leisten. Dann aber ist die Berücksichtigung ihrer wirtschaftlichen Lage durch die Frist nur eine scheinbare. Es wird noch manches Problem zu lösen sein, ehe das Gesetz brauchbare Form annimmt.[59]

Die *Reichseinkommenssteuer* ist sicher.[60] Unsicher aber, ob sie so werden wird, wie sie von der Regierung geplant ist. Sie soll nur dem Reiche gehören. Den Gliedstaaten und den Gemeinden bleibt kein eigenes Recht der Besteuerung des Einkommens. Sie erhalten ihren Anteil vom Reiche zugewiesen. Das führt zu einem straffen Einheitsstaat. Die einzelnen Länder sind in ihrer ganzen Existenz vom Reiche abhängig. Ein eigenes Leben ohne eigene Finanzen ist staatsrechtlich nicht denkbar. Sie werden dadurch von innen heraus ausgehöhlt und tatsächlich nur zu Provinzen des Reichs. Die Vertreter der Zentralisierung werden dies nicht nur mit in Kauf nehmen. Sie werden es geradezu als besten Erfolg dieses Steuerplanes begrüßen. Wie aber bei den Gemeinden? Eine Selbstverwaltung, die abhängig ist vom Reiche, muß doch verkümmern. Alles wird nach Berlin schauen. Es wird ein Wetteifern um die größten Zuwendungen geben und eine Eifersucht derer, die zu wenig erhalten zu haben meinen. Um den Preis wird man die Finanzeinheit doch wohl nicht erkaufen wollen. Es muß auch noch andere Wege geben, die zu einem Ausgleich der Interessen von Reich, Ländern und Kommunen führen. (...)

Unter dem Namen der *Sozialisierung* ergreift das Reich die *Elektrizität.*[61] Es spricht sich weitgehende Rechte zu. Es will das ausschließliche Recht auf Fernleitungen. Der Transport der elektrischen Kraft ist in seiner

59
Das *Reichsnotopfergesetz* vom 31. Dez. 1919 enthielt mit dieser Vermögenssteuer das vielleicht umstrittenste Gesetz der Finanzreformen durch den Finanzminister Matthias Erzberger. Seine Umsetzung führte zu Schwierigkeiten, etwa in Zeiten der Inflation.

60
Zu dem Gesetz kam es dann am 29. März 1920 als Teil der von Erzberger initiierten „Jahrhundertreform des Steuerrechts", zu der nicht nur die nationale Einkommensteuer, sondern auch eine moderne Abgabenordnung und eine einheitliche Finanzverwaltung gehörten.

61
Zwar wurde das *Gesetz zur Sozialisierung der Elektrizitätswirtschaft* am 16. Dez. 1919 von der Nationalversammlung beschlossen. Zum Erlass eines eigentlich vorgesehenen Ausführungsgesetzes kam es jedoch später nicht mehr und damit auch nicht zu der geplanten „Sozialisierung" zugunsten des Reiches und zu Lasten der Kommunen und privaten Eigentümer.

Hand vereinigt. Es kann die bestehenden Werke der Krafterzeugung, die im Privatbesitze sind, übernehmen. Es kann Teilhaber bei ihnen werden. Man verfolgt wirtschaftliche Ziele. Die Wasserkräfte sollen einheitlich ausgenutzt werden. Die bisherige Zersplitterung hat sich als unwirtschaftlich erwiesen. Zugleich aber tritt der finanzielle Gedanke stark hervor. Das Reich soll aus dem Monopol Einnahmen erzielen. Es wird jetzt Unternehmer. Die Ergebnisse, wenn sich solche zeigen, kommen der Reichskasse und damit der Allgemeinheit zugute. Aber der Arbeiter bleibt genau, was er war. Das Kapital ist nicht ausgeschaltet. Es kann es auch nicht werden. Nur muß man die fiskalisch gebotenen Maßnahmen als solche offen bezeichnen und nicht als sozialistische Vorgänge bezeichnen wollen.

Die *Pensionierung der Reichsbeamten* erhält in zwei Richtungen durch Reichsgesetz neue Gestaltung. Zum einen soll den Beamten, die das 65. Lebensjahr vollendet haben, ein Zuschlag von 10% zu der gesetzlichen Pension gewährt werden. Das ist als Anreiz zur früheren Beantragung des Abschiedes gedacht. Damit soll eine Verjüngung der Beamtenschaft erzielt werden. Damit werden auch die älteren, an sich konservativeren Elemente ausscheiden. Zum andern wird auch den Beamten, die das 65. Lebensjahr noch nicht erreicht haben, und bei denen die sonstigen Voraussetzungen der Pensionierung nicht vorliegen, die Pensionierung gewährt, wenn sie es mit ihren inneren Auffassungen und den Traditionen ihrer Familie nicht vereinbaren können, der Republik zu dienen. Sie sollen nicht gezwungen werden, gegen ihre Ueberzeugung zu handeln.

Daraus folgt, daß sich dies nur auf solche Beamten beziehen kann, bei welchen die politische Meinung auf ihre Amtsführung von Einfluß ist. Das zeigt wieder, daß auch die neue Regierung der Republik wie die alte der Monarchie Beamte braucht, die ihre Politik billigen und sie ihr machen helfen. Man konnte sich früher keinen fortschrittlichen oder sozialdemokratischen Landrat und Regierungspräsidenten denken. Jetzt wird die konservative Minderheit dasselbe Schicksal erfahren sollen. Das Vorbild des Reiches wird für die Gliedstaaten bestimmend werden. Hoffentlich auch in dem ruhigen Gang der Dinge und dem Abwarten der Initiative des Beamten selbst. (...)

1. Oktober

(...) Auch der *Friedensvertrag der Entente mit Oesterreich* verbietet den Anschluß an Deutschland. Nur mit Zustimmung des Völkerbundes soll dies zulässig sein.[62] Das ist Frankreichs mächtiger Wille. Solange dieser besteht, ist eine Vereinigung aller Deutschen im einheitlichen Reiche nicht zu erreichen. Trotz aller schönen Reden von der Selbstbestimmung der Völker. Und um ja zu zeigen, wie groß das Uebergewicht Frankreichs ist, hat Clemenceau eine Aufforderung des Obersten Rates der Alliierten durchgesetzt, in der wegen eines formalen Widerspruchs mit den Bestimmungen des Friedensvertrags über den Anschluß Deutsch-Oesterreichs der Art. 61 Abs. 2 der Reichsverfassung außer Kraft gesetzt werden soll.[63] Zugleich verkündete der französ. Ministerpräsident in der

62
Vgl. „Zahnloser Tiger: Der Völkerbund“, S. 89.

63
Art. 61 Abs. 2 WRV lautete: „Deutschösterreich erhält nach seinem Anschluß an das Deutsche Reich das Recht der Teilnahme am Reichsrat mit der seiner Bevölkerung entsprechenden Stimmenzahl. Bis dahin haben die Vertreter Deutschösterreichs beratende Stimme.“ Er blieb auch nach dem alliierten Protest erhalten.

Kammer die Drohung des Einmarsches in das rechtsrheinische Gebiet. Die deutsche Regierung erklärte, was sie erklären mußte. Ein Widerspruch mit dem Friedensvertrag war nicht beabsichtigt. Ein materieller Verstoß könne überhaupt nicht in Betracht kommen. Die beanstandeten Bestimmungen der Verfassung sollten so lange außer Kraft bleiben, bis der Völkerbund der Vereinigung Deutsch-Oesterreichs mit dem Deutschen Reiche zustimmte. Das ist selbstverständlich, denn ohne die Genehmigung der Alliierten kann heute überhaupt nichts geschehen, es mag im Vertrage stehen oder nicht. Der Oberste Rat begnügte sich damit nicht. Er verlangte eine förmliche Entsendung eines Bevollmächtigten und die Erklärung zu Protokoll. Das Verlangen der Franzosen nach weiterem Vormarsch hat er abgelehnt. Es ist kaum verständlich, daß dieser Gedanke ernstlich auftauchen konnte, außer in Köpfen, die nach einem Vorwande suchen, unter allen Umständen wieder Krieg zu spielen. In Deutschland freut man sich über die „Niederlage" Frankreichs innerhalb der alliierten und assozierten Regierungen. Man sollte darauf wenig Wert legen. Wer den Prozeß verloren hat, dem hilft es nichts, wenn der Gegner in der Vollstreckungsinstanz mit einem nebensächlichen Antrag unterliegt. (...)

In *München* hat sich im Sept. das Strafverfahren gegen die Angeklagten wegen des *Geiselmordes* abgespielt.[64] Es endete mit der Verurteilung der Hauptschuldigen zum Tode. Ein furchtbares Bild entrollte sich. Man sieht, wer die Führer gewesen sind. Menschen ohne jeden sittlichen Halt. Tierisch brutale Gesellen, Menschen

64 Siehe dazu schon oben Juni und Juli 1919.

mit verminderter Zurechnungsfähigkeit, denen der Blutrausch das Gehirn umnebelt hatte. Dann wieder schwache Personen, die sich einfach gebrauchen ließen. Keiner hatte den vollen Mut, seine Ueberzeugung auszusprechen und für sein Tun einzustehen. Die ganze Scheußlichkeit und Erbärmlichkeit, die sich hier auftut, sollte gerade den Arbeitern die Augen öffnen. Sie sollten erkennen, wer sich bei der Räterepublik an ihre Spitze gestellt hatte. Sie sollten daraus sehen, wohin sie unter dieser Führung gelangen müssen.

Das Verfahren wegen des Geiselmordes fand vor den *neugeschaffenen Volksgerichten* statt.[65] Sie ersetzen die Standgerichte. Das wird auch zur Beruhigung in weiteren Kreisen des Volkes dienen. Man wird Verfahren und Urteil nicht als einseitig beeinflußt auffassen können. Interessant war, daß mehrfach Zeugen die Eidesleistung aus Ueberzeugungsgründen ablehnten. Das Gericht verurteilt sie zu den gesetzlichen Strafen wegen Eidesverweigerung. Die Verteidigung wies auf die Bestimmung der neuen Reichsverfassung hin, wonach niemand mehr zur Bezeugung einer religiösen Eidesform gezwungen werden könne. Das Gericht ging hierauf nicht ein. Noch bestehe die Strafprozessordnung. Es zeigt sich hier eine der nachteiligen Folgen aus der Aufnahme allgemeiner Gedanken in die Verfassung. Die Frage, ob sie nur programmatischer Natur oder von unmittelbarer Wirkung sind, wird praktisch.

65
Wie vielfach im Reich, waren auch in Bayern unter der Regierung Kurt Eisners (1867–1919, USPD) im November 1918 Volksgerichte eingeführt worden. Von den fünf Richtern waren drei Laien, das Verfahren war verkürzt und es gab keinen Instanzenzug. Auch der Hitler-Prozess 1924 fand vor dem Münchner Volksgericht statt. Im selben Jahr wurden die Volksgerichte in München wieder abgeschafft.

Das Schicksal des *Gesetzes über die Betriebsräte* wird sich jetzt entscheiden. Ausschlaggebend werden politische Momente sein. Aber auch seine Freunde müssen darauf bedacht sein, daß es nicht Schaden stiftet, statt zu nützen. Sehr beachtlich ist für alle Parteien die Warnung, die der Reichsverband der deutschen Industrie gemeinsam mit anderen Vereinigungen gegen eine besondere Vorschrift des Entwurfes erläßt. Gemäß § 65 wird in Unternehmungen, in denen mindestens 50 Arbeitnehmer beschäftigt sind, diesen das Recht der Einsicht in die Bilanz und die Gewinn- und Verlustrechnung gegeben. Für die Aktiengesellschaften kommt dieser Bestimmung keine wesentliche Bedeutung zu. Sie müssen ja ihre Bilanzen doch veröffentlichen. Anders bei den Einzelfirmen und offenen Handelsgesellschaften. Hier kann die Offenlegung der Bilanz eine Erschütterung des ganzen Kredits zur Folge haben. Namentlich wird die Ausgleichung schlechter Geschäftsjahre durch die folgenden guten häufig vereitelt werden. Es ist zu hoffen, daß man in der Nationalversammlung diese Bedenken berücksichtigt. Allzuviel werden die Arbeiter mit dem Rechte der Bilanzeinsicht nicht anfangen können. Eine Nachprüfung steht ihnen nicht zu. Die Versuchung, die Bilanz niederzuhalten, um steigende Lohngelüste zurückzudrängen, liegt nahe. Eine ausgleichende Bilanzpolitik, die auch die künftigen Jahre berücksichtigt, kann man von den Arbeitern nicht verlangen. Es liegt aber in deren eigenstem Interesse, die Unternehmungen, in denen sie ihr Brot finden, vor Erschütterungen und Vernichtungen zu bewahren.

Jedermann weiß, was uns heute aus dem tiefen Unglück erretten und vor dem *Zusammenbruch* bewahren kann. Das ist einzig und allein die *Arbeit*. Die führenden Köpfe sind sich dessen bewußt. Einerlei, welcher

Partei sie angehören. Die Massen sind noch nicht fähig, es zu begreifen. Wo sie es vielleicht verstehen, fehlt die Energie der Selbstüberwindung. Man wird auch hier nur ein schrittweises Vorgehen in der Besserung erwarten können. Mit gespanntem Interesse verfolgt man die Versuche von Offizieren, die durch die Auflösung des Heeres freiwerdenden Soldaten zu kameradschaftlichen verbundenen Arbeiterkorps zusammenzuhalten. Sie führen sie dahin, wo die dringendste Arbeit vorliegt. Sie bieten ihnen mehr als den Unterhalt. Sie wollen ihre Leute bodenständig machen. Es soll ihnen Land zur Siedlung zur Verfügung gestellt werden. In gemeinsamem Wirken sollen sie sich die Heimstätte selbst erbauen. In genossenschaftlichem Zusammenschluß sollen sie sich Gärten erschaffen. Wenn dies gelingt, wenn aus den Trümmern der Armee ein Arbeiterheer, entsteht, so kann dies von unendlicher Bedeutung für die wirtschaftliche Gesundung Deutschlands werden. Regierung und Gesetzgebung werden fördernd einzugreifen haben.[66] Man wird hier wieder zu Naturalleistungen als Entgelt für die Arbeiter zurückkehren dürfen. Es ist nicht mehr zu fürchten, daß die Arbeiter hierbei einer willkürlichen Ausnutzung ausgeliefert werden. Sie sollen durch ihre Arbeit unmittelbar sich das kostbarste schaffen, was der Mensch besitzt, das eigene Heim.

66
Ein Beispiel für diese Förderung wurde dann das *Reichsheimstättengesetz* vom 10. Mai 1920, mit dem insbesondere für Kriegsteilnehmer die Bereitstellung von Wohnraum gefördert wurde.

In Baden hat man die *Gemeindeordnung und Städteordnung* dem modernen Prinzipe der Gleichstellung der Geschlechter entsprechend abgeändert. Auch die Frauen sind wählbar. Daraus ergab sich die Notwendigkeit des Verbots der gleichzeitigen Zugehörigkeit zweier

Ehegatten zum Stadtrat. Man hat wie bisher auch das nachträgliche Eintreten dieses Moments berücksichtigt. Es war seither bestimmt, daß, wenn eine Schwägerschaft im Laufe der Wahlperiode entsteht, das Mitglied, durch welches das Hindernis herbeigeführt worden ist, ausscheidet. Man hat jetzt neben und vor der Schwägerschaft nun auch die Ehe eingeschaltet. Im übrigen blieb der Text. Daraus ergibt sich, daß auch bei der Verheiratung eines männlichen mit einem weiblichen Stadtrat zu fragen ist, durch welchen von beiden „das Hindernis herbeigeführt wurde". Wie soll man das aber entscheiden? Hat der Mann oder die Frau den Anstoß zur Ehe im konkreten Falle gegeben? Man müßte in die intimsten Vorgänge eindringen, ohne jedoch eine Lösung finden zu können. Man sieht, welche Blüten die Schnelligkeit in der Gesetzgebung zeitigt.

Der *Berliner Anwaltsverein* hat mit dem Verband der Bureauangestellten Deutschlands (Ortsgruppe Groß-Berlin) und dem Deutschen Rechtsanwalts- und Notariatsbureaubeamten-Verband (Sitz Leipzig), Ortsverein Berlin, einen *Tarifvertrag* über die Regelung der Anstellungsbedingungen der Angestellten der Rechtsanwälte und Notare in Groß-Berlin geschlossen. Er gilt für die Mitglieder der vertragschließenden Vereine. (...)

Das Reichsjustizministerium hat auf eine Anfrage eines Abgeordneten erklärt, daß die durch Anordnung des Reichskanzlers v. 23. Sept. 1918 vorgeschriebene *Verhandlung bei den Mieteinigungsämtern* in nicht öffentlicher Sitzung beibehalten werde.[67] Bestimmend ist dabei die Rücksicht auf die Parteien. Das Einigungsamt

67
Die paritätisch mit Vermietern und Mietern besetzen Einigungsämter waren z.B. bei Kündigungen einzuschalten. Die Mieteinigungsämter waren bereits 1914 ins Leben gerufen worden, hatten aber erst 1918 auch Entscheidungsbefugnisse erhalten.

soll seine Entscheidung nach freiem Ermessen treffen. Es soll ihm zu diesem Zwecke eine Mitteilung über die Einkommens- und Vermögensverhältnisse beider Parteien gemacht werden. Das läßt sich nicht durchführen, wenn fremde Zuhörer zugegen wären. Man wird diese Gründe wohl begreifen. Wer seine innersten Verhältnisse darzulegen hätte, fühlt sich beengt, wenn er eine Weiterverbreitung zu erwarten hätte. Durch den Ausschluß der Oeffentlichkeit aber gerät das Einigungsamt in eine eigenartige Stellung. Seine Entscheidungen entbehren der Kontrolle der Oeffentlichkeit. Man hat sich zu sehr an diese als etwas Selbstverständliches gewöhnt, als daß man einem Beschluß, der hinter verschlossenen Türen erfolgt, das unbegrenzte Vertrauen wie den Entscheidungen der ordentlichen Gerichte ohne weiteres entgegenbringt. Viel hängt daher davon ab, wie die Einigungsämter, namentlich ihre Vorsitzenden, ihres Amtes walten.

Am 1. *Oktober* 1919 sind es 40 Jahre, daß das *Reichsgericht* seine Tätigkeit begann. Wir haben heute nicht mehr allzuviel Dinge, auf die wir stolz sein dürfen. Die, die uns geblieben sind, müssen wir uns mit doppelter Stärke vor Augen führen. Das hilft wieder das Selbstbewußtsein heben. Man konnte oft vor dem Kriege die Hochachtung ausländischer Juristen vor dem Reichsgericht hören. Wenn sie jetzt wieder unparteiisch seine Rechtsprechung während des Krieges kennenlernten, so müßten sie sich vor ihm beugen. Kein Staat der Welt kann sich solcher objektiver Rechtssprüche rühmen. Das Reichsgericht ist ein deutsches Gericht mit allen Vorzügen und allen Fehlern der Deutschen. Es kann gelehrt und umständlich in seinen Gründen sein. Zögernd in der Erfassung fortschrittlicher Ideen. Aber es ist durchdrungen von der hohen Aufgabe, das Recht zu suchen und zu finden. Es läßt sich von diesem Ziele durch keinen Einfluß, er mag sein, wie er will, abbringen. Ein starrer Fels manchmal, aber immer ein fester Fels. Wohl uns, daß in diesem schweren Tag uns der Trost geblieben ist. (...)

1. November

(...) Mit dem Frieden wird das sonderbare Zwittergebilde des Saarbeckens existent.[68] Es wird ein interessantes Objekt der staatsrechtlichen Betrachtung werden. Wenn nur nicht all diese Untersuchungen ein Stich ins Herz wären. Die deutschen Gesetze, die am 11. Nov. 1918 galten, bleiben in Kraft. Was in der Zwischenzeit geschah, berührt das Saargebiet nicht. Eine neue gesetzgebende Gewalt wird erst geschaffen. Also stockt die Gesetzgebung. Die Regierung wird einem Ausschuß übertragen. Er wird vom Rate des Völkerbundes ernannt. Aber dieser selbst ist ja noch nicht vorhanden. Die im Saargebiet bestehenden Zivil- und Strafgerichte werden beibehalten. Beim Regierungsausschuß wird ein eigener Gerichtshof als Berufungsinstanz gebildet. Bis zu dem Inkraftreten des Friedensvertrages sind aber die bisherigen Obergerichte zuständig. Das hat auch das RG. als Revisionsinstanz in Strafsachen gegenüber einem Urteile der Strafkammer bejaht. Aber dann scheidet es aus. Wie der Rechtszustand bis zur Einrichtung des neuen Gerichts wird, ist noch unklar.

68 Dazu schon oben Juni 1919.

Und ebenso fraglich, woher der Staat Saarbecken die Ausgaben für seine Verwaltung und Gerichtsbarkeit bestreitet.

Noch schwieriger werden die Justizverhältnisse *in den an Polen abzutretenden Gebietsteilen.*[69] Bis zum Uebergang unter die neue Herrschaft müssen logischerweise die alten Gerichte unter der preußischen Justizhoheit funktionieren. Dem hat auch das polnische Justizamt im Prinzip zugestimmt. Der oberste polnische Volksrat in Posen aber griff fortwährend in die richterliche Tätigkeit ein. Er erschwerte die Strafvollstreckung gegen verurteilte Polen. Er verhinderte die Auszahlung der vom preußischen Justizminister angeordneten Auszahlung einer Entschuldungshilfe. Das alles, obwohl man in Polen weiß, daß man ohne die Hilfe der deutschen Justizbeamten auch nach der Einverleibung Posens in die polnische Republik keine geordnete Rechtspflege bewerkstelligen kann. Nun sind die Justizbeamten Posens regelrecht in Ausstand getreten. Nur Notstandsarbeiten werden vorgenommen. Selbst das Schwurgericht wurde abgebrochen. Es ist derselbe Vorgang wie in den besetzten Gebieten. Es bleibt gegen die Willkür nur das Versagen der geforderten Arbeit, ohne die der Staat nicht bestehen kann. Der Streik hat längst aufgehört, ein Mittel der Arbeiter im Lohnkampf zu sein.

69 Insbesondere Westpreußen (ohne Danzig), die Provinz Posen sowie das oberschlesische Kohlerevier.

Schon vor der endgültigen Genehmigung des Friedensvertrages wirft er in vielen Punkten seine Schatten voraus. Die Flüchtlinge aus Elsaß-Lothringen zeigen es uns täglich. Zu ihnen gehört aber *eine eigene Art von Vertriebenen.* Das sind die *juristischen Personen* des Handelsverkehrs, die Aktiengesellschaften und G. m. b. H. Auch auf ihr Vermögen, wenn die Gesellschaft als eine deutsche betrachtet wird, legt Frankreich die Hand. Und deutsch sind alle Gesellschaften, denen nicht die französische Nationalität zugesprochen wird. Das geschieht wieder nur dann, wenn die große Mehrheit am 11. Nov. 1918 in französischen Händen gewesen ist. Soweit aber diese Gesellschaften in Deutschland Vermögen besitzen, ist es dem Zugriff der französischen Herrschaft entzogen. Sie können also in der alten Heimat weiterleben. Dazu gehört die Verlegung ihres Sitzes. Das aber geschieht durch die Aenderung des Gesellschaftsvertrages und deren Eintragung zum Handelsregister am Sitze der Gesellschaft. Das ist wieder nicht möglich, weil die jetzt französisch gewordenen Gerichte jede solche Eintragung verweigern. Damit wäre die aus Elsaß-Lothringen verjagte Gesellschaft doch wieder dort gebunden. Hier kann nur eine weitherzige Auslegung des § 277 HGB. helfen. Ist die Eintragung am alten Sitze der Gesellschaft unmöglich, so kann sie eben nicht gefordert werden. Das Registergericht am neuen Sitze muß zuständig sein. Weigern sich die deutschen Registergerichte diese Auslegung mitzumachen, dann müßte schleunigst ein Reichsnotgesetz Abhilfe bringen.

Wieder ward in Berlin gestreikt. Wieder nur, um keine Ruhe im Wirtschaftskörper eintreten zu lassen. Wieder werden die Elektrizitätswerke in den Streik herübergerissen. Laut klingt es in aller Ohren, was der Reichswehrminister in der Nationalversammlung ausrief, daß durch die Schuld der Urheber dieser Streiks in den Berliner Kliniken nicht operiert werden kann. Sein strenges Vorgehen findet weithin Zustimmung.[70] Die Grundlage hierfür ist der Belagerungszustand. Die Nationalversammlung hat vom Reichsjustizministerium ein Gutachten über die Zulässigkeit dieses Verfahrens eingefordert.[71] Das Ergebnis war die Bejahung der Fortdauer des ausgesprochenen Belagerungszustandes trotz der Revolution und der neuen Verfassung. Das alte Gesetz über den Belagerungszustand ist freilich von da ab aufgehoben. Aber die Wirkungen dauern, bis sie ausdrücklich beseitigt werden. Es wird also noch eine Zeitlang währen, bis dieser Zeitpunkt eintritt. Auch die moderne Regierung muß noch mit den Waffen der alten weiterkämpfen.

70
Anfang Nov. 1919 waren Arbeiter der Elektrizitätswerke in einen Solidarstreik für Berliner Metallarbeiter getreten. Noske hatte daraufhin ein Streikverbot für lebenswichtige Betriebe erlassen.

71
Die neue Verfassung kannte keinen Belagerungszustand mehr. Siehe dazu „Im Zwielicht: Notverordnungen“, S. 339.

Titel dürfen *nach der Verfassung* nur verliehen werden, wenn sie ein Amt oder einen Beruf bezeichnen.[72] Trotzdem hat der preuß. Minister für Kunst, Wissenschaft und Volksbildung auch jetzt noch in zahlreichen Fällen den Titel Professor an Aerzte und Künstler verliehen. Das hat ein Mitglied der Nationalversammlung zu einer Anfrage an die Regierung, was sie dagegen zu tun gedenke, veranlaßt. Die Antwort wird schriftlich erfolgen. Sie ist bis jetzt noch nicht bekannt. Man darf sich ausdenken, wie sie etwa lauten könnte. Man wollte Männer, die sich um Kunst und Wissenschaft verdient machen, und die als Lehrer des Volkes wirken, als solche anerkennen, auch wenn sie nicht amtlich angestellt sind. Man gibt ihnen deshalb die Ehren des „Amtes oder Berufes“. Man ist also im Einklange mit dem Geiste der Verfassung. Dabei wird der Unterton mitklingen, daß

72
So geregelt im Art. 109 Abs. 4 WRV. Art. 109 WRV eröffnet den Grundrechtskatalog und beginnt mit der Gleichheit aller Deutschen vor dem Gesetz.

der Wunsch, seine Leistungen gewürdigt und der Menge kundbar gemacht zu sehen, eben doch fester im Menschen wurzelt, als man in Zeiten der demokratischen Umwälzungen zugibt. Ganz im geheimen mag dann der Referent im Ministerium meinen, daß die Nat. Vers. auch Wichtigeres zu tun hat, als der Verleihung der Professorentitel nachzuspüren. (...)

1. Dezember

Noch immer ist der Friede *nicht ratifiziert.* Der hohe Rat der Alliierten kann sich zwar der im Friedensvertrage vorgesehenen Wirkung der Ratifikation durch die vier Großmächte nicht entziehen. Er verlangt vorher nur ein Anerkenntnis von Deutschland, daß es die Bedingungen des Waffenstillstandes nicht erfüllt habe. Er fordert, soweit die Erfüllung unmöglich wurde, Ersatz. Das letztere gilt für die durch die deutschen Seeleute in Scapa Flow selbst vernichteten Kriegsschiffe.[73] Dafür soll Deutschland sich seiner Docks und Bagger und der anderen zur Erhaltung seiner Seehäfen nötigen Einrichtungen entäußern. Zu der ersten Gruppe gehört die Reklamation wegen des Eisenbahnmaterials. Auch wenn hier einige Wagen und Lokomotiven fehlten, und wenn dies nicht durch die Art der Beanstandungen Frankreichs hervorgerufen wurde, gibt es denn im Völkerverkehr keine Kompensationsstücke? Ob mit den bis jetzt bekanntgewordenen Punkten die Liste erschöpft sein wird, wissen wir nicht. Sie kann jeden Augenblick wieder vermehrt werden. Es handelt sich ja nicht um ein Rechtsverfahren. Sonst müßte man auch hier die

73
Am 21. Juni 1919 hatte sich mit 74 Schiffen in der Bucht bei den Orkney-Inseln nördlich von Schottland ein Großteil der Deutschen Hochseeflotte auf Befehl von Admiral Ludwig von Reuter selbst versenkt, um die im Versailler Vertrag (Art. 184) vorgesehene Auslieferung der Flotte zu verhindern.

Grundsätze von der unverschuldeten Unmöglichkeit der Erfüllung anwenden. Sonst dürfte man nicht Deutschland eine Buße oder einen Ersatz für die fehlenden Kriegsschiffe auferlegen. Sonst wäre auf die eigene Notlage Deutschlands im Eisenbahnverkehr Rücksicht zu nehmen. Aber alles das kommt nicht in Betracht. Immer noch drückt der Sieger auf den Besiegten. Auch die jetzigen Bedingungen werden nicht kraft des vereinbarten Rechts, sondern kraft der Gewalt gefordert. Das geht so lange weiter, als die Rache der Franzosen geduldet wird. Man rühmt dem Engländer, wenn er zur Ruhe gekommen ist, ein gesundes Gerechtigkeitsgefühl nach. Es scheint aber, daß dieses Stadium noch nicht eingetreten ist.

Vor dem *Untersuchungsausschuß der Nationalversammlung* hat die Vernehmung der politischen und militärischen Führer begonnen.[74] Sie setzte mit den Aussagen des deutschen Gesandten in Amerika, des Grafen Bernstorff ein. Man hörte von ihm seine eigene Auffassung über die Möglichkeit des Friedens durch die Vermittlung Wilsons und die Vereitlung desselben durch den rücksichtslosen U-Bootkrieg. Dann folgte der frühere Reichskanzler von Bethmann Hollweg, vorsichtig zurückhaltend, auf die Akten verweisend. Dann wieder die Mitglieder des Admiralstabes, die eigentlichen Verantwortlichen für die Angaben über die Aussichten des U-Bootkampfes. (...) Es folgten Hindenburg und Ludendorff in treuer Waffengemeinschaft.[75] Dann trat eine Pause ein. Die Vernehmung und Verhandlung wird später noch geraume Zeit weitergehen. Ob es politisch klug ist, heute diese Vernehmung und

74
Am 20. Aug. 1919 war von der Nationalversammlung ein parlamentarischer Untersuchungsausschuss eingesetzt worden, um die Frage der Kriegsschuld, die der Versailler Vertrag zulasten der deutschen Seite beantwortet hatte, ebenso zu klären wie die Ursachen der Niederlage.

75
Hindenburg verlas bei seiner Aussage am 18. Nov. 1919 lediglich ein vorbereitetes Papier, ließ keine Fragen des Vorsitzenden zu und endete mit den Worten: „Ein englischer General sagte mit Recht: ‚Die deutsche Armee ist von hinten erdolcht worden.' Den guten Kern des Heeres trifft keine Schuld (...)".

Veröffentlichung durchzuführen, das wird der einzelne je nach seinem Parteistand und vielleicht auch seiner persönlichen Willensrichtung verschieden beurteilen. Das Verfahren wird Gutes und wird Schlimmes nach sich ziehen. Was überwiegt, wird die Zukunft lehren. Der Jurist aber kann sein Bedenken gegen die eigenartige Stellung der vor dem Ausschusse Erscheinenden nicht unterdrücken. Das Aktenmaterial lag dem Ausschusse vor. Will er nur eine Ergänzung desselben oder soll ohne Rücksicht auf Dokumente jede Vernehmung ein vollständiges Bild wiedergeben? Die Aussagen finden unter Eid statt. Also sind die Erschienenen als Zeugen zu betrachten. Und doch schwebt über ihnen das Damoklesschwert der Anklage. Sie werden also gezwungen, gegen sich selbst auszusagen. Das widerspricht den bisher hochgehaltenen Grundsätzen des Rechtsstaates. Der Eid kann zur Folter werden, die drohende Anklage zur Versuchung. Die Untersuchungskommission wird teilweise schon zum Staatsgerichtshof, ohne daß sie es selbst weiß und will. Das ist kein gesunder Zustand.

In *England* hat sich während des Krieges ein von uns in Deutschland begreiflicherweise nicht bemerktes, aber doch sehr bemerkenswertes Ereignis vollzogen. Man arbeitet auf dem Gebiete der *Kodifikation des Zivilrechts* in energischer Weise. Im Jahre 1905 ist von fünf englischen Rechtsgelehrten dieses Werk unternommen worden. Während des Krieges wurde die Arbeit vollendet. Interessant ist aber, daß die Verfasser das deutsche BGB. gründlich kennen, und daß es auch nicht ohne Einwirkung auf ihr eigenes Werk geblieben ist.

Selbstverständlich ist ein englisches Gesetzbuch nur denkbar, wenn es die englische Rechtsentwicklung und die dortige wirtschaftliche Lage berücksichtigt. Aber trotzdem mußte bei dem Mangel einer bisherigen einheitlichen Gesetzgebung das Recht fremder Staaten namentlich in seiner Technik benutzt werden.[76] Daß man in England anerkennen wird, was man dabei mittelbar wenigstens der deutschen Rechtswissenschaft verdankt, ist zwar nicht zu hoffen. Aber vielleicht zeigt der Vorgang doch, daß eine Abschließung der Völker auf die Dauer unmöglich ist. Die gegenseitige Befruchtung wird nach wie vor in allen Kulturgebieten stattfinden. (...)

76
Obwohl das deutsche BGB zu Beginn des 20. Jahrhundert auch in England einige Bewunderer fand, ist es zu einer umfassenden Kodifikation des Zivilrechts in England nie gekommen.

In der *preußischen Landesversammlung* fand am 7. Okt. eine Erörterung über die *Auseinandersetzung* des Staates mit dem vorm. *Königshause* statt. Die Debatte war verfrüht. Ein Vorschlag der Regierung lag noch nicht vor. Zwei Punkte geben aber zum Nachdenken Anlaß. Der eine ist die von der radikalsten Seite vertretene Auffassung, daß der Staat berechtigt sei, das Privatvermögen der Hohenzollern für sich in Anspruch zu nehmen. Man hat das mit einem juristischen Mantel umkleidet, indem man von einer Schadensersatzforderung redete. In Wirklichkeit liegt eine solche im zivilrechtlichen Sinne nicht vor. Sie kann es auch nicht. Es kann sich höchstens um eine politische Anklage drehen. Dann bleibt aber doch das Verlangen des Zugriffs auf das Privatvermögen nichts anderes als eine Konfiskation. Die deutsche Verfassung gilt aber auch für die ehemaligen Fürsten des Reiches. Auch sie haben Anspruch auf die Unverletzlichkeit des Privateigentums.[77] Der zweite Punkt betrifft die Form der Ausführungen. Wohl

77
Über die Frage der Fürstenenteignung wurde in den folgenden Jahren der Weimarer Republik politisch scharf debattiert. 1926 schließlich war zwar ein Volksbegehren zur Enteignung der Fürstenvermögen erfolgreich, scheiterte aber im Reichstag. In den Ländern wurden daraufhin im Verhandlungswege Einigungen versucht. Das Land Preußen einigte sich mit den Hohenzollern im Oktober 1926 auf eine Aufteilung der Ländereien. Die Schlösser gingen an Preußen. Eine Fortsetzung findet dieser Streit indirekt in den aktuellen Streitigkeiten der Hohenzollern über das Ausgleichsleistungsgesetz von 1994 und die Frage, ob Kronprinz Wilhelm dem Nationalsozialismus „erheblichen Vorschub" geleistet hat und deswegen eine Entschädigung für die Enteignung unter sowjetischer Besatzung nicht in Betracht kommt.

mag die politische Gegnerschaft sich in scharfer Weise äußern. Man begreift es auch, wenn das Gefühl der früheren Zurücksetzung sich jetzt bemerkbar macht. Aber stets muß jeder Abgeordnete, einerlei, welcher Partei er angehört, die Würde des Hauses wahren. Abgeordnete, die in ihren Reden aber jedes Taktgefühl vermissen lassen, das zur Ausübung ihres Berufes notwendig ist, schädigen gerade den Bau, den sie selbst aufrichten sollen, den des demokratischen und freien Staates.

Die Verordnung über *Maßnahmen gegen den Wohnungsmangel* v. 23. Sept. 1918 versucht die Schwierigkeiten zu beseitigen, die durch das Unterlassen der Bautätigkeit und die wirtschaftlichen Umschaltungen in der Bevölkerung entstehen. Daraus folgt auch das Recht der Gemeindebehörden und ihrer Wohnungsämter zu Zwangseinquartierungen. Man verfügt über die überflüssigen Räume zugunsten der Obdachlosen. Ueber das Erlaubte hinaus aber gehen Maßnahmen, die von dem Magistrat Berlin Schöneberg getroffen werden. Dort wurde der Mietvertrag einer Einzelperson für aufgelöst erklärt und die ganze Wohnung mit Beschlag belegt. Die Interessen der wohnungsuchenden Familien müßten vor den Interessen der Einzelpersonen berücksichtigt werden. Dazu bietet aber das Gesetz keinen Anhalt. Man kann nicht den einen Mieter vollständig exmittieren. Dann entsteht doch wieder die Pflicht, für ihn zu sorgen. Daraus folgt sein Einwand gegen die vollständige Entsetzung. Es wäre gut, wenn in bindender Weise derartige Ueberschreitungen der Macht ausgeschlossen würden. (...)

Die veränderte wirtschaftliche Lage und die Finanznot des Reiches treibt seltsame Blüten. Dazu rechne ich die Pläne über die *Neugestaltung des Urheberrechts* und eine aus ihm zu ziehende Reichseinnahme. Ob die Schutzfrist von 30 Jahren nach dem Tode des Verfassers genügend erscheint, darüber läßt sich wie bei allen Zahlen streiten. Heute, wo das Recht der Erben als Genießer der Arbeit der Vorfahren mit keineswegs freundlichen Augen betrachtet wird, dürfte die Verlängerung auf 50 oder gar 100 Jahre nicht auf günstigen Boden fallen. Bedenklicher ist schon der Gedanke, nach dem Erlöschen des Autorschutzes das geistige Eigentum auf den Staat übergehen zu lassen, der dann wieder das Verlagsrecht vergeben sollte. Noch weniger sympathisch endlich, auf die Herausgabe der freigewordenen Bücher eine Steuer zu legen. Sie wirkte freilich auch zugunsten der lebenden Schriftsteller. Sie bringt vielleicht auch dem Staate etwas ein. Allein man vergesse nicht, daß in Deutschland ein starker geistiger Bedarf im Volke ist, den man nicht verkürzen darf. Unsere Klassiker und die wenigen Späteren, die ihr Leben überlebten, sollen volkstümlich bleiben und werden. Hier muß eine Oase in der alles verschlingenden Sandwüste der Verteuerung erhalten werden. Sonst treibt man die Massen wieder der Schundliteratur in die Arme.

Zahnloser Tiger: Der Völkerbund

Am 10. Januar 1920 nahm der Völkerbund in Genf seine Arbeit auf. Er war ein Produkt der Pariser Friedenskonferenz nach dem Ersten Weltkrieg und Ausdruck der Hoffnung, Konflikte wie den eben beendeten künftig vermeiden oder zumindest international anerkannten Regeln unterwerfen zu können. Dazu sollten internationale Streitigkeiten einer schiedsgerichtlichen Beilegung anvertraut, die Abrüstung vorangetrieben und allgemein die Verständigung unter den Völkern verbessert werden. Eine generelle Ächtung des Krieges gab es nicht. Die Gründungsmitglieder waren die 32 alliierten Staaten, die aus dem Ersten Weltkrieg als Siegermächte hervorgegangen waren. Noch 1920 kamen dreizehn neutrale Staaten hinzu, weitere 22 folgten bis Ende der 1930er-Jahre. Zwischendurch waren allerdings einige Staaten wieder ausgetreten, womit auch schon angedeutet ist, warum der Völkerbund nicht die Hoffnungen erfüllen konnte, die sich mit seiner Gründung verbanden. Es gelang nie, alle Groß- und Mittelmächte gleichzeitig zu integrieren, die USA traten gar nicht erst bei. Zudem blieb das Interesse der Mitglieder – zu nennen sind insbesondere Großbritannien und Frankreich – stark nationalstaatlich ausgerichtet, weshalb das Handeln des Völkerbundes oft von Inkonsequenz und Kompromissen geprägt war. Während der Völkerbund beim Schutz nationaler Minderheiten durchaus erfolgreich agierte, konnte er vor allem bei der Frage der Abrüstung nur wenig erreichen.

Die Kritiker des Völkerbundes hatten deshalb leichtes Spiel. Nicht zuletzt in Deutschland war der Völkerbund heftig umstritten. Dem Völkerbund oblagen verschiedene Mandate über ehemals deutsche Gebiete, die Deutschland nach dem Versailler Vertrag abzutreten hatte. Dadurch wurde er zum sichtbaren Zeichen der Kriegsniederlage. Dazu kam, dass Deutschland – im Unterschied etwa zu Österreich – eine Aufnahme in den Völkerbund zunächst verwehrt blieb. Erst 1926 erhielt Deutschland als Folge der Verständigungspolitik von Gustav Stresemann einen ständigen Sitz im Völkerbundsrat.

Auch Hachenburg pflegte in seinen Kolumnen ein ambivalentes Verhältnis zum Völkerbund. Dessen Ziele und Anstrengungen wusste er durchaus zu honorieren. 1919 warf er die Frage auf: „Weshalb soll nicht dem ewigen Landfrieden der ewige Weltteil-Friede folgen?", 1925 lobte er die erfolgreiche Streitbeilegung zwischen Bulgarien und Griechenland als „Befähigungsnachweis" des Völkerbundes. Allerdings zeigen im gleichen Jahr seine Kommentierungen zum „Danziger Briefkastenstreit" zwischen Deutschland und Polen oder zum Konflikt der Türkei mit Großbritannien um Mossul die Skepsis, die er schon 1923 zum Ausdruck gebracht hatte, als Mussolini kurzerhand Korfu besetzt hatte, ohne sich groß um den Völkerbund zu scheren: „Damit hat der Völkerbund das bißchen Ansehen, das er vielleicht noch gehabt hat, völlig eingebüßt. Es ist das alte Unglück der völkerrechtlichen Verträge, daß sie nur dann Wert haben, wenn die Beteiligten auch die Macht besitzen, ihre Anerkennung zu erzwingen."

Im übrigen hielt Hachenburg den ganzen Versailler Vertrag an sich für derart offenkundiges Unrecht, dass dies gewissermaßen auch auf den Völkerbund abstrahlte. „Die Gewalt zwingt zur Unterwerfung“, kommentierte er 1919 zerknirscht. Dass Deutschland selbst militärisch abrüsten müsse, die anderen Staaten trotz aller Ankündigungen aber nicht nachzogen, erbitterte Hachenburg besonders. „Auf die Dauer ist das Rechtsprinzip der Gleichheit der Gleichen nicht auszuschalten“, bemerkte er dazu sarkastisch. Auch die Vereinigung mit Österreich, die der Versailler Vertrag in seinem Art. 80 verboten hatte, war für Hachenburg nachgerade eine Selbstverständlichkeit, die sich für ihn aus den politischen Vereinigungsbestrebungen in Österreich ebenso legitimierten wie aus Art. 61 Abs. 2 WRV, der „Deutschösterreich“ nach seinem „Anschluss an das Deutsche Reich“ die Teilnahme im Reichsrat garantierte. 1928 schrieb er dazu in der *Rundschau*: „Man mag durch Fortdauer des Zwanges die völkerrechtliche Verschmelzung der beiden deutschen Reiche verhindern. Der Geist fliegt über die Mauer. Die im Gefühle des Volkes wurzelnde, im gemeinsamen Recht jetzt zur Verkörperung gelangende innere Einheit läßt sich nicht verbieten.“

Als Japan den Völkerbund 1933 verließ, bekräftigte Hachenburg, der Völkerbund sei ohnehin „nur als Instrument der Siegermächte gedacht“ gewesen. In der Ankündigung Hitlers vom Mai 1933, auch Deutschland könne den Völkerbund verlassen, sah Hachenburg einen „Aufschrei aus der Seele des Volkes“; nachdem Deutschland im September 1933 tatsächlich den Austritt erklärt hatte, bezeichnete Hachenburg diesen Schritt knapp als „folgerichtig“.

Spätestens mit dem Angriff Italiens auf Abessinien 1935 war die Handlungsunfähigkeit des Völkerbundes endgültig unter Beweis gestellt. Bei der Aufrüstungs- und Expansionspolitik Deutschlands spielte er keine Rolle mehr. Mit Gründung der UNO beschloss er 1946 seine Auflösung.

Jahrgang 1923

Deutscher Zivilist und französischer Besatzungssoldat

1923 ist innen- und außenpolitisch sowie ökonomisch und gesellschaftlich ein schwieriges Jahr für die noch junge Republik. Max Hachenburg ist von der französischen Besetzung des Ruhrgebietes und den Folgen des „Ruhrkampfs" erschüttert. Die galoppierende Inflation stellt das Recht vor große Herausforderungen. Die Strafjustiz zeigt Schwierigkeiten mit

der Aufarbeitung der republikfeindlichen politischen Mordanschläge. Die Putschversuche in Sachsen von links und in Bayern durch Hitler und Ludendorff von rechts ziehen bislang unbekannte Verfassungsfragen nach sich. Die Regierung Stresemanns stellt den „passiven Widerstand" gegen die Ruhrbesetzung ein, um die Staatskasse nicht weiter zu überfordern. Mit der Einführung der Rentenmark zeigt sich in den letzten Monaten des Jahres Licht am Ende des Tunnels.

1. Januar

Wieder steht Deutschland mit verhaltenem Atem *vor der Pforte des neuen Jahres.* Wieder soll sich sein Schicksal entscheiden. Wieder beschließen andere darüber, und die Stimme des Hauptbeteiligten spricht nicht mit im Rate. Die Vorbesprechung der Minister in London[1] hat keine Entscheidung gebracht. Sie schloß mit einer Vertagung auf den 2. Jan. 1923. Dann wird man in Paris wieder zusammenkommen. Man darf darüber nicht erstaunen. Jeder der vier Ministerpräsidenten hatte einen anderen Standpunkt und nicht immer einen widerspruchslosen. Daher auch die sich bekämpfenden Vorschläge, mit denen jeder an die anderen herantrat. Frankreich wollte die Besetzung des Ruhrgebietes und hierdurch zugleich damit Reparationsleistungen. England arbeitete auf einen Aufschub hin

1 Auf dem Treffen vom 9.–12. Dez. 1922 hatten sich die Ministerpräsidenten Frankreichs, Großbritanniens, Italiens und Belgiens in London nicht über Erleichterungen bei den Reparationen einigen können. Eine Internationale Währungskonferenz hatte einen Monat zuvor in Berlin ein zweijähriges Moratorium für die Zahlungen zur Stabilisierung des deutschen Währungssystems empfohlen.

und dadurch auf eine endgültige Lösung des Reparationsproblems unter Minderung der französischen Ansprüche. Italien wollte statt der militärischen Zwangsmittel wirtschaftliche. Für sich selbst aber einen größeren Anteil an der Wiedergutmachung. Belgien suchte nach einem vermittelnden Wege bei den Zwangsmaßnahmen. Wir wissen nicht, was bei den Verhandlungen gesprochen wurde. Es gehört aber keine große dichterische Phantasie dazu, sich dies auszumalen. Jeder glaubte oder behauptete, den Schlüssel zur Lösung zu haben. Man redete aufeinander ein und sich auseinander. Die Vertagung war das natürliche Ende solcher Verhandlungen. Immer noch herrscht das alte System. Den Hauptbeteiligten hält man von der Verhandlung fern. Immer noch kann sich die *französische Regierung* nicht dazu entschließen, auch den besiegten Gegner als gleichberechtigt anzusehen. (...)

Mit dem *Reichskanzlerwechsel*[2] vollzog sich auch wieder ein Wechsel im *Reichsjustizministerium*. Auf Heinze war Radbruch[3] gefolgt. Nun folgt wieder jener auf diesen. Das feurige Temperament des Jüngeren wird ersetzt durch die abgeklärte Ueberlegung des Aelteren. (...)

Der Reichsfinanzminister hat am 6. Dez. 1922 im Steuerausschuß des Reichstages sich auch mit dem *Steuerzahlungsproblem* befaßt. Die Geldentwertung bringt es mit sich, daß die Steuern erst nach der Fälligkeit und dann in schlechterem Gelde entrichtet werden. Soll die Steuer eine Quote des Einkommens oder des Vermögens darstellen, so muß sie auf den Tag der Feststellung dieser beiden auch in die Staatskasse fließen.

2
Am 22. Nov. 1922 folgte die Reichsregierung von Wilhelm Cuno (parteilos) auf den sechs Tage zuvor zurückgetretenen Karl Joseph Wirth (Zentrum).

3
Gustav Radbruch (1878–1949) war nicht nur bekannter Rechtswissenschaftler, sondern auch für die SPD in der Weimarer Republik mehrfach Reichsjustizminister, erstmals im zweiten Kabinett Wirth bis 14. Nov. 1922 und 1923 in den beiden Kabinetten Stresemanns. Er brachte in dieser Zeit richtungsweisende Gesetze auf den Weg, wie beispielsweise nach der Ermordung Rathenaus das Republikschutzgesetz (siehe unten März 1923), den Entwurf des Ersten Allgemeinen Deutschen Strafgesetzbuches und ein Gesetz zur Zulassung von Frauen zum Richteramt. Rudolf Heinze (1865–1928) war von 1907–1912 MdR für die Nationalliberalen. Nach einem Intermezzo in der sächsischen Landespolitik kehrte er 1919 für die DVP – an deren Gründung er beteiligt war – in den Reichstag zurück, wurde zweimal Justizminister und blieb bis zu seinem Tode Abgeordneter.

Daher denkt der Finanzminister daran, daß jeder Steuerpflichtige gleichzeitig mit der Steuererklärung den hiernach geschuldeten Betrag einzuzahlen hat. Um dieser Vorschrift den gebotenen Nachdruck zu verleihen, soll für jeden Monat der Verspätung ein Zuschlag von 10% erhoben werden. Ich fürchte, daß auch solche Mittel nichts helfen. Die Bevölkerung wird sie ablehnen. Nicht oder doch sicher nicht nur aus bösem Willen. Aber man kann doch unmöglich bei unserer heutigen unübersichtlichen und verwickelten Steuergesetzgebung von jedem Steuerpflichtigen erwarten, daß er die Steuerberechnung selbst vornehmen soll. Es gibt Abzüge und Befreiungen, die man kennen muß. Es gibt Berücksichtigungen von anderen Lasten und Wiederzufügungen. Dazu gehört Technik und Uebung. Entweder muß sich der Steuerpflichtige eines Sachverständigen bedienen. Dann entstehen nicht unerhebliche Kosten. Oder aber er berechnet frisch drauf los. Dann hat das Finanzamt doppelte Arbeit. Und wird nicht der Steuerpflichtige verführt, aus allerhand Gründen seine Steuererklärung so lange als möglich zu verschieben, wenn mit ihrer Einreichung die Zahlung zu leisten ist? Man sollte doch davon absehen, mit solchen Mittelchen die Finanznot zu beseitigen und die Folgen der Geldentwertung verhüten zu wollen.

Am 15. und 16. Nov. 1922 hat im Reichstag eine eingehende Debatte über die *Not der deutschen Wissenschaft* stattgefunden. Die Redner aller Parteien waren über die traurigen Zustände bei den geistigen Arbeitern einer Meinung. Von der äußersten Rechten bis zur äußersten Linken überall dieselben beweglichen Klagen, überall dasselbe Mitgefühl. Von der Erörterung über die Wissenschaft und ihre Pflege, von ihrer Bedeutung für die deutsche Kultur und für die deutsche Wissenschaft kam man unwillkürlich auf die einzelnen Berufe. Für keinen ließ sich eine erträgliche Lage behaupten. Auch auf die Not der Rechtsanwälte wurde hingewiesen, „die sich auch ins maßlose gesteigert hat". Was man in Wirtschaftskreisen schon längst wußte, wurde hier von der Tribüne des Reichstags aus verkündet. Die Unkosten und Bedürfnisse stiegen auf das 500- bis 600fache und steigen wieder jeden Tag weiter. Die Gebühren sind auf das 2–4fache, vielleicht in manchen Dingen auf das 5–7fache gestiegen. Im Schlußwort der Interpellanten wurde der Reichsjustizminister gebeten, in Erwägung zu ziehen, „bei der Auswirkung und Auswertung der sozialen Gesetzgebung den Anwaltsstand mehr als früher heranzuziehen". (...)

Wieder hat der Staatsgerichtshof sich mit einem Prozesse wegen Mordversuchs zu beschäftigen gehabt. Am 6. Dez. wurde das *Urteil gegen die wegen des Anschlages gegen Scheidemann angeklagten Hustert und Oehlschläger* verkündet.[4] Es lautete auf langjährige Zuchthausstrafe und Ehrverlust. Wieder steht man vor der Frage, wie es möglich ist, daß junge Menschen derart in allen moralischen Grundlagen erschüttert werden, daß ein Menschenleben keinen Wert mehr hat. Einer der Angeklagten bezeichnete sich als Richter über Scheidemann, den er als Verbrecher am deutschen Volke ansieht. Das Richteramt will er von Gott erhalten haben. Das mag keine verlogene Phrase sein. Aber es zeigt, wie furchtbar die Verwirrung in diesen Köpfen herrscht.

4
Auf einem Pfingstsonntagsspaziergang mit seinen Töchtern und der Enkelin im Park von Kassel Wilhelmshöhe war Phillip Scheidemann am 4. Juni 1922 mit einer Klistierspritze Blausäure ins Gesicht gespritzt worden. Insbesondere der Attentäter Hans Hustert (geb. 1900) wurde später von Joseph Goebbels als nationaler Märtyrer aufgebaut. 1928 wurde er aufgrund einer Amnestie aus der Haft entlassen und schloss sich der NSDAP an. Er starb 1970 in Hamburg.

Immer wieder ist das Gericht vor die Frage gestellt, ob der Fanatismus als milderndes Moment erscheint. Es muß es verneinen. Nicht, weil es vielleicht dem verhetzten und verwirrten Jüngling sein menschliches Mitleid versagt, sondern weil jede Milde dem einen gegenüber wieder verderbend für hundert andere wäre.

Ein Gegenbild hierzu zeigte das Verfahren gegen die des Angriffs auf Maximilian *Harden* Angeklagten. Hier scheint nur das Geld die Triebfeder gewesen zu sein. Die Geschworenen nahmen Körperverletzung, nicht Mordversuch an. Die Angeklagten erklärten, sich mit diesem Urteile zu bescheiden. Die öffentliche Meinung kann dies nicht. Der Fall gehört in die gleiche Kategorie wie der Mord an Erzberger und Rathenau und der Mordversuch an Scheidemann. Die Person des Angegriffenen durfte keine Rolle spielen. Sie hat es aber anscheinend doch getan.[5]

1. Februar

Die Konferenz von Paris ist jäh abgebrochen. England hat das Zusammengehen mit Frankreich abgelehnt. Dieses aber beharrte auf seinem Standpunkt. Die Ereignisse folgten rasch hintereinander. Die gehorsame Reparationskommission sprach eine vorsätzliche Verfehlung Deutschlands aus. Es war mit Holz- und Kohlenlieferungen im Rückstande. Das genügt für Frankreich diesmal im Bunde mit Belgien und Italien in das Ruhrgebiet einzurücken. Deutschland konstatiert den Bruch des Versailler Vertrages. Weder liegt eine

5
Maximilian Harden, 1861–1927, war ein äußerst streitbarer und entsprechend umstrittener Publizist. Im Kaiserreich hatte er Philipp zu Eulenburg als homosexuell bezeichnet, was nicht zuletzt deshalb für ungeheures Aufsehen gesorgt hatte, weil auch Wilhelm II. immer wieder Einladungen von Eulenburg gefolgt war. Nach 1918 gehörte Harden zu den wenigen engagierten Befürwortern des Versailler Vertrages, insbesondere die alleinige Kriegsschuld Deutschlands hielt er für bewiesen. Am 3. Juli 1922 wurde er vor seinem Haus in Berlin von Freikorps-Anhängern überfallen. Er überlebte den Angriff mit schweren Verletzungen. Durch das milde Urteil gegen zwei Mittäter des Attentates und die mangelhafte Aufklärung der Hintergründe der Tat (vermutlich ein Auftragsmord) wurde das Vertrauen in die Strafjustiz der Weimarer Republik weiter erschüttert. Tucholsky resümierte in seiner Prozessreportage: „Das ist keine schlechte Justiz. Das ist keine mangelhafte Justiz. Das ist überhaupt keine Justiz. (...) Il y avait des juges à Berlin.“

vorsätzliche Verfehlung vor. Das Nichtleistenkönnen ist keine schuldhafte Versäumnis.[6] (...) Aber der Tag wird nicht ausbleiben, an dem man erkennt, daß mit dem *Uebergreifen der Franzosen in das Ruhrgebiet* der Vertrag von Versailles tatsächlich aufgehoben wird. Deutschland selbst ist macht- und wehrlos. Aber daß es die Handlung Frankreichs nicht stillschweigend hinnimmt, haben die Tatsachen gezeigt. Es begnügt sich auch nicht mit papiernen Protesten. Es zieht seinerseits die Folgerungen aus dem Vertragsbruch. Die Botschafter in Paris und der Gesandte in Brüssel wurden zurückgerufen. Alle Reparationsleistungen werden eingestellt. Protesterklärungen werden an die neutralen Mächte und England und die Vereinigten Staaten gesandt. Im Reichstage fand der Reichskanzler energische Worte. Einen unmittelbaren Erfolg darf man daraus nicht erwarten. Die französische Regierung wird sich dadurch nicht zurückhalten lassen. Aber das tief gesunkene Bewußtsein des deutschen Volkes scheint wieder aufzuwachen. Auch diese psychischen Vorgänge dürfen als Erfolg gebucht werden. Oft helfen unsere Feinde, wenn auch wider ihren Willen. Druck hat noch immer zusammengeschweißt.

Dem Reichsrat und Reichswirtschaftsrat[7] ist der Entwurf eines Gesetzes „über die Berücksichtigung der Geldentwertung in den Steuergesetzen“ zugegangen. Er enthält Verschiedenes. Zunächst den Verzicht auf die automatische Anpassung der Steuertarife auf Grund einer festen Werteinheit. Es bleibt bei dem System der von Zeit zu Zeit vorzunehmenden Tarifänderung. In Verbindung damit steht die Berücksichtigung

6
Der Versailler Vertrag sah nicht nur Reparationsleistungen des Deutschen Reiches vor, sondern hatte für den Fall der ausbleibenden Zahlungen auch Sanktionen vorgesehen. Im entmilitarisierten Rheinland waren mehrere Brückenköpfe von alliierten Truppen besetzt; schon ab 1921 rückten von dort aus mehrfach französische und belgische Truppen weiter vor, um streitige Zahlungen zu erzwingen. Zwischen dem 11. und dem 16. Jan. 1923 besetzten dann französische Truppen das gesamte Ruhrgebiet.

7
Der in Art. 165 WRV vorgesehene Reichswirtschaftsrat hatte das Recht, Gesetze einzubringen und Gesetzesvorlagen zu begutachten. In ihm saßen Vertreter berufsständischer Vertretungen und Fachverbände sowie Arbeitgeber und Arbeitsnehmervertreter. Er existierte, da es zu keiner endgültigen gesetzlichen Regelung kam, als vorläufiger Wirtschaftsrat von 1920 bis 1934. Hachenburg selbst war dort 1920 bis 1926 Mitglied in der Gruppe der „freien Berufe“.

der Geldentwertung bei der Zahlung. Das Risiko der Geldverschlechterung soll möglichst abgewendet werden. Dazu dient die Verpflichtung der Zahlung mit Abgabe der Steuererklärung und die Zuschläge von 10% für jeden Monat. Ich fürchte, daß auf diesem Wege dem Problem nicht beizukommen ist. Man kann aus den Kreisen des Handels und der Industrie schon heute hören, daß man auch 10% Zuschlag im Monat bezahlen wird, wenn man mit einer Geldentwertung von vielleicht 50% zu rechnen hat. (...)

Die Geldentwertung hat auch eine *Aenderung des Gesetzes betr. die G. m. b. H.* herbeigeführt. Der Mindestbetrag des Stammkapitals ist durch das Ges. v. 24. Dez. 1922 von 20 000 M. auf 500 000 M., und der Mindestbetrag jedes Geschäftsanteils von 500 M. auf 10 000 M. erhöht worden. Dementsprechend ist auch der Mindestsatz der Bareinlage auf 50% der Einlage, mithin auf 5000 M. bestimmt. Man wollte hiermit einerseits berücksichtigen, daß heute ein Betrag von M. 20 000 keinen Schutz gegen schlechtfundierte Gesellschaften gibt. Das führte zu einer Hinaufsetzung der Mindestziffer. Man wollte aber auch nicht unberücksichtigt lassen, daß bei einer zu hohen Mindestsumme man gerade dem Mittelstande, an den man bei der G. m. b. H. früher wesentlich dachte, deren Benutzung stark erschwert. So kam man auf die jetzigen Sätze. Der Reichstag hat ohne Debatte diese Novelle genehmigt. Er hätte auch über die Zahlen nicht allzuviel sagen können. Jede Ziffer ist mehr oder minder willkürlich. Wenn man 300 000 M. oder eine Million gesagt hätte, für beide Summen konnte man, je nach dem Standpunkte, den man einnahm, eine Begründung finden. (...)

Das Bedürfnis nach wertbeständiger Kapitalanlage wird immer stärker, je schwächer die Hoffnung auf die Besserung der Mark wird. Nach der oldenburger Roggenrente erscheint die *badische Kohlenwertanleihe*. Schuldner soll das Badenwerk sein, eine Aktiengesellschaft, deren Aktien alle dem Lande gehören. Das Land ist auch Bürge. Die Schuldscheine lauten auf den Geldwert von 10 000, 5000, 2000, 1000 und 500 Kilo Kohle (westfälische Fettflammnuß IV gewaschen und gesiebt). Die Zahlungen an Zinsen und Kapital erfolgen auf der Grundlage der durchschnittlichen Kohlenpreise während des letztvorhergehenden Halbjahres. Zur Sicherstellung wird eine Reallast auf das der Schuldnerin gehörende Murgwerk[8] eingetragen. Das hatte sich der 7. Abschnitt des 3. Buches im BGB[9] nicht träumen lassen, daß er noch zu solchen Ehren kommt. (...) Schließlich darf auch nicht verschwiegen werden, daß die Kohle nicht das Medium ist, die Wertbeständigkeit der Kapitalanlage völlig zu sichern. Wir werden, man mag sich noch so sehr sträuben, doch schließlich zur Goldanleihe gezwungen. Wir haben immer noch keine wertbeständigere Ware als das Gold. (...)

8
Das Land Baden hatte, nicht zuletzt aus Furcht vor einer Monopolstellung der AEG, im Jahr 1918 selbst ein Wasserkraftwerk fertiggestellt, in dem das Wasser der Murg gestaut und für die Elektrizitätsgewinnung genutzt wurde.

9
Hier sind Hypothek und Grundschuld geregelt. Letztlich war es eine ähnliche Konstruktion, die im Oktober 1923 in Fortsetzung des Gedankens der durch Grundbesitz gesicherten „Roggenmark“ die Schaffung der „Rentenmark“ ermöglichte und so den Weg aus der Währungskrise wies.

Der Vertreter des Reichsministers des Innern beim *Staatsgerichtshofe zum Schutze der Republik* hat dessen *Rechtsprechung in Verwaltungssachen* zusammengestellt, und der Minister übersandte sie dem Reichstag zur Kenntnis. Es wird gut sein, wenn auch weitere Kreise daraus lernen. Was ich bei Gelegenheit des Verfahrens gegen die Rathenaumörder sagte, wird hier bestätigt. Ruhig, unbeirrt wird Recht gesprochen. Das Gesetz zum Schutze der Republik ist erlassen.[10] Es muß angewendet werden. Aber nur als Gesetz, nicht als politisches Kampfmittel. Das geht durch die ganze Sammlung hindurch. Die Grenze zwischen der erlaubten, wenn auch abfälligen Kritik und der Beschimpfung wird mit feinem Empfinden gezogen. Mehrfach wird erwogen, daß bei Benennungen wie „Lügen" oder „die Hetze schüren" und ähnlichem nur das objektive Moment ohne den Vorwurf subjektiven Bewußtseins gewollt sei. Der journalistische Spott könne „kränkend" sein, aber eine Beschimpfung sei er nicht. Liest man die aus den Zeitungen, denen das Verbot drohte, angeführten Stellen, so entsetzt man sich wohl über die Roheit des Tones und den Haß, die Wut und den Fanatismus, der aus ihnen spricht. Man fragt sich, ob es den Verfassern wirklich Ernst war, mit dem was sie schrieben oder ob es sich nur um Aufpeitschung der Volksleidenschaft handelt. Trotzdem wird man die Ablehnung der Anwendung des Gesetzes billigen. (...)

10
Das Republikschutzgesetz vom 23. Juli 1922 war eine direkte Antwort auf die Ermordung von Reichsaußenminister Walter Rathenau. Neben dem Verbot verfassungsfeindlicher Organisationen und deren Versammlungen enthielt es eine Strafschärfung für politisch motivierte Gewalttaten. Davon umfasst waren auch die Beschimpfung oder Herabwürdigung der republikanischen Staatsform oder einzelner Politiker. Als zuständiges Gericht wurde ein besonderer „Staatsgerichtshof zum Schutze der Republik" – nicht zu verwechseln mit dem bereits bestehenden Staatgerichtshof nach Art. 108 WRV (siehe oben Juli 1919) – eingerichtet. Nicht nur deshalb war das Gesetz hoch umstritten, erhielt aber eine verfassungsändernde Zweidrittelmehrheit und konnte damit sogar rückwirkend die Verfolgung von Straftaten gegen das Gesetz diesem Staatsgerichtshof zuweisen.

1. März

Der Krieg ist wieder ausgebrochen. Mitten im Frieden. Nur nennt ihn das kriegführende Land nicht so. Es findet allerhand andere klingende Namen, wie Exekution, Pfandnahme, Sanktion und was man sonst noch belieben mag. Aber der Einbruch einer bewaffneten Macht mit allen Mitteln der Kriegsführung vom einfachen

Infanteriegewehr bis zum Tank und der schweren Artillerie, ist nun einmal Krieg. Auch dann, wenn sich der Ueberfallene nicht mit den Waffen zu wehren vermag. Raub bleibt auch dann Raub, wenn das Opfer machtlos ist. Daran ändert auch der Versuch der Franzosen nichts, sich aus dem Friedensvertrage Rechtsgründe für den Einmarsch in das Ruhrgebiet zu konstruieren. Der Reichskanzler hat in seiner ersten großen Reichstagsrede v. 13. Jan. 1923 eine zusammenfassende Darstellung der Sach- und Rechtslage gegeben. In zahlreichen Artikeln der Tageszeitungen und der Fachpresse ist die Ungeheuerlichkeit der französischen Deduktion nachgewiesen. Proteste auf Proteste erfolgten mit energischer Betonung des Unrechts. Die von Frankreich angerufenen §§ 17 und 18 Anlage 2 zu Teil 8 Friedensvertrag sprechen nur von wirtschaftlichen und finanziellen Maßnahmen bei vorsätzlicher Nichterfüllung der Wiedergutmachung. (...)

In das Ruhrgebiet drangen die französischen und belgischen Soldaten ein. Hier zuerst brach spontan der Widerstand aus. Nicht Gewalt gegen Gewalt, aber strenges Festhalten am Rechtsstandpunkt. Der Eindringling hat Kanonen und Bajonette. Aber die Anerkennung seiner Willkür als Recht vermag er dadurch nicht zu erzwingen. Die Antwort Frankreichs war eine Verordnung des kommandierenden Generals, die eine Gehorsamspflicht vorschreibt. Das kann aber Frankreich nicht. Weder für Zivilpersonen noch für Beamte ist dies zulässig. Nicht einmal im vollen Kriegszustande darf der Bevölkerung des okkupierten Landes zugemutet werden, an Kriegsunternehmungen gegen ihr

Vaterland teilzunehmen. Noch weniger wäre das unter dem Deckmantel eines friedlichen Eindringens denkbar. Aber dann versagte ja der ganze französische Plan. Die freiwillige Unterwerfung hatte man vergeblich erwartet. Also schreitet man auch hier zum Zwange. Den Auftakt bildete die Verhaftung der Zechenbesitzer und der Prozeß gegen Thyssen und Gen.[11] Das Kriegsgericht[12] zu Mainz wagte nur eine Verurteilung der Privaten zu Geldstrafen. Es hat hier die Gehorsamspflicht verneint. Die Staatsbeamten verurteilte man zu Freiheitsstrafen. Aber man vollzog sie nicht. Die Verurteilten wurden ausgewiesen. Vielleicht schämte sich das Kriegsgericht. Aber dieser Anflug ging bald vorbei. Die Verhaftungen und Verschleppungen häufen sich. Nun geht man nach dem vorgezeichneten Schema vor. Alle führenden Beamten werden vertrieben oder eingesperrt. Und doch nützt das nichts. Nur der Widerstand verstärkt sich. Will man ganze Städte und Bezirke entvölkern und die Einwohner in Gefängnissen aufbewahren? Will man die Arbeiter der Bergwerke und Eisenbahnen durch Schläge und Hunger zwingen? Wo bleibt England? Es steht in wohlwollender Neutralität und wartet. Das führende englische Sonntagsblatt, der Observer, nennt das „holding a candle to the devil". (...)

11
Fritz Thyssen hatte sich, genau wie drei weitere Zechenbetreiber, geweigert, die nach dem Einmarsch der französischen Truppen unterbrochenen Kohlelieferungen wieder aufzunehmen.

12
Gegen den von der Reichsregierung unterstützten „passiven Widerstand" setzte die französische Besatzungsmacht Verfahren vor französischen Kriegsgerichten ein.

Der *oberste Gerichtshof für das Saargebiet* in Saarlouis, der zu einem erheblichen Teile aus ausländischen Juristen besteht,[13] hat in einer Entscheidung ausgesprochen, daß die Richter des Saargebietes nur durch Richterspruch und aus den im geltenden Gesetze vorgesehenen Gründen in dem hierfür verordneten Verfahren ihres Amtes enthoben oder versetzt werden dürfen.

13
Zwischen 1920 und 1935 war das sog. „Saargebiet", wie im Versailler Vertrag festgelegt, Mandatsgebiet des Völkerbundes, stand aber u.a. durch die schrittweise Integration in das französische Zoll- und Währungsgebiet unter starkem französischen Einfluss.

Auch wegen politisch mißliebiger Urteile ist eine Absetzung im Verwaltungswege unzulässig. Die Saarregierung hat aber dieses Recht für sich in Anspruch genommen. Sie hat deutsche Richter abgesetzt und der deutschen Regierung überwiesen. Nun ist das durch den von ihr selbst konstruierten Gerichtshof als Rechtsbruch konstatiert. Was wird sie jetzt tun? Die zu Unrecht vertriebenen Beamten wieder in ihre Rechte einsetzen? Ihnen Genugtuung gewähren? Für die Zukunft anders handeln? Ja, wenn sie nicht nur ein gehorsamer Diener der Pariser Herrschaft wäre.

Das Unrecht, das den Geldgläubigern bei der Geldentwertung durch das Festhalten am Satze, daß *Mark immer noch Mark* ist, zugefügt wurde, beschäftigt immer noch alle Kreise.[14] Immer wieder tauchen Vorschläge zu einer Besserung auf. Sie können, was versäumt wurde, nicht mehr nachholen. Vor mir liegt ein Zeitungsblatt, in dem KGR. Dr. Sontag den Gedanken entwickelt,[15] bei jedem Verkauf eines Grundstücks mit Gewinn die Hypothekengläubiger an der Wertsteigerung zu beteiligen. Nur für diesen Fall soll gesorgt werden. Eine weitere Ausdehnung ist nicht möglich. Andernfalls würden Veränderungen hervorgerufen, deren weitverzweigte wirtschaftliche Folgen unübersehbar sind. Ich glaube auch nicht, daß dieser Vorschlag Gesetz werden kann. Der Hauseigentümer erhält keinen Gewinn. Es wird, und das auch nicht stets, höchstens ein Papiermarkbetrag erzielt, der dem Sachwerte entspricht. Wie soll es nun in den Fällen gehalten werden, in denen die Hypothek erst nach der Entwertung der Mark bestellt wurde und wenn der Verkäufer nachweist,

14
Vgl. „Geldentwertung: Aufwertung!“, S. 165

15
Ernst Julius Sontag, 1873–1955, seit 1912 Richter, seit 1920 am Kammergericht in Berlin, engagierte sich in der progressiven Zeitschrift *Die Justiz* und musste als Jude 1933 in die Schweiz emigrieren.

daß er in guter Mark s. Zt. den Kaufpreis bezahlt hat? Vor allem aber kann man unmöglich aus der Fülle der Erscheinungen ein Stück herausgreifen. Man hätte bei Beginn der Entwertung sofort eingreifen können. Der Gedanke, der jetzt verfolgt wird, kommt zu spät. Es ist betrüblich, das sagen zu müssen. Aber besser, man ringt sich zu der Erkenntnis durch, als daß man immer wieder vergebliche Versuche macht, an einzelnen Stücken zu bessern, was im ganzen verfehlt wurde.(...)

Am 15. Febr. ist das *neue Gerichtskostengesetz* in Kraft getreten. Es ist selbstverständlich, daß, der Geldentwertung entsprechend, die Gebühr des Staates in die Höhe gesetzt werden muß. Das Schlimme ist auch hierbei die Unmöglichkeit, mit den Schwankungen der Währung auch nur einigermaßen Schritt zu halten. Doch ich will die von mir wiederholt behandelte Frage, ob nicht eine allgemeine gesetzliche Regelung der automatischen Anpassung von Geldansprüchen, auch des Staates, für Steuern und Gebühren, die helfende Lösung ist, hier nicht nochmals anschneiden. Die Zeit muß auch hier den Entschluß zur Reife bringen. Weit bedenklicher scheint aber die Neuerung, daß kein Termin, in der Regel wenigstens, vor der Zahlung des Vorschusses angesetzt werden darf. (...) Am bedenklichsten aber wird die hierdurch gesteigerte Schwierigkeit der Rechtsverfolgung. Man hört wohl, daß es nicht schlimm sei, wenn weniger prozessiert wird. Das ist doch nur sehr bedingt richtig. Es hängt doch alles davon ab, welche Rechtsstreitigkeiten unterdrückt werden. Verschließt man den Rechtsweg denen, die nicht immer die paraten Mittel zur Verfügung haben, so schlägt man häufig gerade das Recht tot, das am meisten schutzbedürftig wäre. Die Rechtspflege erhält immer mehr ein plutokratisches Gesicht. (...)

Von Zeit zu Zeit tauchen auf dem Gebiete des Aktienrechts *Vorschläge aus Aktionärkreisen* auf. Sie verdienen beachtet zu werden. Weniger weil sie praktisch verwertbar sind, als weil sie zeigen, wo das Publikum sich bedrückt fühlt. Dahin ist der Gedanke zu rechnen, daß für Bankdirektoren im Aufsichtsrate, die in diesen in Wirklichkeit von ihrer Bank mit gebundenem Mandate entsandt werden, die Bank selbst unmittelbar hafte. Das ist nicht durchführbar. Wie will man feststellen, ob das Aufsichtsratsmitglied nach Weisung des Gesamtvorstandes der Bank handelte oder nach seinem Ermessen? Wer prüft, ob es nur als Delegierter seiner Bank oder als wirtschaftlicher Sachverständiger gewählt wurde? Und warum soll das nur für die Bank und ihre Direktoren gelten? Hat nicht in zahlreichen Fällen auch die Großindustrie ihre Vorstandsmitglieder in den Aufsichtsrat anderer Unternehmungen, auch von Banken entsandt? Mit diesen Mitteln kann man den Beschwerden nicht abhelfen. Sie wurzeln darin, daß der Aufsichtsrat Mitglieder hat, die nicht nur im Interesse des Unternehmens gewählt sind. Das wird sich aber, solange das ganze System der Aktiengesellschaft besteht, nicht ändern lassen.

1. April

Der Krieg geht weiter. Die militärische Besetzung dehnt sich aus. Neue Stücke von Rheinland und Westfalen werden ergriffen. Nach Offenburg und Appenweier sind die Häfen von Mannheim und Karlsruhe in den Kreis der französischen Macht einbezogen. Die Beschlagnahme von Anlagen und Gütern dauert an. Aber ebenso die Verhaftungen und Ausweisungen. Neue Befehle und Ordonnanzen werden erlassen, wie sie die kriegführende erobernde Macht auszusprechen pflegt. Die Kriegsgerichte werden eingesetzt und erfüllen ihre Aufgabe. Das ist der Krieg! Er liegt vor, wenn ein Staat dem anderen durch Waffenmacht seinen Willen aufzwingt. Gleichgültig ist dafür, ob er ein Recht darauf behauptet oder nur einen Akt der Gewalt proklamiert. Nur dann, wenn das angegriffene Land sich vorher dem Vorgehen des anderen unterworfen hatte, wenn dieses mit dem Willen jenes sich vollzieht, darf man von einer Exekution und nicht vom Kriege sprechen. Daher das eifrige Bemühen der französischen Regierung, den Vertrag von Versailles zur Grundlage ihres Rechts anzuführen. (...) Man hatte in Versailles nicht erreicht, was man wollte, die Gewinnung des linken Rheinufers und des Rheins als Grenze. Man fügte sich scheinbar. Aber alles, was seit dem 10. Jan. 1920 geschah, war nur die Vorbereitung zur Wiederaufnahme des Kampfes. Man mußte Deutschland vorher politisch und wirtschaftlich hinreichend schwächen. Dazu diente die Klausel des Friedensvertrages über die Wiedergutmachung. Dann konnte man die Waffen wieder gebrauchen. Das gleiche Bild wie 1918 liegt heute noch vor.

Was Wunder, wenn die Waffen wieder in den Vordergrund geschoben werden und die fehlenden Rechtsgründe ersetzen müssen. Die Generäle sind noch die gleichen und die Tanks und die Kanonen. Es ist der gleiche Krieg. (...) Ein weitblickender Staatsmann durfte nicht auf ein Zerschmettern Deutschlands ausgehen. Er durfte den Versailler Gewaltfrieden nicht mitmachen. Er durfte nicht den Verständigungsfrieden ausschalten und das „Knock out" zur Parole machen. Daraus floß dann, als Deutschland in die Knie sank, der Gewaltakt von Versailles als furchtbare Folge. Jetzt tauchen dessen weitere Konsequenzen auf. Jetzt müßte die englische Regierung ihr eigenes Werk als politisch verkehrt preisgeben. Kein Wunder, daß sie zögert und zurückschreckt. Was ihr 1917 und 1918 leicht war, scheint heute unmöglich. Und doch wird der Tag kommen, wo der Versailler Vertrag auch für England eine Fessel wird, die es erdrückt, wenn es sie nicht sprengt.

Die Nr. 15 des RGBI. veröffentlicht am 27. Febr. das am 24. Febr. 1923 erlassene „*Notgesetz*". Es ist rasch herausgegeben und war rasch beraten worden. Es enthält eine Reihe von Bestimmungen verschiedenster Art, alle hervorgegangen aus der Not der Zeit und begründet durch die Abwehr gegen die durch den Ruhreinfall hervorgerufene neue Zerrüttung des wirtschaftlichen Lebens. Man findet Vorschriften über Gastwirtschaften und Schankstätten und eine Neuordnung des Preistreibereigesetzes. (...) Zum Schutze der Währung können von dem geltenden Rechte abweichende Bestimmungen über den Verkehr mit Zahlungsmitteln und mit Waren erlassen werden. Das kann wieder zu einer völligen

Zwangswirtschaft führen. Aber, Not kennt kein Gebot. Die Not zwingt uns, auch die Grundlage des Rechtsstaates zu verlassen. Wir stehen wieder unter der Kriegsnotwendigkeit. Sie bringt uns wieder die Diktatur. Das „videant consules, ne quid detrimenti res publica capiat“[16] läßt sich aber auch in dem Sinne auffassen, daß nicht durch die Anwendung des Notgesetzes am unrechten Platze ein dauernder Nachteil erwachse.

16 „Die Konsuln mögen zusehen, dass der Staat keinen Schaden nehme“: mit diesem Beschluss des Senats wurde in der spätrömischen Republik der Ausnahmezustand erklärt und den Konsuln diktatorische Vollmachten übertragen. Allerdings konnten diese sich nicht sicher sein, später nicht trotzdem für ihr Verhalten in der Staatskrise angeklagt zu werden. So erging es z.B. Cicero, der für die Hinrichtung der Anhänger von Catilina später in die Verbannung geschickt wurde.

Vor dem neugeschaffenen *Süddeutschen Senate des Staatsgerichtshofes* zum Schutze der Republik fand am 8. März 1923 die erste Verhandlung statt. Sie begann mit der Anklage gegen zwei Studenten, die am 9. Juni 1922 in Donaueschingen eine schwarzrotgoldene Fahne von einer Kirche herabgerissen und dann verbrannt hatten. Beide Angeklagten waren betrunken gewesen. Etwa 14 Personen hatten 54 Liter starkes Bier und 30 Bowlen getrunken. Es war also nichts anderes als ein Studentenstreich, allerdings wenig schöner Art, ohne Humor und nur in der durch den Alkohol ausgelösten Hemmungslosigkeit entstanden. Das Urteil lautete dementsprechend nur auf Geldstrafen. Es wird, und wohl nicht mit Unrecht, gefragt, ob für diese Straftat der Staatsgerichtshof in Bewegung gesetzt werden mußte. Und auch, ob der besondere Süddeutsche Senat nötig war? Es gehört keine Einstellung auf die Stammessonderart dazu, um diesen Fall zu beurteilen. Vielleicht hat die Zuständigkeit des Staatsgerichtshofes den Vorteil, daß die Oeffentlichkeit von dem Vorgange unterrichtet wird. Nicht wegen der an sich harmlosen Kinderei, sondern wegen der Menge des Alkohols, die vertilgt wurde. Das ist weit schlimmer als der Exzeß gegen die Fahne. (...)

Das *Reichsgericht* hat nun auch den früher eingenommenen Standpunkt aufgegeben und auch bei der aus der Friedenszeit und dem Anfang des Krieges herrührenden Zusage des *Verkaufs eines Grundstückes zu dem damals festgesetzten Preise das Rücktrittsrecht* des Verpflichteten infolge der katastrophalen Markentwertung angenommen. Dem Berechtigten soll auch hier Gelegenheit gegeben werden, durch Anpassung des Preises sich die Kaufmöglichkeit zu erhalten. Bei Ablehnung löst sich der Eigentümer von der Verpflichtung los. Damit ist wieder eine weitere Bresche in das Prinzip vom Festhalten am geschriebenen Wort gelegt. Es muß nicht mehr ein Werkvertrag sein, es muß sich nicht mehr um einen Vertrag auf sich wiederholende Leistungen handeln, es brauchen nicht Waren in Frage zu stehen. Man muß überall die Befreiung von der jetzt nicht mehr zumutbaren Leistung anerkennen. Immer mehr nähert sich die Rechtsprechung einer allgemein geltenden Regel. Immer weniger besteht auf diesem Gebiet die Notwendigkeit einer gesetzlichen Maßnahme. (...)

Die *Vorschrift des § 247 BGB.* läßt sich nicht aufrechterhalten.[17] Das Recht des Schuldners, der mehr als 6% Zinsen zusagte, das Kapital jederzeit mit sechsmonatlicher Frist zu kündigen, baut auf Voraussetzungen auf, die heute verschwunden sind. Die Reichsregierung hat dem Reichstage ein Gesetz vorgelegt, das diese Bestimmung „einstweilen" außer Kraft setzt. Das Wiederaufleben wird durch den Reichsjustizminister mit Zustimmung des Reichsrates herbeigeführt. Die Begründung weist darauf hin, daß die völlige Veränderung der wirtschaftlichen Verhältnisse zu einer erheblichen

17
§ 247 BGB wurde mit Gesetz vom 3. März 1923 aufgehoben. 1931 wurde er unter der Regierung Brünung allerdings wieder eingeführt, weil man sich davon eine Senkung des Zinsniveaus versprach. Erst zum 1. Jan. 1987 wurde er wieder gestrichen und durch die vom Zinssatz unabhängigen, aber eingeschränkten Kündigungsmöglichkeiten des Darlehensnehmers zunächst in § 609a BGB und heute in § 489 BGB ersetzt.

Steigerung der üblichen Zinssätze geführt habe. Daher könne eine Vereinbarung von mehr als 6% nicht mehr als eine unbillige Belastung des Schuldners und ein Mißbrauch der wirtschaftlichen Uebermacht des Gläubigers erscheinen. Namentlich die Rücksicht auf die Sparkassen erfordert alsbaldige Aenderung des gegenwärtigen Rechtszustandes. (...)

1.Mai

Der Kriegszustand zwischen Deutschland und Frankreich besteht weiter. Der Druck auf der einen Seite, auch der Widerstand auf der anderen haben sich verstärkt. Eine sachliche Aenderung ist nicht eingetreten. Stets werden neue Ausweisungen pflichttreuer Beamter gemeldet. Die Direktoren der Aktiengesellschaft Krupp harren der Aburteilung[18] Das Privateigentum wird ergriffen, ob es sich um Beschlagnahme von Kohle oder Maschinen oder um was sonst handeln mag. Neue Verordnungen werden erlassen. Kurz, es ist nur überall immer die Fortsetzung des einmal begonnenen Zustandes. Deutschland erhebt Protest über Protest. Frankreich erläßt Verfügungen über Verfügungen. Das unglückliche Europa steht machtlos gegenüber. (...)

18
Bei Protesten im Kruppwerk gegen die französische Besatzung am 21. März 1923 wurden dreizehn Arbeiter von der französischen Armee erschossen. Angeklagt wurde das Führungspersonal von Krupp wegen Aufwiegelung. Hachenburg schildert das Verfahren in der nächsten Ausgabe der DJZ.

Es ist selbstverständlich, daß, solange diese außenpolitischen Kriegszustände dauern, auch *Deutschland im Innern* nicht zur Ruhe kommt. Es ist ebenso selbstverständlich, daß dann sich die unruhigen Elemente, ob rechts oder links von der Regierung, rühren und ihre

Sonderziele in dem Erregungszustande zu erreichen hoffen. Selbstverständlich auch, daß sich die Regierung dagegen wehren muß. Nur werden hier auch Grenzen der Verfassung und der Staatsklugheit zu beobachten sein. Man hat die rechtsstrebende deutschvölkische Freiheitspartei aufgelöst.[19] Man hat dabei auch sie selbst als eine rechtsradikale Verschwörung bezeichnet. Man hat schließlich auch im Parlamente selbst Beschlagnahmen vorgenommen. Der Weg, der hier betreten wird, ist nicht ungefährlich. Niemand weiß, wo er endet. Gewiß bleibt einer Staatsregierung, wenn sie sich erhalten will, nichts übrig, als sich gegen die angreifenden Elemente zu wehren. Aber vor den Grundprinzipien der Verfassung selbst, sollte man glauben, müßte sie halt machen. Diese gestattet, daß sich Parteien bilden. Die Wähler haben das Recht, sich die Leute zu ihrer Vertretung zu suchen, die ihren Gesinnungen und Wünschen entsprechen. Sie sind in den Parlamenten mit den gleichen Rechten ausgestattet wie alle anderen. Das sollte auch bei der Abwehr beobachtet werden. Der einzelne, der sich auf verbotene Verbindungen einläßt, der an Verschwörungen gegen die Republik teilnimmt, der zu verbrecherischen Handlungen anstiftet oder sie begünstigt, hat die darauf gesetzte Strafe zu tragen. Auch in dem Falle, in dem er glaubt, nach politischen Gesichtspunkten, wie er sie versteht, zu handeln. Allein der Gedanke, eine Partei als solche anzugreifen, die Abgeordneten in dieser Eigenschaft zusammengefaßt als verbotene Verbindung zu behandeln, sollte vermieden werden. Dieser Rechtsgedanke, der in der Verfassung niedergelegt ist, überwiegt. Es ist auch ein sehr gefährliches Spiel, sich darüber hinwegzusetzen.

19
Die rechtsgerichtete und antisemitische DVFP wurde vom sozialdemokratischen Innenminister Preußens, Carl Severing, am 23. März 1923 verboten. Die DVFP kooperierte zwischenzeitlich mit der NSDAP. Das führte 1924 zu einer Vereinigung beider Parteien unter der Führung Ludendorffs als „Nationalsozialistische Freiheitsbewegung“ (NSFB). Hitler war damit wohl nicht einverstanden, saß aber wegen seines Putschversuchs von München (s.u. die Dezemberausgabe der DJZ 1923) in Haft.

Niemand weiß, wie in der jetzigen Gärung sich die Verhältnisse weitergestalten. Man hüte sich, ein Präjudiz zu schaffen.

Der Staatsgerichtshof zum Schutze der Republik ist nach wie vor in Tätigkeit.[20] Er ist nach wie vor unentbehrlich. Dies hat seinen offenbaren Grund darin, daß sich die Strafgerichte der alten Ordnung nicht auf die veränderten Zeitverhältnisse eingestellt haben. Wäre nicht Freisprechung oder milde Behandlung von Beleidigungen schwerster Art gegen den Reichspräsidenten und einige Minister erfolgt, hätte man nicht das Benehmen als entschuldbar und vom politischen Gesichtspunkte aus als gerechtfertigt behandelt, wir hätten des besonderen Schutzgesetzes nicht bedurft.[21] Es nützt nichts, hiergegen die Augen zu verschließen. Der Staatsgerichtshof zum Schutze der Republik wendet sich deutlich gegen eine Reihe von Richtersprüchen, die vielleicht dem einzelnen Richter in der Folgerichtigkeit seiner Lebensauffassung sogar Ehre machen, die jedenfalls aus der Gesinnung, die ihn erfüllt und ihn überkommen hat, erklärlich sind, die aber jetzt im Widerspruche stehen mit den wirklichen Vorgängen. Der Staatsgerichtshof darf für sich den Ruf einer absoluten Objektivität in Anspruch nehmen. Sie zeigt sich auch darin, daß er die Strafen verhängt, die der Sachlage angemessen sind. Die Klagen, daß sie zu hoch ausfallen, sind unbegründet, wenn man sie mit den Urteilen aus der kaiserlichen Zeit wegen Beleidigung höherer Beamter vergleicht und daneben die z. Zt. der Republik ergangenen Erkenntnisse stellt. Die Privatperson mag sich dann darüber beschweren. Man kann es verstehen,

20 Siehe dazu oben Februar 1923

21 Vor allem Reichspräsident Friedrich Ebert war immer wieder das Ziel von Anfeindungen. Insgesamt führte er in seiner Amtszeit rund 200 Verfahren wegen Ehrverletzungen. Die Justiz quittierte jedoch selbst schwerste Schmähungen des Staates oder seiner obersten Repräsentanten selten anders als mit einem gelangweilten Achselzucken. Wenn es überhaupt Verurteilungen gab, dann waren es meist nur niedrige Geldstrafen.

wenn bei der Verurteilung des Hauptschriftleiters des Stralsunder Tageblatts ein Artikel erscheint „Fort mit dem Ausnahmegesetz". Liest man aber den von der eigenen Partei wiedergegebenen Inhalt des angeklagten Artikels, so erscheint die erkannte Strafe als begründet. Der unanständige Ton in der Presse, das Herunterreißen und das In-den-Kot-Zerren der jetzt an der Spitze des Reichs stehenden Männer ist und bleibt eine Schande für Deutschland und für den Verfasser der Artikel, genau so, wie es früher die Angriffe gegen den Landesfürsten und die Minister gewesen sind. Man kann immer nur den Beschwerdeführern raten, sich die vom Staatsgerichtshof gestellten Anklagetatbestände in kaiserliche Zeiten zurückversetzt mit der Richtung nach der anderen Seite zu denken und sich das Strafmaß, das man dann für richtig fände, auszumalen. Ich glaube, man wird doch erkennen, daß der Staatsgerichtshof richtig verfährt und daß er leider zur Notwendigkeit geworden ist.

Der Reichstag hat das *Gesetz über die Dollaranleihe* gutgeheißen.[22] Der Versuch Frankreichs, auch dies zu verhindern, scheiterte diesmal an dem Gutachten der juristischen Sachverständigen der Reparationskommission. Es gibt eine interessante Auslegung der nicht ganz unzweifelhaft gefaßten Bestimmung des Art. 248 FrV. Die dort niedergelegte Generalhypothek auf den Besitz und die Einnahmequellen des Reiches zugunsten der Alliierten gewährt diesen kein Recht auf Zwangsexekutionen. Auch aus den dort angeführten Stellen fließt lediglich die Befugnis zur Ueberwachung des Steuersystems Deutschlands, daß den Alliierten ein Vorrecht

22
Art. 248 des Versailler Vertrages erklärte, „der gesamte Besitz und alle Einnahmequellen" des Deutschen Reiches würden „an erster Stelle für die Bezahlung der Kosten der Wiedergutmachung" haften. Mit den auf Dollar lautenden gut verzinsten Schatzanweisungen aufgrund des Gesetzes vom 2. März 1923 versuchte man in der Hyperinflation, wertbeständige Dollar-Devisen zu akquirieren. Mangels entsprechenden Vertrauens in die Leistungsfähigkeit des Staates zur Rückzahlung in Dollar war diesen Anleihen kein großer Erfolg beschieden. Das ist nicht verwunderlich, denn in der Tat lag vor der Währungsreform im November 1923 der Kurs für einen US-Dollar bei 4,2 Billionen Mark.

vor den anderen Gläubigern Deutschlands eingeräumt sei. Zu einer Beschlagnahme dieser deutschen Einnahmequellen führt sie nicht. Man freute sich über diese Entscheidung, weil hier das Rechtsempfinden gegenüber der Gewaltpolitik gesiegt hat. Politisch hatte sie nicht allzuviel zu besagen. Auch sonst ist die ganze Materie von geringerer Bedeutung als man in Frankreich wohl gedacht hat. Der Erfolg der Dollaranleihe blieb weit hinter den Erwartungen der Regierung zurück. Die Voraussage derer, die den Mißerfolg geahnt haben, hat sich als richtig erwiesen. Es war verfehlt, den Gedanken des Herausholens der Devisen aus dem Privatbesitze mit dem einer wertbeständigen Anleihe zu verquicken. Man überschätzte den Anreiz einer Verzinsung des Devisenbesitzes gegenüber den Befürchtungen, durch die Verschlimmerung der Finanzlage einen gefährdeten Anspruch auf Rückzahlung der fremden Währung zu haben. Solche Entschließungen im wirtschaftlichen Leben werden nun einmal nur durch egoistische Momente bestimmt. Man hatte sie falsch beurteilt. Man darf sich also über die Wirkung nicht wundern. Nun verkündet die Regierung wieder Maßnahmen zur Erhaltung der Stabilisierung der Mark. Es wird von einem Zwang der Deklaration der Devisen gesprochen. Daran wird sich, wenn die erste Maßnahme Zweck haben soll, die Pflicht zur Herausgabe anschließen. Ich meine, die Erfahrung mit der Dollaranleihe und anderen Experimenten sollte hiervor warnen. Es wird wieder einen Fehlschlag geben. Die deutsche Landwirtschaft besitzt ihre Sachwerte. Auch ihre Ernte ist wertbeständig. Handel und Industrie suchen Wertbeständigkeit in fremder Währung.

Zum Teile auch sicherlich solche Teile, die nicht nur für ihr Einfuhrgeschäft der Auslandsdevisen bedürfen. Aber so wenig der Staat bei der Durchführung der Steuergesetze imstande ist, die Hunderttausende von Bilanzen nachzuprüfen und die Unterbewertung der Aktiven auf das rechte Maß zurückzuführen, die versteckten und verschachtelten Werte hervorzuziehen, so wenig und noch weniger wird er die Industrie und den Handel mit Erfolg zwingen können, die Devisen herauszugeben. Es ist die alte Geschichte von Sonne und Wind. Alles Schnauben des Windes hat den Wandersmann nicht bestimmen können, den Mantel abzulegen. Erst als die Sonne wieder schien, hat er ihn freiwillig von sich getan. (...)

In den Handelsteilen der Zeitungen findet man mitunter Mitteilungen, die trocken klingen, aber doch wieder zu vielem Nachdenken Anlaß geben. Auffallend häufig sind die *Kündigungen von Obligationen der Industrieunternehmungen.* Auch einzelne öffentliche Körperschaften sieht man darunter. Parallel damit geht die Kündigung und Heimzahlung von privaten Darlehen und Hypotheken, die man nicht aus öffentlichen Blättern ersieht.[23] Es ist eine Unruhe unter die Hypothekengläubiger gekommen. Sie versuchen, soweit die Bestimmungen der Verträge es zulassen, heute mit der Papiermark noch die Heimzahlung ihrer alten Schulden vorzunehmen. Es werden Beispiele erzählt, die, wenn sie an sich nicht so betrübend wären, eines humorvollen Anstrichs nicht entbehrten. So, wenn ein Bauer durch den Verkauf eines Schweines eine große Hypothek von über einer Million abträgt. Oder, wenn in der

23 Vgl. „Geldentwertung: Aufwertung!“, S. 165.

Stadt ein paar alte Porzellangegenstände genügen, das Haus hypothekenfrei zu machen usw. Manches mag davon übertrieben sein. Der Zug der Befreiung von Geldverpflichtungen ohne zwingende Notwendigkeit, um durch den Gebrauch des formell bestehenden Rechtes noch zeitig die Markentwertung auszunützen, ist unverkennbar. Es ist bedauerlich, daß demgegenüber der Rechtsausschuß des Reichstags *den Antrag Düringer* und Genossen abgelehnt hat, der zunächst nur eine Schonzeit für die Hypothekengläubiger verlangte.[24] Man hat zweifellos bei der Behandlung der Hypothekengläubiger nur ein Stück aus der gesamten Materie herausgegriffen. Man stößt immer wieder auf das Problem, wie man denn den übrigen Gläubigern, die ihr Vermögen verlieren, helfen kann. Allein die ungeheure Schwierigkeit, die sich daraus ergibt, hätte nicht davor zurückschrecken sollen, daß man zunächst diesem aus nicht moralischen Gesichtspunkten entspringenden Zahlungssturm einen Riegel vorzuschieben versucht hätte. Ist doch das Deutsche Reich, dessen Insolvenz mit das Hauptargument gegen die Berücksichtigung der Hypothekenforderungen ist, nicht in der Lage, solche Heimzahlungen vorzunehmen.[25] Wenn, wie verlautet, der Reichswirtschaftsrat jetzt mit der Frage der Hypothekensperre befaßt wird, so darf man wohl auf eine sorgfältige und alle Momente würdigende Prüfung rechnen. (...)

24 Düringer hatte vorgeschlagen, dass die Darlehensnehmer ihre Hypotheken für eine befristete Zeit nicht zurückzahlen dürften.

25 Hachenburg greift damit die Meinung auf, dass auch das Deutsche Reich als einer der Hauptschuldner gegen eine Aufwertung war, vgl. „Geldentwertung: Aufwertung!“, S. 165.

1. Juni

Während ich diese Zeilen schreibe, sieht Deutschland in gespannter Erwartung auf die Fortsetzung der *Verhandlung mit den Alliierten.* Den Anfang machte Deutschland mit einer an alle früheren feindlichen Mächte gerichteten Note v. 2. Mai 1923. Sie bot den Betrag von 30 Milliarden Mark an. Sie erklärte sich aber bereit, auf die Entscheidungen eines unparteiischen Schiedsgerichts über die höhere Leistungsfähigkeit Deutschlands einzugehen. Frankreich antwortete, wie es zu erwarten war, mit einer entrüsteten Ablehnung.[26] Dann kamen die englische und die italienische Note. Beide erklären das Angebot als ungenügend, beide aber versuchen den Weg zu einer Verständigung zu finden. Das ist der typische Anfang bei Vergleichsverhandlungen. Auch die schroffe Wendung Frankreichs schreckt nicht ab. Wer hat noch nicht erlebt, daß Prozeßgegner sich gegenseitig vorwerfen, der eine verlange Unmögliches und der andere biete Ungenügendes. Die Hauptsache ist, daß ein Unparteiischer über beiden steht, der dann den Ausgleich herbeiführt. England rückt nur sehr langsam in diese Stellung ein. Es wird aber, vielleicht sogar gegen den Willen der jetzigen Regierung, durch die Macht der Verhältnisse dazu gezwungen werden. Dann hängt alles von der Frage ab, wie weit die Autorität dieses Schiedsmannes geht. Und diese wird wieder bedingt durch die Macht der öffentlichen Meinung in England und wohl auch in den Vereinigten Staaten. (...)

26 Deutschland hatte allerdings in der Note vor der Aufnahme der Verhandlungen die Räumung des Ruhrgebiets verlangt.

Während die diplomatische Verhandlung begann, hat das *französische Kriegsgericht* am 8. Mai den Vorsitzenden des Aufsichtsrates der A.-G. *Krupp*, Krupp von Bohlen und Halbach, und mehrere Direktoren zu hohen Gefängnis- und Geldstrafen verurteilt.[27] Am mildesten ist noch das Mitglied des Betriebsrates Müller behandelt worden. Hier wurde *nur* auf sechs Monate Gefängnis erkannt. Die Verhandlung hatte mehrere Tage gedauert. Umsonst bemühte sich die Verteidigung, die völlige Unhaltbarkeit der Anklage und die Unzulässigkeit des Verfahrens darzulegen. Umsonst wandte einer der ersten Schweizer Rechtsanwälte, *Moriaud*, mit der ganzen Kraft der französischen Beredsamkeit sich an die Richter. Das Urteil war im voraus schon beschlossen. Denn in Wirklichkeit handelt es sich ja gar nicht um ein Gerichtsverfahren, also auch nicht um ein Urteil. Es liegt ein reiner Akt der Gewalt vor, dem man das Kleid eines Strafprozesses angezogen hat. Französische Soldaten hatten auf die Kruppschen Arbeiter geschossen. Auf ihrem Anführer und auf den französischen Staatsmännern in erster Linie liegt der Fluch des vergossenen Blutes. Aber eine Rechtfertigung mußte man auch hier suchen. Darum konstruierte man künstlich eine Schuld der Verwaltung, die angeblich die Arbeiter angestiftet und aufgehetzt haben sollte. Das französische Volk, sagte Moriaud, will keinen ungerechten Spruch. Das mag richtig sein. Aber die französische Regierung hat ihn gewollt! Sie braucht den Druck auf die führenden Köpfe der Industrie, um ihr Ziel zu erreichen. Dann muß ihr auch jedes Mittel recht sein. Das Ausland, mit ganz wenigen Ausnahmen, schweigt dazu. Wohl hat Finnland eine entrüstete Erklärung

27
Gustav Krupp von Bohlen und Halbach (1870–1950) wurde zu 15 Jahren Gefängnis und 100 Millionen Mark Geldstrafe verurteilt, er blieb aber nur sieben Monate in Haft. Nach anfänglicher Zurückhaltung gehörte er 1933 zu den ersten Industriellen, die Hitler mit Wahlkampfspenden unterstützten. Er sollte in den Nürnberger Kriegsverbrecherprozessen angeklagt werden, war aber aufgrund seines schlechten Gesundheitszustandes verhandlungsunfähig. Zu den Kriegsgerichten siehe oben März 1923.

durch freigewählte Männer aus allen Kreisen erlassen. Wohl mag auch in manchem anderen Lande Kopfschütteln und vielleicht sogar ehrliche Entrüstung herrschen. Keine Regierung aber und kein Parlament hat den Mut gefunden, für das mit Füßen getretene Recht einzutreten. Das muß traurig stimmen!

Die Zwangsanleihe ist nun glücklich verwirklicht.[28] Hals über Kopf haben die Steuerzahler in den letzten Tagen des April ihre Erklärungen zuwege bringen müssen. Man fügte sich darein. Auch die darin enthaltenen Unebenheiten nahm man mit in den Kauf. Es handelte sich ja doch nur um eine einmalige Leistung, für die man, wenn auch nicht vollwertige, Schuldverschreibungen des Reiches erhielt. Nun liest der Deutsche plötzlich, daß im Reichsfinanzministerium der Plan besteht, *die Zwangsanleihe nochmals für die Brotversorgung zu erheben.* Das Verfahren ist ja jetzt geordnet. Die Form der Wiederholung hat den großen Vorteil der raschen Erledigung. Allein wie steht es mit der Zusage an das deutsche Volk, daß es sich nur um eine einmalige Belastung des Vermögens handeln soll? Die Bahn, die man beschreitet, ist gefährlich. Das an sich schon wankende Vertrauen der Bevölkerung auf Regierungserklärungen darf nicht noch mehr erschüttert werden. Damit fördert man nur die Steuerunmoral. Der Steuerdefraudant beruhigt sein eigenes Gewissen damit, daß man ja auch ihm gegenüber nicht Wort gehalten hat. Und was bedeutet der Zusammenhang der Zwangsanleihe mit der Brotversorgung? Es ist nicht einzusehen, warum eine Vermögensabgabe zu einer vorübergehenden Aufgabe des Reiches erforderlich sein soll. Wie wird es

28
Mit den *Gesetzen über die Zwangsanleihen* aus dem Jahr 1922 war eine weitere Finanzierungsmöglichkeit für den Staat erschlossen worden, der auf freiwilliger Basis keine Käufer mehr für seine Staatsanleihen finden konnte. Also wurden die Bürger gezwungen, gestaffelt nach der Größe ihres zu versteuernden Vermögens, solche Staatsanleihen zu erwerben. Diese waren zwar verzinst und sollten 1925 zurückgezahlt werden, aufgrund der Inflation kam es dazu faktisch jedoch nicht mehr.

bei dieser erneuten Erhebung der Zwangsanleihe mit der Landwirtschaft gehalten, die man bei der Zwangsanleihe anscheinend geschont hat, und die bei der Getreideproduktion doch in erster Linie beteiligt ist?

Am 8. Mai 1923 ist die neue VO. über die Maßnahmen gegen die *Valutaspekulation* auf Grund des Notgesetzes erlassen und am 14. Mai 1923 veröffentlicht worden. Sie verwirklicht die bereits früher angekündigten Pläne. Sie ist sicherlich von dem besten Willen beseelt. „Wenn man's so hört, mags leidlich scheinen."[29] Aber immer wieder taucht das große Fragezeichen auf, ob sich in Wirklichkeit auch die Ideen bewähren. Für die Zeit der Geltungsdauer des Notgesetzes v. 24. Febr. 1923 können die Reichsbank und die von ihr bezeichneten Stellen „Auskunft über den Besitz von Zahlungsmitteln oder Forderungen in ausländischer Währung oder Edelmetallen und über die innerhalb bestimmter Zeiträume abgeschlossenen Geschäfte mit solchen Zahlungsmitteln oder Forderungen und Edelmetallen fordern." Die Reichsbank kann, wenn sie feststellt, daß diese Gegenstände nicht zur Bezahlung von Einfuhrwaren oder zur Abdeckung von damit zusammenhängenden Verbindlichkeiten oder zu sonstigen im Interesse der deutschen Wirtschaft notwendigen Zwecken erforderlich sind, die Ueberlassung gegen Reichsmark zum Tageskurse verlangen. Damit will man dem Hamstern der Devisen und den Devisenspekulationen entgegentreten. Wäre das nur möglich! Aber gerade diejenigen, die am meisten gegen die Interessen des deutschen Volkes sündigen, wird man auf diesem Wege nicht fassen. Die ehrlichen Kaufleute, denen ihr Gewissen Rat

29 „Wenn man's so hört, möcht's leidlich scheinen", konzediert Margarete gegenüber Faust.

gibt, brauchen solche Zwangsmaßnahmen nicht. Sie werden auch ohne den Auskunfts- und Ablieferungszwang nicht mehr Devisen kaufen und behalten, als für ihr Geschäft erforderlich ist. Die Gewissenlosen aber werden über die Verordnung lachen. Wieder geht ein Stück des Rests unserer Volksmoral verloren. Das ist tief traurig. Aber es nützt nichts, die Augen vor diesen Vorgängen, die jeder, der das gewerbliche Leben beobachtet, sehen kann, zu verschließen.

Der *Reichswirtschaftsrat* hat in einer Beratung, dem der wirtschaftspolitische, der finanzpolitische und der Wohnungsausschuß angehörten, über den *Antrag Düringer zur Hypothekensperre* verhandelt. Das Ergebnis war die Ablehnung gegenüber einer kleinen Minderheit. Zweifellos hat der Reichsjustizminister darin recht gehabt, daß mit dem Sperrgesetz allein eine Lösung der Frage nicht herbeizuführen ist. Der Schwerpunkt lag auch hier auf der materiellen Seite. Gewiß ist es richtig, daß man eine Hilfe für alle die, die unter der Geldentwertung schwer leiden, nicht allgemein durchführen kann. Aber die Frage war doch, ob sie sich nicht in dem *speziellen* Falle ermöglichen läßt. Rein formalrechtlich ist der Hypothekengläubiger auch nur Gläubiger wie jeder andere. Allein man durfte an die Frage nicht von formal-juristischem Gesichtspunkte allein herantreten. Wer sein Geld gegen Sicherheit durch Hypotheken auf Liegenschaften gibt, der betrachtet sich wirtschaftlich als ein Stück Miteigentümer. Das Haus gehört ihm rechtlich nicht. Tatsächlich aber will er für sein Kapital ein Stück Immobilie erwerben. Das ist aus den Köpfen der Bevölkerung nicht herauszubringen. Darin liegt auch, wie fast immer bei solchen Volksempfindungen, etwas durchaus Richtiges. Darüber ist man hinweggeschritten. Man überläßt auch hier, trotzdem man sich des Unrechts bewußt ist, das der Gläubiger erleidet, und trotzdem man den unbegründeten Gewinn erkennt, den der Eigentümer durch die Geldentwertung macht, den unglücklichen Kapitalisten seinem Schicksal. Er ist ja nur Kapitalist![30]

30 Hachenburg beklagt auch in einem Artikel in der DJZ 1923, Sp. 516 ff., dass politisch offenbar gewünscht sei, den Mittelstand, der sein Vermögen gespart und angelegt habe, die Kosten der Inflation zahlen zu lassen, vgl. „Geldentwertung: Aufwertung!", S. 165.

Am 29. April 1923 veröffentlicht das RGBI. ein Gesetz, betr. *Anpassung des* § 87 des Betriebsrätegesetzes an die Geldentwertung vom gleichen Tage. In der Oeffentlichkeit ist es kaum beachtet worden. Ich kann mich wenigstens nicht erinnern, irgend etwas darüber gelesen zu haben. Trotzdem liegt hier ein erster Schritt der Gesetzgebung zur Berücksichtigung der Geldentwertung von einer zivilrechtlichen Forderung vor. Der zu Unrecht entlassene Arbeiter kann gegen die Entlassung Einspruch erheben. Darüber wird im Schlichtungsverfahren endgültig entschieden. Wird der Einspruch als gerechtfertigt angesehen, so ist dem Arbeitgeber, der die Weiterbeschäftigung ablehnt, eine Entschädigungspflicht aufzuerlegen (§ 87 Abs. 1 und 2 Betriebsrätegesetz). Nun wird ein neuer Absatz eingefügt. Kommt der Arbeitgeber mit der Zahlung der Entschädigung in Verzug, so hat er dem Arbeitnehmer auch den durch die Geldentwertung entstehenden Schaden zu ersetzen. Das ist ein durchaus richtiger Gedanke. Die Geldentwertung soll keine Bereicherung des Verpflichteten herbeiführen. Aber die Frage darf doch wohl an die Regierung und an den Reichstag gerichtet werden, weshalb dies nur dann gilt, wenn ein Arbeitnehmer

Gläubiger ist? Nicht, daß es ihm mißgönnt würde. Im Gegenteil, man darf sich darüber freuen, daß das Gerechtigkeitsgefühl hier Abhilfe zu schaffen sucht. Aber um wirklich gerecht zu sein, müßte dieses gleiche Recht bei allen gelten! (...)

Die *sächsische Regierung* hat in einer Verordnung v. 14. März 1923 über *Hoheitszeichen der früheren Regierung* (Justizministerialblatt für den Freistaat Sachsen v. 23. April 1923) angeordnet, daß in den Büchern der Büchereien der Justizbehörden die in den Stempelaufdrücken oder sonst vorhandenen Hoheitszeichen der früheren Regierung zu entfernen oder unkenntlich zu machen oder zum mindesten mit Tinte stark zu durchstreichen sind. Hat man im sächsischen Justizministerium heute wirklich nichts Besseres zu tun, als sich mit solchen Kleinigkeiten abzugeben? Kann die Zeit nicht nützlicher verwendet werden als mit dem Durchstöbern der Bibliotheken nach den in den Büchern befindlichen früheren Hoheitszeichen? Wer noch im Herzen der Monarchie anhängt, wer den Rücktritt des Königs bedauert, den bekehrt man auf diesem Wege sicherlich nicht. Wer aber überzeugt ist, daß heute die Republik die für Deutschland notwendig gewordene Staatsform ist, der bedarf dieses Vorgehens nicht. Die Zahl derer, die an solchen „Hoheitszeichen" Anstoß nehmen, dürfte auch in Sachsen außerordentlich gering sein.

1. Juli

Um *Deutschlands Schicksal* wird wieder gewürfelt. Die Spieler und Gegenspieler stehen sich gegenüber. Daß der Einsatz, um den es geht, Millionen lebendiger Menschen, fühlender und leidender Seelen sind, berührt sie nicht. Wir müssen uns damit abfinden. Die Augen sind auf England gerichtet. Gelingt dem neuen Premier der große Wurf, so hoffen wir auf unsere Rettung. Rettung noch vor dem Untergang, vor Zerfall, vor Selbstzerfleischung. Daß England nicht aus Liebe zu uns handelt, nicht aus dem Gefühle der Gerechtigkeit, nicht aus dem inneren Zwange, das im Versailler Frieden begangene Unrecht wieder gut zu machen, wissen wir. Es tritt Frankreich nur aus egoistischen Gründen entgegen. Daß diese bei den Vereinigten Staaten Nord-Amerikas fehlen, hält sie von dem Kampfplatz fern. Aber auch der Eigentrieb Englands kann uns zugute kommen.[31] (...)

31 Gemeint ist wohl der Umstand, dass England (und später auch die USA) nicht zuletzt im Hinblick auf die Reparationszahlungen den wirtschaftlichen Totalzusammenbruch in Deutschland fürchteten, während für Frankreich die Kontrolle über Rhein und Ruhr einen darüber hinausgehenden Wert darstellten. Nicht zuletzt hatte England ganz generell kein Interesse an einer kontinentaleuropäischen Hegemonialmacht Frankreich.

Während sich die diplomatischen Verhandlungen auf Grund der deutschen Note mehr und mehr verdichten, *verstärkt Frankreich den unerhörten Druck* in den von ihm besetzten Gebieten. Geldstrafen, denen man mit unbewußter Selbstironie den Namen Sanktionen gibt, häufen sich. Schon kann konstatiert werden, daß in einer Sitzung eines Kriegsgerichtes auf Zahlung von Billionen erkannt wurde. Ausweisung folgt auf Ausweisung. Nun schreitet man auch zu den Todesurteilen und ihrer Vollstreckung. Was will man damit? Nur als Ausdruck des Grolles und der Wut, daß die Beute entschlüpft, daß Deutschland doch nicht zu zerstören sein wird, darf man dies Vorgehen nicht auffassen. Es mag im Unterbewußtsein mit hereinspielen. Namentlich bei den unteren Organen. Viel eher wird man auf ein systematisches Fortsetzen der Zermürbung schließen. Man hofft, in kurzer Zeit Deutschland zur völligen Erschöpfung oder zur Verzweiflung zu treiben. Das verschiebt dann wieder die Grundlagen der Verständigung. Aber auch darin wird man sich verrechnen. Der „passive Widerstand", gegen den Frankreich vergebens kämpft, ist nicht zu beseitigen, weder durch Gewalt noch durch Ueberredung. Die spätere Geschichte wird diesen heldenmütigen Kampf der Ueberwundenen als eine neue Erscheinung würdigen und krönen.[32]

Alles, was die französischen Pläne fördert, ist ein Frevel gegen diese leidenden Streiter. Auch die Akte, durch die sich die empörte Seele Luft machen will, wie die Zerstörung von Brücken und Eisenbahnen, sind zurückzuweisen.[33] Sie nützen nichts. Sie erschweren den Druck, der auf der Bevölkerung der besetzten Gebiete lastet. Die Täter tragen mit die Verantwortung, wenn wieder Blut vergossen wird und Unschuldige von Haus und Hof vertrieben werden. Der am härtesten betroffene Teil des Volkes selbst hat die Parole des Duldens ohne Nachgeben hinausgerufen. Nun heißt es für alle anderen Disziplin wahren.

In der *letzten deutschen Note* haben die von der deutschen Regierung angebotenen Garantien greifbarere Gestalt angenommen.[34] Der Besitz von Handel und Gewerbe, der Landwirtschaft und der städtischen Gebäude soll belastet werden. Sie haben für die jährlichen

32
Mit dem „passiven Widerstand" war die von der deutschen Regierung und fast allen Parteien unterstützte Strategie gemeint, Befehle der Besatzer nicht zu befolgen. Die Bevölkerung kam dem mit großer Geschlossenheit nach, Arbeiter, Unternehmer und Beamte verweigerten flächendeckend die Zusammenarbeit mit der französischen Besatzung. Die wirtschaftlichen Kosten waren immens, die Inflation geriet außer Kontrolle; außerdem wurden in der Folge zwischen 120.000 und 150.000 Einwohner des Ruhrgebiets von den Besatzungsbehörden in den unbesetzten Teil Deutschlands ausgewiesen.

33
Am 26. Mai 1923 wurde der 28-jährige Leo Schlageter hingerichtet, weil er mehrere Sprengstoffanschläge auf Eisenbahnanlagen verübt hatte. Die NSDAP machte aus Schlageter, der zu diesem Zeitpunkt bereits nationalsozialistisch engagiert war, einen Märtyrer; selbst die KPD gab sich einem nationalen Hochgefühl hin.

34
Verhandlungen über die konkretisierten Vorschläge des Memorandums an die Alliierten vom 7. Juni 1923 wurden wiederum von Frankreich abgelehnt, solange nicht der passive Widerstand im Ruhrgebiet beendet werde.

Zahlungen aufzukommen. Darin wird man namentlich auf englischer Seite einen Fortschritt sehen. Namentlich, da man sich daran gewöhnt hat, die zerrüttete Staatswirtschaft der blühenden Privatwirtschaft gegenüberzustellen. Als ob die eine ohne die andere auf die Dauer bestehen könnte. Und andererseits, als ob nicht der Staat durch seine Macht der Besteuerung sich der Mittel der Privatwirtschaft bedienen dürfte, unter Umständen müßte. Noch ist auch nicht geklärt, auf welchem Wege diese Heranziehung der Privatwirtschaft verwirklicht werden soll. Mit dem Schlagworte der Hypothek auf dem Besitz ist auch nicht viel gewonnen. Diese Belastung muß auch realisiert werden können. Sie kann nicht plump schematisch umgelegt werden. Man kann doch auch nicht den feindlichen Gläubigern ein unmittelbares Zugriffsrecht geben. Aber vor der juristischen Konstruktion steht die praktische Frage. Eine Heranziehung der Mittel der Privatwirtschaft kann ohne ihre Zertrümmerung nur durch ihre freiwillige Mitwirkung geschehen. Bleibt sie renitent, so wird, das Gesetz mag lauten wie es will, das Ergebnis gleich wie bei den Steuern unerquicklich sein. Dann werden die Zwangsmaßnahmen der Gläubiger nicht ausbleiben. Dann wird erst der schlimme Tag für Industrie und Landwirtschaft kommen. (...) Die Erhaltung der geringen uns gebliebenen Substanz des Nationalvermögens kann nur dann gelingen, wenn die freiwillige Arbeit aller Beteiligten dazu hilft.

Die *Stützungsaktion der Reichsbank*, welche die Mark vorübergehend besserte, war rasch vorüber. Sie hätte nur dann dauernden Erfolg gehabt, wenn es gelungen wäre, die Ruhrgebietsbesetzung rasch zu beseitigen. Auf längere Dauer reichten die Kräfte des Reiches nicht. Nun begann der Dollar wieder zu steigen. Erst langsam, dann immer sprunghafter. Man ruft die Gesetzgebung zu Hilfe. In der Teuerungsdebatte im Reichstage forderte der sozialdemokratische Redner ein energisches Vorgehen der Regierung nach dem Vorbilde der Tschechoslowakei, die mit schweren Kerkerstrafen ihrem Devisengesetz Anerkennung verschaffe. Nun ist es ja richtig, daß dort die Strafdrohungen weit schärfer lauten als bei uns. Sie richten sich gegen die, welche ohne wirtschaftliches Bedürfnis wie über dasselbe hinaus fremde Zahlungsmittel anschaffen. (...) Bei uns, in der Stimmung der Verzweiflung und der Panik, scheitern sie. Gewiß trägt die Spekulation, die gewissenlose egoistische, ein gutes Stück dazu bei, die Mark wieder zu demütigen. Die Hauptquelle liegt aber in der Verzweiflung, die sich aller Kreise der Bevölkerung bemächtigt. Was nützen, so heißt es, alle Bemühungen, die Mark zu halten, gegenüber den sich steigernden Unterdrückungsmaßnahmen Frankreichs? Wer weiß denn, ob nicht die aus den besetzten Gebieten weggenommenen Milliarden Papiermark an die New Yorker Börse geworfen werden? usw. Hier nützt weder die Aufklärung noch die Mahnung noch die Strafdrohung. Wenn eine Volksmenge in Aufregung gerät, so gelingt es der Schutzmannschaft nicht, sie vom Durchbrechen einer Absperrung zurückzuhalten.

Die *wertbeständigen Anleihen* wachsen ständig. Sie lauten nicht auf einen festen Nennbetrag. Die Höhe der Schuld wird durch Bezeichnung eines Wertmessers bestimmt. Danach errechnet sich am Verfalltage der Betrag der zu leistenden Papiermark. Namentlich Roggen und Kohle bilden die Rechnungsbasis.[35] Nach § 795 BGB. bedürfen auf den Inhaber lautende Schuldverschreibungen der staatl. Genehmigung, andernfalls sind sie nichtig. Die wertbeständigen Anleihen fallen dem Wortlaut nach nicht unter das Gesetz. Also wäre die Verweisung auf ein wertbeständiges Gut der Weg zur Vermeidung dieses Genehmigungszwanges. Man dürfte wohl einer ausdehnenden Auslegung des § 795 das Wort reden. Namentlich nach seinem wirtschaftspolitischen Zwecke. Alle Zweifel sollen aber durch ein dem Reichstag vorliegendes Gesetz über die Ausgabe wertbeständiger Anleihen abgeschnitten werden. Auch für diese wird ausdrücklich die staatliche Genehmigung gefordert. Damit wird jedenfalls eine mögliche Streitfrage beseitigt. Aber es wird auch der unaufhaltsame Fortgang unserer wirtschaftlichen Entwicklung anerkannt. Das ist zu begrüßen. Nur dürfen wir uns der Illusion nicht hingeben, als werde durch solche Maßnahmen das Uebel selbst, woran wir kranken, beseitigt. (...)

35
Anleihen auf Sachwerte wie Roggen oder Kohle spielten im Kampf gegen die Hyperinflation eine große Rolle und prägten auch die späteren Überlegungen zur Währungsreform, wie sie sich schließlich in der Einführung der im Novemberheft 1923 von Hachenburg beschriebenen Rentenbanknote („Rentenmark“) wiederfanden.

Das *Jugendgerichtsgesetz* v. 16. Febr. 1923 tritt am 1. Juli 1923 in Kraft.[36] Nur die Bestimmungen der §§ 2 und 45, wonach das Strafbarkeitsalter auf 14 Jahre hinaufgesetzt ist, waren sofort anzuwenden. Die übrigen Bestimmungen bedurften einer sorgfältigen Vorbereitung der Einführung. Namentlich war die starke Heranziehung des Laienelements nicht ganz ohne Schwierigkeiten. Man denke an das erstmals auftretende große Jugendgericht. Es ist für Straftaten zuständig, die bisher

36
Der Vorschlag zu diesem ersten Jugendgerichtsgesetz war noch unter dem Justizminister Gustav Radbruch entwickelt worden. Bei einer notgedrungen offen formulierten Anforderung an die Einsichtsfähigkeit des Jugendlichen ist es bis heute geblieben.

vor das Reichsgericht oder das Schwurgericht gehörten. Es besteht aus 2 Richtern und 3 Laien. Wir haben also hier ein Vorspiel für die künftige Reform der Gerichtsverfassung. Je mehr man sich an das Laienelement wendet, desto mehr sollte man aber die Sprache der Gesetze so gestalten, daß sie dem schlichten Menschenverstande ohne weiteres klar ist. Man darf gern bekennen, daß sich hier gar manches in Deutschland gebessert hat. Man darf aber auch nicht verhehlen, daß manches noch zu bessern übrigbleibt. Wird wirklich ein Arbeiter oder Handwerker, ja, wird auch ein mit humanistischer Bildung ausgestatteter Kaufmann oder Gutsbesitzer in der Lage sein, sich den Gedanken des § 3 des Gesetzes konkret vorzustellen. Was bedeutet es, zu prüfen, ob der Jugendliche in der Lage war, „seinen Willen dieser Einsicht gemäß zu bestimmen"? Man kann sich nur damit beruhigen, daß schließlich das gesunde Rechtsempfinden herausfühlt, ob man den Jungen strafen darf oder nicht, man mag den theoretischen Satz geformt haben wie man will. (...)

---

1. August

England hat gesprochen, und die Welt horcht auf. Der Ton klang entschiedener als je zuvor. Zwar begann die Rede des englischen Premiers im Unterhause immer noch mit der Versicherung der Freundschaft für Frankreich. Immer wieder betonte er, daß Deutschland bis an die äußerste Grenze seiner Fähigkeit zahlen müsse. Aber England verlangt nicht nur die Versicherung dieser Zahlungsfähigkeit durch Unparteiische.[37] Es tadelt

37
Stanley Baldwin, 1867–1947, war 1923/24, 1924–1929 und 1935–1937 britischer Premierminister (Conservatives). Bei seiner vielbeachteten Rede vom 12. Juli 1923 kam er zu folgendem Schluss: „We are convinced that an indefinite continuation of this state of affairs is fraught with great peril. Germany herself appears to be moving fast towards economic chaos, which may itself be succeeded by social and industrial ruin."

in starken Worten den Ruhreinfall. Dies nicht nur als wirtschaftspolitischen Fehler, sondern auch als ein völkerrechtliches Unrecht. Der Ruhreinbruch wird als das gekennzeichnet, was er ist, als ein militärischer Ueberfall mitten im Frieden. Das ist freilich zunächst nur eine bescheidene Genugtuung, die wir erhalten. Wir müssen immer wieder Geduld haben. Immer wieder warten, was mit uns geschieht. Aus eigenem Willen unser Schicksal zu lenken, bleibt uns versagt. Man rechnet, man läßt die Einbildungskraft walten, schließlich vermag niemand auch nur sich selbst zu beruhigen. Ueber allen Teilen des Volkes liegt eine aufreibende Nervosität. Mitten in der Arbeit überfällt uns die bange Frage, was morgen sein wird. In die Hoffnung auf mögliche Besserung dringen die schrillen Töne der Erschießungen, der fortgesetzten Mißhandlungen der Bewohner des besetzten Gebietes, die Ausweisungen, die Verurteilungen. (...)

Die Zahl der *wertbeständigen Anleihen* der Länder, Gemeinden, Großunternehmer ist ständig im Wachsen. Es wird bald zu den Ausnahmen gehören, wenn auf anderem Wege eine Anleihe beschafft wird. Neben die Roggenanleihen, Kohlenanleihen usw. tritt jetzt die Goldanleihe. Die Süddeutsche Festwertbank in Stuttgart gibt 5%ige Goldobligationen aus, insgesamt im Goldwert von 400kg Feingold. Zinsen- und Kapitalzahlung bemessen sich nach dem Verhältnis von 1 Gramm Feingold = 2,79 Goldmark. Das ist das alte münzgesetzliche System. Die fälligen Zinsen- und Kapitalbeträge werden nach dem Dollarkurs an den Stichtagen berechnet. Man hat hier ein Vorspiel für die kommende

Neugestaltung der Währung. In dem Augenblick, in dem unsere außenpolitischen Verhältnisse endgültig geregelt sind, wird unsere Währung stabil. Mit der Stabilisierung tritt das Bedürfnis nach einer neuen, den valutastarken Ländern gleichwertigen Währung auf. Die Zahlung in Papier wird eine Zeitlang noch nebenher laufen. Man wird aber, wie aus dem Beispiele der wertbeständigen Anleihe zu sehen, die Umrechnung des Papiers in Gold vornehmen müssen. Es ist gut, wenn man sich jetzt schon an diesen Gedanken und die freilich auch damit unlösbar verbundene allmähliche Vernichtung des Papiergeldes gewöhnt.

Den wertbeständigen Anleihen der Länder und der großen Unternehmungen reihen sich jetzt die *wertbeständigen Hypotheken* an.[38] Auch die Höhe der aus dem Grundstück zu bezahlenden Geldsumme kann durch den amtlich festgestellten Preis einer bestimmten Menge Roggen, Weizen od. Feingold bestimmt werden. Die Regierung kann auch andere Gegenstände als Wertmesser zulassen. Im Grundbuche einzutragen ist der Geldbetrag, „durch die Art und Menge der Ware, deren Preis und Maßstab gewährt ist", zu bezeichnen. Daß es sich um Erzeugnisse des Grundstückes selbst handeln müsse, ist nicht gesagt. Schon das Beispiel des Goldes zeigt, daß davon keine Rede sein konnte. Dementsprechend können auch die Hypothekenbanken wertbeständige Hypothekenpfandbriefe ausgeben. Für die Zwangsvollstreckung sind wieder entsprechende Maßnahmen getroffen. Sie versuchen, die durch die besondere Art der Forderung entstehenden Schwierigkeiten zu vermeiden. Damit ist ein guter Schritt zur Besserung

38
Nämlich durch das *Gesetz über wertbeständige Hypotheken* vom 23. Juni 1923.

des liegenschaftlichen Kredites geschehen, aber auch zugleich ein starker Schnitt in das System des Hypothekenrechtes. Der erste geschah durch die Zulassung der Hypotheken in ausländischer Währung (Ges. v. 13. Febr. 1920). Das mochte man wenig bemerken. Hier war die Staatsgenehmigung erforderlich. Sie wurde nur in besonderen Fällen für Auslandskredite gegeben. Jetzt aber kann jeder Eigentümer sein Grundstück mit Gold- oder Getreidehypotheken belasten. Damit wird die Klarheit des bisherigen Grundbuchrechtes verlassen. Die Höhe der Belastung kann jeweils nur für den Moment berechnet werden. Eine Nachhypothek hinter der wertbeständigen Gold- und Sachhypothek wird kaum mehr zu erwarten sein.

Bei den wertbeständigen Anleihen macht sich die aus den heute in Kraft gebliebenen Bilanzvorschriften entstehende *Bewertungsschwierigkeit* bereits geltend. Man streitet darüber, wie die Schuldner solcher Anleihen sie in ihre Passiven einzustellen haben. Das gilt ganz bei den Kohlenobligationen wie bei allen ähnlichen. Bei diesen ist der Marktpreis des Materials, das zugrunde liegt, maßgebend. (...)

Dem Reichstag liegt ein Entwurf zur Abänderung des *Gesetzes* über *die privaten Versicherungsunternehmungen* vor. Gleich vielen anderen ist er durch die Entwertung der Markwährung hervorgerufen. Neben kleinen Erleichterungen und Ersparnissen interessiert die Einfügung eines § 55 a. Die Wertpapiere und sonstigen Vermögensanlagen, die einen Börsen- oder Verkehrswert haben, sind nicht mehr zum Anschaffungspreise, sondern zu den Börsen- oder Verkaufspreisen des Bilanztages einzustellen. Doch ist daneben auch in einem besonderen Bilanzposten der Bezahlungswert festzustellen. Daraus ergibt sich dann auch wieder der Ueberwert. Auch er erscheint dann auf der Passivseite als Ueberwert-Reserve. Sie ist zur Deckung von Verlusten bestimmt. Ausgeschüttet darf sie selbstverständlich nicht werden. Damit wird man zunächst erreichen, daß sich die Bilanz der Geldentwertung anpaßt. Auch die durch die bisherige Gesetzgebung „unbeweglich gebundenen, stillen Reserven“ werden herausgeholt. Sie können als offensichtliche auch zur Erhaltung des Gleichgewichts der Versicherungsgesellschaft benutzt werden. Man sieht, wie die Notwendigkeit, auf die Geldentwertung Rücksicht zu nehmen, zu immer weiteren Schritten zwingt. Man durchbricht eine Schranke nach der anderen. Das ist die Folge der immer mehr zusammenbrechenden deutschen Währung. Das seit Jahren feststehende Bilanzierungssystem ist aufgegeben, aus dem einfachen Grunde, weil man keine richtigen Bilanzen mehr hat. Auf die Dauer wird sich aber dieses Verfahren von Fall zu Fall, Löcher zu reißen und Löcher zu flicken, nicht aufrechterhalten lassen. Man muß endlich damit ernst machen, im ganzen Problem der Anpassung der Bewertungsbestimmungen äußerlich zu bleiben. (...)

Im Reichstage wurde wieder einmal, am 3. Juli, das *Fechenbachurteil* verhandelt.[39] Kein Parlament, sei es des Reiches, sei es eines Landes, ist Oberinstanz in einem Strafverfahren. Es hat die gesetzgebende Gewalt. Es kann auch durch Gesetze Strafen erlassen, die

39 Der jüdische Journalist und SPD-Politiker Felix Fechenbach (1894–1933) war am 20. Okt. 1922 vom Münchner Volksgericht wegen Landesverrats zu elf Jahren Zuchthaus verurteilt worden. Er soll 1919 an einen Schweizer Journalisten ein Telegramm des bayerischen Gesandten beim Vatikan aus dem Jahr 1914 weitergegeben haben, in dem berichtet wurde, dass der Papst mit dem Vorgehen Österreichs einverstanden sei und die russische und französische Armee für schwach halte. Die Strafe für diese „Tat“ wurde als weit übertrieben angesehen. Das „Skandalurteil“ wurde im Juli 1923 zwei Sitzungstage lang im Reichstag erörtert. 1925 wurde deswegen sogar ein Reichsgesetz („Lex Fechenbach“) erlassen, das ein Wiederaufnahmeverfahren gegen Volksgerichtsurteile ermöglichen sollte. Fechenbach selbst wurde am 20. Dez. 1924 aufgrund einer Amnestie aus dem Gefängnis entlassen – am gleichen Tag wie Adolf Hitler. Am 5. März 1933 wurde er in „Schutzhaft“ genommen und am 7. Aug. 1933 von SA und SS erschossen.

erkannt sind. Aber es kann sich nicht als Richter über die Gerichte stellen. Anders liegt der Fall bei einem Fehlspruch. Namentlich, wenn es sich um Hoch- oder Landesverrat gegen das Reich handelt. Noch mehr, wenn die Existenzberechtigung der Gerichte, die das Urteil fällten, wie bei den Bayerischen Volksgerichten, streitig ist. Hier spricht der Reichstag, der Inhaber der obersten Regierungsgewalt. Er kann nicht nur durch die für ihn handelnden Reichsminister, er kann unmittelbar tätig werden. Er hat das Recht und die Pflicht, als das Gewissen der Nation zu reden. Wenn nur nicht bei allen diesen Vorgängen die Parteipolitik bestimmend wirkte. Es sollte doch jeder Abgeordnete fühlen, daß es sich bei solchen Fragen auch um ihn selbst als Teil des ganzen Volkes handelt. Die Person des Verurteilten muß gleichgültig sein. Wenn *Radbruch* ausrief: „Mit Fechenbach sitzt die Gerechtigkeit im Zuchthaus!", so mag das in der Form übertrieben sein. Was er sagen wollte, ist aber zutreffend. Ist das Urteil falsch, so ist nicht nur der einzelne Mensch, es ist das ganze Volk, es ist das sorgsam zu hütende Rechtsempfinden getroffen. Demgegenüber erscheint der Ausgang der Debatte in der Annahme eines Antrags auf Beschleunigung der Strafprozeßreform, um die „vollständige Rechtseinheit" auf diesem Gebiete „einzuführen", wenig befriedigend. Die haben wir doch schon seit dem 1. Okt. 1879.

Die *Rechtsanwaltsordnung hat eine Novelle erhalten.* Sie trägt der Zerstörung der wirtschaftlichen Lage und den hierdurch immer stärker werdenden Schwierigkeiten Rechnung. (...) Am kennzeichnendsten ist vielleicht die Bestimmung des neuen § 58 b RAO. Danach steht den

Kammervorständen das Recht zu, die rückständigen Mitgliedsbeiträge unmittelbar einzuziehen. Die vom Schriftführer des Vorstandes ausgestellte, mit der Bescheinigung der Vollstreckbarkeit versehene Zahlungsaufforderung ist mit Vollstreckungstitel versehen. Wie schlimm muß es aussehen, daß die Anwaltschaft genötigt ist, die Kammerbeiträge im Zwangswege einzuziehen. Was früher vereinzelt blieb, und was man entweder ganz unterließ oder im Klageweg durchsetzte, wird nun so häufig, daß weder das eine noch das andere mehr möglich ist. Und wie weit muß es gekommen sein, daß auch die Reichsregierung sich bereit fand, den Kammervorständen diese öffentlich-rechtliche Befugnis zu gewähren. (...)

1. September

Es ist Mitte August. Was wird am 1. Sept. sein? Wir warten und warten, und das Warten zehrt an unserem innersten Mark. Das geheime *Duell Frankreich-England* geht weiter. Englands Rolle wird für uns immer unklarer. Wohl hat England den Vertrag von Versailles nicht nur unterschrieben. Es ist einer der Haupturheber und verantwortlichen Redakteure. Frankreichs Vergehen verletzt dieses völkerrechtliche Aktenstück. Das trifft nicht nur Deutschland, sondern die Mitkontrahenten. Aber diese sind ohne Macht gegen den vertragswidrig handelnden Teil. England hat jetzt den gesamten Notenwechsel mit Frankreich veröffentlicht. Es schlägt vor, die Entscheidung über die Berechtigung der Ruhrbesetzung dem internationalen Schiedsgericht zu übertragen. Kann Frankreich das annehmen? Ihm ist der Besitz doch wichtiger als das Recht. Und wenn es ablehnt, was dann? Es mag wahr sein oder nicht, daß Lord Curzon[40] seine Ministerkollegen fragte, ob sie Frankreich den Krieg erklären wollten, falls es nicht nachgebe. Jedenfalls liegt hier der wunde Punkt für England. Aber noch schlimmer ist die Wunde, aus der Deutschland blutet. Und wenn die Aerzte, die es retten wollen, ihm nicht bald zu einer Aenderung der Luft verhelfen, wird es zu spät sein.

40
George Curzon, 1859–1925, war von 1919–1924 britischer Außenminister.

Die Hohe Rheinlandkommission hat eine Verordnung erlassen, die man nicht glauben möchte, so unglaublich klingt sie. Bei Strafe darf niemand die Rechtmäßigkeit des Ruhreinfalls bestreiten. Nicht nur in der Oeffentlichkeit. Nicht nur in der Presse oder Versammlungen. Auch das Privatgespräch, die interne briefliche Aeußerung ist verpönt. Als ob man durch solche Maßnahmen Unrecht in Recht verwandeln könnte. Wer seinem Opfer einen Knebel in den Mund steckt, kann es am Schreien hindern. Aber sein erzwungenes Schweigen macht es nicht zur Zustimmung. Im Gegenteil. Cum tacent, clamant.[22] Was sagt England dazu, dessen Vertreter noch in der hohen Kommission sitzt? Das sich rühmt, der Hort der geknechteten und mißhandelten Völker zu sein? Nicht die englische Regierung ist gemeint. Sie muß behutsam auftreten. Sie fürchtet den Riß durch die Entente und weiß, daß man in Paris das weiß. Aber die englische öffentliche Meinung, das Volk und seine Presse? Ich fürchte, mehr als ein interessanter Gesprächsstoff ist auch heute das deutsche Leid jenseits des Kanals nicht geworden.

41
„Indem sie schweigen, schreien sie." Der Ausspruch geht auf Cicero zurück.

In diese immer dunklere Situation hinein fällt wieder ein *Regierungswechsel*.[42] Er bedeutet den Wiedereintritt der Sozialdemokratie in die verantwortlichen Stellen. Was sie dazu bestimmte, was den Rücktritt Cunos und die Uebernahme des Reichskanzlerpostens durch Stresemann, des Reichsfinanzministeriums durch Hilferding herbeiführte,[43] kann nur die Erkenntnis sein, daß ohne Einigung aller auf die Erhaltung Deutschlands hoffenden Parteien dies Ziel nicht erreichbar ist. Man erkennt zugleich, wie der fortschreitende Kampf um die Existenz immer mehr Männer verbraucht. Es scheint, als ob man nun schon den alten Satz „res ad triarios venit"[44] anwenden kann. Nur darf man nicht erwarten, daß nun die neuen Männer Wunder tun können, weder nach außen noch nach innen wird das möglich sein. Vielleicht hat eher der herannahende Wendepunkt die geeigneten Männer auf den Plan gerufen, als diese jenen herbeiführen. In der Leitung der Innenverhältnisse zwingt die neue Zusammensetzung des Kabinetts zu Verständigungen. In einem Punkte sind schon vorher die beiden führenden neuen Köpfe, Stresemann und Hilferding, einig gewesen, in der Reform der Reichsbank. Das hat auch Stresemann erst wenige Tage vor seinem Amtsantritt erklärt. Einen Staat im Staate darf die autonome Reichsbank nicht bilden.[45] Man hat ihr diese Stellung auf Verlangen der Entente gegeben. Genützt hat diese Bereitwilligkeit, auf ihre Wünsche einzugehen, nach außen nichts. Im Innern war sie schädlich. Es liegt kein Grund vor, heute noch diese Rücksichten gelten zu lassen. Wir dürfen uns das aber auch für andere Fälle merken.

42
Am 12. Aug. 1923 trat Reichskanzler Wilhelm Cuno nach Streikaufrufen und heftiger Kritik im Reichstag zurück. Gustav Stresemann von der DVP wurde sein Nachfolger. Die SPD hatte fünf Ministerien und damit die meisten aller Koalitionsparteien – außer DVP waren das noch Zentrum und DDP – inne.

43
Rudolf Hilferding (1877–1941) vertrat als Mitglieder der USPD/SPD dezidiert marxistische Ideen und war im Kabinett Stresemann I bis zum 6. Okt. 1923 Finanzminister.

44
Die lateinische Redewendung (etwa zu übersetzen mit „jetzt wird es zur Sache der Triarier") bezieht sich auf den Einsatz der „Triarier" im Kampf, die als Eliteeinheit der römischen Armee häufig zurückgehalten wurden, um als letzte Reserve noch eingreifen zu können.

45
Dass in Währungskrisen eine unabhängige Nationalbank politisch häufig auf Widerspruch stößt, weil sie je nach Sichtweise zu viel oder zu wenig tut, ist nichts Neues. Da allerdings am 20. Nov. 1923 der lebenslang bestellte Reichsbankpräsident Rudolf Havenstein im Alter von 65 Jahren starb, war ohnehin der Weg frei für eine Neubesetzung, die dann mit Hjalmar Schacht (1877–1970) für die Jahre 1923–1930 (und später 1933–1939) erfolgte. Zu Schacht siehe unten 1. Jan. 1930.

Die deutsche Mark stirbt. In rasenden Sprüngen ging der Dollar in die Höhe. Wir haben Oesterreich weit hinter uns gelassen. Wo ist der deutsche Stolz auf die feste Fundierung unseres Wirtschaftslebens geblieben, die uns vor dem Schicksale Oesterreichs bewahren werde? Wenn im Volksmunde, wie Hermann Müller-Franken im Reichstag erzählte, die Reichsbanknoten wirklich schon Havensteinrubel heißen, so liegt darin ebensoviel bittere Ironie als geschichtliche Erkenntnis. Die Folgen dieser neuen Markkatastrophe sind noch nicht auszudenken. Sie müssen notwendigerweise auf die Ernährung einwirken. Sie machen die Einfuhr aus dem Auslande unmöglich. Wir sind wieder wie im Kriege blockiert. Wohl wird die Einfuhr gedrosselt. Es soll nur das nötigste hereinkommen. Aber wird auch das möglich sein? Hilferdings Vorschlag der Schaffung einer neuen Goldwährung durch Bildung einer neuen Goldmarkabteilung bei der Reichsbank hat viel Bestechendes. Aber läßt sich eine neue Währung schaffen, ehe unsere außenpolitischen Verhältnisse notdürftig geordnet und die Finanzen im Innern geregelt sind? Er hat jetzt als Reichsfinanzminister Gelegenheit, seine Ideen praktisch zu erproben. Kommt uns Hilfe, ja auch nur zeitweilige Ruhe, so ist es gleichgültig, welche Theorie diesen Maßnahmen zugrunde liegt. Wenn man nur nicht allmählich so skeptisch geworden wäre.

Der Reichswirtschaftsminister hatte im Juli bereits eine *Erleichterung im Devisenverkehr* angeordnet. Für eingeführte oder wesentlich aus eingeführtem Material hergestellte Ware durfte Zahlung in Devisen, welche der Käufer besitzt, gegeben und genommen werden.

Vorausgesetzt war, daß der Verkäufer die Handelskammerbescheinigung zum Devisenerwerb besitzt oder sich verpflichtet, sie alsbald einem damit Ausgestatteten oder der Zentrale abzuliefern. Der Devisengeber hatte alsbald davon Anzeige zu erstatten. Andernfalls sollte es bei der strafbaren Verletzung der Devisenordnung bleiben. Dies zeigte schon die Unmöglichkeit, mit der starren Devisenordnung auszukommen. Die Bedürfnisse des Verkehrs sprengen sie. In der Theorie klingt manches sehr schön, das nachher in der Praxis an der Wirklichkeit scheitert. Die Folge war, daß v. 6. Aug. ab die Devisenordnung wieder auf den Stand v. 23. Juni 1923 zurückgeführt wurde. Die letzten strengsten Anordnungen, die zu einem immer schlimmeren Zustande führten, verschwanden wieder. Man darf sich nicht wundern, wenn die nächste Konsequenz ein neues Anziehen des Dollars war. Denn jeder suchte sich gegen eine Rückkehr zu den Zentralisierungsversuchen der letzten Wochen zu sichern. Das ist die Folge der Unsicherheit und des Zickzackkurses der Devisenpolitik. Und heute weiß man bereits, daß das neue Kabinett das ganze Devisensystem beseitigen möchte, freilich erst sobald es als Stütze der Mark nicht mehr nötig ist.

Die Spitzenverbände der Arbeitgeber und Arbeitnehmer haben den im Reichsarbeitsministerium ausgearbeiteten Richtlinien über die *Erzielung wertbeständiger Löhne* zugestimmt. Man hatte beiderseits längere Zeit verhandelt und überlegt. Auch jetzt kann man kaum davon reden, daß eine konstante Basis geschaffen wurde. Von einem Rechtssatze, daß alle einmal feststehenden Löhne automatisch sich erhöhen, ist keine Rede.

Man geht von kurzfristigen Tarifverträgen aus. Sie sollen stets wieder im Kampfe zwischen beiden Teilen erneuert werden. Nur während ihrer Dauer greift der Reichsindex ein. Dabei kann statt dessen durch den Tarifvertrag ein örtlicher Index eingeführt sein. Von Goldlöhnen und der Goldrechnung sah man ab. Ob mit diesem System viel erreicht ist? Der Widerstand der Gewerkschaften rührte daher, daß sie sich bei der endgültigen Festlegung und automatischen Veränderung der Löhne ausgeschaltet fühlten. Dem ist freilich durch die kurze Dauer der Tarifverträge vorgebaut. Aber wie ist es mit den anderen Bedenken wirtschaftlicher Art? Namentlich, daß der automatischen Erhöhung des Lohnes stets automatisch die Erhöhung der Lebenshaltung folge. Wird das nicht auch bei den kurzfristigen Tarifen eintreten, ohne daß der Haupterfolg der Ruhe und Stetigkeit erreicht ist?

Nun ist auch das Reich in die Reihe der Ausgeber *wertbeständiger Anleihen* getreten. Was bereits im Januar bei den Dollarschatzanweisungen befürwortet war, wird nun verwirklicht. Es wird gegen Papiermark nur eine Papiermarkschuld eingegangen. Aber sie sichert den Geldgeber vor den weiteren Verlusten beim weiteren Sinken der Mark. Ob man solche Anleihe *Goldanleihe* nennt oder goldgeränderte oder goldverrechnende, ist schließlich gleich. Bedauerlich ist nur, daß dieser Schritt so spät geschieht. Vorgesehen ist die Ausgabe bis zu 500 Millionen Goldmark. Das mögen Anfang August 125 Billionen Papiermark gewesen sein. Gelingt es, diese Summe aufzubringen, so wäre weit mehr, als die jetzige Notenschuld beträgt, erreicht. Die feste Schuld saugte die Noten auf. Wäre das nicht schon vor einem Jahre möglich gewesen? Wäre dann nicht die jetzige Katastrophe vermieden oder doch sehr gemildert worden? Und wird es heute gelingen, die Goldmarkanleihe ganz unterzubringen? Heute, wo die Zweifel an der Erhaltung der Finanzwirtschaft des Reiches soweit verbreitet sind, daß die Mark, ehe eine neue Währung geschaffen werden kann, als repudiandum[46] erscheint, das man nicht schnell genug abstoßen kann. Und wird es gelingen, die Verzinsung und Rückzahlung dieser Anleihe durchzuführen, ohne wieder die Notenpresse in Tätigkeit zu setzen? Auch hierfür bietet die Geschichte der Revolution und des Zusammenbruches warnende Beispiele. Das Reichsfinanzministerium teilt mit, daß für die Wertbeständigkeit der Anleihe die ganze deutsche Wirtschaft hafte. Das ist selbstverständlich. Wichtiger wäre eine Radizierung auf eine bestimmte Steuer, eine Verpfändung kraft öffentlichen Rechtes. Wenn nur der Friedensvertrag von Versailles nicht wäre!

46 Etwas Verwerfliches.

Seitens der kommunistischen Abgeordneten ist ein Gesetz über die *Erfassung der Sachwerte* durch das Reich beantragt. Es ist weniger ein Gesetz denn eine programmatische Erklärung. Die Begründung beginnt mit dem Vorstoß gegen die „auf großkapitalistische Interessen zugeschnittene und durch bureaukratische Organe durchgeführte Steuer-, Finanz- und Wirtschaftspolitik des Reichs.“ Sie habe Bankerott gemacht. Die werktätigen Massen seien in eine unerträgliche Lage versetzt. Die Opfer der Valutazerrüttungen seien wiederum die werktätigen Massen, während ihre Nutznießer, die Besitzer der Sachwerte, die fremde Arbeitskraft direkt oder indirekt ausbeuten. Daher soll dem Reiche an allen gewinnbringenden Zwecken dienenden Unternehmungen ein Miteigentumsrecht von mindestens 51% eingeräumt werden. Nur die kleinen bäuerlichen und gewerblichen Genossenschaften und ähnliche kleine Einrichtungen will man ausschließen. Aus- und Einfuhr jeglicher Art von Waren unterliegt einem staatlichen Monopol. Das nicht durch dieses Gesetz getroffene Vermögen von mehr als 5000 Goldmark soll durch ein besonderes Gesetz mittels einer stark progressiv gestaffelten einmaligen Vermögensabgabe ergriffen werden. Die Kommunalisierung des Hausbesitzes, auch der Villen und Schlösser, wird vorgesehen. Man sieht ein vollständiges Spiegelbild der russischen Vorgänge. Gelernt hat man also durch die dort gemachten Erfahrungen nichts. Irgendwie sich mit diesen auseinanderzusetzen, haben die Antragsteller auch nicht einmal versucht. Zum Schlusse heißt es freilich, daß sie sich nicht der Erwartung hingeben, daß die gegenwärtige Regierung die vorgeschlagene Umgestaltung der gesamten Wirtschafts-, Finanz- und Steuerpolitik durchführen wird. Sie begnügen sich mit der Voraussage, daß der Augenblick eintreten werde, wo diese Umgestaltungen durch vollständige Enteignung und Ausschaltung der kapitalistischen Interessen bei der Leitung und Verwaltung der Wirtschaft erzwungen werden. Auch bei der neuen Regierung wird so wenig wie im Reichstage dieser Plan auf Gegenliebe stoßen. (...)

1. Oktober

Der Konflikt zwischen Italien und Griechenland ist diesmal friedlich erledigt. An der neuen griechisch-albanischen Grenze ist ein Mord geschehen.[47] Der italienische Führer der Grenzkommission ist getötet. Italien stellte ein Ultimatum an Griechenland. Neben den üblichen Entschuldigungen in den eigenen Formen des Völkerrechts, Trauergottesdienst in Gegenwart der Regierung, Flottensalut usw. und neben der Geldentschädigung, für die sofort Sicherheit zu leisten ist, wurde auch eine Ueberwachung der Untersuchung gegen die Mörder durch Italien verlangt. Daß sofort die Erinnerung an das Ultimatum Oesterreichs an Serbien wach wurde, war selbstverständlich. Ebenso wie damals Serbien, wehrte sich Griechenland gegen den Eingriff in seine Souveränität. Anders als Serbien aber mußte es nachgeben. Die Beschlüsse der Botschafterkonferenz milderten zwar die italienischen Bedingungen etwas ab. Nicht Italien allein, sondern eine aus den Mitgliedern der Alliierten unter dem Vorsitze des Japaners bestehende Kommission ist zur Ueberwachung der Untersuchung berufen. Das ist nur eine Scheinmilderung. Der Einbruch in die Souveränität Griechenlands bleibt, ob er von Italien allein oder zusammen mit seinen Verbündeten geschieht. Italien will die besetzten Inseln nur räumen, wenn alle Ansprüche gedeckt sind. Diese steigen aber ständig. Die Besetzungskosten werden Griechenland zur Last geschrieben. Wann soll dieser verarmte Staat bezahlen können? Das „bezahlt uns, und wir gehen" des französischen Ministerpräsidenten dient als Vorbild. Wie leicht sich ein Pfand an

47
Ermordet worden war der italienische General Enrico Tellini (1871–1923), Vorsitzender einer Kommission des Völkerbundes, die den Grenzstreit zwischen Griechenland und Albanien schlichten sollte. Die nachfolgenden Auseinandersetzungen darüber, wer sich bei wem zu entschuldigen habe, nahm Mussolini zum Anlass, die griechische Insel Korfu zu besetzen. Italien weigerte sich, den Völkerbund über den Konflikt entscheiden zu lassen, so dass die Bedingungen für die Rückgabe von der Pariser Botschafterkonferenz – der Organisation der Siegermächte des Ersten Weltkriegs – ausgehandelt wurden. Italien räumte die Insel erst wieder, nachdem alle Bedingungen, inklusive Geldzahlungen, von Griechenland erfüllt worden waren.

Land und Leuten zu einem Souveränitätsrecht selbst auswächst, hat die Geschichte mehr als einmal gezeigt.

Die schwerste *Niederlage aber hat der Völkerbund erlitten.* Griechenland hatte ihn angerufen. Es war nach den Satzungen dazu berechtigt. Hier wäre Gelegenheit gewesen, das neue Recht der Völker zur Anwendung zu bringen. (...) Geschehen ist aber nichts. Der Völkerbund hat ja keine Zwangsrechte und keine Zwangsmittel. So blieb nichts übrig, als daß die Botschafterkonferenz eingriff und den Zwischenfall erledigte. Dann zuletzt beschloß man die Einsetzung einer rechtskundigen Kommission, welche die Frage für künftige Fälle prüfen soll. Damit hat der Völkerbund das bißchen Ansehen, das er vielleicht noch gehabt hat, völlig eingebüßt. Es ist das alte Unglück der völkerrechtlichen Verträge, daß sie nur dann Wert haben, wenn die Beteiligten auch die Macht besitzen, ihre Anerkennung zu erzwingen. Mit Griechenland sind alle anderen Kleinstaaten getroffen. Man darf sich nicht wundern, wenn sie alle Freude am Völkerbund verloren haben.[48]

48
Vgl. „Zahnloser Tiger: Der Völkerbund“, S. 89.

In der Diskussion zwischen Frankreich und England über die Reparationsfragen spielt seit langem die *Erledigung der interalliierten Schulden* eine erhebliche Rolle. Man sagt, daß Frankreich geneigt ist, Deutschland entgegenzukommen, wenn England dies auch Frankreich gegenüber tut. Man weiß, daß England wieder durch die Forderung Amerikas zu einem ablehnenden Standpunkte getrieben wird. Man weiß, daß diese beiden Staaten den Franzosen entgegenhalten, daß sie, die von Deutschland den letzten Pfennig beitreiben wollen, auch verpflichtet sind, ihrerseits ihre Gläubiger zu befriedigen. Nun ist nicht uninteressant zuhören, wie man in Frankreich dem entgegentritt. Die französische Presse holt die gute alte lex rhodia de jactu[49] hervor. Sie begleitet diese Rechtserscheinung von dem altphönizischen Rechte durch das Mittelalter bis auf die Neuzeit. Dann wird daraus der Schluß gezogen, daß alle Aufwendungen, die in der gemeinsamen Gefahr der Alliierten gemacht wurden, auch gemeinsam zu tragen und zu verrechnen sind. Das ist sehr geistreich. Manchem Romanisten wird auch bei uns das Herz im Leibe lachen, wenn er sieht, welche Ehre dem römischen Rechte angetan wird. Nur wird diese geistreiche Anwendung des geschichtlichen Rechtes wenig Einfluß jenseits des Kanals und des Ozeans machen. Genau wie bei Frankreich gegenüber Deutschland, so ist bei seinen ehemaligen Verbündeten das ganze lediglich eine Machtfrage. Auch für England und die Vereinigten Staaten bildet die Forderung der Rückzahlung der Kriegsschulden ein Druckmittel. Sie hüten sich, Frankreich von dieser Fessel freizugeben. Es kann einmal der Tag kommen, an dem die heute lose hängende Schnur fest angezogen wird. Dann hilft den alliiert gewesenen Schuldnern auch das römische Recht nichts.

49
Wurde von einem Schiff in Seenot Ware abgeworfen (iactus – Wurf), konnten die davon betroffenen Wareneigentümer von den anderen Wareneigentümern einen Ausgleich verlangen. Diese Regel blieb im Seerecht als Prinzip einer solidarischen Risikogemeinschaft erhalten.

Eine eigenartige *Methode der Verhandlung hat sich zwischen Deutschland und Frankreich* herausgebildet. Sie erklärt sich daraus, daß der Sieger sich noch immer nicht mit dem Besiegten zusammensetzen will. Darum kann nur der deutsche Reichskanzler in seinen an dritter Stelle gehaltenen Reden seine Vorschläge, die er für Frankreich bereit hält, entwickeln. Von dort erhält er in den zur Uebung gewordenen Sonntagsreden des Ministerpräsidenten Antwort. Sie endet immer wieder in allen Tonarten nach wie vor mit „Nein!“ Man fordert keine Verständigung, sondern Unterwerfung. Es ist dasselbe Spiel wie 1919. Vielleicht etwas weniger schroff im Ausdruck, in der Sache aber immer das gleiche. Frankreich hat sich in den Besitz des Pfandes gesetzt. Es beansprucht das Aufgeben des passiven Widerstandes. Das besagt politisch, daß Deutschland auch hier den Kampf als verloren zugibt. Rechtlich aber die Anerkennung des Pfandrechtes. Aus dem Besitze wird das Recht. Das weitere folgt dann mit zwingender Logik von selbst. Der Pfandbesitzer regelt dann die Ausübung seiner Rechte kraft eigener Macht. Völkerrechtlich sind solche Pfänder unverträglich mit der Staatshoheit in den von ihnen ergriffenen Ländern. Was die Besetzung der Rheinlande kraft des Friedensvertrages noch nicht zuwege brachte, das sucht Frankreich jetzt durch die Pfandergreifung von Ruhr und Rhein zu erreichen. Man erkennt, wie klug die französische Politik bei der Abfassung des Friedensinstrumentes war und wie blind die anderen Alliierten. Die Reparationsansprüche, unerfüllbar in ihrer Höhe, öffnen den Weg zur Beherrschung Deutschlands. Der Gläubiger will zum Souverän werden. Es gibt ja mancherlei Formen dafür.

Daß die *neue Währung* nicht mehr entbehrt werden kann, darüber herrscht wohl Einigkeit. Auch darüber, daß sie nur dann von Wert ist, wenn zugleich eine Ordnung der deutschen Finanzen gelingt. Dazu gehört die Erhöhung und Sicherung der Einnahmen. Aber auch die Minderung der Ausgaben. Für die Ruhrpolitik sollen sie auf das unbedingt Notwendige zurückgeführt werden. Rücksichtslos soll gegen die Wuchergebilde bei der Beanspruchung der Ruhrhilfe zu Leibe gegangen werden. Wie traurig, daß dies nötig wird, daß sich in rheinisch-westfälischen Kreisen keine Selbstreinigung von den unlauteren Elementen vollzog. Nun wird's damit zu spät sein. Auch der mächtigste Diktator kann, was geschah, nicht mehr ändern. Für die Zukunft kann aber nicht mehr viel geschehen. Eher wird die Beschränkung des immer mehr angewachsenen Beamtenkörpers auf das erträgliche Maß bedeutsam sein. Daß sich dem die Angestellten selbst entgegenstemmen, ist begreiflich. Die Versorgung durch den Staat ist ja das bequemste Mittel. Aber alle Bedenken, die man wegen der Vermehrung der Arbeitslosen ausspricht, alles Mitleid, das im Einzelfalle für einen Betroffenen sich regen mag, darf nicht hindern, die nötigen Maßnahmen durchzuführen. Auch Handel und Industrie müssen zu Entlassungen schreiten. Die Zeiten, in denen jeder, der rechnen und schreiben konnte, in einer der Banken Unterkunft fand, nähern sich auch ihrem Ende. Was sollte es nützen, wenn man bei der Frage der Beamtenlinderung diese Tatsachen verschleierte? Wollen wir warten, bis die Alliierten hier eingreifen? Nicht ohne Erstaunen mußte man wahrnehmen, daß bei der Beratung des Währungsproblems im Reichswirtschaftsrat Vertreter der Arbeitnehmer gegen diesen Vorschlag stimmten. Ein Stillegen der Notenpresse ist doch unmöglich, wenn immer wieder Ausgaben bleiben und auftauchen und sich mehren, für die keine Mittel vorhanden sind.

Das Wichtigste ist freilich immer die Ordnung nach außen. Solange die Höhe der Reparationsschuld schwankt, solange der zwangsweise Zugriff des Gläubigers besteht, wird eine *wertbeständige Währung*, sie möge noch so sorgfältig durchgedacht werden, tatsächlich undurchführbar sein.[50] Eine Mehrheit von Vorschlägen stand zur Erwägung. Zwei gingen von Interessentenkreisen aus. Der eine (...) will auf Roggenbasis aufbauen. Er rechnet mit der Bereitwilligkeit der Landwirtschaft, welche die Papiermark ablehne, diese Roggennoten als Zahlung zu nehmen. Damit soll für die Bewegung der Ernte gesorgt werden. Auf den internationalen Verkehr ist dabei nicht gerechnet. Die Grundlagen bilden Hypotheken auf den landwirtschaftlichen Grundstücken und auf solchen der Industrie. Daneben andere Sicherungen. Demgegenüber geht der Plan des Reichsverbandes der Industrie von der Goldbasis aus. Auch er zieht die landwirtschaftlichen Werte im Wege der gesetzlichen Belastung der Grundstücke zusammen mit den Einschüssen aus dem Gold- und Devisenbesitz der Industrie als Deckung der Goldnoten heran. Der Unterschied in beiden Fällen liegt wesentlich in der Rechnungsbasis. Diese wieder in dem verfolgten nächsten Ziele. Dabei spielt die schwer mit logischen Gründen zu entscheidende psychologische Einstellung der Bauernschaft eine nicht zu unterschätzende Rolle. Gemeinsam ist beiden aber, daß diese ganze Aktion in den Händen einer neuen Privatbank liegt, die nur vom Staate das Recht der Notenausgabe erhält. Wie man diese Bank nennt, ist gleichgültig. Gegen sie hat sich nun die Regierung erklärt. Ihr hat sich das Gutachten des Reichswirtschaftsrats angeschlossen. Die Spitzenverbände der

50 Dieser von Hachenburg mehrfach geäußerte Gedanke führte auch im Kabinett Stresemanns in den folgenden Monaten zu der Einsicht, den (ohnehin zu teuren) passiven Widerstand im Ruhrgebiet aufzugeben, um außenpolitisch in die Lösung der Reparationsfrage neu einsteigen zu können und parallel dazu eine Währungsreform vorzunehmen.

Produzenten dürfen dieses Stück Staatsautorität nicht an sich ziehen: Sie erlitte einen weiteren Stoß, dem sie nicht gewachsen wäre. Das führt zu dem Gedanken der neuen Goldbank, die unter Beteiligung der Reichsbank und unter Anlehnung an ihre Organisation geschaffen werden soll. Für die Deckung wird aber die Heranziehung des Privatkapitals in Landwirtschaft und Industrie notwendig sein. Was diese früher ablehnten, werden sie heute zugestehen müssen. Wie es scheint (eine authentische Erklärung liegt heute noch nicht vor), soll als Uebergang die Roggenwährung gewählt und dann die Goldquote kommen. Das ist vielleicht das Vernünftigste, was man heute tun kann. Aber auch wieder der Ausdruck des tiefen Standes unserer Wirtschaftsethik. Die Regierung kapituliert auch im Innern vor der Landwirtschaft. Was dann die späteren Monate bringen, wie die Goldbank und die Goldnote aussieht, wieviel Papier mit Milliardenziffern bedruckt wird – Allah weiß es besser.

Der Juristentag wurde abbestellt.[51] Sicher nicht leichten Herzens. Die Hauptursache liegt in der neuen Markkatastrophe. In solchen Momenten entschließt man sich nicht, große Aufgaben für einen Kongreß hervorzurufen, dessen Aufgaben wesentlich auf wissenschaftlichem Gebiete liegen. Vielleicht, wenn sie schon ein Vierteljahr hinter uns läge und wir uns an die verschobenen Ziffern gewöhnt hätten, wäre der Entschluß anders ausgefallen. So mußte man damit rechnen, daß der Besuch von Juristen außerhalb Berlins recht spärlich geworden wäre. Der Juristentag soll aber doch die Stimmen aus ganz Deutschland und Oesterreich sammeln.

51
Der Juristentag kam seit 1860 in zweijährlichem Turnus zusammen, um den aktuellen Stand von Recht und Rechtsprechung zu diskutieren und Anregungen an die Gesetzgebung zu formulieren. 1914 wurde der Juristentag wegen des Kriegsausbruchs verschoben, erst 1921 kam man wieder zusammen. Die für 1923 geplante Versammlung konnte ein Jahr später stattfinden.

Zu bedauern ist freilich, daß der Juristentag sich nicht zur Frage der Geldentwertung geäußert hat. Gerade weil sie mitten im Flusse des endlich wahr werdenden gesetzgeberischen Eingreifens ist, wäre das Votum des Juristentages zur rechten Zeit gekommen.[52] Auch für ihn selbst bietet sich sobald nicht wieder eine solche Gelegenheit, wissenschaftliche Forschung und Debatte unmittelbar in den Dienst praktischer Bedürfnisse des Volkes und seiner Wirtschaft zu stellen. Schade darum! (...)

52 Darüber wollte wohl auch Hachenburg selbst sprechen. Ein Aufsatz von ihm erschien in DJZ 1923, Sp. 516 ff., vgl. „Die Ordnung der Krise: Konkurs", S. 261.

1. November

Mit das wichtigste Ereignis ist das vom Reichstag der derzeitigen Regierung bewilligte *Ermächtigungsgesetz*.[53] Es ist politisch von unendlicher Bedeutung. Es zeigt, daß energisches Handeln nicht nur als notwendig erkannt ist, sondern auch bevorsteht. Wieder wie bei Kriegsbeginn verzichtete der Reichstag auf seine Mitwirkung bei den Maßnahmen auf wirtschaftlichem, finanziellem und sozialem Gebiet. Er zog sich auf die Kontrolle zurück. Er hat sich das Recht vorbehalten, die Verordnungen der Regierungen wieder außer Kraft zu setzen. Er wird aber wohl nur, genauso wie das während des Krieges geschah, in seltenen Fällen davon Gebrauch machen. Eigenartig und neu ist, daß die Ermächtigung nur der derzeitigen Regierung erteilt wurde. Mit deren Verschwinden hört auch die Ermächtigung auf. Auch das erklärt sich dadurch, daß der Reichstag sein Vertrauen in weitgehender Form der Ermächtigung eben nur den jetzt im Amte befindlichen

53 Am 13. Okt. 1923 wurde das von der frisch gebildeten Regierung Stresemann eingebrachte Ermächtigungsgesetz gebilligt. Vgl. „Im Zwielicht: Notverordnungen", S. 339.

Männern zeigt. Er behält sich beim Wechsel der Personen neue Entschließungen vor. (...) Wenn man anfragt, warum die Regierung, da sie doch die Mehrheit des Reichstages hinter sich wußte, sich dieses Mittels der Halbdiktatur bedient, so liegt die Erklärung nicht nur in der Möglichkeit des rascheren Erledigens. Vielfach wird auch, namentlich bei finanziellen Maßnahmen, die Ueberraschung der beteiligten Kreise, die Verhütung von Vereitelungsmaßnahmen eine willkommene Wirkung dieses Verfahrens sein. (...)

Eine der ersten Taten auf Grund des neuen Ermächtigungsgesetzes war die VO. der Regierung über die *Rentenbank und die Rentenbanknote*. Sie hat im Laufe der Verhandlungen verschiedene Phasen durchgemacht. Entsprungen ist sie einem Plane *Helfferichs*, aufgenommen wurde der Gedanke von *Hilferding*, und zu Ende geführt von seinem Nachfolger *Luther*.[54] Das ist nicht ohne Bedeutung. Ein Gedanke, der bei den verschiedenen politischen Parteien Anklang findet, muß denn doch auch seine Berechtigung haben. Helfferich selbst findet ihn freilich in der Art „denaturiert", daß er sein eigenes Kind kaum mehr erkennt. So schlimm ist die Sache nicht. Freilich der Roggenwert ist als Basis aufgegeben und dafür das Gold als Rechnungsgrundlage eingeführt. Doch darf man nicht glauben, daß man dadurch eine Goldbank schaffen kann. Denn dazu gehört vor allen Dingen der Besitz von Gold. Aber nicht minder auch so viel außen- und innerpolitische Sicherheit, daß auf ein Beharren des Goldes gerechnet werden kann. So lange dies nicht der Fall ist, muß auch die jetzt gefundene Zwischenlösung, so mangelhaft sie

54
Karl Helfferich (1872–1924) war führender rechtsnationaler Politiker der DNVP, radikaler Antisemit und Republikfeind. Er entwickelte die Idee der „Roggenwährung", auch um sich – letztlich erfolglos – für den Posten des Reichsbankpräsidenten in Stellung zu bringen. Zu Hilferding bereits oben Sept. 1923. Dessen Nachfolger im Kabinett Stresemann II war der parteilose, der DVP nahestehende Hans Luther (1879–1962).

zweifellos in einer Reihe von Punkten sein mag, hingenommen werden.

Rechtlich bietet die *neue Bank* und die neue Note manches Interessante. Viele Fragen werden noch zu lösen bleiben. Das betrifft weniger die äußere Form. Durch Gesetz wird eine mit Rechtspersönlichkeit ausgestattete Notenbank geschaffen. Sie ist keine Aktiengesellschaft. Ihre Gründung erfolgt durch die Vertreter der Spitzenverbände der Landwirtschaft und von Handel und Industrie. Sie stellen das Statut fest. Die Regierung genehmigt es. Damit ist die Gründung vollendet. Einlagen werden seitens dieser Gründer nicht gemacht. Sie werden wiederum durch die Macht des Gesetzes beschafft. Auf allen der Land- und Forstwirtschaft gewidmeten Grundstücken entsteht mit dem Augenblick des Inkrafttretens des Gesetzes eine Rentengrundschuld. Sie erfaßt 4% des Wehrbeitragswertes,[55] der ja in Goldmark berechnet wurde. Die gleiche Summe wird auf den liegenschaftlichen Besitz in Handel und Industrie gelegt. Soweit ein Unternehmen keinen solchen aufweist, hat der Eigentümer eine Goldrentenschuldverpflichtung schriftlich anzuerkennen. Die nähere Durchführung des letzteren Gedankens bleibt noch vorbehalten. Namentlich wird man die Art der Umlegung unter die verschiedenen Gewerbe und die einzelnen Unternehmungen noch zu erwägen haben. Die Zeit reichte nicht, um vor der Schaffung der Bank selbst dieses Problem restlos zu lösen. Man begnügte sich, sie mit den Ansprüchen an Handel und Industrie auszustatten. Jetzt bildet die Rentenschuld die Grundlage ihres Vermögens und damit auch die Grundlage

55
Mit dem Wehrbeitragsgesetz wurden 1913 deutlich erhöhte Rüstungskosten mit Hilfe einer Vermögensabgabe finanziert. Der aufgrund dieses Gesetzes festgelegte Wehrbeitragswert bildete den Bezugspunkt für die Besteuerung.

der von der Bank zu schaffenden Rentenbriefe. In Höhe eines jeden Rentenbriefes, der zunächst in ihrer Hand bleibt, stellt sie Rentenscheine aus. Die wesentliche Sicherung hierfür bildet mithin das mobilisierte Grundvermögen. Zwangskurs haben diese Rentennoten nicht. Sie müssen nur von allen Staatskassen zum Nennbetrag angenommen werden. Die Hauptsache aber ist, daß auch die Landwirtschaft diese Rentennoten als Zahlungsmittel annimmt, und daß damit eine Ernährungsnot in diesem Winter vermieden wird. Es ist zwecklos, moralische Betrachtungen anzustellen und von einer Pflicht der Landwirtschaft, die Gesamtheit zu ernähren, zu reden. Auch der Landwirt bildet nur einen Teil im ganzen Wirtschaftsleben. Auch er kann seine Produkte gegen immer wertloser werdendes Papiergeld nicht hingeben. Wer es gut mit dem Deutschen Reiche meint, der muß der neuen Rentennote eine herzliche Aufnahme und ein aufsteigendes Vertrauen in der Bevölkerung wünschen. Wer von vornherein wieder mit einem Sinken des Wertes der Rentenmark rechnet, der gibt damit die deutsche Wirtschaft und auch sich selbst verloren.

Die Fülle der Steuergesetze ist allmählich unübersehbar geworden. Es gibt wohl nur wenig besonders begnadete und ausdauernde Menschen, die den ganzen Stoff übersehen und meistern. Der Wunsch nach einer Vereinfachung des Systems unserer Steuern ist daher nur zu begreiflich. Namentlich für den Gewerbetreibenden bedeutet es einen schweren Verlust an Zeit und Kraft, sich stets wieder aufs neue in den verschlungenen Pfaden der Steuergesetze und ihrer Novellen zurechtzufinden. Die Steuerberater schießen wie Pilze aus der Erde. (...)

Mussolini hat eine *neue Wahlverfassung für Italien* durchgesetzt.[56] Ich weiß nicht, ob eine gleiche irgendwann und irgendwie existierte oder existiert. Die relative Mehrheit, mindestens 25% aller im Lande abgegebenen Stimmen, gewährt einen Anspruch auf zwei Drittel aller Sitze. In das restliche Drittel teilen sich die anderen Minderheiten verhältnismäßig. Versuche, dieses System abzumildern, so der Antrag, eine Mehrheit von 40% zu fordern und ihr nur drei Fünftel der Sätze zu geben, scheiterten. Der Minister stellte die Vertrauensfrage. Die Kammer gab nach. Das bedeutet tatsächlich heute die Alleinherrschaft der Fascisten und ihres Führers. Die absolute Mehrheit der Stimmen zu besitzen oder sie zu gewinnen, glauben sie nicht, aber sie wollen die Mehrheit der Kammersitze. Also gibt man sie der relativen Mehrheit. Das kann ein gewagter Schritt sein. Wie wird es, wenn eine andere Gruppe die relativ meisten Stimmen in sich vereinigt? Ist nicht der offen erklärte Absolutismus der russischen Bolschewisten folgerichtiger, mächtiger und ehrlicher? (...)

56 Das nach einem Staatssekretär der ersten Mussolini-Regierung, Giacomo Acerbo, genannte. „Acerbo-Gesetz".

1. Dezember

Wenn heute wieder ein Sänger und ein Held in Deutschland aufstünde um sein Volk zu mahnen, er müßte wieder, wie Walther von der Vogelweide, singen:

„Sô wê dir tiuschîu zunge,
wie stêt dîn ordenunge!
daz nu diu mugge ir künec hât,
und daz dîn êre alsô zergâ“.[57]

57
Aus dem zweiten sog. „Reichsspruch“ von 1198, der wie die beiden anderen „Reichsprüche“ eine politische Stellungnahme Walthers zu dem Streit um die Thronfolge zwischen dem Staufer Philipp von Schwaben und dem Welfen Otto IV. enthält. Auf Hochdeutsch etwa: „So weh dir deutsche Zunge (gemeint ist damit der deutschsprachige Teil des Heiligen Römischen Reiches), wie steht es um deine Ordnung, wo jede Mücke nun ihren König hat, dass deine Ehre zergeht derart“.

Das bewegliche Klagelied aus der Hohenstaufenzeit, wie paßt das heute wieder auf die *deutschen Verhältnisse*! Es liegt nun einmal im deutschen Blute, daß jeder Stamm und jede Gruppe ihr eigenes Leben führen will. Das hat sicher kulturell sein Gutes. Aber politisch, namentlich in aufgeregten Zeiten, muß es schlimm wirken. Wieder setzt die Bestrebung ein, die durch den verlorenen Krieg geschwächte Lage des Reiches zur Stärkung des Partikularismus zu benutzen. Wieder muß jeder, der am Vaterlande hängt, an alle Teile den Mahnruf richten, das Ganze neben den Teilen nicht aus den Augen zu verlieren. Denn auch diese bestehen nur, wenn jenes erhalten wird. Dabei kann ein Organ wie die Deutsche Juristenzeitung, die keine politische Richtung vertritt und vertreten darf, und die als objektiver Beobachter Ereignissen gegenübersteht, ruhig anerkennen, daß auch in den Bestrebungen der einzelnen Länder nach stärkerer Selbständigkeit ein guter Kern von Berechtigung liegt. Man hat in den Stürmen der Revolution sich zu weit treiben lassen oder sich nicht weit genug gewagt. Entweder mußte man vollständig zentralisieren und mit Kühnheit den Versuch wagen, das Reich wirklich als nackten Einheitsstaat zu gestalten. Wollte oder konnte man dies nicht, so mußte man die Bundesstaaten lebensfähig lassen. So wie sie aus der Verfassung als Länder hervorgingen, wurde für die größeren unter ihnen ein unhaltbarer Zustand geschaffen.

Er mußte zu Reibungen führen. Man überließ ihnen eine Reihe von Aufgaben, aber man nahm ihnen die Steuerfinanzhoheit. Das hat ihnen das Rückgrat gebrochen, und mit zerbrochenem Rückgrat kann weder ein Mensch noch ein Staat leben. Die Folgerung daraus ist sehr einfach. Es muß notwendigerweise ein Schritt nach der föderalistischen Richtung gemacht werden. (...)

Die Reichsregierung ist gegen *Sachsen* und das kommunistische Ministerium vorgegangen.[58] Sie mußte es tun. Denn von dort drohte eine Bewegung, deren Ziel der Umsturz der Verfassung war. Die Räterepublik und die proletarische Diktatur winkte wieder. Man stritt darüber, ob die Reichsverfassung dem Reiche das Recht gibt, in diesem Falle zur Exekution zu schreiten. Daß das Reich im Recht war, hat der Erfolg gezeigt. Ob der Buchstabe der Verfassung es hierzu ermächtigte, spielt dann keine Rolle mehr. Es war im Zustande der Notwehr. Die Selbsterhaltung verlangte die getanen Schritte. (...)

Unklarer sind noch die *Verhältnisse in Bayern.*[59] Man kann den Vorwurf, daß das Reich anders gegen Sachsen und anders gegen Bayern verfährt, gerade vom Rechtsstandpunkt aus nicht als grundlos ansehen. Man darf aber hier nicht und heute nicht nur nach rein formalen Rechtsgesichtspunkten die Sachlage beurteilen. Jede Verfassung ist der Niederschlag der Macht. Verfassungskämpfe sind Machtkämpfe. Hier zeigt sich, daß das Reich nicht kräftig genug ist, die unitarische Richtung dem größten Einzelstaat gegenüber durchzusetzen. Auch wenn es die Militärmacht zur Verfügung hätte,

58
Seit Sommer 1923 schwelte ein Konflikt zwischen der linken sächsischen Landesregierung und der Reichsregierung, der vorgeworfen wurde, die Zusammenarbeit der Reichswehr mit den Rechtsradikalen nicht zu verhindern. Der Streit eskalierte, als die sächsische Regierung nicht wie vom Reich gefordert die paramilitärischen Kampfverbände der Linken (sog. „Proletarische Hundertschaften“) auflöste. Daraufhin wurde ein Reichskommissar eingesetzt, der in Sachsen eine Regierungsbildung ohne die KPD durchsetzte.

59
Zwischen der konservativen Landesregierung in Bayern und der Reichsregierung gab es ebenfalls einen Verfassungskonflikt, hier um die Frage, wer den Ausnahmezustand erklären und die Macht darin für sich beanspruchen könne. Von bayerischer Seite war Gustav von Kahr als „Generalstaatskommissar“ im Ausnahmezustand eingesetzt worden. Am 8. Nov. 1923 wurde er von Hitler vorübergehend auf seine Linie gezwungen, die er jedoch wenig später wieder aufgab und Maßnahmen gegen den Hitler-Ludendorff-Putsch ergriff. 1934 wurde von Kahr von der SS schwer misshandelt und im KZ Dachau erschossen.

wäre es unklug, heute den Bürgerkrieg zu entfesseln und nur mit bewaffneter Hand die Frage: hie Einheitsstaat, hie Bundesstaat, auszutragen. Gerade von diesem Gesichtspunkte aus erscheint die Neugestaltung der Reichsverfassung notwendig. (...)

Was die Tage v. 8., 9. und 10 Nov. in *Bayern* zutage gefördert haben, hat wohl zuerst eine starke Erregung und Befürchtung ausgelöst. Und doch mag vielleicht gerade dieser Vorgang dem Ganzen wieder zum Segen dienen. Noch ist er nicht vollständig geklärt. Die Nachrichten lauten, je nach der Quelle, aus der sie fließen, verschieden. Auch was Augenzeugen erzählen, erhält seine Färbung durch das Temperament des Berichterstatters. Hoffnung und Furcht spiegeln sich nur zu leicht darin. Das eine aber bleibt unbestreitbar, der von *Hitler* und *Ludendorff* geführte Putsch ist mißlungen. Er brauchte nicht niedergeschlagen zu werden, er ist zusammengebrochen. Keiner der Führer ist gefallen. Der ganzen Sache klebt etwas Operettenhaftes an, fast möchte man sagen Kindlich-Harmloses in der politischen Auffassung. Damit ist aber ein Stück Lächerlichkeit hineingetragen. Sie tötet im politischen Leben am sichersten. Die Anklage gegen Ludendorff muß erhoben werden. Es wird Tausende im Reich geben, denen der Gedanke schwer aufs Herz fällt, daß ein Mann, der das deutsche Heer in schweren Zeiten geleitet hat, dem man zujubelte,[60] sich jetzt vor dem Reichsgericht zu verantworten haben wird. Dazu werden Menschen aller Parteirichtungen gehören. Hier darf aber nicht mit Gefühlen gearbeitet werden. Wer den Kampf gegen die Verfassung aufnimmt, begeht Hochverrat. Gelingt er

60 S. zur Ludendorff-Verehrung schon oben Dez. 1918.

ihm, so hat er den Triumph des Sieges und pflückt dessen Früchte. Mißlingt er ihm, so muß er auch die Folgen auf sein Haupt nehmen. Neben der Anklage wegen Hochverrats wird auch die wegen Nötigung stehen. Denn wenn die Herren von Kahr und von Lossow mit vorgehaltenem Revolver oder meinethalben auch nur mit der Furcht vor diesem gezwungen wurden, sich der Revolutionsregierung Ludendorff – Hitler anzuschließen, so liegt eine selbständige strafbare Handlung neben dem Hochverrat vor. (...)

Daß Deutschland nicht zur Ruhe kommt, solange nicht außenpolitisch die englisch-amerikanische Meinung über die französische siegt, weiß ein jeder. Aber ebensowohl auch, daß wir durch die Stürme und Unruhen im Innern der französischen Richtung Vorschub leisten. (...)

Zur Gesundung des Volkes ist die *Gesundung der Währung* eine unbedingte Notwendigkeit. Hier hatte man auch eingesetzt. Man verkennt nicht, daß gleichzeitig auch die Finanzen des Reichshaushaltes in Ordnung gebracht werden müssen. Man weiß auch, daß, um die Währung stabil zu halten, eine aktive Zahlungsbilanz, wenn auch mit fremder Hilfe als geborgte Aktivität, notwendig erscheint. Das darf aber nicht dazu verleiten, den einmal angepackten Punkt der stabilen Währung wieder zurückzustellen, um zuerst die Erledigung der anderen Grundlagen wieder herbeizuführen. Das Volk lechzt nach einer Gesundung des Geldverkehrs. Man sah das deutlich an der Freude, mit der die kleinen Stücke der Goldanleihe im Zahlungsverkehr verlangt und empfangen wurden. Und doch hat diese Goldanleihe nichts anderes gebracht, als eine scheinbare Wertbeständigkeit, die Zusage des Reiches, den Dollarwert zu begleichen. Irgendwelche Goldfundierung kann sie nicht haben. Man sieht aber, wie schon dieses eine Moment genügt hat, das neue Zahlungsmittel zu begrüßen. Darum darf man auch allen Zweifeln gegenüber hoffen, daß die Rentenmark das gleiche Schicksal hat. Der Ruf nach ihr wird immer lauter und mächtiger. Der Buchdruckerstreik mag eine kleine Verzögerung gebracht haben. Es gilt aber, nun mit doppelter Energie die verlorene Zeit nachzuholen (...)

Die Reichsregierung hat eine *Verordnung gegen den Mißbrauch wirtschaftlicher Machtstellung* erlassen.[61] Sie richtet sich gegen die Ausbeutung durch Kartelle und Monopole. (...) Die Aufgabe sowohl des Ministers wie des Gerichts wird keine kleine sein. Richtig angewendet und nur gegen Auswüchse des Kartellwesens gerichtet, mag sie segensreich wirken. Wenn nur nicht die Erfahrung zu oft gelehrt hätte, daß alle diese so gut gemeinten Gedanken, sobald sie in die Wirklichkeit übersetzt werden, so schwer durchzusetzen sind. Das Eingreifen erfolgt leicht an der unrichtigen Stelle. Gerade die Fälle aber, bei denen es nötig wäre, sind schwer zu entdecken und noch schwerer zu fassen. Vielleicht wirkt das Bestehen des Kartellgesetzes und des Kartellgerichtshofes schon mäßigend auf die Syndikate und verhütet ihre Auswüchse. Nur gegen diese ist ja das ganze Vorgehen gerichtet. (...)

61
Dieses Gesetz war das erste deutsche Kartellgesetz, das erst 1959 vom bis heute gültigen *Gesetz gegen Wettbewerbsbeschränkungen* abgelöst wurde. Während es in den USA bereits zum Ende des 19. Jahrhunderts Gesetze gegen Kartelle gab als ökonomisch notwendige Rahmenbedingung für die industrielle Revolution mit ihren Kartellbildungen, entwickelte sich in Europa das Wettbewerbsrecht nachhaltig erst nach dem Zweiten Weltkrieg.

Der Reichsfinanzminister hat wieder eine Devisenverordnung erlassen. Das Verbot der Preisstellung in ausländischer Währung ist aufgehoben. Bezahlung in ausländischer Währung darf nicht gefordert, wohl aber angenommen werden. Das gilt bis 30. Nov. d. J. Zahlungen von Ausländern, die vorübergehend sich in Deutschland aufhalten, für Gegenstände, Dienste oder als Mietzins brauchen nicht mehr sofort abgeliefert zu werden. Sie können binnen einer Woche zu erlaubten Zahlungen in fremder Valuta benutzt werden. Erhofft wird dadurch ein stärkeres Herausfließen der ausländischen Zahlungsmittel aus der Verborgenheit. Erreicht wird sicher eine weitere Lockerung der Achtung vor dem Devisengesetze. Wer will entscheiden, ob der Verkäufer die fremde Valuta verlangte oder sich nur zur Annahme bereit erklärte? Man kann in mancherlei Formen das eine wie das andere ausdrücken. Wer will kontrollieren, wann die Zahlungen der Ausländer für Miete oder Waren zur Wiederbeschaffnng von Gegenständen, für die Valuta gegeben werden darf, verwendet wurden? Wäre es rechtlich möglich, woher das Beamtenheer und die Zeit für diese Kontrolle nehmen? Der Erfolg lohnte nicht die Aufwendung. Man hat bei der Verordnung das Gefühl, als sähe man an der leitenden Stelle wohl ein, daß das ganze Devisensystem nicht viel genutzt hat. Aber man hat nicht den Mut, es einzugestehen. Darum durchlöchert man es, aber nur zaghaft. Damit wird aber die Ungewißheit und die aus ihr fließende Erregung im Groß- wie Kleinhandel nur gesteigert.

Rechtsanwalt Dr. Hachenburg, Mannheim.

Vermischtes.

Aufruf
zur Erhaltung der Deutschen Juristen-Zeitung!

Die Deutsche Juristen-Zeitung ist in schwerer wirtschaftlicher Not. Die Gefahr besteht, daß sie ihr Erscheinen einstellen muß. Dies wäre vom Standpunkt der deutschen Wissenschaft auf das tiefste zu beklagen. Gerade die Deutsche Juristen-Zeitung hat, als eine der führenden deutschen Fachzeitschriften, sich ungewöhnliche Verdienste um die deutsche Wissenschaft erworben. Sie ist als deutsche wissenschaftliche Fachzeitschrift auch im Auslande viel gelesen und beachtet worden und hat dazu beigetragen, den deutschen Rechtsgedanken in der Welt zu vertreten. Gerade in der heutigen Zeit, wo deutsches Sein und deutsche Art in ihrer Existenz bedroht sind, wäre das Verschwinden einer solchen Zeitschrift auf das tiefste zu beklagen. Ich weiß aus eigener Erfahrung, eine wie große Beachtung die Aufsätze der Deutschen Juristen-Zeitung gerade in der Zeit des Ruhrkampfes in Frankreich gefunden haben. Die mannigfachen Probleme und Rechtsfragen, die sich an den Friedensvertrag von Versailles anknüpfen, machen es nötig, daß unsere Rechtsgedanken im Auslande noch eine wirksame und würdige Vertretung finden. Dazu ist gerade die Deutsche Juristen-Zeitung in allererster Linie berufen.

Auf welche Weise kann man sie retten? Es ist schon vielerlei versucht worden, denn die Deutsche Juristen-Zeitung hat viele Freunde. Es scheint mir aber nur ein Weg bei der heutigen ständigen Geldentwertung praktisch wirksam zu sein, nämlich der, daß sich eine große Zahl von wirklichen Freunden der Deutschen Juristen-Zeitung zusammenfindet und verspricht, monatlich Goldmarkbeträge ständig zu zeichnen. Die Zeichnung von einer Goldmark monatlich durch einen größeren Kreis von Freunden würde schon genügen. Einen solchen Betrag kann schließlich auch unter den heutigen schwierigen Verhältnissen noch jeder zeichnen, der an dem Wohl und Wehe der Deutschen Juristen-Zeitung interessiert ist.

Ich bitte also alle diejenigen, welche den von mir vorgeschlagenen Weg für richtig halten, ihr Einverständnis dem Verlage der Deutschen Juristen-Zeitung mitzuteilen und einen Unterstützungsbeitrag von monatlich einer Goldmark zu zeichnen.

Dr. Grimm, Rechtsanwalt,
Privatdozent an der Universität Münster.

Justizreformen. Der frühere Reichsjustizminister Schiffer hat dem Reichstag den Entwurf eines Entlastungsgesetzes vorgelegt, das, wenn es zustande käme, auch für die Rechtspflege von grundsätzlicher und praktischer Bedeutung wäre. Nach seinem Vorschlage sollen Ansprüche, deren Gegenstand den Wert einer Goldmark nicht übersteigt, vom Reich, den Ländern und anderen öffentlichen Körperschaften oder gegen sie der Regel nach nicht mehr geltend gemacht werden können. Auch soll bei der Geltendmachung von Ansprüchen, deren Gegenstand sich innerhalb dieses Wertes bewegt, eine Mitwirkung der Gerichte oder anderer Behörden nicht mehr stattfinden. Schwebende Verfahren seien einzustellen.

Viel tiefer greift ein Antrag desselben Abg. in die Justiz ein, der sich als Entwurf eines ersten Gesetzes zur Vereinfachung des Rechtswesens bezeichnet. Er gibt nicht mehr und nicht weniger als die Grundlinien für eine umfassende Reform des GVG., der ZPO., der StrPO. und des Ges. über die Freiw. Gerichtsbarkeit. Allerdings nur die Grundlinien: die Einzelbestimmungen soll die Reichsregierung mit Zustimmung des Reichsrats und eines Ausschusses des Reichstags treffen und zugleich befugt sein, in dieser Form Vorschriften zu erlassen, die über die Bestimmungen des Grundgesetzes selbst hinausgehen, wenn sie einer Vereinfachung des Rechtswesens dienen. Der Antrag beansprucht deshalb nicht allein wegen seines Inhalts, sondern auch wegen der Methode, die er in unsere Gesetzgebung einzuführen versucht, allgemeines Interesse. Sie entspricht der Anregung, die der Antragsteller bereits vor Jahr und Tag für die Geschäftsführung des Reichstags ganz allgemein dahin gegeben hatte, daß die Volksvertretung als Gesetzgeber in den Plenarberatungen sich nur mit Fragen von mehr grundsätzlicher Bedeutung befassen solle, während alles Nebenwerk und Gesetzentwürfe und Anträge von geringerer Wichtigkeit von einem Reichstagsausschuß erledigt werden könnten.

Man kann darauf gespannt sein, wie sich die erste praktische Anwendung dieser Arbeitsweise bewähren wird. Jedenfalls kann die Materie, die zu diesem Experiment verwendet wird, an Bedeutung für unser gesamtes Staatswesen kaum übertroffen werden. Der Reichstag hat die Anträge dem Rechtsauschuß überwiesen, der seine Beratungen alsbald beginnen dürfte.

Staatssekretär a. D. **Dr. Lisco** ist am 5. Nov. im Alter von 73 Jahren **verstorben.** Durch seine Tätigkeit als Staatssekretär des Reichsjustizamts (1909 bis 1917) ist er allen deutschen Juristen, namentlich auch den Lesern der DJZ., der er stets ein warmes Interesse bezeigt hat, wohlbekannt. Die schon unter seinem Vorgänger Nieberding begonnene Reform des Strafprozesses und Strafrechts konnte wegen parlamentarischer Schwierigkeiten und wegen des Ausbruchs des Krieges nicht zu Ende geführt werden, dagegen gelangte die Entlastung des RG. durch das Ges. v. 22. Mai 1910 zum Abschlusse. Im Kriege fiel ihm die schwere Aufgabe zu, auf dem Gebiete der Rechtspflege den Anforderungen des Krieges Rechnung zu tragen. Bei der Umbildung der Regierung im Sommer 1917 schied auch Lisco aus dem Dienste.

Der größte Teil seiner Lebensarbeit war dem preuß. Justizdienste gewidmet, insbesond. dem preuß. Justiz-

Der Reichsfinanzminister hat *wieder eine Devisenverordnung* erlassen. Das Verbot der Preisstellung in ausländischer Währung ist aufgehoben. Bezahlung in ausländischer Währung darf nicht gefordert, wohl aber angenommen werden. (...) Wer will entscheiden, ob der Verkäufer die fremde Valuta verlangte oder sich nur zur Annahme bereit erklärte? Man kann in mancherlei Formen das eine wie das andere ausdrücken. Wer will kontrollieren, wann die Zahlungen der Ausländer für Miete oder Waren zur Wiederbeschaffung von Gegenständen, für die Valuta gegeben werden darf, verwendet wurden? Wäre es rechtlich möglich, woher das Beamtenheer und die Zeit für diese Kontrolle nehmen? Der Erfolg lohnte nicht die Aufwendung. Man hat bei der Verordnung das Gefühl, als sähe man an der leitenden Stelle wohl ein, daß das ganze Devisensystem nicht viel genutzt hat. Aber man hat nicht den Mut, es einzugestehen. Darum durchlöchert man es, aber nur zaghaft. Damit wird aber die Ungewißheit und die aus ihr fließende Erregung im Groß- wie Kleinhandel nur gesteigert.

Geldentwertung: Aufwertung!

Die Inflation zu Beginn der Weimarer Republik erschütterte nicht nur die Wirtschaft und damit die gesamte Bevölkerung Deutschlands, sondern auch das Recht. Schuldete jemand einem anderen eine bestimmte Geldsumme, musste nur diese Summe, unabhängig von ihrem tatsächlichen „Wert" bezahlt werden. Man kann sich leicht vorstellen, zu welchen Ungerechtigkeiten das führte, wenn auf dem Höhepunkt der Hyperinflation im November 1923 eine Goldmark 522 Milliarde Papiermark wert war und im Dezember schon eine Billion. Weder die Legislative noch die Judikative reagierten schnell genug. Es blieb lange Zeit bei dem juristischen Grundsatz „Mark gleich Mark". Hachenburg fand in einem Aufsatz in der DJZ (1923, Sp. 516 ff.) für diese Situation in seinem für seinen Stil typischen lakonischen Ton das dazu passende Bild: „Die Geldentwertung fährt im Auto und die Gesetzgebung läuft ihr atemlos zu Fuße nach" und erklärte die Gründe und Auswirkungen der Währungskrise so:

„Geldentwertung ist nicht identisch mit der Verarmung Deutschlands durch den Krieg und die Revolution. Wohl haben beide eine Menge wirtschaftlicher Güter vernichtet. Der Krieg ist unproduktiv. Nichts, was er verzehrte, bringt er wieder (...). [Die Währungsfrage] bewegt sich auf einem anderen, allerdings für die Volkswirtschaft nicht minder wichtigen Gebiete, auf dem des Kredites. Ueber die Aufgaben des Geldes brauche ich nicht zu sprechen. Das führte zu sehr auf ein Nebengeleis. Die Eigenschaften als Wertmesser und Wertträger dürfen als unbestritten angenommen werden.

Die Goldwährung, die wir bis zum Kriege hatten, baute auf dem Edelmetall auf, das den relativ beständigsten Eigenwert zeigt. Es ist aus Deutschland verschwunden. An dessen Stelle trat das Zahlungsversprechen des Reiches und der Reichsbank. Das Geld wurde durch den Kredit ersetzt. Je mehr der Glaube an die Zahlungsfähigkeit des Reiches schwindet, desto geringer wird der Wert seines Schuldversprechens, desto weniger ist es geeignet, die Aufgaben der Währung zu erfüllen. Je unruhiger die Zeiten, je schwankender die Schätzung des Reichskredits, desto unbrauchbarer wird das Papier zum Wertmesser. Aber dieses Versickern des Kredites des Reiches und die sich hieraus erklärende Entwertung der deutschen Mark bedeutet keine Verarmung des Volkes. Nur einzelne Teile sind davon getroffen. Das sind die Gläubiger des Reichs, der Länder, die der Kommunen und schließlich auch der Privaten. Je nachdem ein Vermögen obligationen- oder sachenrechtlich angelegt war, ist es geschmolzen oder geblieben. Daher rühren zum Teil die uns täglich mehr in ihrer ganzen Grausamkeit gegenüber dem Betroffenen in die Augen springenden Verschiebungen der Vermögen und die hierdurch bedingte Umschichtung der Volksteile. (...) Schließlich ist aber die Geldentwertung selbst nicht einmal bei den davon heimgesuchten Teilen der Nation die Ursache ihrer Verarmung. Sie wirkte nur verheerend, weil der Schuldner sich durch Zahlung des gleichen Nennbetrages von seiner Verbindlichkeit befreite. Der berüchtigte Satz: ‚Mark ist Mark' hat den nicht wieder gutzumachenden Schaden gestiftet. Man empfindet heute wohl überall das Unrecht, das man dem vertrauenden Gläubiger angetan hat. Aber überall tönt jedem Bestreben das resignierte ‚Zu spät' entgegen."

Für Hachenburg hatte die Untätigkeit des Gesetzgebers vor allem zwei Gründe: „Unmittelbar nach der Revolution hatten die damals herrschenden Mächte nicht das geringste Interesse für den Schutz der Kapitalisten. Deren Schädigung galt als ein Stück der Vernichtung des Kapitalismus. Man bedachte nicht, daß man die Kapitalisten traf, die der Schonung bedurften, und die begünstigte, die des energischen Zugriffs würdig gewesen wären. (...) Dazu kam ein zweites, kaum weniger schwerwiegendes Moment. Der größte Schuldner war das Deutsche Reich. Es hatte im Kriege Milliarden und aber Milliarden geliehen und mußte sie verzinsen, vielleicht auch zurückzahlen. Wie sollte das geschehen, wenn man sich nicht an die Nennziffern hielt? Die Finanzen waren zerrüttet, die Reparationsschuld lastete vernichtend auf jedem Versuche der Wiederherstellung. Je schlechter die Mark wurde, desto leichter war die dereinstige Abschüttlung aller Schulden. Wie ein bankerotter Kaufmann zahlte es seine Schulden durch neue Schuldscheine, die immer weniger wert werden. Wie sollte dieses gleiche Reich, das auf diese Weise seine Gläubiger behandelt, anderen Schuldnern andere Verpflichtungen auferlegen? Es kann unmöglich den Privatmann zwingen, den Goldmarkwert zu entrichten, wenn es selbst sich mit der Zahlung in Papier frei machte. Das mußte notwendigerweise die Politik in Wirtschaft und Währung beeinflussen. Das ‚Mark gleich Mark' wurzelt letzten Endes in der verzweifelten Lage des Reichs und der Notwendigkeit, sich auf Kosten der eigenen Gläubiger das Leben zu erhalten."

Weil der Gesetzgeber den Status quo nicht änderte, trieb das Reichsgericht die verfassungsrechtlichen Grundsätze der Gewaltenteilung an ihre Grenze und ließ in einem Urteil vom 28. November 1923 eine Aufwertung der geschuldeten

Summe nach freier richterlicher Einschätzung zu. Rechtsgrundlage dieser Entscheidung war der hier erstmals so extensiv gedehnte Grundsatz von „Treu und Glauben" aus § 242 BGB. Auch ohne konkrete gesetzliche Grundlage konnten die Richter in der allgemein empfundenen „Rechtsnot" neues Recht schaffen, obwohl sie formal nur das bestehende BGB auslegten. Und so kommentierte Hachenburg im Januar 1924 in der Rundschau: „Heute herrscht das Schlagwort von der Aufwertung der Geldforderungen. Vollends, seit das Reichsgericht in seiner Entscheidung v. 28. Nov. 1923 den Bann gebrochen und es abgelehnt hat, die Erfüllung eines hypothekarisch gesicherten Anspruchs durch Zahlung des Nennbetrages in Papier gutzuheißen. Nun hofft jeder Gläubiger auf Besserung seiner Lage und sieht sich auf Goldbasis gestellt. Aber nicht nur, daß davon keine Rede ist und in jedem konkreten Falle untersucht werden muß, was der Billigkeit entspräche. Es muß auch noch jeweils entschieden werden, ob Treu und Glauben nach dem ganzen Vertragsinhalte eine Aenderung in der Geldleistung fordern. Das gäbe eine Flut von Prozessen. (...) Das schreit nach einer Hilfe des Gesetzgebers."

Die Entscheidung des Reichsgerichts brachte in der Folgezeit ein Dilemma für den Gesetzgeber mit sich: Wählte er eine andere gesetzliche Regelung als die des Reichsgerichts, wagte er in einer grundlegenden Frage den offenen Widerspruch zum höchsten deutschen Zivilgericht. Handelte er nicht, musste er sich der Vorwurf der eigennützigen Untätigkeit gefallen lassen. Die Regierung reagierte zunächst mit einer „Steuernotverordnung" am 14. Februar 1924, in der es weniger um Steuern als vielmehr um den Aufwertungsstreit ging. Diese Verordnung schrieb eine Aufwertung von bestehenden, mit einer Hypothek gesicherten Forderungen auf 15% des ursprünglich geschuldeten Goldmarktbetrages fest. Mit dieser Festschreibung distanzierte sich der Gesetzgeber wiederum von der „freien" Aufwertung des Reichsgerichts für den Einzelfall nach „Treu und Glauben". Insgesamt führte die III. Steuernotverordnung im Folgenden zu erheblichen und verfassungsrechtlich komplizierten Kompetenzstreitigkeiten, die Hachenburg in der Rundschau vom Februar 1925 so zusammenfasste: „Die Prügel bei dem Kampfe zwischen Gerichten, Regierung und Reichstag bekommen gerade die Kreise der Bevölkerung, die schon Wunden genug davongetragen haben". Erst mit dem sogenannten „Aufwertungsgesetz" vom 16. Juli 1925 fand der erbitterte Streit um den Ausgleich der Interessen von Gläubigern und Schuldnern mit einem Kompromiss sein Ende. Die Quote für hypothekarisch gesicherte Forderungen wurde auf 25% festgesetzt.

Der „Aufwertungsstreit" in der Weimarer Republik ist nicht nur ein Lehrbeispiel für Versuche zur Bewältigung einer Wirtschaftskrise mit den Mitteln des Zivilrechts. Er zeigt auch deutlich, dass Gerichte auf der Grundlage offener Rechtsbegriffe wie „Treu und Glauben" letztlich selbst Recht schaffen können. Die Aufwertungsentscheidung des Reichsgerichts wurde schon von den Zeitgenossen als „historisch bedeutsame Grenzüberschreitung der Justiz" wahrgenommen, wie es etwa der Rechtsanwalt Hans Fritz Abraham in der DJZ 1925 (Sp. 639 ff.) in seinem Beitrag „Rechtsnot" beschrieb. Auch Bernd Rüthers hat 1968 in seiner bekannten, 2017 in der 8. Auflage erschienenen Schrift über die „Unbegrenzte Auslegung" die „Aufwertungsentscheidung" des Reichsgerichts als „*das* dramatische Ereignis der jüngeren deutschen Rechtsprechungsgeschichte" bezeichnet und die bequeme Legende entzaubert, dass die Richter im ‚Dritten Reich' vor allem durch Anwendung neuer Nazi-Gesetze gezwungen gewesen seien, Unrecht zu sprechen. Zwar gibt es keine direkte und einfache Linie von der extensiven Auslegung der Aufwertungsrechtsprechung bis zur Unterwerfung der Richterschaft unter die nationalsozialistische Ideologie. Offensichtlich ist aber, dass die richterliche Auslegung im Zivilrecht dem Bemühen um einen vertragsrechtlichen Ausweg aus der Sackgasse der Hyperinflation ebenso dienen konnte wie später dem „Geist des Nationalsozialismus".

Jahrgang 1925

Andrang des Publikums vor dem Eingang des Reichsgerichts zum „Tscheka-Prozess" im Frühjahr 1925

1925 wird ein Jahr der Stabilisierung, trotz Friedrich Eberts Tod und der Wahl Hindenburgs zum neuen Reichspräsidenten. Die Inflationsjahre sind überwunden und werden juristisch verarbeitet, etwa durch das Aufwertungsgesetz oder das moderne Konkursrecht. Besondere Aufmerksamkeit schenkt Max Hachenburg dem Völkerbund und den Verhandlungen

um die Folgen des Ersten Weltkriegs, die in den Verträgen von Locarno münden. Bei zunehmender Beruhigung der Lage und zugleich verdoppelter Erscheinungsgeschwindigkeit der DJZ (zweimal im Monat) gibt es wieder mehr Raum für die Darstellung interessanter Prozesse und politischer Affairen. Und so finden sich in der Rundschau mehrfach Anmerkungen zu dem sich in Danzig zuspitzenden Poststreit zwischen Polen und Deutschland in der unter dem Schutz des Völkerbundes stehenden Stadt. Daneben stehen eine Reihe dramatischer Mordprozesse und die teilweise spektakulären Konflikte zwischen Kunst und Staat. Zudem findet Hachenburg immer wieder Gelegenheit, über politische und juristische Ereignisse im Ausland zu berichten.

1925

1. Januar

Das Jahr 1925 beginnt hoffnungsfroh. Das läßt sich schließlich bei jeder neuen Epoche feststellen. Je schlimmer die Vergangenheit war, desto mehr erwartet man von der Zukunft. Nun ist aber die Gegenwart verändert. Eine Neugestaltung der außenpolitischen Verhältnisse ist gegeben.[1] Das muß auf die innenpolitischen und die privatwirtschaftlichen einwirken. Damit setzt eine neue Aufgabe des Rechtes ein für

1 Mit der Einigung auf den unter dem Vorsitz des amerikanischen Bankiers Charles G. Dawes 1924 beschlossenen „Dawes-Plan“ war die Reparationsfrage neu und realistischer verhandelt worden. So erhielt Deutschland z. B. eine internationale Anleihe von 800 Millionen Goldmark zur Stärkung der eigenen Währung, deren Stabilität auch dadurch gewährleistet werden sollte, dass die Zahlung der Reparationen ausgesetzt werden konnte, wenn der von den Alliierten eingesetzte Generalagent für den Transfer der Zahlungen, S. Parker Gilbert, das für ökonomisch vernünftiger hielt.

Wissenschaft, Gesetzgebung und Rechtspflege. Eine Fülle von Problemen wird zu regeln sein. (...) Die Notverordnungen schufen ein Notgerüst.[2] Die Rechtsprechung weist überall auf diese Mängel und Lücken hin. Sie muß gerade da, wo ein Eingreifen der Gesetzgebung nicht bevorsteht, die Anpassung vollziehen helfen. Alle Hände und Köpfe sind zur Durchführung erforderlich. Die DJZ. hat fast ein Menschenalter ihrer Aufgabe, eine Rundschau über das gesamte Rechtsleben zu sein, gelebt. Sie wird dies im reifen Alter von dreißig Jahren auch bei der Steigerung der Ansprüche an die Faktoren des Rechtes in erhöhtem Maße verwirklichen.

2 Vgl. „Im Zwielicht: Notverordnungen“, S. 339.

Am 1. Jan. 1925 sind es 25 Jahre, seit das BGB. und das HGB. in Kraft traten. Sie gehören heute zu dem festen Bestande des deutschen Rechtslebens. Ihr Inhalt ist in Fleisch und Blut übergegangen. Nach wie vor darf man zugeben, daß namentlich im bürgerlichen Rechtsbuche die Fassung keine durchweg glückliche ist. Sicher liest und versteht man das Schweizer Zivilrecht leichter und angenehmer. Aber wir sind fest in diese Wohnung eingelebt. Wir stoßen uns nicht mehr an seinen Winkeln und Ecken. Wir brauchen die wichtigsten Stellen nicht mehr nachzuschlagen. Wir kennen ihren wirtschaftlichen oder ethischen Inhalt. Vielfach hat ihn ja auch schon die Rechtsprechung gemodelt. Bei beiden Gesetzeswerken mögen einzelne Materien einer Neugestaltung bedürfen. So das Ehescheidungsrecht des BGB. und das Aktienrecht des HGB. Das sind kleine Erneuerungen. Der ganze Bau aber steht fest und wird dauern.

Das neue Jahr bringt für die neuen Aufgaben *den neuen Reichstag.* Das deutsche Wahlsystem mit seiner Berücksichtigung der Minderheiten hat eine starke Verschiebung der Parteistärken verhütet.[3] Ein Vorgang wie in England, der das Steuer völlig herumwirft,[4] ist hierlandes kaum möglich. Daraus sollte man Schlüsse auf die Wahlbetätigung ziehen. Die wilde Agitation verliert an Bedeutung. Mancher findet an sich schon wenig Geschmack daran, daß der Erfolg der Wahlen von dem Aufwand an Energie und Geld abhängen soll, den eine Partei entfalten kann. Ein idealer Zustand ist dies sicher nicht. Es liegt eine gewisse Naivität darin, wenn eine Partei ihre Mißerfolge damit entschuldigt, daß sie nicht genügend agitieren konnte. Je mehr aber man sich vom reinen Majoritätsprinzip und dem der Stichwahlen entfernt, desto geringer müßte die Wirkung der Agitation auf das ganze Ergebnis sein. Wenigstens aber sollte dies die Art der Wahlbewegung beeinflussen. Nach dem System der Proporzwahl hat auch die Minderheit das Recht, zu Wort zu kommen. Ihre Existenzberechtigung ist verfassungsrechtlich anerkannt. Weshalb also das gegenseitige Herabwürdigen? Abstoßend wirkte die Heranziehung wirtschaftspolitischer Probleme zum Stimmenwerben. Wie priesen sich die Parteien aller Farben als Aufwertungsfreunde.[5] Jede wollte jetzt das Verdienst für sich in Anspruch nehmen. Jede stellte Blankowechsel aus. Hier aber muß man bei dem heutigen Zustande dieser Materie mit äußerster Vorsicht unter Abwägung aller Umstände an die Lösung der Aufgabe herangehen, nicht aber Versprechungen, deren Einlösbarkeit niemals sicher ist, hinausschleudern.

3
Das Ergebnis der Wahlen vom 7. Dez. 1924 zeigte nach der wirtschaftlichen auch eine politische Beruhigung mit guten Ergebnissen für die Parteien der politischen Mitte (DVP 10,1%; DDP 6,3%; Zentrum 13,6%; SPD 26%). KPD und Rechtsextremisten hingegen mussten deutliche Verluste hinnehmen.

4
1924 war Ramsay MacDonald erster Premierminister der Labour Party geworden in einer Minderheitsregierung, die aber schon im gleichen Jahr wieder abgelöst wurde.

5
Vgl. „Geldentwertung: Aufwertung!“, S. 165.

In einem Urteil v. 1. Juli 1924 hat das Reichsgericht erklärt, daß seine Rechtsprechung „in immer steigendem Maße“ dazu gelangte, *die Papiermark nur als Zahlungsmittel festzuhalten,* als Wertmesser aber zu verwerfen. Daher werde jetzt bei allen Ansprüchen auf Ersatz des Wertes einer Sache, bei denen sich der Wert nach einem in der Vergangenheit liegenden Zeitpunkt bestimmt, der Aenderung der Geldwerte Rechnung getragen. Das gilt für die Leistungs- und die Anrechnungspflicht wie bei der Erbenausgleichung und der Anrechnung auf den Pflichtteil. Beachtlich sind dabei zwei Momente. Einmal, daß das RG. selbst zugibt, daß es einen Entwicklungsgang durchgemacht hat. Es hätte hinzufügen dürfen, einen recht langsamen. Zum andern, daß dieser noch nicht abgeschlossen ist. Die Papiermark hat nicht nur aufgehört, Wertmesser zu sein. Sie verlor die Eigenschaft deshalb, weil sie nicht mehr Wertträger war. Mit dem sinkenden und schließlich vernichteten Kredite des Reiches verloren seine und der Reichsbank Schuldscheine ihren inneren Wert. Daher konnten sie nur in dessen Grenzen auch noch Zahlungsmittel sein. Daß man sich dem so lange verschloß, hat jetzt den ganzen unglückseligen Aufwertungsstreit hervor gerufen. Nicht der Anspruch wird aber aufgewertet, sondern das Papiergeld als Zahlungsmittel abgewertet. (...)

15. Januar

(...) *Das Urteil des Magdeburger Schöffengerichts* in der Anklage gegen den Redakteur Rothardt wegen

Beleidigung des Reichspräsidenten steht im Mittelpunkte lebhafter Erörterung.[6] Bei dieser allgemeinen Erregung, die sich je nach der politischen Einstellung verschieden auswirkt, ist es die Pflicht der Juristen, die Ruhe zu bewahren und eine objektive Beurteilung des Urteils zu erstreben. Ich meine damit nicht so sehr die Nachprüfung der Begründung, welche den Tatbestand des Landesverrats in dem Eintritt Eberts in die Streikleitung im letzten Kriegsjahr erblickt. Das wird Aufgabe der zweiten Instanz sein. Vermutlich wird sie zu einer Korrektur kommen. Ich halte die durch die Presse bekanntgewordene Auffassung des Schöffengerichts für eine formaljuristische Konstruktion. Sie ist aber auch sonst unserer Strafjustiz nicht völlig fremd. Das Urteil erregt auch Befremden durch das Strafmaß. War in der Hauptsache der Wahrheitsbeweis erbracht, so läßt sich eine Gefängnisstrafe von drei Monaten für die despektierliche Art des Vorbringens nicht rechtfertigen. Ungezogenheiten fordern keine solche Sühne. Aber mag man auch einen Fehlspruch in irgendeiner Richtung annehmen, so muß man sich hüten, daraus Vorwürfe allgemeiner Art gegen den deutschen Richterstand oder die Gerichtsverfassung abzuleiten. Schon taucht das Verlangen nach der richtigen Auswahl der Richter auf. Schon wird eine Zuweisung der Beleidigung des Reichsoberhauptes an ein besonderes Gericht gefordert. Dazu liegt kein Anlaß vor. Es geht nicht an, daß man bei den Richtern die politische Gesinnung prüft und sie zur Grundlage von Anstellung und Beförderung macht. Wie oft wurde in der Zeit der Monarchie darüber geklagt. Die Republik darf sich nicht diesen Vorwurf zuziehen. (...)

6
Hintergrund war ein vorheriges Gerichtsverfahren in München gegen Emil Gansser, einem frühen Agitator der NSDAP, der Reichspräsident Friedrich Ebert wegen dessen Beteiligung an einem Streik in einer Munitionsfabrik 1918 einen „Landesverräter“ genannt hatte. Ebert, auf der zwiespältigen Linie der SPD zwischen Patriotismus und Pazifismus lavierend, war in die Streikleitung gegangen, um eine weitere Eskalation zu verhindern. In dem Verfahren gegen Gansser verlangte das Gericht in München, dass Ebert als Nebenkläger persönlich vor Gericht zu erscheinen habe. Daraufhin zog Ebert seinen Strafantrag zurück und das Verfahren wurde eingestellt. Gansser schrieb einen offenen Brief und forderte Ebert zum Rücktritt auf. Erwin Rothardt hatte in der „Mitteldeutschen Presse“ dazu geschrieben: „Ob Ebert die Pille verschluckt, oder ob er es doch mit seiner Würde als Reichspräsident vereinbart und vor dem Gericht in München erscheint? Beweisen Sie doch, Herr Ebert, dass Sie kein Landesverräter sind!“. Dies nahm Ebert zum Anlass, seinerseits auch gegen Rothardt gerichtlich vorzugehen. Da Ebert sich im Dezember 1924 in Magdeburg als Zeuge bereithalten sollte, verschob er eine dringend notwendige Blinddarmoperation – was ihn wenig später das Leben kosten sollte. Rothardt wurde zwar verurteilt, aber nur wegen Beleidigung, nicht jedoch wegen Verleumdung. Schließlich, so das Gericht, sei Eberts Teilnahme am Streik tatsächlich Landesverrat gewesen. Ebert war von diesem Urteil tief getroffen; in der Öffentlichkeit war es äußerst umstritten.

Die Fälle der *Massenmorde* häufen sich. In Hannover ist der Prozeß gegen *Haarmann* zu Ende geführt.[7] Er gewährte das seltsame Schauspiel, daß der Angeklagte selbst das Todesurteil begehrte. Lieber tot als in der Irrenanstalt. Wie das Seelenleben dieses Menschen sich abspielte, wird auch für den Psychiater ein Rätsel bleiben. Zurechnungsfähig, aber minderwertig, so mußten die Sachverständigen und die Richter urteilen. Der Vertreter der Anklage sprach vom Verlangen des Volkes nach Rache. Vielleicht wird eher ein Bedürfnis nach der Ausstoßung solcher Existenzen aus der Menschheit vorliegen. Die Vergeltungsidee tritt hier zurück. Einer der anderen Fälle ist noch Gegenstand der Untersuchung. *Angerstein,* der Frau, Schwiegermutter, Schwägerin und Angestellte totschlägt und einen misslungenen Selbstmordversuch macht, einen Raubüberfall durch eine bewaffnete Bande vortäuscht, bedarf noch der Aufklärung.[8] Ein dritter Mörder, *Denke* in Münsterberg, entzog sich der Verfolgung durch Selbstmord.[9] Auch seine Opfer waren zahlreiche gewesen, bis es zu einer Entdeckung kam. Wie erklären wir die Häufung dieser Vorfälle? Wirkt die durch den Krieg hervorgerufene Geringschätzung des Menschenlebens nach? Oder waren diese Vorfälle auch zu anderen Zeiten denkbar? Sind sie voneinander verschieden, oder läßt sich eine gleiche psychische Wurzel aufzeigen? Wir werden wohl nur dann eine befriedigende Antwort erhalten, wenn von sachkundiger Seite nach Abschluß der Untersuchung in allen Fällen das Gesamtmaterial verarbeitet ist. Einstweilen wird man sich einer Verallgemeinerung enthalten müssen. Ebenso aber auch der Vorwürfe gegen die Polizei, die nicht

7
Fritz Haarmann wurde wegen Mordes an insgesamt 24 Jungen und jungen Männern am 19. Dez. 1924 zum Tode verurteilt und am 15. April 1925 enthauptet.

8
Fritz Angerstein hatte insgesamt 8 Personen getötet. Er verletzte sich selbst schwer, um einen Überfall vorzutäuschen. Tatsächlich gab es Zeugenaussagen, die flüchtende Verbrecher gesehen haben wollten. Er wurde am 13. Juli 1925 zum Tode verurteilt und am 17. Nov. 1925 hingerichtet.

9
Karl Denke hatte im Laufe seines Lebens mindestens 30 Menschen getötet und deren Fleisch gegessen oder weiterverarbeitet und verkauft. Nach seiner Festnahme erhängte er sich am 22. Dez. 1924 in der Zelle.

früher die Missetäter entdeckte, bis hierüber eine Klärung erfolgte. Die Angriffe auf die Staatsorgane entspringen dem gleichen Gefühle, das beim Zusammenbruche einer Aktiengesellschaft den Aufsichtsrat schlechthin haftbar macht. Es liegt aber in jeder menschlichen Aufsichtsstelle begründet, daß sie nicht alles sehen kann.

In den Köpfen der Bevölkerung ist die *Umstellung in die neue Reichsmark*[10] noch nicht erfolgt. Hier steht sie der Rentenmark und der Goldmark gleich. Denn sie haben ja denselben Wert. So liegen ja auch in den Geldtaschen die alten Billionenscheine neben den Rentenmarkscheinen und der neuen Reichsmark. Allmählich werden zuerst jene, dann die Rentenmark verschwinden. Die Goldmark, die nur ein währungsrechtlicher Begriff, aber keine Münze war, wird das Schicksal dieser teilen. Ein Schritt auf diesem Wege ist die 2. Verordnung zur Durchführung des Münzgesetzes v. 12. Dez. 1924. Wo in den Gesetzen von Mark oder Rentenmark die Rede ist tritt an deren Stelle die Reichsmark (§ 1). (...) Dabei ist eine Goldmark und eine Rentenmark = einer Reichsmark. (...)

10
Durch das Münzgesetz vom 30. Aug. 1924 war die ohnehin nur als Übergangswährung 1923 eingeführte Rentenmark von der Reichsmark ersetzt worden, die zu 40% durch Gold (oder durch goldgedeckte Devisen) gedeckt war. Sie bestand bis zur Währungsreform 1948.

Das Reichsgesetzblatt v. 9. Dez. 1924 veröffentlicht *die zweite Verordnung zur Durchführung des Gesetzes, betr. die Industriebelastung.*[11] Diesmal handelt es sich um die Eintragungen der öffentlichen Last. Sie erfolgen in der für öffentliche Lasten bestimmten Abteilung des Grundbuches (§ 19 Abs. 1). (...)

11
Mit diesem Gesetz wurden die Zinsen für die Reparationszahlungen aus dem Dawes-Plan gegenüber den Alliierten u.a. durch eine Eintragung ins Grundbuch abgesichert.

1. Februar

Der neugewählte Reichstag hat zu einer längere Zeit andauernden Kabinettskrise geführt. Das Ergebnis war eine „überparteiliche" Regierung; das hat Reichskanzler *Dr. Luther* in seiner ersten Rede deutlich ausgesprochen.[12] Ein derartiges Ministerium widerspricht nicht dem Wesen des Parlamentes als dem Repräsentanten des Volkswillens. Die deutsche Verfassung bietet keinen Anhalt dafür, daß die Regierung stets eine Parteiregierung sein muß. Nur da, wo sich, wie z.Zt. in England, eine zweifellose Mehrheit einer Partei aus den Wahlen ergab, ist die *politische* Folge, daß diese die Regierung bestimmt. Wo eine solche Majorität fehlt, muß entweder eine Verbindung mehrerer Parteien, die dann zusammen die Mehrheit besitzen, stattfinden. Oder aber, ist dies nicht möglich, so bleibt nichts anderes als eine Regierung, die, ohne sich auf ausgesprochene Parteien zu stützen, die aus der ganzen Sachlage sich ergebende Politik führt. Daß das neue Kabinett heute eine Richtung nach rechts zeigt, darf hierbei nicht stören. Gerade aus dem Wesen der parlamentarischen Regierung folgt die Notwendigkeit einer abwechselnden Beteiligung der verschiedenen Strömungen an den Geschäften. Darin liegt das Ausgleichende des parlamentarischen Systems. Die politische Reife eines Volkes zeigt sich darin, daß es diesen Umschwung der Dinge mit Ruhe und Sachlichkeit vor sich gehen läßt. In Deutschland war bisher die Außenpolitik, je nach der innenpolitischen Einstellung der Parteien verschieden. Dadurch wurde die an sich naturgemäße Abwechslung der einen Richtung mit der

12
Da die rechtsnationalistische DNVP (zulasten der NSDAP, die nur noch 3% der Wähler für sich gewinnen konnte) mit 20,5% ein sehr gutes Ergebnis erzielt hatte, war unter dem parteilosen Hans Luther (1879–1962) eine rechtskonservative Regierung mit Vertretern von DNVP, DVP, Zentrum und BVP möglich geworden.

anderen sehr erschwert. Es scheint, daß auch die rechtsstehenden Parteien als Mitglieder der Regierung die gleichen außenpolitischen Linien wie ihre Vorgänger weiterführen.[13] Dann wird der Hauptstein des Anstoßes beseitigt sein. Man wird auch in Deutschland die Uebernahme der Regierung durch entgegengesetzte Parteien mit größerer Ruhe ertragen, sobald man für die Außenpolitik nichts mehr zu befürchten hat. Dann wird wieder dadurch das ganze parlamentarische Prinzip gefestigt werden. So werden die Parteien, die der Regierung des Parlaments noch ablehnend gegenüberstehen, durch die Uebernahme der Macht zur Befestigung der Verfassung beitragen.

13 Gustav Stresemann nämlich konnte Außenminister bleiben.

Der *Aufwertungsausschuß des Reichstages ist sofort zusammengetreten.* Er beschäftigte sich mit dem Antrag über die letzte Verordnung des Reichspräsidenten vom Dezember 1924, der die 3. Steuernotverordnung und namentlich auch ihre Durchführungsbestimmungen rechtsgültig machen sollte.[14] Es wird die sofortige Wiederaufhebung dieser Verordnung verlangt. Ich habe mich an dieser Stelle bei früherer Gelegenheit über das Mißliche des Kampfes zwischen den Gerichten und Regierung bei den Notverordnungen geäußert.[15] Das Eingreifen des Reichspräsidenten ist alles andere als wünschenswert gewesen. Schlimmer noch aber erscheint es, wenn jetzt wieder der Reichstag die Notverordnung für ungültig erklären oder aufheben wollte. Dann wäre die Unsicherheit noch um ein Stück vermehrt worden. Man halte sich doch die ganze Rechtslage deutlich vor Augen. Zuerst wird die Aufwertungsfrage im Wege der Verordnung gelöst. Das wird vom

14 Vgl. „Geldentwertung: Aufwertung!“, S. 165.

15 Vgl. „Im Zwielicht: Notverordnungen“, S. 339.

Reichsgericht an sich als gültig erklärt. Dann folgen die Durchführungsbestimmungen. Hier setzt die Kritik ein. Kammergericht und Reichsgericht verneinen die Gültigkeit einzelner Teile. Die Notverordnung des Reichspräsidenten soll wieder diese Sätze retten. Die Bevölkerung hatte sie ja schon teilweise praktisch angewendet. Nun soll wiederum die Verordnung des Reichspräsidenten beseitigt werden. Dann träte wieder der Zustand ein, daß die Gerichte die Gültigkeit der Verordnung im Einzelfall überprüfen. Es ist höchste Zeit, daß derartige Vorkommnisse im deutschen Rechtsstaate beseitigt werden. Die Prügel bei dem Kampfe zwischen Gerichten, Regierung und Reichstag bekommen gerade die Kreise der Bevölkerung, die schon Wunden genug davongetragen haben. Aber eben deshalb sollte man jetzt nicht statt einer endgültigen Regelung der Aufwertungsfrage die Verwirrung durch die Wiederaufhebung der Verordnung des Reichspräsidenten noch vermehren. (...)

Ein *eigenartiger Streit* ist zwischen der Republik Polen und dem *Freistaat Danzig*[16] erwachsen. Ueber Nacht wurden an verkehrsreichen Stellen der Stadt Danzig polnische Briefkästen angebracht. Das besagt, daß Polen in Danzig eine eigene Post einrichtet. Es hatte aber nur ein Recht darauf im Hafen von Danzig. Daher stellt sich dieser Schritt Polens als ein Eingriff in die Hoheitsrechte des Freistaates Danzig dar. Handelte es sich um ein zivilrechtliches Verhältnis, so wäre der Unterlassungsklage durch das bürgerliche Gericht stattzugeben. Hier aber muß sich Danzig an den Kommissar des Völkerbundes wenden. Beide Teile können

16
Im Versailler Vertrag war Danzig als Freie Stadt aus dem Deutschen Reich herausgelöst und unter die Aufsicht des Völkerbundes gestellt worden. Vgl. auch „Zahnloser Tiger: Der Völkerbund“, S. 89.

dann auch den Völkerbundsrat selbst anrufen. Aber das ist kein Gerichtsverfahren. Man hat nur zu oft bemerkt, daß politische Gesichtspunkte und Rücksichten stärker sind als die Grundsätze des Rechtes. Immer wieder zeigt sich die Notwendigkeit, für die völkerrechtlichen Fragen unabhängige Richter zu schaffen. Ganz besonders bei so eigenartigen Rechtsgebilden, wie deren eines der Versailler Vertrag für Danzig und Polen hervorbrachte. Das erscheint auch dann geboten, wenn der Völkerbund in unmißverständlicher Weise die Eingriffe Polens zurückweist. Es fehlt die richterliche Autorität. Die politischen Instanzen rufen politische Hilfsmittel hervor. Es bleibt ein unangenehmer Beigeschmack.

15. Februar

Zuerst im Notenwechsel, dann in den Aeußerungen gegenüber der Oeffentlichkeit fahren Frankreich und Deutschland fort, die *Räumung der Kölner Zone* zu erörtern. (...) Den Kernpunkt traf der deutsche Reichskanzler in der Frage: Ist der französische Ministerpräsident bereit, für die Räumung der Kölner Zone einzustehen, sobald Deutschland die angeblichen, immer noch nicht mitgeteilten Verstöße gegen den Vertrag von Versailles beseitigt hat?[17] Das ist eine unerbittliche Rechtslogik. Wer die Erfüllung weigert, weil der andere Teil noch nicht erfüllt hat, muß die Erfüllungspflicht anerkennen, sobald die fehlende Leistung erbracht ist. Wird dies zurückgewiesen, so ist es klar,

17
Die Zone um Köln war einer der rechtsrheinischen Brückenköpfe, dessen auf 15 Jahre befristete Besetzung durch alliierte Truppen der Versailler Vertrag vorsah; bei Erfüllung aller Vertragspflichten sah Art. 429 für Köln allerdings die Räumung schon nach fünf Jahren vor.

daß die Weigerung einen anderen Grund hat als einen rechtlichen. Die nackte Gewalt kommt wieder zum Vorschein. Ihre tiefere Ursache ist immer noch die geheime Furcht. Und diese wurzelt im Gefühle des Unrechtes. Käme die Sache vor einen Richter, so müßte er dem auf Räumung Beklagten aufgeben, seine Einwendungen vorzutragen, zu spezialisieren und zu beweisen. Ein System der Weigerung mit der Ankündigung künftiger Mitteilung würde er mit energischen Worten zurückweisen. Aber wo ist der Richter? Wir rufen schon seit Jahren nach ihm.

Der *Völkerbundsrat* hat bei seiner Tagung in Rom die Einsetzung eines Ausschusses für die *Kodifizierung* des internationalen Rechtes beschlossen und dessen Mitglieder bestimmt.[18] Das Sekretariat des Völkerbundes teilt jetzt mit, daß die Annahme durch sechzehn Teilnehmer erfolgte. Darunter befindet sich ein deutscher Lehrer des Völkerrechtes. Ein Kenner des mohammedanischen Rechtes soll noch bestellt werden. (...) So schön auch das Ziel sein mag, für alle Kulturstaaten eine einheitliche Behandlung der Rechtskollisionen zu erreichen, es gibt sicher heute noch wichtigere Aufgaben.

18
Der Ausschuss von Sachverständigen, den der Völkerbundsrat einberief, stellte eine Liste mit sieben Themengebieten auf, die einer völkerrechtlichen Kodifizierung zugänglich seien. 1927 nahm sich der Völkerbund vor, zumindest drei von ihnen (Staatsangehörigkeit, nationale Gewässer, Verantwortlichkeit von Staaten für die Schäden von Ausländern in ihrem Gebiet) zu regeln. Allerdings blieb dieser Kodifikationsversuch im Ansatz stecken; weitere Einigungen wurden nicht erzielt.

Von Zeit zu Zeit taucht eine „Affäre“ auf. Dann liegt immer ein Fall vor, der nicht nur, ja nicht einmal in erster Linie, rechtlich bedeutsam ist. Er trägt meist das Gepräge politischer oder gesellschaftlicher Sensation. Dann pflegt das Privatgespräch sich seiner zu bemächtigen. Allerlei Gerüchte entstehen und gehen von Mund zu Ohr weiter. Dann folgen die Pressenotizen. Sie fließen aus jener Quelle und helfen sie wieder bilden.

In diesem Stadium der Dinge ist es die Aufgabe der Juristen, einerlei welcher Berufsart, kühles Blut zu bewahren und nicht sofort Urteile hinauszuwerfen, die vielleicht doch später vor der Wirklichkeit der Tatsachen nicht stichhalten. Daß ich damit an die *unglücklichen Ergebnisse* bei der preußischen Staatsbank und ihre Verluste bei der Verbindung mit den Konzernen *Kutisker* und *Barmat*[19] denke, wird man sofort bemerkt haben. (...) Staatsanwaltschaft und Untersuchungsrichter sind in eifriger Tätigkeit. Verhaftungen und Beschlagnahmen fanden statt. Bücher werden geprüft und Sachverständige gehört. Man sprach dabei von einem Uebereifer. Auch damit sollte man zurückhaltend sein. Der preußische Landtag hat einen Untersuchungsausschuß eingesetzt. Ihn interessieren weniger die Personen der Herren Kutisker und Barmat, als die Geschäftsführung der Staatsbank. Ihm folgte der Reichstag. Mehr als diese Tatsachen in der Hauptsache wird man heute nicht verzeichnen dürfen. Die juristische oder moralische Verdammung oder Verteidigung hat zu schweigen, bis das Material gesichtet und der Oeffentlichkeit zugänglich ist. (...)

19 Iwan Baruch Kutisker und Julius (Judko) Barmat mit seinem Bruder Bruder Henry (Herschel) Barmat waren Unternehmer, die zweifelhafte öffentliche Kredite in Millionenhöhe erhalten hatten. Deswegen wurde wegen Bestechlichkeit gegen hochrangige Regierungsmitglieder ermittelt, so etwa gegen den weiter unten (15. Mai 1925) erwähnten Reichspostminister Anton Höfle. In der Öffentlichkeit erregte der Vorgang große Aufmerksamkeit. Von der NSDAP wurde die „Barmat-Affäre" als Beleg für eine „Juden- oder Schieberrepublik" aufgebauscht, da die Unternehmer in Osteuropa geborene Juden waren.

Die Neigung zur Dezentralisation im Reiche und die Anzeichen des Föderalismus mehren sich. Man lese die Berichte über die *Konferenz der Finanzminister der Länder.* Schon die Eröffnungsrede des Reichsfinanzministers zeigte ein Entgegenkommen. Er sprach zwar nur seine persönliche Meinung aus, aber auch darin ist es symptomatisch, daß er das Zuschlagsrecht der Länder und Gemeinden zur Einkommens- und Körperschaftssteuer ins Auge faßt. Den künftigen

Finanzausgleich erfaßt er als Verteilungsproblem. Die Entschließung der Länder aber ging weit darüber hinaus. Sie bezeichnen den bisherigen Finanzausgleich als „einseitig zugunsten des Reiches“ ausgeschlagen. Sie verlangen die volle Zurückgabe der Einkommens und Körperschaftssteuer einschließl. der Steuer vom Kapitalertrage. Das ist die Rückkehr zu dem alten System, das diese wichtigsten direkten Steuern den Bundesstaaten vorbehielt. Der Reichsfinanzminister bemerkte nur, daß in absehbarer Zeit daran nicht zu denken sei. (...)

1. März

(...) Der Fortgang der *Barmat-Kutisker-Affäre* gibt ein eigenartiges Bild des Nebeneinanderlaufens der gerichtlichen und der parlamentarischen Untersuchung. Jene verläuft der StrPO. gemäß geheim und vorsichtig. Diese öffentlich und durch ihre Berichte jedem zugänglich. Staatsanwalt und Untersuchungsrichter haben ihre Bedenken zuerst beim Reichstage, dann beim preuß. Landtage vorgebracht. Jener ist zurückhaltend. Bei diesem geht der Fluß der Verhandlung weiter. Man kann nicht gerade sagen, daß dies sehr wohltuend wirkt. Es taugt nichts, daß zwei getrennte Organe in der gleichen Sache wirken, namentlich wenn das eine nach einer anderen Methode vorgeht als das andere. Die Gefahr des Ueber- oder mindestens des Vorgreifens der parlamentarischen Ausschüsse liegt nahe. Noch näher die der Beeinflussung der öffentlichen Meinung. Dabei kann man sich des Gefühles nicht erwehren, daß die Untersuchung des Landtags immer mehr in die Breite geht. Die Hauptlinie verschwindet fast. Soviel Nebengleise sind schon befahren. Die Glaubwürdigkeit der als Zeugen auftretenden Personen wird bemängelt. Das führt wieder zur Hereinziehung anderer Menschen und Ereignisse. Allmählich sieht man das Bestreben, die schmutzige Wäsche jeder Partei der Oeffentlichkeit vorzuzeigen, immer mehr. Das stimmt schlecht zu den Worten, die der Reichskanzler auf seiner Reise, zuletzt in Karlsruhe, sprach. Man lerne doch endlich auch den Gegner achten und anerkenne die Opposition als berechtigten Mitarbeiter im politischen Leben. Die Bestrafung von Schädlingen, einerlei welcher Partei, ist Sache der Gerichte. Liegt deren Urteil vor, so ziehe man die Konsequenzen. Aber richterliche Funktionen im Parlament haben nie gut getan. (...)

Die Reichsverfassung verbietet Orden und Titel.[20] Sie erschienen als der Republik unwürdig. Man bezweckte wohl auch eine Demonstration gegenüber Einrichtungen der Monarchie. Man rechnet mit der idealen Gesinnung der Demokratie. Ohne äußere Ehrungen soll dort jeder freiwillig dem Vaterlande dienen und für das Gemeinwohl Opfer bringen. Das war sehr schön, aber doch etwas weltfremd gedacht. Jedenfalls war der Uebergang für deutsche Einstellung etwas zu schroff. Der Gegensatz zwischen den mit den Titeln aus der früheren Zeit Bedachten und den Unbekleideten fiel unliebsam auf. Bayern setzte sich kühn über die Vorschriften der Verfassung hinweg. Die Räte der verschiedenen Art tauchten wieder auf. Zuerst mit der Motivierung, daß es sich um Amtsbezeichnungen handle. Dann wie beim Kommerzienrat ohne Bemäntelung.

20
Artikel 109 IV WRV: „Titel dürfen nur verliehen werden, wenn sie ein Amt oder einen Beruf bezeichnen; akademische Grade sind hierdurch nicht betroffen.“ Die Ehrung z.B. als „Kommerzienrat“ oder – mit Zugang zu fürstlichen Kreisen – als „Geheimer Kommerzienrat“ konnte bedeutsamen Persönlichkeiten der Wirtschaft verliehen werden, die sich um das Gemeinwohl verdient gemacht hatten. In Bayern gab es trotz des Verbots Ausnahmeregeln.

Kleinere Abweichungen zeigten auch die anderen Staaten. Ist nicht der preußische Handelsgerichtsrat auch ein Titel? Wünsche, dem bayer. Vorbilde zu folgen, wurden auch sonst verschiedentlich laut. Nun erwägt, wie verlautet, die Reichsregierung die Aufhebung dieser Stelle der Verfassung. Ich glaube, daß sie gut daran tut. Man muß bei solchen Fragen mit den realen Tatsachen rechnen. Eine völlige Uneigennützigkeit ist nun einmal selten anzutreffen. Das „do ut des" gilt auch im öffentlichen Leben. Es ist kein Grund einzusehen, weshalb die Republik nicht auch Kommerzienräte und Sanitätsräte und Geheime Räte haben soll, wenn sie dadurch für sie arbeitende Personen gewinnt. Auch die republikanische Regierung kann des Rates und der Räte bedürfen. (...)

Die Frage der *Tötung eines Einwilligenden* zur Erlösung eines unrettbar Verlorenen von unheilbarem Leiden wurde wieder vor dem Pariser Schwurgericht ausgetragen. Eine junge polnische Schauspielerin, Stanislawa Uminska, hat ihren Bräutigam, den polnischen Schriftsteller Zynowsky, durch einen Revolverschuß von seinen Qualen befreit. Die Zeitungen bringen etwas lyrisch gestimmte Berichte. Auch der Gerichtsvorsitzende erscheint als der wohlwollende Freund. Die Angeklagte, die nur mit Ja und Nein antwortet, wird sympathisch geschildert. Der Freispruch war erwartet.[21] Ein deutsches Schöffengericht hätte ihn nicht gewagt. Man hätte auf die mildeste Strafe erkannt und dann die Begnadigung befürwortet. Ich glaube auch, daß das der richtigere Weg ist. Ein allgemeines Recht, einen anderen, auch aus Barmherzigkeit oder

21
Der Freispruch erfolgte auch. Stanislawa Uminska wurde später Krankenschwester in Polen und starb dort 1977. Der Jurist, Schriftsteller und Theaterdirektor Ernst Lothar nahm diesen Prozess als Vorbild zu seinem Roman „Die Mühlen der Gerechtigkeit" aus dem Jahr 1933. Trotz teilweise vernichtender Kritiken wurde er in mehrere Fremdsprachen übersetzt und kam 1946 in den USA unter dem Titel „An Act of Murder" in die Kinos.

sonstigen Motiven, auf seinen Wunsch zu töten, gibt es nicht. Wo ist die Grenze? Es kann nur im Einzelfalle die verzeihende Milde der Staatsregierung den Spruch des Gesetzes durch den Mund der Richter wieder aufheben.

Die Konsumentenkammer in Hamburg[22] legt ihren Bericht für das Jahr 1924 vor. Er ist schon deshalb interessant, weil sie eine der wenigen staatlichen Verbraucherorganisationen ist. Man ist bekanntlich diesen sonst wenig geneigt. Jedenfalls wird man das Bedürfnis nur nach der jeweiligen Lage des besonderen Gebietes und der Existenzberechtigung nach den Leistungen beurteilen dürfen. Für Hamburg dürfte die Antwort bejahend ausfallen. Vielfach gibt der Bericht nur Mitteilungen über Vorgänge, die nichts mit dem Verbraucherstandpunkt zu tun haben. So bei dem Abschnitt über Steuern, Gebühren, über Zölle, über Kartellauswüchse. Dagegen leuchtet das Arbeitsgebiet der Konsumentenkammer wieder ein, wenn sie über Wochenmärkte, Markthallen und ganz besonders, wo sie von der Wucherbekämpfung und der Preisprüfungsstelle spricht. Sie schont dabei die Verbraucher nicht, „die meist widerspruchslos jeden Preis bezahlen" und dann hinterher die Behörden mit ihren Anzeigen überlaufen! Sie verspricht sich aber von der Aufrechterhaltung des Preistreibereistrafrechtes und der Preisprüfungsstellen als solcher keine weiteren Vorteile mehr. Nur soweit sie sich auf die Beobachtung der Preisbildung erstreckt, wird ihre Tätigkeit anerkannt. Braucht man aber dazu diesen kostspieligen Apparat? Mit der Konsolidierung unserer Wirtschaft wird doch die freie Konkurrenz preisregelnd wirken.

22
Die Hamburger Konsumentenkammer wurde im Zuge der Novemberrevolution gegründet. Sie wird als erste Form der heutigen Verbraucherzentralen angesehen.

15. März

Deutschland hat seinen ersten Reichspräsidenten verloren. Am 5. März 1925 ist Friedrich Ebert in seiner Heimat Heidelberg bestattet worden. Es ist hier nicht die Stelle, den Politiker Ebert zu werten. Das Urteil über ihn steht der Geschichte zu. Jeder einzelne kann heute nur sein besonderes Empfinden aussprechen. Das ist in reichem Maße geschehen. Man darf feststellen, daß der Mensch Ebert von weitaus der größten Mehrzahl des deutschen Volkes als ehrenfester Charakter und klardenkender Kopf gewürdigt wurde. Für den Juristen bot er den Beweis, daß es möglich ist, aus einer bestimmten Partei hervorzugehen und mit der Uebernahme des höchsten Reichsamtes nicht nur formell die Parteizugehörigkeit abzustreifen. Die absolute Unparteilichkeit des Reichspräsidenten hat sich durch die Tat verwirklicht. Vielleicht ist nichts so kennzeichnend als die Aeußerung, die ich von einem seiner früheren Parteigenossen hörte. Das Gespräch knüpfte an das in den letzten Tagen viel gehörte Wort an, daß Ebert für seine politische Bedeutung rechtzeitig gestorben sei. Sein früherer Parteifreund bemerkte dabei, Ebert sei nach Niederlegung seines Präsidentenamtes ungeeignet gewesen, wieder Vorsitzender der Partei zu werden. Er habe viel zu viel politische Unparteilichkeit gelernt. Darin liegt zugleich auch der Beleg für diese Art der Ausübung seines Amtes.

Durch den Tod des Reichspräsidenten entstand eine Lücke. Für kurze Zeit war die *Vertretung durch den Reichskanzler* möglich. Die Spanne zwischen seinem Tode und der voraussichtlich endgültigen Wahl des neuen Präsidenten wird aber Wochen betragen. Daher macht sich der Mangel des stellvertretenden Präsidenten der Verfassung geltend. Zunächst mußte der Reichstag für ein Spezialgesetz sorgen. Man bestellte den Reichsgerichtspräsidenten[23] vorübergehend zum Reichspräsidenten. Dabei mag wohl neben der Person des derzeitigen Präsidenten des höchsten Gerichtshofes auch der Gedanke mitgewirkt haben, daß bei ihm auch die Gewähr für die Unparteilichkeit vorhanden ist. Insoweit mag denn auch dieser Ausweg zu begrüßen sein. Als Regel möchte man diese Art der Stellvertretung nicht sehen. Man vergesse nicht, daß der Reichspräsident immerhin eine politische Persönlichkeit ist. Der Richter, auch der Präsident des Reichsgerichts, ist begrifflich unpolitisch. Auch nicht in einer Personalunion sollen diese Unterschiede verwischt werden. Es wird wohl nichts übrig bleiben, als nach dem amerikanischen Vorbilde den stellvertretenden Präsidenten zugleich mit dem Reichspräsidenten selbst zu wählen, der dann automatisch, bei Fortfall des letzteren, sein Amt antritt. Dies wird namentlich dann unentbehrlich sein, wenn man das System der unmittelbaren Wahl durch das Volk beibehält. Freilich steigen jetzt, wo wir zum ersten Male die Präsidentenwahl erleben, berechtigte Zweifel auf, ob dieses hauptsächlich in Amerika bestehende System auf die deutschen Verhältnisse paßt. Daß man dem Reichstag allein die Präsidentenwahl nicht übertragen will, kann man aber auch verstehen. Der Mangel einer zweiten Kammer macht sich auch hier bemerkbar. Es greift hier eines in das andere. Erst wenn die begrifflichen Bestimmungen Tatsache werden, kann man ihre Tragweite völlig übersehen. So zwingt

23
Walter Simons (1861–1937), Präsident des Reichsgerichts von 1922 bis 1929. Inwieweit man Simons für „unparteilich" hält, hängt auch davon ab, wie man seine harsche Kritik an sozialdemokratischen Richtern und dem „Republikanischen Richterbund" einordnet. Sozialdemokraten, so erklärte Simons – der selbst von Ebert zum Reichsgerichtspräsidenten ernannt worden war – kurz darauf, könnten aufgrund „innerer Hemmnisse" niemals Richter sein, da sie weniger dem Recht als dem Klassenkampf verpflichtet seien.

auch jetzt die erste Wahl des Reichspräsidenten durch Volksabstimmung zum Nachdenken über die praktische Brauchbarkeit des Systemes. (...)

Nach der Lösung des Reparationsproblems durch das Dawes-Abkommen tritt die *Sicherheitsfrage* in den Vordergrund. Sie hat aber jetzt ein etwas anderes Gesicht bekommen. Früher war nur von der Sicherung Frankreichs die Rede. Daraus leitete man dort weitgehende Ansprüche ab. Heute erkennt man, jedenfalls außerhalb Frankreichs, daß es sich um eine Befriedung Europas handelt, und daß diese nur durch einen Sicherungspakt, der auch Deutschland umfaßt, erreichbar ist. In richtiger Erfassung der ganzen Lage hat die deutsche Regierung einen Vorschlag gemacht, der die derzeitige Grenze zwischen Frankreich und Belgien einer- und Deutschland andererseits anerkennt und somit garantiert. Für die deutsche Ostgrenze wird nur ein Austrag der deutschen Wünsche im Wege friedlicher Verhandlung oder eines Schiedsgerichts vorbehalten.[24] Ein Angebot, das von weittragender Bedeutung werden kann und das Aussicht auf Annahme hätte, wenn Polen nicht wäre und die sinnlose Gestaltung seiner Westgrenze im Vertrage von Versailles und dessen Nachträgen. Hier rächt sich der Fehler dieser Ueberbegünstigung der Polen, um Deutschland zu schwächen und zu demütigen, bitter an seinen Urhebern. Ein Artikel von Lloyd George über „Entwaffnung und Sicherheit" spricht von Polens unersättlichem Ehrgeize, der Deutschland beunruhige.[25] Habe es doch erst kürzlich fünf deutsche Dörfer verschlungen. Es beabsichtige, Danzig zu „wilnaisieren".[26] Es sei an der Zeit, daß die

24
Tatsächlich gab es später im Vertrag von Locarno (s. 1. Nov. 1925) keine Anerkennung der Ostgrenze, sondern lediglich die Verpflichtung des Deutschen Reiches, Veränderungen an der Grenzziehung nur mit friedlichen Mitteln und über ein Schiedsgerichtsverfahren anzustreben.

25
David Lloyd George (1863–1945) war von 1916 bis 1922 britischer Premierminister und als solcher einer der maßgeblichen Akteure bei den Friedensverhandlungen nach dem Ersten Weltkrieg.

26
Zwar war Litauen mit seiner Hauptstadt Vilnius nach dem Ersten Weltkrieg als eigener Staat international anerkannt worden. Im Oktober 1920 aber besetzte Polen die Stadt und den Südosten Litauens und bezeichnete dies als Aufstand der mehrheitlich polnischen Bevölkerung, die als neuer Staat „Mittellitauen" 1922 für einen Anschluss an Polen stimmten, was der Völkerbund nicht verhindern konnte. Ähnliche Verfahren sind bis in unsere Gegenwart ein beliebtes Mittel zur Rückgewinnung von Territorien ohne offenen Krieg.

Völker darauf bestehen, daß Deutschland gegen Ungerechtigkeiten geschützt werde. Wie hübsch liest sich das. Ach, wenn nur Herr Lloyd George vor fünf Jahren so klug oder so offen gewesen wäre. Die Kunst des Staatsmannes besteht ja im Vorhersehen der Wirkungen seiner Handlungen. Und es war wirklich keine Kunst, zu erkennen, wie sich Polen benehmen werde.

Die Verordnung *über die Geschäftsaufsicht* wurde einer Reform unterzogen.[27] Diese hat anscheinend nicht genügt. Die Beschwerden des Handels bleiben. Immer noch wird über die Ausbeutung dieses Schuldnerschutzes zur Vereitelung des Gläubigerrechtes geklagt. Man verlangt die völlige Beseitigung der Geschäftsaufsicht. Nur die Möglichkeit des mit ihr verbundenen außergerichtlichen Akkordes soll erhalten bleiben. Jedenfalls ist der Wunsch berechtigt, den Zwangsvergleich ohne Konkurs von der Geschäftsaufsicht loszulösen. Ich habe mich schon bei dem Erlasse der ersten Verordnung gegen die Verquickung beider Materien ausgesprochen. Der Schutz gegen die Akkordstörer hat mit der vorhergehenden Geschäftsaufsicht an sich nichts zu tun. Man wird auch diesem aus der Kriegsnot erwachsenen Institut auf die Dauer keine selbständige Existenz zusprechen dürfen. Die Voraussetzungen, unter denen es entstand, sind fortgefallen. Allein ganz entbehrlich ist es nicht. Nur muß das Verhältnis jetzt umgekehrt werden. Den Ausgangspunkt soll der außergerichtliche Akkord bilden. Wird er vom Gericht zugelassen, so muß das Geschäft des Schuldners vor Zugriffen einzelner Gläubiger geschützt werden. Das verlangt wieder eine Sicherung der Gläubigergesamtheit.

27 Vgl. „Die Ordnung der Krise: Konkurs“, S. 261

Diese führt zur Geschäftsaufsicht. Sie ist aber nicht mehr Selbstzweck, sondern Ausfluß und Hilfsmittel des Akkordes.

Die *Sowjetregierung Rußlands* legte dem Zentralexekutivausschuß ein Gesetzbuch über Ehe und Familie vor. Es ist wahrscheinlich, daß es ohne große Aenderungen verabschiedet wird. Es ist schon in diesem Stadium nicht uninteressant zu sehen, wie der kommunistische Staat sich zu Ehe und Familie stellt. Grundsätzlich anerkennt er die Ehe. Er stellt ihr aber ein langdauerndes Konkubinat als gleichwertig zur Seite. Er kennt den Anspruch eines unehelichen Kindes auf Ernährung gegen mehrere Personen, die als seine „Väter" erscheinen. Die Ehegatten behalten ihre früheren Familiennamen. Doch bleibt es ihnen vorbehalten, bei der standesamtlichen Eheschließung einen gemeinsamen Familiennamen festzusetzen. Genauen Kennern des russischen Rechts bleibt es vorbehalten, sich mit dieser Materie eingehender zu befassen. So wie der Entwurf in seinen Grundgedanken mitgeteilt wird, zeigt er den merkwürdigen Versuch, die bürgerlich-ethischen Gedanken des Familienlebens auch auf den kommunistischen Staat zu übertragen. Oder vielleicht richtiger, durch kommunistische Ideen den unausrottbaren Gedanken der Ehe nach außen hin in die Sowjetverfassung einzugliedern. Man sieht auch hier, daß das wirkliche Leben stets stärker ist als die Theorie.

Der spanische Romandichter Blasco Ibañez, der in Paris lebt, hatte in einer Broschüre mit großer Heftigkeit den *König von Spanien und die derzeitige Herrschaft des*

Diktators angegriffen.[28] Die spanische Regierung verlangte bei der französischen Strafverfolgung. Die Staatsanwaltschaft Paris leitete das Verfahren ein. Die französische Deputiertenkammer bemächtigte sich der Sache. Man machte der Regierung Vorwürfe. Der spanische Botschafter zog den Strafantrag zurück. Die Sache war damit erledigt. Wir brauchen in Deutschland für Herrn Blasco Ibáñez keine Sympathien zu haben. Er gehörte während des Krieges zu den lautesten Franzosenfreunden. In seinen Romanen „Los cuatro jinetes de la Apocalypsa" und „Mare nostrum" hat er den Land- und dann den Seekrieg in einseitiger, stellenweise gehässiger gegen Deutschland gerichteter Weise geschildert. Die Bücher sind packend geschrieben. Sie haben um so mehr geschadet. Deshalb darf man doch das Vorgehen der französischen Deputierten begrüßen. Es mag sein, daß sie eine Dankesschuld gegen ihren Helfer abzutragen gedachten. Oder doch unbewußt von diesem Empfinden beeinflußt waren. Sie trafen doch das Richtige. Auch der Schriftsteller hat im Kampfe gegen die in seiner Heimat bestehende Herrschaft ein Asylrecht. Es muß schon sehr schlimm aussehen, wenn man seine Feder wegen Beleidigung eines fremden Monarchen zur Verantwortung zieht. Die Gefahr liegt nahe, daß darin ein Liebesdienst gegenüber einer „befreundeten" Regierung liegt. Das wäre eine schwere Schädigung der Rechtssicherheit. Sie beruht ja mit auf dem Vertrauen zur absoluten Objektivität der Gerichte.

28
Der 1867 in Valencia geborene und 1928 im französischen Menton gestorbene Blasco Ibáñez war ein bekannter Schriftsteller des sozial engagierten Realismus, Herausgeber der Tageszeitung „El Pueblo" und republikanischer Politiker.
In Spanien hatte 1923 Miguel Primo de Rivera als Diktator die Macht unter Zustimmung von König Alfonso XIII. übernommen.

1. April

Im März trat der *Völkerbundsrat wieder in Genf* zusammen. Man kann nicht sagen, daß die Tagung den Eindruck eines energischen einheitlichen Willens hinterließ. Zu stark sind noch die einander entgegenwirkenden Kräfte. Politische Rücksichten lähmen die einfachsten Entschlüsse. Vielleicht verlangt man heute noch zu viel von einer Körperschaft, die aus der Entente des Krieges herauswuchs, und bei der die kriegführenden Mächte noch überwiegen.[29] Aber wenn der Völkerbund leben will, muß er diese Eierschalen endlich abstoßen. Wie einfach liegt vom reinen Rechtsstandpunkte aus die Entscheidung im Danziger Poststreit. Der Hohe Kommissar hatte sie auch sehr rasch gefunden. Aber der Völkerbund wagte kein Urteil. Er will ein Gutachten des Internationalen Gerichtshofes einholen. Allerdings in beschleunigter Weise. Sonderbar, daß der Rat nicht empfindet, welches Armutszeugnis er sich ausstellt. Kann er nicht oder will er nicht? In beiden Fällen gibt er ein Zeichen der Schwäche und der Rücksichtnahme auf Frankreich. (...) Der ständige Sitz im Rate erscheint Deutschland sicher. Die Rücksichtnahme auf seine eigenartige Stellung als entwaffnetes Land konnte man ihm nicht ausdrücklich zusichern. Man versucht aber, sie als in der Völkerbundssatzung bereits enthalten darzustellen. So mag man allmählich sich einander nähern, so daß schließlich nur die Frage der Formulierung bliebe. Aber damit wird das Problem nicht erschöpft sein. Auf Deutschland lastet das Diktat von Versailles. Die Verluste, die es an Land, Menschen und Gütern erlitt, muß es als Unterlegener kraft

29 Vgl. „Zahnloser Tiger: Der Völkerbund“, S. 89.

Kriegsrecht tragen. Anders aber die Lasten, die man ihm zum Druck und Hohn auferlegte. Das kann ein Volk im Kriege dulden müssen. Als Dauerzustand geht das nicht. Kein Staat kann einer völkerrechtlichen Gemeinschaft angehören, der minderen Rechtes als die anderen Mitglieder ist. Will man Deutschland zur Befriedung der Welt im Völkerbund sehen, so nehme man ihm die Fesseln ab. Die fremde, immer noch feindliche Besatzung und die Militärkontrolle lassen sich nicht aufrecht erhalten. Es gibt Leute, die meinen, daß man den umgekehrten Weg gehen müsse. Erst im Völkerbunde sei die Revision des Versailler Vertrages denkbar. Vielleicht haben sie recht. Dieses unglückselige „Vielleicht"!

Vor dem Staatsgerichtshofe zum Schutze der Republik spielt sich eben wieder ein *Kommunistenprozeß* ab.[30] Er bietet in keiner Weise einen erfreulichen Anblick. Man begreift die Gedankenrichtung der Angeklagten kaum. Sie zeigen eine Mischung von Verstiegenheit und Verbrechertum. Zeiten wie die heutigen bringen solche Typen hervor. Daß der Staat sich energisch dagegen wehrt, ist seine Pflicht. Wer sich zu solchen Unternehmungen hergibt, muß die Folgen tragen. Auch hier hat die Rechtsanwaltschaft die Aufgabe, die Angeklagten zu verteidigen. Der Verteidiger darf aber, auch wenn er Partei- oder Gesinnungsgenosse des Angeklagten ist, sich nicht mit ihm identifizieren. Er hat stets in Anträgen und Ausführungen Maß zu halten. Wir verlangen vom Richter, daß er mit dem Anlegen der Robe die Parteipolitik abstreift. Das muß in entsprechender Weise auch vom Verteidiger gelten. Dann werden

30
Der sog. Tscheka-Prozess fand vom 10. Feb. bis 22. April 1925 vor dem Staatsgerichtshof in Leipzig statt und erregte als einer der sog. „Kommunistenprozesse" große Aufmerksamkeit. Die Staatsanwaltschaft versuchte den Angeklagten nachzuweisen, dass sie Mordpläne gegen Politiker, Industrielle und „Verräter" der eigenen Partei entwickelt und sich dabei als politische Polizei, wie in der Sowjetunion die Tscheka, verstanden hätten. Dem Mitangeklagten Woldemar Rose-Skoblewsky wurde darüber hinaus vorgeworfen, ein Sowjetkommissar zu sein, was im Prozess jedoch nicht bewiesen werden konnte. Nach der Vernehmung eines Angeklagten kam es zu der hier geschilderten Konfrontation zwischen Rechtsanwalt Artur Samter und dem Vorsitzenden Richter Niedner. Samter wollte auch seine vom Vorsitzenden zurückgewiesenen Fragen protokollieren lassen. Der Vorsitzende lehnte dies ab, worauf Samter dem Protokollführer mehrfach eine entsprechende schriftliche Erklärung übergab. Nach heftigem Wortwechsel ließ der Vorsitzende den Anwalt von der Sitzungspolizei aus dem Gerichtssaal bringen. Seine Fortsetzung auf diplomatischer Ebene fand dieses Verfahren später in der „Kindermann-Wolscht-Affäre", über die Hachenburg am 1. Aug. 1925 berichtet.

Zusammenstöße, wie sie sich jetzt wieder in Leipzig zutrugen, vermieden. Sache des Richters aber ist es, mit unzerstörbarer Ruhe über den Parteien zu stehen, auch wenn diese und ihre Verteidiger über das zulässige Maß hinaus erregt werden. Es scheint, daß dies dem Vorsitzenden nicht immer gelingt. Die Ausschließung eines der Verteidiger und das Hinausweisen aus dem Sitzungssaale kraft Hausrechtes ist recht bedenklich. Die Strafprozessordnung weiß nichts davon. Der Verteidiger hat das Recht, sich im Sitzungssaal aufzuhalten. Dann gibt es keine Befugnis des Vorsitzenden, ihn zu entfernen. Die frühere Möglichkeit der Ordnungsstrafe konnte allerdings bis zur Haft und damit bis zur Entfernung aus dem Sitzungssaale führen. Das ist aber beseitigt. Man kann nicht auf mittelbarem Wege wieder eine solche Sitzungspolizei gegenüber dem Verteidiger einführen. Solche Maßnahmen eines Vorsitzenden sind doppelt schwerwiegend, wenn es sich um ein souveränes Gericht handelt, dessen Entschließungen nicht durch eine obere Instanz nachgeprüft werden können. Sie sind aber auch bedenklich als Präjudiz. Wohin soll es führen, wenn jeder Richter den Rechtsanwalt, der ihm unangenehm wird, hinausführen läßt. (...)

Der deutsche Anwaltverein hat in einer Eingabe an das Reichsjustizministerium die Notwendigkeit einer *Besserstellung der Richter* dargelegt. Der außerordentlichen Erschwerung der Verwaltung des Richteramtes stehe eine gänzlich unzulängliche Bemessung der Richtergehälter gegenüber. Im Interesse der Rechtspflege müsse gerade der Richter von allen materiellen

Sorgen befreit werden. Man wird wohl allgemein und nicht nur in den beteiligten Kreisen diesen Schritt begrüßen. Es ist eine alte Erfahrung, daß die Richter die Rechtsanwälte und die Rechtsanwälte die Richter am besten und jedenfalls am kritischsten beurteilen. Wenn die Rechtsanwälte durch ihr berufenes Organ es für nötig halten, die Richternot zu verkünden und für die Abstellung einzutreten, so darf man sicher sein, daß hier ein wirklicher tiefgreifender Mißstand vorliegt. Sicher erfordert jede ersprießliche Tätigkeit, besonders jede geistige, einen sorgenfreien Kopf und ein unbeschwertes Herz. Aber nirgends wirkt sich dieses so stark aus wie beim Richter, von dessen Entscheid das Wohl und Wehe von Hunderten und Tausenden abhängt. Wir können keine Richtergehälter wie in England einführen. Aber wir können, wir müssen auch unsere Richter so stellen, daß sie nicht Entbehrungen ausgesetzt sind. Wer mit trübem Blick auf Frau und Kinder die Wohnung verläßt und sich zu seiner Amtstätigkeit begibt, steht noch unter diesem Drucke auch in der Amtsstube. Die Hauptausgaben werden auf die Länder entfallen. Gerade heute, wo die Finanzreform bevorsteht und wo die Länder nicht mehr Kostgänger des Reiches sein werden, darf auch von jenen eine Hilfe auf diesem Gebiete erwartet werden. (...)

15. April

Der *Entwurf des Aufwertungsgesetzes liegt vor.*[31] Er bringt eine verbesserte Auflage der dritten Steuernotverordnung. Er nennt sich „Gesetz über die Aufwertung

31 Vgl. „Geldentwertung: Aufwertung!“, S. 165.

von Hypotheken und anderen privatrechtlichen Ansprüchen". Darin hat er recht. Daß man bisher die Aufwertung unter dem Rahmen einer Steuerverordnung suchte, berührte stets etwas sonderbar. Dabei hat man das bisherige Prinzip beibehalten. Nur ein Stück aus der Aufwertungsfrage ist geordnet, die Hypotheken und Vermögensanlagen. Auch die Art ihrer Behandlung ist geblieben. Neben einzelnen Verdeutlichungen und Ausführungen kommt der Entwurf dem Begehren der Gläubiger in zwei Punkten entgegen. Er gibt bei Hypotheken und den durch Hypotheken gesicherten Forderungen neben den bisherigen 15% eine Zusatzaufwertung von weiteren 10%, jedoch nur soweit der Goldmarkwert des Anspruches innerhalb der ersten Hälfte des Grundstückswertes liegt. Also nur für erste Hypotheken. Gedacht ist daher daran, daß in dieser Art Mündelgelder und Stiftungsvermögen angelegt werden mußten. Ich glaube, man hätte sich auch ohne diesen Zusatz mit den früheren 15% abgefunden. Doch wird der Reichstag wohl darauf bestehen, daß etwas geschieht. (...)

Auch *Frankreich hat jetzt seinen Reichswirtschaftsrat.*[32] Er heißt dort „conseil national economique" und ist vom Präsidenten der Republik auf Vorschlag des Ministerpräsidenten durch VO. ins Leben gerufen. Das konnte er. Denn hier handelt es sich nicht um ein selbständiges Wirtschaftsparlament, das, wie das deutsche, die Vertretung der Arbeiter und Unternehmer bedeutet, und dem neben der gutachtlichen Tätigkeit das Recht der Initiative gegenüber dem Reichstage verliehen ist. Der französische conseil national économique ist eine

32
Zum (vorläufigen) Reichswirtschaftsrat siehe bereits oben Februar 1923.

dem Ministerpräsidium angegliederte Stelle. Sein geborener Vorsitzender ist der Ministerpräsident. Dieser teilt den Spitzenorganisationen die Zahl der von ihnen zu entsendenden Vertreter mit. Vorher bestimmt die Regierung diese Organisationen. Sie sollen die Verbraucher, die Arbeit und das Kapital repräsentieren. Es ist also zu erwarten, daß das Ministerium schon die richtigen Leute erhält. (...) Der deutsche Reichswirtschaftsrat mag hier Gevatter gestanden haben. Ein eigentlicher Abkömmling ist der französische nicht.

Die Regierung hat dem Reichstage den Entwurf eines Gesetzes über *Einführung eines Notverordnungsrechtes* vorgelegt.[33] „Wenn die Beseitigung eines dringenden Notstandes es erforderlich macht", und der Reichstag nicht versammelt ist, so soll die Reichsregierung Verordnungen mit Gesetzeskraft erlassen dürfen. Sie hat die Zustimmung des Reichsrates und des Ausschusses des Reichstages zur Wahrung der Rechte der Volksvertretung einzuholen. Also ein Ermächtigungsgesetz in etwas neuer Form. Daneben bliebe das Recht des Reichspräsidenten zur Notverordnung aus Art. 48 RVerf. Er soll aber durch das neue Gesetz entlastet und auf sein eigentliches Gebiet der Maßnahmen „polizeilichen militärischen Charakters" beschränkt werden. Beide Befugnisse können aber miteinander in Konkurrenz treten. (...) Man kann nie wissen, wie sich eine Verfassungsvorschrift in der Praxis ausnimmt. Für wichtig gehaltene führen nur ein papiernes Dasein, manche harmlos erscheinende wachsen sich gefährlich aus. Das Parlament, das zuviel Rechte delegiert, kann leicht seine Bedeutung verlieren. Wenn doch eine Regierung

33
Vgl. „Im Zwielicht: Notverordnungen", S. 339.

allein entscheidet, so wacht der Gedanke der Monarchie wieder auf.

Der *Verein gegen das Bestechungsunwesen*[34] hat in einer an den Reichstag gerichteten Eingabe verlangt, daß in das neue Strafgesetzbuch eine Bestimmung aufgenommen werde, welche die aktive und passive Bestechung von Mitgliedern der Parlamente mit strenger Strafe bedroht. (...) Niemand dachte früher daran, daß sich Abgeordnete bezahlen und bestechen lassen. Es wäre auch für den Bestechenden ein schlechtes Geschäft gewesen. Der Abgeordnete hatte wenig Einfluß auf die Regierung. Jetzt ist es anders. Damit entstand die Gefahr der Bestechung. Daraus auch das Bedürfnis, ihr zu begegnen. Wem ein Stück der Macht im Staate anvertraut wird, der muß sich rein erhalten. (...)

34
Dieser Verein zum Schutz der Interessen der beteiligten Unternehmen an einem fairen Wettbewerb wurde 1943 aufgelöst. Als Nachfolgeorganisation versteht sich der Deutsche Schutzverband gegen Wirtschaftskriminalität (DSW).

1. Mai

(...) In Frankreich vollzieht sich immer deutlicher der gleiche Vorgang, wie wir ihn in Deutschland gesehen hatten. *Die Entwertung der französischen Währung* ist mit jedem Tage stärker fühlbar. Sie ist es sowohl für die Bewohner Frankreichs, die unter der Teuerung leiden, namentlich für den kleinen Rentner, der nicht mehr mit dem Gelde auskommt. Sie ist es aber auch für die übrigen Länder, denen Frankreich mit seiner minderwertigen Valuta genau ebenso als unliebsamer Konkurrent erscheint, wie es in früheren Jahren Deutschland gewesen ist. Wieder versucht man, diesen wirtschaftlich schädlichen Zerfall der Währung zu verhindern.

Wir lesen von den Maßnahmen gegen die Kapitalflucht. Sie ist in Frankreich genau so vorhanden, wie sie sich in Deutschland zeigte. Man sucht das Heil in Vermögenssteuern und Zwangsanleihen. Ganz wie bei uns. Darüber kam sogar das Ministerium Herriot zu Fall. Man hat trotz aller politischen Bedenken den vielgeschmähten Caillaux zum Finanzminister gemacht.[35] Er soll die Krisis lösen. Das alles dürfte schwerlich helfen. Man wird auch in Frankreich lernen müssen, daß sich hier ein wirtschaftliches Gesetz zeigt, das mit allen Maßnahmen der beste Finanzminister nicht ausschalten kann. (...)

In Bulgarien herrscht das *Standrecht.* Zuerst ein furchtbarer Massenmord.[36] Dann das ebenso furchtbare Verfolgen der Schuldigen oder derer, die als solche erscheinen. Eines so entsetzlich wie das andere. Nicht, daß nicht die Reaktion gegen das begangene Verbrechen selbstverständlich wäre. Ein Staat, der in seiner Existenz durch blutigen Angriff bedroht ist, muß sich durch Blut verteidigen. Es ist nur für jeden, der auf eine Wiederkehr geordneter Rechtszustände hofft, ein trauriges Schauspiel, immer wieder von neuem den Rückfall der Menschen in den Rohzustand der Selbstzerfleischung zu sehen. Das sind nur zum Teile die Folgen des Krieges. Nicht zum unwesentlichen Teile trägt der von den Siegern den unglücklichen Besiegten aufgezwungene Frieden die Schuld. Daß man besser daran tut, dem besiegten Feinde zu helfen und ihn vor der Verzweiflung zu bewahren, das wird Europa erst sehr langsam begreifen lernen. Die Flamme eines brennenden Hauses schlägt gar zu leicht auf das wohlgefüllte

35
Joseph Caillaux, 1863–1944, war insgesamt sieben Mal Finanzminister (1925 zum fünften Mal) und 1911/12 Premierminister. Weil er sich 1917 für einen Friedensschluss mit dem Deutschen Reich einsetzte, wurde er 1920 wegen „Korrespondenz mit dem Feind“ zu drei Jahren Haft verurteilt. 1925 kam ihm eine Amnestie zugute, die auch für seine politische Rehabilitierung sorgte. Die Strafbarkeit der „correspondance avec les sujets d'une puissance ennemie“ geht auf Art. 78 code pénal zurück.

36
Am 16. April 1925 hatten bulgarische Kommunisten im Zentrum von Sofia ein Bombenattentat auf die Kathedrale „Sweta Nedelja“ verübt. Über 120 Menschen kamen ums Leben, mehr als 500 wurden verletzt. Das Attentat sollte auf einen Schlag große Teile der bulgarischen Führung töten. Dafür wurde zunächst ein bekannter General ermordet, Konstantin Georgiew, um dann auf der Trauerfeier die versammelte Elite des Landes zu töten. Das Ziel wurde nur zum Teil erreicht, insbesondere hatte sich Zar Boris III. auf der Beerdigung verspätet. In den Wochen nach dem Anschlag wurden als politische Reaktion hunderte Menschen ermordet. Die Lage in Bulgarien wies Parallelen zum Deutschen Reich auf, da es als Verbündeter nach dem Ersten Weltkrieg Gebietsverluste hinnehmen musste und eine schwere Wirtschaftskrise durchlebte.

Nachbarhaus. In Frankreich weiß man immer noch nicht, welcher Gefahr man durch die mühe- und gefahrvolle Arbeit der deutschen Staatsmänner in den Revolutionsjahren entgangen ist.

Im Haushaltsausschuß des Reichstages hat am 15. April 1925 der *Reichswirtschaftsminister* bedeutsame Ausführungen über die ganze deutsche Wirtschaftspolitik gemacht. Sie gehen über die sonst üblichen Einführungen hinaus. Zum ersten Male ist hier von Regierungsseite unzweideutig ausgesprochen worden, daß die neue Zolltarifvorlage zur Herbeiführung einer gemeinsamen europäischen Ordnung dienen soll. Das gesamte Europa muß sich gegenüber den überseeischen Ländern als Einheit betrachten. Damit gewinnen die Handelsvertragsverhandlungen eine weit über die Zollregelung hinausgehende Bedeutung. Unwillkürlich denkt man um 100 Jahre zurück. Auch der Deutsche Zollverein trat in wirtschaftlich schwieriger Zeit ins Leben. Er hat sich trotz aller Widerstände und trotz allen Spottes durchgesetzt und wurde die Unterlage des einheitlichen Deutschlands. Zukunftsbilder mag sich in Anknüpfung an die Worte des Ministers jeder selbst ausmalen. Für die Gegenwart kann man lernen, daß die Parteistellung für einen wirtschaftlich denkenden Kopf nicht ausschlaggebend ist. Der europäische Wirtschaftsbund kann von jeder Partei, vorausgesetzt, daß sie einem friedlichen Wiederaufbau zuneigt, erstrebt werden. (...)

Aufwertungs- und Ablösungsgesetz haben zuerst den Reichswirtschaftsrat und dann den Reichsrat durchlaufen. Bei jenem kamen beide Stellen zu annähernd gleicher Stellung zur Regierungsvorlage. Das grundsätzliche Festhalten an dem Aufbau der dritten Steuernotverordnung wurde gebilligt. Mit Rücksicht auf die wirtschaftlichen Folgen weiterer Aufwertung erschien nur eine Gesamtaufwertung der Hypotheken von 20% als angezeigt. (...)

Reichspostminister a.D. Höfle, der in die Barmatsache hineingezogen war,[37] ist, ehe über den letzten Antrag der Verteidigung über die Haftentlassung entschieden war, im Krankenhaus gestorben. Es ist begreiflich, daß sofort die Presse, je nach der Parteirichtung, sich des Falles bemächtigt. Ebenso selbstverständlich ist, daß man mit Vorwürfen jeder Art und einerlei gegen wen, sehr zurückhaltend sein soll. Bis zum Beweise des Gegenteiles muß davon ausgegangen werden, daß die beteiligten Beamten und Aerzte sich innerhalb der Grenzen ihrer Pflicht gehalten haben. Aber eine Frage wirft sich doch heute schon auf. Wird nach unserem bestehenden Rechte und dessen Handhabung nicht zu wenig Rücksicht auf Gesundheit und Leben des Angeschuldigten bei Verhängung der Untersuchungshaft genommen? Sicher gehört die Strafrechtspflege zu den wichtigsten Aufgaben des Staates. Verbrechen, die ungesühnt bleiben, erschüttern seine innere Kraft. Aber muß er nicht auch für das Leben aller sorgen? Darf die Gerechtigkeit, die vielleicht eine Gefängnisstrafe verlangt, zu diesem Zwecke auch das Opfer des Lebens annehmen? Was ist schlimmer: daß einmal durch Unterbleiben der Untersuchungshaft ein Schuldiger sich der Strafe entzieht oder auch nur die Aufdeckung seiner Tat erschwert, oder daß ein wirklich Kranker

37 Während seiner Amtszeit als Reichsminister hatte der Zentrumspolitiker Anton Höfle (1882–1925) ohne ausreichende Sicherheiten den oben am 15. Feb. 1925 erwähnten Gebrüdern Barmat einen Millionenkredit gewährt, den diese schließlich nicht zurückzahlen konnten. Nach heftiger Kritik trat er am 15. Jan. 1925 zunächst von seinem Ministeramt zurück und legte kurz darauf auch sein Reichstagsmandat nieder. Anschließend kam er in Untersuchungshaft. Der herzkranke Höfle verstarb nach wenigen Wochen, vermutlich bedingt durch falsche medizinische Behandlung in der Untersuchungshaft.

durch die Untersuchungshaft getötet wird? Man macht sich keiner Humanitätsduselei schuldig, wenn man das letztere für das Schlimmere hält. Eine Einschärfung an die Staatsanwälte, bei dem Antrage oder der Aufrechterhaltung von Haftbefehlen in solchen Fällen besondere Vorsicht zu üben, wird genügen.

15. Mai

Deutschland hat seinen ersten Reichspräsidenten im Wege der Volksabstimmung gewählt.[38] Der übliche Wahlkampf war auch hier nicht zu vermeiden. Es ist aber doch ein ander Ding, ob es sich um die Wahl zum Reichstag oder um die Ernennung des Reichsoberhauptes handelt. Der Reichspräsident soll über den Parteien stehen. Wie ist dies möglich, wenn er in den Streit der Parteien hineingezogen wird? Bei der Wahl Hindenburgs wird von beiden Seiten hervorgehoben, daß seine Person den Ausschlag gab. Daraus darf man wieder folgern, daß er sich auch wieder außerhalb der Parteien fühlen soll. Auch für kommende Zeiten muß es einen Weg geben, einen Mann zu suchen, der sich nicht in das Parteigetriebe hineinziehen läßt. (...) Aus der Ueberparteilichkeit des Reichspräsidenten kraft seines Amtes darf man auch erwarten, daß das Ausland nicht in feindlicher Weise auf die Wahl Hindenburgs reagiert. Tatsachen entscheiden und nicht Stimmungen. England ist im wirtschaftlichen Aufstieg. Es hat den Goldstandard wieder zu Geltung gebracht. Das englische Pfund hat trotz der nicht einfachen Finanzlage die Dollarparität wieder erreicht. Die Regierung ist in

38
Am 26. April 1925 wurde Paul von Hindenburg im zweiten Wahlgang gewählt.

der Lage, eine Verbesserung der Sozialversicherung vorzuschlagen. Das Jahr der Altersversorgung wird vom siebenzigsten auf das fünfundsechzigste vordatiert. Ein solches Land kann keine Störung auf wirtschaftlichem Gebiete brauchen. Frankreich stöhnt unter seiner Kriegsschuldenlast. Die Gläubiger machen keine Miene zu einem Nachlasse. Der französische Franc kann sich nicht erholen. Man muß froh sein, wenn er nicht weiter sinkt. Das Verfehlte der früheren Politik liegt klar zutage. Auch dieses Land kann keine Störung auf wirtschaftlichem Gebiete ertragen. Die Verhandlungen mit Deutschland in der Sicherheitsfrage werden weitergehen. Facta trahunt.[39]

39 Zu übersetzen etwa mit: „Die Taten überzeugen", zu ergänzen: „Worte dagegen helfen nicht."

Der Reichsfinanzminister hat im Reichstag am 30. April in einer großangelegten Rede zugleich *die neuen Steuergesetze und die Aufwertungsgesetze* eingeführt. (...) Es ist schwer, sich über die wirtschaftliche Richtigkeit der Steuergesetze ein klares Bild zu machen, wenn man die notwendigen Ausgaben, deren Deckung sie dienen sollen, nicht kennt. Die Darstellung hob mit der Mitteilung über den Ueberschuß aus 1924 an. Er stellt sich auf 1922 Millionen RM. Daß er den teilweise ungerechten Steuerbezügen auf Grund der I. StNVO. zu danken ist, wird regierungsseitig zugegeben. Eine Minderung der Steuerlasten für 1925 wird aber ausgeschlossen. Für den außerordentlichen Etat sei es nicht möglich gewesen, Deckung durch eine innere Anleihe zu finden. Also müssen die außerordentlichen Ausgaben aus Ueberschüssen des ordentlichen Etats gedeckt werden. Wäre eine Anleihe erfolgt, so hätten die künftigen Jahre durch Verzinsung und Amortisation diese

Ausgaben getragen. Also hat die Gegenwart durch eine außerordentliche Besteuerung sie der Zukunft abgenommen.[40] Das entspricht nicht den Grundsätzen der Finanzgebarung. Aber, da einmal die Ueberschüsse nicht wieder in ihre Quelle zurückfließen können, so wird man auch diese Abweichung von der Regel als Ausnahmefall ertragen müssen. Nur müssen diese Ausnahmen aufhören, ehe sie zur Regel werden.

40 Tatsächlich konnte durch die Überschüsse des Jahres 1924 der Haushalt in den folgenden Jahren halbwegs stabil gehalten werden, ein wichtiger Beitrag zur wirtschaftlichen Erholung der Jahre 1924–29.

Unter den Drucksachen des Reichstages (Nr. 789 und 790) befinden sich Anträge Thälmann und Koenen und Gen., die eine *Aenderung der Steuer und Finanzwirtschaft des Reiches nach kommunistischen Grundsätzen* verlangen und zugleich den Entwurf eines Sozialisierungsgesetzes vorlegen. Praktische Bedeutung haben beide heute nicht. Es scheint aber immerhin doch lohnend, die hier niedergelegten Gedankengänge einer Arbeitergruppe und ihrer Vertreter kennen zu lernen. Der Antrag Koenen und Gen. beginnt mit dem Verlangen „zur Herabminderung der Ausgaben sind die Aufwendungen für Polizei, Teno (d. i. techn. Nothilfe), Spitzelfonds, Justiz, Reichswehr und Kirche aus den Etats zu streichen." Wie aber dann eine Verwaltung und Rechtspflege aufrechterhalten werden soll, das ist nicht gesagt. Die folgenden Ziffern verlangen dann Aufhebung der Lohn-, Umsatz-, Hauszins und Verkehrssteuern. An deren Stelle soll die verschärfte Besitzbelastung mit konfiskatorischen Maßnahmen treten. Zu welchem Zwecke man aber die erheblichen Steuern braucht, ist wieder nicht ganz klar. Es ist zwar von sozialpolitischen und kulturell-sozialen Aufwendungen von Ländern und Gemeinden die Rede.

Für diese allein aber wird man doch wohl nicht eine völlige Konfiskation des bisherigen Besitzes behaupten. Der Entwurf des Sozialisierungsgesetzes beginnt mit der Motivierung, daß durch dieses „die Kolonisierung Deutschlands und die im Sachverständigengutachten geforderte Auslieferung seiner Wirtschaft (Eisenbahn, Banken, Industrieanteile) an das internationale Großkapital“ verhindert werden soll. Aber ebenso auch alle privaten Spekulationen, Waren und Kapitalsverschiebungen. Es soll die sozialistische Bedarfswirtschaft „durch die proletarische Rätemacht“ durchgeführt werden. Dann werden die Produktionsmittel enteignet. Die Verwaltung der sozialisierten Wirtschaft geschieht durch die Betriebsräte. Die Industrie wird einer zentralen Leitung unterworfen. Die Landwirtschaft wird sozialisiert, indem man den gesamten Grund und Boden zum Eigentum der Nation erklärt. Das Außenhandelsmonopol wird eingeführt. Man sieht den ziemlich deutlichen Abdruck der russischen Organisation. Man braucht aber nur einen Blick auf die deutschen Verhältnisse zu werfen, um zu erkennen, daß diese Organisationen bei uns keinerlei Aussichten auf Verwirklichung haben. Wohl aber wird man auch erkennen, daß, wenn dies praktisch durchgeführt werden sollte, man vermutlich auch bald auf die kulturellen Aufgaben verzichten müßte. (...)

Die freie Stadt Danzig hat die *Aufwertungsfrage* nunmehr in endgültigem Gesetz geregelt. Es schließt sich im Grundgedanken dem deutschen System an. Ansprüche, die nach dem 18. Dez. 1923 begründet wurden, werden nicht aufgewertet. (...) Die Aufwertung ist mit

Rücksicht auf die Danziger Guldenwährung festgesetzt. Für die dinglichen Ansprüche und die mit ihnen verbundenen Forderungen, die im Gesetze geregelt sind, werden für je 100 Goldmark 30 Gulden gewährt, das sind 24%. Also annähernd das gleiche, was der Regierungsentwurf für deutsche erste Hypotheken vorschlägt. Für Pfandbriefe und andere Schuldverschreibungen auf den Inhaber werden nur 15 Gulden auf 100 Goldmark bestimmt, also nur 12%, Das ist teils mehr, teils weniger als nach deutschem System. Auch sonst lassen sich eine Reihe von Einzelunterscheidungen aufweisen. Sie erklären sich teilweise daraus, daß man es in Danzig doch mit einem kleineren Rechtsgebiet zu tun hat. (...)

1. Juni

Am 12. Mai fand die *Beeidigung Hindenburgs* auf die Verfassung statt. Es war keine Feier, sondern ein staatsrechtlicher Akt. Einfach und schlicht, ohne Phrasen und ohne Prunk wurde er vollzogen. Gerade deshalb erweckte auch er in den passiven Teilnehmern das Gefühl, einem bedeutungsvollen geschichtlichen Vorgange anzuwohnen. Während der Ansprache des Reichstagspräsidenten und der Antwort Hindenburgs hielt das dichtgefüllte Haus den Atem an. Es war wie bei einer Trauung im Augenblicke des Treugelöbnisses von Weib und Mann. Wohl ist der Reichspräsident durch das Ergebnis der Abstimmung zu seinem Amte berufen. Hier liegt die rechtbegründende Willenserklärung des wählenden Volkes. Sie gleicht der Eheschließung vor dem Standesamte. Das menschliche

Empfinden verlangt vielfach die religiöse Zeremonie. Dann erst betrachtet es die Verbindung der Ehegatten als vollendet. So, aus dem gleichen Gesichtspunkt erklärt sich die Bedeutung des Eides auf die Verfassung. Sie gibt dem rein juristischen Akt die Weihe. Man soll solche Imponderabilien im Volksgemüte nicht gering achten. Alle Argumente, daß der ehrenhafte Mann seine Pflicht auch ohne feierliche Beteuerung erfülle, und daß ohne diese sittliche Grundlage auch der stärkste Schwur nicht schütze, helfen nichts. Die abstrakte Idee muß sich in einer nach außen sichtbaren gemeinverständlichen Weise verkörpern. Daß dies geschah und in würdiger Weise, kann allein in Betracht kommen. Juristische Finessen, ob die Eidesleistung vor „versammeltem Reichstage" verlangte, daß dieser ausdrücklich zu einer Sitzung eröffnet werde und dergl. mehr, können ruhig ausgeschaltet werden. (...)

Der Reichsminister des Innern hat im Reichstage *die Reform der Verfassung* angeschnitten. Zunächst nur in Form der Ankündigung von Anträgen und des Wunsches nach Einsetzung eines ständigen Verfassungsausschusses. Daß die Weimarer Verfassung kein unantastbares Gebilde ist, darf jede Partei ruhig zugeben. Sie entstand in schwerer Arbeit in schwerer Zeit. In manchem Punkte enthält sie Versuche, deren Gelingen oder Mißlingen die Antwort auf die Frage ihrer Richtigkeit geben kann. Die wiederholten Reibungen zwischen Reich und einzelnen Ländern haben schon früher das Bedenken wachgerufen, ob man nicht in der Zentralisierung zu weit ging. (...) Was nützt eine auf dem Papier stehende Reichshoheit, wenn sie sich nicht verwirklichen läßt? Es wird hier nur erforderlich sein, das richtige Maß zu halten und nicht in das gegenteilige Extrem zu verfallen. Bei anderen Punkten, wie bei dem Ausbau des Notverordnungsrechtes, vielleicht auch dem Alter der aktiven Wahltätigkeit, dürfte auch eine Verständigung möglich sein, die eine Mehrheit von zwei Dritteln gewährleistet. Eigenartig liegt die Sache mit den Reichsfarben. Hier scheint die Regierung an eine Volksabstimmung zu denken. Ich habe es von Anfang an für unrichtig erklärt, eine Aenderung an der dem Volke liebgewordenen Fahne vorzunehmen. Mit ihr sind wir aufgewachsen. In ihr verloren wir einen alten Freund. Nun aber einmal der Schritt geschehen ist, wird er schwer rückgängig zu machen sein. Jetzt stehen sich zwei Parteifarben gegenüber. Eine Abstimmung hierüber würde zur Abstimmung über die Parteiwertung gestempelt, obwohl und gerade weil sie für gar viele nicht Parteisache, sondern, wie der Minister des Innern zutreffend sagte, Herzenssache ist.[41]

Vor dem Schöffengericht beim LG. I Berlin lehnte in einem Strafverfahren wegen Verbreitung unzüchtiger Schriften *die Verteidigung einen weiblichen Schöffen* als befangen ab. Das Gericht gab dem statt.[42] Zur Begründung diente die durch Erziehung, Geschlecht und Auffassung einseitig betonte Einstellung der Frau. Ich halte diese Entscheidung für bedenklich. Im vorliegenden Falle mag vielleicht der Frau die Ablehnung willkommen gewesen sein. Ihr ist leicht die Beurteilung geschlechtlich häßlicher Dinge gemeinsam mit Männern peinlich. Allein grundsätzlich darf daraus keine

41
Schon bald zeigte sich, wie Recht Hachenburg mit seiner Einschätzung hatte, als Reichkanzler Hans Luther am 15. Mai 1926 zurücktrat, nachdem er in einem Misstrauensantrag der DDP im Reichstag wegen des sog. „Flaggenstreits" verloren hatte. Luther hatte den Gebrauch der schwarz-weiß-roten Flagge in Seehandelshäfen im Ausland erlaubt und war darin einer Forderung des Handels gefolgt. Das brachte ihm umgehend heftige Kritik ein, etwa von SPD, Zentrum und den Gewerkschaften, die die schwarz-rot-goldene Reichsflagge als Symbol der Republik angegriffen sahen. Auf diese Weise hatte sich Luther in eine Zwickmühle manövriert, denn die Mehrheit des Reichstages lehnte die Flaggenverordnung ab, der Reichspräsident aber verlangte die Beibehaltung.

Unfähigkeit zum Urteilen gefolgert werden. Es mag sein, daß Frauen bei derartigen Fällen anders urteilen als Männer. Das tun sie auch sonst. Ihre Erziehung, ihr Geschlecht und ihre Lebensauffassung mögen sie auch bei Eigentumsdelikten und bei Mord und Totschlag beeinflussen. Ist das aber nicht auch bei den Männern der Fall? Haben nicht die Frauen, die doch eine Hälfte des Volkes darstellen, wenn man diese für reif genug erklärt, das politische Schicksal des Volkes mitzubestimmen und in den Gerichten mitzutagen, gerade bei Vergehen auf geschlechtlichem Gebiete das Recht, auch ihre Auffassung zur Geltung zu bringen? Der Angriff, den das Gesetz unter Strafe stellt, richtet sich ja gerade in erster Linie gegen das Weib. Es darf hier keine Zimperlichkeit walten, weder bei Frauen noch bei Männern. Noch weniger darf unter dem Deckmantel der Schonung der Frau sie als Richter in den Sachen beseitigt werden, in denen man mit Recht oder Unrecht eine schärfere Verurteilung fürchtet. (...)

42
Die Weimarer Reichsverfassung konstatierte in Art. 109 „dieselben staatsbürgerlichen Rechte und Pflichten" für Männer und Frauen. 1922 wurde den Frauen deshalb durch Gesetz der Zugang zu allen Ämtern und Berufen der Rechtspflege eröffnet. Die Juristen taten sich damit sehr schwer. Auf dem Richtertag 1921 gab es eine nennenswerte Anzahl von Stimmen nur für den Vorschlag, die Frau als Schöffin im Jugendstrafrecht oder in der freiwilligen Gerichtsbarkeit einzusetzen; die Richterschaft ließ sich damals in medizinischen Gutachten bestätigen, Frauen seien in „ihrer seelischen Eigenart [...] Gefühlseinflüssen unterworfen", die sie „in der intelligenzmäßigen Entscheidung über aufgenommene Tatvorgänge" und „in der intelligenzmäßigen objektiven Aufnahme von Tatvorgängen" behindern würden. 1933 wurden Frauen aus Rechtsberufen wieder weitgehend verdrängt.

15. Juni

Am 3. Juni wurde das *Memorandum der Alliierten* der deutschen Regierung übermittelt. Am 6. Juni wurde es veröffentlicht.[43] Es ist erstaunlich, daß man zu dieser Schrift fünf Monate gebraucht hat! Sie bemüht sich, eine Anzahl von „Verfehlungen" Deutschlands gegen die Entwaffnungsvorschriften des Versailler Vertrages festzustellen. Ob die Behauptungen zutreffen, wird die weitere Verhandlung ergeben. Bei der Fülle von Einzelheiten wird dies nicht leicht sein. Dann aber die zweite

43
Siehe dazu schon oben am 15. Feb. 1925. In dem Memorandum ging es darum, ob Deutschland seine Pflichten aus dem Versailler Vertrag erfüllt habe und im Gegenzug die Räumung der Kölner Zone verlangen könne.

Frage, ob hier wirklich gegen die Bestimmungen des Art. 429 Friedensvertrag verstoßen wurde. Man braucht nur auf die Vorwürfe wegen des Ausbaues von Maschinenanlagen in bestimmten Fabriken oder auf die Organisation der Polizei zu sehen, und schwere Zweifel werden auftauchen. Und endlich die dritte Frage, ob denn, wenn einzelne Rügen begründet sein sollten, daraus das Recht der Nichterfüllung für die Alliierten, die Fortsetzung der Besetzung der Kölner Zone folgt? Die Regel des § 320 Abs. 2 BGB., daß ein Zurückhalten der Leistung nur im Verhältnis des nicht erfüllten Anspruches zulässig ist, gilt nicht nur für das Zivilrecht. Sie fließt aus einem für alle Rechtsgebiete geltenden Rechtsempfinden. (...)

Der ständige internationale Schiedsgerichtshof im Haag war vom Völkerbundsrate um sein Gutachten in dem bekannten *Briefkastenstreit zwischen der Republik Polen und der Freien Stadt Danzig ersucht worden.* Das Gutachten ist erstattet. (...) Die polnische Post soll berechtigt sein, Briefkästen aufzustellen. Daher auch Postsendungen einzusammeln und abzuliefern. Dies auch außerhalb ihrer eigenen Amtsräume. Der Gebrauch dieses Dienstes soll nicht auf die polnischen Behörden zu beschränken sein. Doch wird dann wieder der Bestelldienst nur innerhalb der Grenzen des Hafens zugelassen. Hier findet das Schiedsgericht dann eine Lücke im Tatbestande, die es nicht selbst ausfüllen kann oder will. Es erklärt sich nicht für zuständig, den Begriff des Hafens zu umschreiben und abzugrenzen. Damit wird schließlich wieder die ganze Sache dem Völkerbundsrat zurückgeschickt. Er hat es in seiner

Hand, durch Ziehung dieser Grenzen die Ansprüche Polens einzuschränken oder ihnen stattzugeben. (...)

Die Deutsche Gesellschaft für Völkerrecht hat in der Woche nach Pfingsten in Stuttgart getagt. Im Mittelpunkt des Interesses stand ein Vortrag Fleischmanns[44] über die *Kolonialmandate.* (...) Gerade, wenn die Mandatare nicht kraft eigenen Rechts die Kolonien verwalten, wenn sie in diesen im Auftrage des Völkerbundes die Hoheitsrechte ausüben, wenn dieser völkerrechtlich der Souverän ist, so kann er auch die Kolonien wieder an Deutschland zurückgeben. Die Lüge, daß Deutschland zur Verwaltung der Siedelungen unfähig sei und die unentwickelten Völker nicht zu behandeln verstehe, wird ebenso wie die Schuldlüge nicht nur widerlegt werden. Man wird sich ihrer auf die Dauer nicht bedienen können, ohne daß das erwachende Weltgewissen dagegen reagiert. Dann ist auch die Stunde gekommen, in der Deutschland seine Kolonien wiedererlangen wird. Wir müssen nur warten lernen. (...)

44 Max Fleischmann, geboren am 5. Okt. 1872 in Breslau, war Professor für Völkerrecht zunächst in Königsberg, dann in Halle. Wegen seiner jüdischen Abstammung wurde er 1935 in den Ruhestand versetzt. Als ihn die Gestapo verhaften wollte, nahm er sich am 14. Jan. 1943 in Berlin das Leben.

1. Juli

Die deutsche Regierung hat zugleich ihr an die französische Regierung gerichtetes *Memorandum* v. 20. Febr. 1925 mit der Antwort der letzteren, die ihr am 16. Juni überreicht wurde, veröffentlicht. Man wußte, daß Deutschland die Initiative ergriff und Frankreich für die Westgrenze einen Garantievertrag der am Rhein interessierten Mächte vorschlug. Man sieht aus dem jetzt vorliegenden Wortlaute den doppelten Inhalt.

Einmal die Verpflichtung der Vertragsteile, keine Kriege gegeneinander zu führen. Zum andern soll ein weitgehender Schiedsvertrag zwischen Deutschland und Frankreich abgeschlossen werden. (...) Die Friedensarbeit hebt an. Trotz aller Unterstreichung des Versailler Vertrages beginnt ihn Frankreich aufzugeben. An seine Stelle soll ein wirklicher Friede treten. Hoffen wir, daß es gelingt. (...)

Der Reichstag behandelte auf Grund einer Interpellation der sozialdemokratischen Partei *das bayerische Konkordat*[45] in seiner Sitzung v. 17. Juni 1925. Es handelte sich um die verfassungsrechtliche Frage, ob der Freistaat Bayern zum Abschluß des Konkordats der Zustimmung des Reiches bedarf. Maßgebend ist die Bestimmung des Art. 78 RVerf. Die rechtliche Lage wurde seitens der beiden Autoritäten auf diesem Gebiete, Kahl und Schücking, klar herausgeschält.[46] Kahl führte die Debatte auf dem reinen Rechtsboden. Die RVerf. kennt ein Erfordernis der Zustimmung des Reiches zu einem Konkordat wie das vorliegende nicht. Also ist die rechtliche Zuständigkeit Bayerns nicht zu bestreiten. Ob Bayern damit im Einklang mit seiner eigenen Verfassung steht, darüber habe der Reichstag nicht zu entscheiden. Auf der anderen Seite legte Schücking dar, daß allerdings Art. 78 RVerf. nicht ausdrücklich das Konkordat erwähne. Darin liege aber eine Lücke der Reichsverfassung. Deren Geist stehe über dem Wortlaute. Die Frage spitzt sich also staatsrechtlich darauf zu, ob eine erweiternde Auslegung der Verfassung möglich ist. Das wird wohl zu verneinen sein. Man kann nicht nachträglich behaupten, daß es

45
In dem Konkordat erhielt die Kirche vom Land Bayern Zugeständnisse, wie etwa in den Schulen das Aufsichtsrecht über den Religionsunterricht, die Befugnis zur konfessionellen Lehrerausbildung und auch das Recht der Eltern, Konfessionsschulen errichten zu lassen. Das Konkordat war umstritten. In der Debatte des Bayerischen Landtages am 13. Jan. 1925 hatte Wilhelm Högner – nach 1945 erster bayerischer Ministerpräsident der Nachkriegszeit – die Haltung der SPD zusammengefasst mit den Worten: „Wir lehnen ein System ab, das religiöse Gesinnung erzwingen will und damit Lehrer und Schüler zu frömmelnden Heuchlern erziehen wird“.

46
Gemeint sind Ernst Kahl und Walther Schücking. Kahl (1849–1932) war Professor für Strafrecht und Kirchenrecht in Rostock, Erlangen, Bonn und Berlin, mehrfach Präsident des Deutschen Juristentages, 1919 Mitglied der Weimarer Nationalversammlung und anschließend bis zu seinem Tode Reichstagsabgeordneter für die DVP. Walther Schücking (1875–1935) war Professor für Staats- und Völkerrecht in Breslau, Marburg, Berlin (Handelshochschule) und Kiel, von 1919 bis 1928 Reichstagsabgeordneter für die linksliberale DDP und 1930 als erster Deutscher Richter am Ständigen Internationalen Gerichtshof in Den Haag. 1933 wurde er als Professor von den Nationalsozialisten beurlaubt.

dem Sinne der Verf. entspräche, wenn man auch kirchenrechtliche Abmachungen in gleicher Weise wie die internationalen Staatsverträge behandle. Verfassungen ertragen keine Interpretation, wie Verträge oder Gesetze des Zivilrechtes. Dabei darf aber doch nicht verkannt werden, daß bei der Entscheidung einer solchen Frage letzten Endes die politische Stimmung maßgebend ist. Wäre diese z. Zt. anders gerichtet, so hätte man wohl auch im Reichstage sich zu einer ausdehnenden Auslegung der Verf. bekannt. Als Präjudiz für künftige Zeiten wird es aber gut sein, daran festzuhalten, daß man im vorliegenden Falle nur das als verfassungsrechtlich bestehend anerkannt hat, was auch durch den Inhalt der Verf. ausdrücklich gewährleistet ist. (...)

Die hier interessierenden ersten beiden Absätze von Art. 78 WRV lauten:

„Die Pflege der Beziehungen zu den auswärtigen Staaten ist ausschließlich Sache des Reichs.

In Angelegenheiten, deren Regelung der Landesgesetzgebung zusteht, können die Länder mit auswärtigen Staaten Verträge schließen; die Verträge bedürfen der Zustimmung des Reichs."

15. Juli

(...) *In Griechenland fand eine Revolution statt.*[47] Man ist daran gewöhnt, daß von Zeit zu Zeit dort solche Zuckungen zum Umsturz einer bestehenden Regierung führen. Eine Umwälzung der verfassungsrechtlichen Lage des Landes liegt nicht vor. Zunächst tritt, wie auch jetzt wieder, eine Diktatur ein. Aus ihr fließen dann wohl einzelne Aenderungen. Auch jetzt wurde wieder eine neue Verfassung in Aussicht gestellt. Sie wird aber an den Grundlagen selbst kaum etwas ändern. Man hat wohl nicht mit Unrecht angenommen, daß es sich bei den griechischen Vorgängen wieder um den Ausdruck einer Unzufriedenheit einer Parteigruppe mit der derzeitigen Regierung handelt. Doch sind die Aufgaben,

47
Im Juni 1925 hatte General Theodoros Pangalos eine Militärdiktatur etabliert, die das Ende der 1922 nach einer Militärrevolte gegen König Konstantin I. ausgerufenen Republik bedeutete.

die dem kleinen Lande gestellt sind, von solcher Schwere, daß wohl kein Ministerpräsident sie befriedigend lösen kann. Staatsrechtlich geklärt ist die Lage auf dem Balkan noch lange nicht. Immer wieder treten neue Probleme auf. Vom Norden her droht das Bestreben der Umwandlung der durch die Friedensverträge geschaffenen Einheitsstaaten in Bundesstaaten. Damit wird wieder der an Griechenland gefallene Teil von Mazedonien[48] in Mitleidenschaft gezogen. Dann spielt wieder die Anwanderung griechischer Flüchtlinge aus dem nicht an Griechenland gefallenenTeile eine wichtige Rolle. Mit der Gewalt der Bajonette lassen sich derartige Fragen nicht lösen.

Nach dem Vorgang von Bayern[49] wurde aus der Mitte des Reichstages ein Antrag vorgelegt, durch einen Zusatz zum Art. 36 Reichsverfassung einem Mitgliede des Reichstages, „das in gewinnsüchtiger Absicht seinen Einfluß als Abgeordneter mißbraucht", *die Mitgliedschaft zum Reichstag* abzuerkennen. Hierfür soll der Staatsgerichtshof zuständig sein. Der Antrag auf Erhebung der Anklage muß von mindestens 50 Mitgliedern des Reichstages unterzeichnet sein. Er bedarf der Zustimmung des Reichstages mit einfacher Stimmenmehrheit. Verlangt ist, daß der Mißbrauch „gegen die guten Sitten verstößt und die Ehre und das Ansehen der Volksvertretung schädigt". Liegt dies vor, dann muß die Ausstoßung erfolgen. Ich kann nur wiederholen, was ich bei früherer Gelegenheit schon ausgesprochen habe. Der Gedanke, dem Mißbrauch der Abgeordneteneigenschaft entgegenzutreten, ist an sich sympathisch. Nur liegt hier die Gefahr zu nahe, daß aus einer reinen

48
Nach dem ersten Balkankrieg (1912–13), der sich gegen die Besetzung durch das Osmanische Reich richtete, sollte Makedonien zwischen Serbien, Griechenland und Bulgarien aufgeteilt werden. Diese Aufteilung führte zwischen den Beteiligten zu Streit, der noch im gleichen Jahr 1913 den zweiten Balkankrieg auslöste, als Bulgarien Serbien und Griechenland angriff. Rumänien nutzte die Gunst der Stunde und griff seinerseits Bulgarien an. Am Ende ging der größte Teil Makedoniens an Griechenland und Serbien. Der Namensstreit um die Region Mazedonien belastet bis heute das Verhältnis zwischen Griechenland und dem seit 2019 „Nordmazedonien" genannten Ex-Jugoslawien-Staat.

49
Kurz zuvor hatte, wie Hachenburg im ersten Juli-Heft berichtete, der bayerische Landtag das Gesetz über den Verlust des Abgeordneten-Mandates verabschiedet. Darüber sollte der Staatsgerichtshof urteilen bei Missbrauch des Einflusses des Abgeordneten oder vorsätzlicher Weitergabe vertraulicher Mitteilungen.

Rechtsfrage eine politische Aktion wird. Was gegen die guten Sitten verstößt und die Ehre und das Ansehen der Volksvertretung schädigt, ist ja nur im Einzelfalle festzustellen. Hier hat nicht nur das richterliche Ermessen freien Raum. Vorab wird jeweils die Mehrheit des Reichstages in politisch schwierigen Zeiten geneigt sein, sich unliebsamer Mitglieder zu entledigen. Wir wissen nicht, ob dann der Staatsgerichtshof in solchen Tagen stark genug sein wird, diesem Ansturm des Reichstages zu widerstehen. Die Austreibung mißliebiger Mitglieder aus den Parlamenten unter dem Schein eines Rechtsverfahrens hat die Geschichte oft genug erlebt.

Der Reichsjustizminister hat nunmehr, angeregt durch die Vorgänge im Falle Höfle, einen neuen Erlaß herausgegeben. Damit sollen die Mißstände, die sich bei der *Anwendung der Untersuchungshaft* gezeigt haben, beseitigt werden. Selbstverständlich kann der Justizminister nicht dem Richter vorschreiben, wie er zu verfahren hat. Er kann aber auf die Staatsanwaltschaft einwirken. Dies habe ich an dieser Stelle bereits früher als den gangbaren Weg angezeigt. Es dürfte auch zunächst genügen, wenn nach den Prinzipien, wie sie jetzt niedergelegt sind, verfahren wird. Wichtig erscheint hierbei, daß versucht wird, den Gedanken des Fluchtverdachtes, so wie er im Gesetze gemeint ist, zu unterstreichen. Die Flucht*möglichkeit* darf nicht ohne weiteres zum Fluchtverdacht führen. Und weiter darf die Untersuchungshaft keinen anderen Zweck verfolgen, als den, die Durchführung des Verfahrens zu sichern. Sie darf niemals dazu benutzt werden, um den Angeschuldigten zu Geständnissen zu bringen. Die Versuchung mag in manchen Fällen naheliegen. Es mag mitunter auch für den Staatsanwalt und Richter ein unangenehmes Gefühl hervorrufen, daß der Angeschuldigte, der auf freiem Fuße ist, ihm als Gegner in ganz anderer Weise gegenübersteht, wie es sonst der Fall wäre. Im Sinne des Erlasses des Reichsjustizministers ist es aber nicht, wenn aus diesen Beweggründen heraus die Untersuchungshaft verlängert wird. (...)

1. August

Am 20. Juli wurde der französischen Regierung und gleichzeitig England, Italien und Belgien die *deutsche Antwort auf das Schreiben des französischen Ministers des Auswärtigen* übergeben. Sie stellt sich auch in ihrem Aufbau als ein Gegenschriftsatz dar. Frankreich hatte „vor Eintritt in die sachliche Prüfung" einige Aufklärungen gewünscht. Deutschland gibt sie, fordert aber nun von der Gegenseite das Gleiche. Es ist die Aufgabe der vorbereitenden Schriften, über den status controversiae Klarheit zu schaffen, auch durch das Mittel, jeweils den anderen Teil zu einer Aeußerung zu zwingen. Sehr hübsch hat dies die deutsche Note gegenüber der Erklärung der französischen, daß am Versailler Friedensvertrag nichts geändert werden dürfe, getan. Ob denn auch in aller Zukunft friedliche Uebereinkommen ausgeschlossen sein sollen? (...) Zuletzt der Eintritt in den Völkerbund. Nach deutscher Meinung sind die Bedenken aus Art.16 der Satzung durch die Aeußerung des Völkerbundsrates v. 13. März 1925 nicht beseitigt. Soll Deutschland als entwaffneter Staat, der von stark gerüsteten Nachbaren umgeben ist, der Gefahr ausgesetzt sein, daß deren kriegerische Konflikte auf seinem Boden ausgetragen werden?[50] Und, unausgesprochen, aber zwischen den Zeilen zu lesen, die weitere Frage, wann denn die Siegerstaaten zur Abrüstung schreiten werden? Fragen genug, um eine Antwort zu fordern. So rasch, wie die Wünsche der nach Frieden verlangenden Völker sie herbeisehnen, wird freilich die Einigung nicht erfolgen können.

Frankreich ist in einen *Krieg* mit den Rifkabylen verwickelt.[51] Diese, von Abd-el-Krim geführt, sind ein nicht zu unterschätzender Feind. Kolonialkriege enden meist mit der Unterwerfung der Eingeborenen. Der europäischen Kriegskunst und einem starken Aufgebote von Waffen und Mannschaft vermögen sie auf die Dauer nicht zu widerstehen. Nur kosten sie den Sieger bei kräftigen Volksstämmen viele Opfer an Blut und Gut. Eine Reparation gibt es hier nicht. Man soll in Deutschland sich nicht über die Schwierigkeiten Frankreichs freuen. Sentimentalität und Romantik haben in der Politik immer nur geschadet. Die Herren Marokkaner haben auch während des Weltkrieges und als Besatzungstruppen keinerlei Gefühle für uns geäußert. Ein durch einen langdauernden Krieg in Marokko finanziell bedrängtes und seelisch erregtes Frankreich wird kaum ein angenehmerer Nachbar werden, als es bisher war. Deutschland kann nur hoffen, daß in Marokko bald wieder friedliche Zustände einkehren. Freilich, der Weg, der hierzu eingeschlagen werden soll, ist auch nach den Ausführungen des französischen

50
Art. 16 der Satzung sah die wechselseitige Einstandspflicht vor: Ein Bundesmitglied, das gegen seine völkerrechtlichen Pflichten zum Krieg schritt, wurde so behandelt, „als hätte es eine Kriegshandlung gegen alle anderen Bundesmitglieder begangen“. Die Folge war der Abbruch aller Handels- und Finanzbeziehungen; im Hinblick auf eine militärische Antwort freilich beließ es der Völkerbund bei „Vorschlägen“ an die einzelnen Regierungen. In diesem Sinne hatte der Völkerbundsrat den deutschen Vorbehalten gegen Art. 16 geantwortet, „daß die Art und das Ausmaß der effektiven Teilnahme der Mitgliedstaaten an den vom Völkerbund auf Grund der militärischen Satzungen eingeleiteten militärischen Operationen notwendigerweise verschieden sind, je nach der militärischen Lage der Staaten“.

51
Als Rifkabylen werden die Berber im nördlichen Marokko bezeichnet.

Ministerpräsidenten recht unklar. Als völkerrechtlich ebenbürtiger Gegner und möglicher Kontrahent soll Abd-el-Krim nicht gelten. Er ist Rebell gegen den Sultan und damit gegen dessen Protektor, Frankreich. Aber er soll doch Frieden schließen. Man muß ihm die Bedingungen desselben mitteilen. Einfache Unterwerfung wird man dem vordringenden Häuptling nicht ansinnen können. Was wird geschehen?[52] (...)

Das Moskauer Gericht hat die beiden deutschen Studenten, Kindermann und Wolscht, und den Deutschbalten von Dittmar zum *Tode verurteilt.*[53] Es nahm den Beweis als erbracht an, daß sie in der Absicht, Mitglieder der Sowjetregierung zu töten und die Sowjetherrschaft zu stürzen, nach Rußland kamen. Zweifellos hat jeder Staat das Recht, sich gegen Angriffe auf seine Verfassung und die Träger der Macht in strenger Weise zu wehren. Auch gegen Angehörige anderer Staaten. Ja vielleicht erst recht gegen solche. Aber er darf es diesem Staate dann auch nicht verwehren, wenn er sich der Seinen annimmt und das Urteil einer gründlichen Prüfung unterzieht. Deutschland hatte kein Recht, in die Verhandlung des russischen Gerichts einzugreifen. Es hatte auch nicht einmal Anspruch, daß der deutsche, nach Moskau entsandte Verteidiger zugelassen wurde. Er konnte nur nach seiner Heimkehr Bericht erstatten. Dieser aber gibt der deutschen Regierung Anlaß, auf dem Wege der diplomatischen Verhandlung die Vollstreckung des Urteils zu verhüten. Aus der Mitteilung des objektiv beobachtenden Juristen Dr. Freund ergibt sich, daß ein schwerer Fehlspruch vorliegt. Die Angeklagten mögen unklug gehandelt haben bei ihrer

52
In dem von Abd al-Karim (1882–1963) angeführten Aufstand konnte 1921 zwar die spanische Kolonialmacht zurückgedrängt werden. Der Versuch, auch Französisch-Marokko zu befreien, scheiterte jedoch 1926 und Abd al-Karim musste ins Exil. Sowohl die Franzosen als auch die Spanier setzten in diesem Konflikt massiv Senfgas ein, das ihnen von dem deutschen Chemiker Hugo Stoltzenberg, Inhaber einer Giftgasfabrik in Hamburg, geliefert wurde. Stoltzenberg wurde später vorgeworfen, eine „Verseuchungsstrategie“ mitentwickelt zu haben, um die marokkanische Bevölkerung durch den Einsatz des Giftgases auf Marktplätzen etc. zu terrorisieren. Jedenfalls wurde eine solche Strategie unter Führung des spanischen Diktators Primo de Rivera umgesetzt. Francisco Franco nahm in der spanischen Fremdenlegion eine führende Rolle beim „Sieg“ im Rif-Krieg ein und wurde in Spanien sehr populär. Spanisch-Marokko spielte auch insofern eine Rolle, als der Militärputsch, mit dem Franco 1936 an die Macht kam, hier seinen Anfang nahm.

Reise nach Rußland, während ihres Aufenthaltes und schließlich bei ihrer Verteidigung. Sie sind aber der ihnen zur Last gelegten Tat nicht schuldig. Offenbar gilt immer noch in Sowjetrußland das Gerichtsverfahren nur als Kampfmittel. Auch das Urteil gegen die deutschen Studenten ist es. Wird nun die Sowjetregierung sie zum Tauschobjekt machen?

Die Prognose, die ich an dieser Stelle für die endgültige Gestaltung des *Aufwertungsgesetzes* aussprach, hat sich erfüllt. Die zweite und dritte Lesung im Plenum des Reichstages ging rasch vor sich. Ein Abweichen von dem Kompromiß war nicht mehr zu erwarten. Die Anträge der Minderheit, die schon im Ausschuß abgelehnt waren, wurden wieder eingebracht und wieder zurückgewiesen. Es war ein wenig erbauliches Schauspiel. Abgesehen von der grundsätzlichen Frage nach der Individualaufwertung und der Erhöhung auf 40%, waren in manchen Einzelheiten Verbesserungen angeregt, die auch die Mehrheit hätte aufnehmen können. Man mußte aber zu Ende kommen. So schien jedes Abweichen von dem einmal vereinbarten Wege bedenklich. Daher auch keine Diskussion, sondern nur noch einseitiger Vortrag und dann Abstimmung stattfanden. Begreiflich, aber für den Nichtparlamentarier unbehaglich. Die Drohung Bests,[54] des Sprechers der individuellen Aufwertung, daß der Kampf noch nicht beendet sei, sondern nun erst beginne, wird sich wohl nicht bewahrheiten. Auch der Sparer, der sein Vermögen einbüßte, wird die Ruhe dem weiteren Streite vorziehen. In einigen Jahren weiß man es nicht anders, und das Aufwertungsgesetz wird schließlich geschichtliches Dokument.

53
Hintergrund der sog. „Kindermann-Wolscht-Affäre" waren die Todesurteile im oben am 1. April erwähnten Leipziger „Tscheka-Prozess", insbesondere gegen Woldemar Rose-Skoblewsky. Karl Kindermann, Theodor Wolscht und Maxim von Dittmar, alles (Ex-)Studenten Mitte 20, planten eine mehrjährige Reise in den Osten bis nach China, teilweise finanziert durch Reiseberichte für das „Berliner Tageblatt". Bald nach ihrer Ankunft in Moskau im Oktober 1924 wurden sie unter Spionageverdacht verhaftet und nach einem Schauprozess zum Tode verurteilt. Hachenburg vermutete, dass durch die Todesurteile eine Verhandlungsmasse geschaffen werden sollte. Hitzige Verhandlungen führten erst 1926 zu einem Gefangenenaustausch, nachdem Stresemann auf Hindenburg eingewirkt hatte, die Begnadigung für Skoblewsky wegen der außenpolitisch schwierigen Lage zu unterschreiben.

54
Georg Best (1855–1946) war bis 1924 Präsident des Oberlandesgerichts Darmstadt und dann bis 1930 Reichstagsabgeordneter, zunächst für die DNVP und anschließend für die „Reichspartei für Volksrecht und Aufwertung", eine Partei die sich, wie Best selbst, als Interessenvertreter für die Inflationsgeschädigten verstand.

Ob es ein Ruhmesblatt in der Geschichte des deutschen Rechtes sein wird, darüber wird die Zukunft erst entscheiden. Zunächst dürfen wir eine Reihe von Kommentaren erwarten. (...)

Vor dem Schwurgerichte in Limburg fand das Verfahren gegen *Angerstein,* der die eigene Frau und dann weitere sieben Personen getötet hat, seinen Abschluß. Soweit die Presse die öffentliche Meinung und das Volksempfinden wiederspiegelt, darf man sagen, daß sich das Interesse hier auf die Lösung des Rätsels konzentriert, wie eine solche Tat bei einem, wie es scheint, bis dahin gutartigen und harmlosen Menschen denkbar ist. Daher sah man auch den Erklärungen der Sachverständigen mit besonderer Spannung entgegen. Die Psychiater beschäftigen sich mit der herkömmlichen Frage der Zurechnungsfähigkeit. Sie mußten sie bejahen. Es lag kein Anlaß vor, an der geistigen Gesundheit des Angeklagten im Sinne des Strafrechts zu zweifeln. Einen neuen Weg beschritt der Berner Psychologe. Seine Worte klangen sicher im Gerichtssaal befremdend. Die Lehre von der Regression, von dem Rückfall in Kannibalismus und Infantilismus erscheint als wissenschaftliche Hypothese, geeignet, eine Möglichkeit der Erklärung seltsamer Vorgänge für den Forscher zu bieten. Dem Kriminalisten wird sie bei der Anwendung des Strafgesetzes wenig nützen. Denn gerade diese Rückfälle in die Urtriebe muß er bekämpfen. Auch wird im Gebiete der Affekte sich kaum aus diesen Hypothesen eine auch rechtlich verwertbare Folgerung bilden. Das Gericht ging auf diese Frage nicht ein. Es folgerte aus den Umständen des Falles die Ueberlegung des Angeklagten bei allen Tötungen. Bei der Urteilsverkündung bemerkte der Vorsitzende: „Ganz kann man die Tat nicht verstehen". Und so bleibt trotz des eigenen Verlangens des Verbrechers, die Tat durch sein Blut zu sühnen, ein ungelöster Rest quälend zurück.[55]

55
Siegfried Kracauer beschrieb das Gefühl in der Frankfurter Zeitung mit der Formulierung „eine Tat ohne Täter". Die Tötung „mit Überlegung" war nach dem damals geltenden Recht das entscheidende Kriterium, um einen Mord (im Gegensatz zum Totschlag) anzunehmen (s.o. 15. Jan. 1925).

Im Staate Tennessee (U. S.) spielt sich ein *eigenartiger Strafprozeß* ab. Man hat ihn dort zu einer Sensation gestempelt. Vielleicht liegt dem Interesse der Amerikaner doch mehr als die übliche Neugier bei ungewöhnlichen Dingen zugrunde. Angeklagt ist ein Lehrer, der die Darwinsche Selektionstheorie vortrug. Das könnte an sich nur zu einem Disziplinarverfahren führen, wenn er hierdurch gegen den Lehrplan oder eine ihm gemachte Vorschrift verstieß. Aber das Gesetz des Staates Tennessee verbietet bei Strafe die Deszendenzlehre als gegen die Bibel verstoßend für die Schulen. Damit wird der *„Affenprozeß"*, wie er drüben genannt wird, auf eine andere Basis gestellt. Die Verteidigung suchte sich darauf zu stützen, daß das Gesetz des Staates ungültig sei, weil es gegen die Verfassung verstoße. Der Richter anerkannte die Rechtmäßigkeit des Gesetzes. Er verneinte, daß die Freiheit der Lehre und der Rede verletzt sei. Denn niemand sei gezwungen, eine Anstellung an einer öffentlichen Schule anzunehmen. Aber wo soll der Lehrer denn sonst die Freiheit seiner Meinung geltend machen? Lehrfreiheit und Bibelglaube prallen aneinander. Das ist überall, auch in der alten Welt, möglich. Nur ist hier die Gesetzgebung nicht mehr Partei. Sie überläßt es den Beteiligten, den Streit mit ihren eigenen Waffen auszutragen. In den Vereinigten Staaten muß diese Ueberparteilichkeit erst errungen werden. In der ersten Instanz durch den Richter in Clayton kann dieser Streit nicht ausgetragen werden. Daher haben auch schließlich Publikum, Anklage und Verteidigung das bisherige Interesse verloren. Man kürzte das Verfahren ab. Der Angeklagte wurde zu einer Geldstrafe verurteilt. Nun wird die obere Instanz angegangen.[56] Inzwischen wohl auch die öffentliche Meinung von beiden Seiten in Bewegung gehalten werden. Daß man beiderseits in einer uns fremd anmutenden Weise verfährt, darf nicht wundernehmen. (...)

56
Hier wurde der Lehrer, John Scopes, wegen eines Formfehlers freigesprochen. Der Prozess ist mehrfach verfilmt worden, am bekanntesten vielleicht von Stanley Kramer in „Wer den Wind säht" (1960) mit Spencer Tracy als Verteidiger Henry Drummond.

15. August

Die Verhandlungen über den *Sicherheitspakt* gehen weiter. Zunächst noch hinter den Kulissen. Den schwierigsten Punkt bildet das Verlangen Frankreichs, als Garant für die deutsche Ostgrenze zugunsten Polens zu erscheinen, und das Festhalten an einem Rechte des Durchmarsches, um seinen polnischen Freunden zu Hilfe zu kommen. Zwischen Deutschland und Frankreich allein wäre die Verständigung leicht. Aber dieses schleppt den östlichen Klotz mit. Und Polen tut alles, die friedlich-nachbarliche Regelung zu erschweren. Zuerst der Wirtschaftskrieg als unsinnige Folge des Fortfalles der im Versailler Vertrag erzwungenen Vorzugsstellung. Dem polnischen Einfuhrverbot deutscher Ware mußte das deutsche Gegenverbot folgen. Nun griff Polen zu der Ausweisung der deutschen Optanten.[57] Wieder ergießt sich ein Strom armer Ausgewiesener nach Deutschland. Sie hatten ihr deutsches

57
Im Völkerrecht werden Optanten Bürger eines Staatsgebietes genannt, das nach dem Übergang des Gebietes an einen anderen Staat die Option haben, entweder dessen Staatsangehöriger zu werden oder die alte Staatsangehörigkeit zu behalten. So war es im Versailler Vertrag für die Deutschen in den (nun) polnischen Gebieten geregelt worden. Die Option bestand für zwei Jahre. Das Deutsche Reich war auf die Aufnahme der zahlreichen deutschen Optanten nicht gut vorbereitet.

Heimatrecht und zugleich den Wohnsitz in den neupolnischen Teilen bewahren wollen. Polen treibt sie aus. Deutschland muß mit der Gegenmaßnahme antworten. Nach dem Wiener Abkommen v. 30. Aug. 1924 ist der Optant zur Auswanderung verpflichtet, wenn er von der Regierung des Landes aufgefordert wird. Diese Aufforderung hat Polen erlassen. Es ist formell im Recht, aber welchen Grund hatte es dazu? Ein anderes ist es, ein Recht haben, ein anderes, es ausüben. Im öffentlichen Recht gilt dies noch weit mehr als im privaten. Die zwecklose Verjagung fleißiger deutscher Bewohner ist die Handlung eines Neuropathen. Er schlägt und wütet um sich. Ihm genügt es, zu schaden, auch wenn es ihm nichts einbringt. Aber seinen Schutzherrn werden solche Vorgänge in arge Verlegenheit bringen.

Am 16. Juni 1925 ist in Kairo ein *Abkommen zwischen Deutschland und Aegypten* unterzeichnet worden. Danach haben die beiderseitigen Staatsangehörigen wieder das Recht der Niederlassung und des Aufenthalts. (...) Der Vertrag mit Aegypten bringt eine Wiederherstellung von Rechten, die der Versailler Vertrag (Art. 147) dem Reiche nahm. Ein weiterer Schritt zur Wiedererlangung der Anerkennung Deutschlands. Man darf sich darüber restlos freuen, wenn es auch nur ein Schritt ist.

Am 16. Juli 1925 ist das *Aufwertungsgesetz* verkündet. Die enttäuschten Gläubigerverbände beginnen in der Tat sofort die Angriffe. Sie richteten an den Reichspräsidenten ein Schreiben, in dem sie ihn ihrer Verehrung versichern, aber ihm aus dem Vollzuge des Gesetzes einen Vorwurf machen. Jetzt appellieren sie an das Reichsgericht. Auch die Anekdote von der Mühle von Sanssouci wird herangezogen.[58] Doch handelte es sich dort um den Rechtsschutz gegen eine Gewaltmaßnahme des Königs. Hier liegt ein Reichsgesetz vor. Das Reichsgericht soll es für ungültig erklären, weil es der Verfassung widerspricht. Das ist ein bedauerlicher Irrtum. Die Bestimmung der Reichsverfassung über die Enteignung hat mit der Regelung der unter dem Namen Aufwertung erfolgten Ausgleichung oder Angleichung der Ansprüche alter Währung an die neue Währung nichts zu tun. Wer ist eigentlich hier der Enteignete? Der Gläubiger, der keine vollen 100% des Nennbetrages erhält? Oder der Eigentümer, der die Wiedereintragung der gelöschten Hypothek auf sein lastenfrei gewordenes Grundstück dulden muß? Man glaubt auch wohl selbst nicht an den Erfolg dieses Weges.[59] Daher wird der Gedanke der Volksabstimmung in die Bevölkerung geworfen. Auch das wird ein Fehlschlag werden. Zudem ist die Frage viel zu verwickelt, um ein einfaches Ja oder Nein zu ertragen. Es wäre besser, man ließe die alten Gläubiger zur Ruhe kommen, als daß sie sich in jetzt aussichtslosen Hoffnungen wieder wiegten, um zuletzt doch zu sehen, daß weitere Mühe und Kosten vergebens sind. Die Gefahr, daß in den Sparern ein Fanatismus erweckt wird, ist zu groß, als daß nicht gegen die Weiterführung eines jetzt aussichtslosen Kampfes überall gewarnt werden müßte. (...)

Der *Verband der weiblichen Handels und Büroangestellten*, Berlin, hat an den Reichsjustizminister den Antrag

58
Angespielt wird auf die Legende, nach der das Geklapper einer Mühle in der Nähe des Schlosses Sanssouci Friedrich den Großen so störte, dass er deren Abriss gefordert haben soll. Unbeeindruckt soll der Müller geantwortet haben: „Sire, es gibt noch Richter in Berlin!" Nicht zu verwechseln ist dieser Mythos preußischer Rechtsstaatlichkeit mit dem tatsächlichen Fall des Müllers Arnold aus dem Oderbruch, in dessen Fall Friedrich II. im Gegenteil die Entscheidung des Kammergerichts aufhob und die Richter in Haft nahm. Der Weg zu richterlicher Unabhängigkeit war auch in Preußen steinig.

59
Die entsprechende Entscheidung des Reichsgerichts vom 4. Nov. 1925 bestätigte dann auch die Verfassungsmäßigkeit des Aufwertungsgesetzes, da insbesondere kein Verstoß gegen das Grundrecht auf Eigentum festzustellen sei. Bekannt wurde das Urteil vor allem deshalb, weil das Reichsgericht sich hier, ohne ein Verfassungsgericht im heutigen Sinne zu sein, das Recht vorbehielt, Gesetze auf ihre Verfassungsmäßigkeit überprüfen zu können. Diese Auffassung war unter dem Gesichtspunkt der Gewaltenteilung hoch umstritten. Vgl. „Geldentwertung: Aufwertung!", S. 165.

gerichtet, in das neue deutsche Strafrecht eine Bestimmung zum *Schutze minderjähriger weiblicher Arbeiter und Angestellten* aufzunehmen. Die Arbeitgeber und deren Stellvertreter sollen in gleicher Weise beim Mißbrauch ihrer Stellung zu unzüchtigen Handlungen strafbar sein, wie es bisher Amtspersonen bei Vergehen gegen die ihrer Fürsorge Anvertrauten sind. Eine vollständige Gleichstellung der beiden Gruppen ist freilich nicht richtig. Denn die bisher allein der Strafe ausgesetzten Männer genießen des besonderen Vertrauens. Ihre Strafbarkeit fließt auch aus dem Mißbrauch der ganzen Stellung. Das soll aber nicht ausschließen, daß auch der minderjährige weibliche Privatangestellte eines gewissen Schutzes bedarf. Es geschieht zweifellos hier sehr vieles, was moralisch verwerflich ist und im Interesse des ganzen Volkswohles unterdrückt werden sollte. Zivilrechtlich ist ja auch der Mißbrauch eines Abhängigkeitsverhältnisses als unerlaubte Handlung gekennzeichnet (§ 825 BGB.).[60] Der weitere Schritt, durch das Strafgesetz wenigstens bei Minderjährigen diesen Mißbrauch zu verhüten, ist an sich daher nicht so fernliegend. Man könnte sich mit dem Gedanken des Antrages befreunden, lehrte nicht nur die praktische Erfahrung auf anderen ähnlichen Gebieten, daß solche Schutzbestimmungen des Gesetzes zu Erpresserzwecken mißbraucht würden. Mit dem Argument der Eingabe, daß die Untersuchungsbehörde gerechte Anklagen von ungerechten Beschuldigungen zu unterscheiden wisse, kann man dieses Bedenken nicht ausräumen. Denn gerade da, wo wirklich ein Vergehen gegen das Gesetz vorliegt, wird es von dem Betroffenen nicht etwa, um gegen den Arbeitgeber die

60 § 825 BGB lautete in der damals gültigen Fassung: „Wer eine Frauensperson durch Hinterlist, durch Drohung oder unter Mißbrauch eines Abhängigkeitsverhältnisses zur Gestattung der außerehelichen Beiwohnung bestimmt, ist ihr zum Ersatze des daraus entstehenden Schadens verpflichtet."

Strafe herbeizuführen, benützt werden. Man wird daraus eine dauernde Einnahmequelle zu ziehen suchen. Dann wird das Gegenteil von dem erreicht, was man will. Die Korruption steigt, statt daß sie gemindert wird.

Während wir in Deutschland bei der *Reform des Eherechts* noch keinen Schritt vorwärts gekommen sind und trotz aller Bemühungen die Aussichten gering erscheinen, kommen aus der Türkei Nachrichten über eine Umgestaltung des Familienrechts, die man noch vor kurzem nicht für möglich gehalten hätte. Sie mag wohl mit der Aufhebung des Kalifats zusammenhängen.[61] Eine Kommission von 6 Mitgliedern, die unter dem Vorsitze des Außenministers Adil Bey tagte, hat den Entwurf eines Gesetzes ausgearbeitet. Er liegt dem Parlament von Angora vor. Darin wird die türkische Vielehe tatsächlich aufgehoben. Die wirtschaftliche Lage hat es ja schon früher der großen Zahl der Moslem unmöglich gemacht, mehr als eine Frau zu haben. Es wird behauptet, daß z. B. von den 280 Abgeordneten des türkischen Parlaments nur noch drei 3 Frauen haben sollen. Jetzt wird die Einehe kraft bürgerlichen Rechts als Regel eingeführt. Ein Mann, der eine zweite Frau zu nehmen wünscht, bedarf hierzu der richterlichen Erlaubnis. Sie wird nur erteilt, wenn er die Notwendigkeit hierzu nachweist. Dies ist vermutlich eine Brücke, die man den Altgläubigen schlägt, um sie mit der Neuerung abzufinden. Auch die Eheschließung selbst soll ein Akt des Zivilrechts sein. Dem entspricht dann wieder die Neugestaltung der Ehescheidung. Das bisherige, der Auffassung des Orients

61
Am 29. Okt. 1923 hatte Mustafa Kemal Atatürk (1881–1931) die Türkische Republik ausgerufen und anschließend tiefgreifende Reformen im Land durchgeführt. Vor allem geht auf ihn die Säkularisierung des Staates zurück.

von der Stellung des Weibes entsprechende System, wonach nur der Mann das Recht hat, die Ehe aufzulösen, wird aufgehoben. Die Zeit wird lehren, nicht nur, was das Parlament zu diesen Vorschlägen sagt. Es ist anzunehmen, daß nach dessen ganzer bisheriger Einstellung man der Reform zustimmen wird. Das wichtigste wird aber sein, wie sich die Bevölkerung selbst hierzu verhält und ob sich die Uebernahme der Gedanken des Westens auf die türkische Familie auch verwirklicht.

Das *Schwurgericht München* hat zwei Bücher „Der moskowitische Eros“ und „Persische Liebesgeschichten“ als unsittlich verdammt. Der Leiter des Verlages wurde zu einer Geldstrafe von 3000 M. verurteilt. Die Bücher werden eingezogen. Daran wäre an sich nichts Besonderes. Auch nicht, daß der Verleger das erstgenannte Buch, das in einem auf den seinen übergegangenen Verlag enthalten war, nicht kannte.[62] Von Interesse ist nur auch hier wieder das Urteil der Sachverständigen. Die Staatsanwaltschaft hatte einen solchen geladen. Er erklärte die Bücher für unzüchtig. Eine Reihe von anderen Sachverständigen, ernsthaft zu nehmende Männer, sprach das Gegenteil aus. Darunter Frhr. von Gleichen-Rußwurm, Strich, Schmidt-Nörr u.a. Wieder warf sich die Frage auf, was unzüchtig ist. Nicht der Stoff ist es, sondern die Darstellung. Das Gericht verurteilte. Es verneinte die künstlerische Form. Es bejahte die unzüchtige Wirkung als Zweck der Darstellung. Ich kenne die beiden Bücher nicht und trage auch kein Verlangen danach. Die Frage wirft sich aber auf, wessen Empfinden für die Frage, ob Kunst, ob unzüchtige Schilderung, maßgebend sein soll. Denn darauf läuft

62
„Der moskowitische Eros“, eine „Sammlung russischer dichterischer Erotik“, enthielt u.a. eine Erzählung von Anton Tschechow („Auf dem Meere“). Es war 1921 in erster Auflage im Orchis-Verlag in München erschienen mit Illustrationen von Alphons Wölfle und 1924 in zweiter Auflage in der Allgemeinen Verlagsanstalt München mit Illustrationen von Boris Grigorjew.

ja alles hinaus. Zu welchem Zwecke hört nun ein Gericht die führenden Geister der Literatur und Aesthetik? Würde es auch bei der Frage nach der Zurechnungsfähigkeit eines Menschen das Gutachten des Psychiaters, bei der nach einer Patentverletzung das des Technikers beiseite schieben? Die Fälle liegen nicht ganz gleich, gewiß, aber doch sollten auch bei Fragen der Kunst die Künstler und die Aesthetiker die Richtung geben.

---

1. September

Der Reichstag ist endlich am 12.Aug. *in die Ferien gekommen*. Es war keine leichte Arbeitszeit. (...) *Die Steuergesetze* sind nach eingehender Beratung im Ausschuß *fertiggeworden*. In manchen Einzelheiten hat der Reichstag Aenderungen vorgenommen. In den Grundzügen blieben die Vorschläge der Regierung unverändert. Man muß das neue Steuerrecht, um ihm gerecht zu werden, als einen einheitlichen Bau ansehen. Eines der Gesetze greift in das andere. Ich meine damit nicht die unvermeidlichen Verweisungen. Weit wichtiger ist der wirtschaftliche Einheitsgedanke. Nachdem uns die Inflationszeit einen schier unentwirrbaren Knäuel brachte, ist jetzt ein klarer übersichtlicher Bau geschaffen. Daß es ein Gesetzgeber nicht allen recht machen kann, am wenigsten bei Steuergesetzen, weiß man. Es wird auch noch manche Bestimmung sich als unangenehm und drückend erweisen können. Man wird aber auch hier *das Ganze* im Auge behalten müssen. Wir haben wieder einen durchdachten Gesamtplan, der wirtschaftlich, nicht nur fiskalisch angelegt ist. (...)

Das Sekretariat des Völkerbundes veröffentlicht den Bericht des zur Feststellung des Hafengebietes für den *Briefkastenstreit zwischen Danzig und Polen* berufenen Sachverständigen. Er gibt keiner der beiden Parteien volles Recht oder Unrecht. Die Befugnis Polens, Briefkästen im Gebiete der freien Stadt anzubringen und demgemäß auch die Poststücke zu bestellen, wird nicht auf den Hafen „im technischen Sinne" beschränkt. (...) Die lauwarme Temperatur des Gutachtens entspricht ganz der Stimmung des Völkerbundsrates in früheren Gelegenheiten. Nur ja dem ungezogenen Kinde Polen nicht begreiflich machen, daß es im Unrecht ist. Es wäre imstande und folgte nicht. Was soll man dann tun? Lieber macht man die künstliche Unterscheidung zwischen einem Hafen im technischen und einem im wirtschaftlichen Sinne. Und doch müßte jedem sachlich Urteilenden klar sein, daß es diese nicht geben kann. Was hätten die Sachverständigen gesagt, wenn die polnischen Geschäfte gleichmäßig über ganz Danzig verteilt wären?

Am 8. August hat der Reichskanzler im Reichstage die Absicht der Regierung, *eine Senkung der Preise* durchzuführen, entwickelt. Am 21. Aug. tagten in Berlin gemeinsam der Vorstand des Reichsverbandes der deutschen Industrie und der Vorstand der Vereinigung der deutschen Arbeitgeberverbände. Sie erklärten sich bereit, „mit allen Kräften die Wünsche der Regierung hinsichtlich der Preisgestaltung zu unterstützen". Ueber die von der Regierung beabsichtigten Maßnahmen wurde bisher, begreiflicherweise, nichts bekannt. Notwendig werden solche werden. Denn mit einem Appell an das Gewissen von Erzeugern und Händlern wird man nichts erreichen. Auch die Erfahrungen auf dem Gebiete der Preisfestsetzung und Preisprüfung mit dem Hintergrunde der Wuchergerichte locken nicht zu einer Nachahmung.[63] Auf einen sicher wesentlichen Punkt weist der Bericht des Reichsverband der deutschen Industrie hin. Er verlangt eine gesunde und verantwortliche Kartellpolitik und mit dieser eine gründliche Durchprüfung der Grundlagen der Kartelle. Ungesunde Erscheinungen auf diesem Gebiete sind zu beseitigen. Hier vermag die Organisation schon manches zu erreichen. Die bisherigen Preise wurden durch die schlechtest rentierenden Unternehmungen bestimmt. Die Kartellpolitik kann an deren Ausmerzung gehen. Damit vollzieht sie nur einen Teil der Aufgabe unseres ganzen Wirtschaftslebens. Aber die großen Spitzenverbände können auch auf ihre Mitglieder einwirken. Es gibt darüber „kartellähnliche" Absprachen. Die Gesetzgebung wird hier eingreifen müssen. Daneben auch das Kartellgericht. Bis jetzt hat der Reichswirtschaftsminister von seinem Rechte, im Klageweg ein Kartell oder Kartellbedingungen aufzuheben, weil sie gegen das öffentliche Interesse verstoßen, keinen Gebrauch gemacht. Das Reichskartellgericht läßt zwar auch die Klage der Privaten zu, wenn sie in einem Zivilprozeß als präjudiziell erklärt wurde. Aber es ist nicht geneigt, ihr materiell stattzugeben. Auch hier wird eine Wandlung eintreten müssen.[64]

Das preuß. Gesetz v. 10. Febr. 1923 über den *Verkehr mit Grundstücken* ist aufgehoben. Es sollte der Ueberfremdung des deutschen Bodens zur Inflationszeit

63
1919 waren zur Verhinderung der Preistreiberei und des Schleichhandels strafrechtliche Sondergerichte bei den Landgerichten geschaffen worden, besetzt mit 3 Berufsrichtern und 2 Schöffen, einer davon Verbraucher, der andere aus der Wirtschaft. Es handelte sich um ein stark vereinfachtes Verfahren mit einer Beweisaufnahme nach freiem Ermessen und ohne Rechtsmittel gegen die Entscheidung.

64
In Deutschland erhielt das Kartellrecht mit der „Verordnung gegen den Missbrauch wirtschaftlicher Machtstellungen" vom 2. Nov. 1923 seine erste Ausprägung. Erst in jüngerer Zeit ist mit der Kartellnovelle von 2017 in Deutschland die Klage privater Kartellgeschädigter erleichtert worden.

entgegentreten. Wo nicht bereits eine Vorschrift bestand, die den Grunderwerb durch Ausländer von der Regierungsgenehmigung abhängig machte, konnte man sie infolge der Bedingungen des Versailler Vertrages nicht einführen. Also mußte man eine solche allgemeine Bestimmung treffen. Die Veräußerung des Grundbesitzes war genehmigungspflichtig. Dazu kam noch die besondere Belastung mit einer Gebühr von 1% des Kaufpreises. Das galt auch bei dem Erwerb im Wege der Zwangsvollstreckung, also auch für den Ausländer, der hypothekarisch gesicherten Kredit gegeben hatte. Schon in den Beratungen des deutschen Juristentages im Sept. 1924 war auf den Widerspruch dieses Gesetzes mit dem Wunsche der Heranziehung deutschen Kapitals hingewiesen worden. Wie soll man den Amerikaner zur Gewährung von Realkredit bewegen, wenn er bei Insolvenz des Schuldners nicht mit Erfolg mitbieten kann? Nun hat das Gesetz v. 4. Juli 1925 endlich diese Hemmnisse beseitigt. War dies wirklich nicht früher möglich? (...)

Vor mir liegt eine kleine Broschüre: *„Der Fall d'Annunzio“* von *Karin Michaelis.* Sie ist eine Anklageschrift, geschrieben mit der vollen Glut eines entrüsteten, mit einer schutz- und hilflosen Frau empfindenden Herzens. Gabriele d'Annunzio, italienischer Dichter von Weltruf und als italienischer Patriot in seinem Vaterlande gepriesen und gefürchtet,[65] wird beschuldigt, daß er sich nach dem Friedensschlusse die Villa des deutschen Kunstgelehrten Henry Thode am Gardasee widerrechtlich angeeignet und dann, entgegen seiner Zusage, der Witwe Thodes wieder zum Besitz ihres Eigentums

65
Gabriele D'Annunzio, geb. 1863, starb 1938 in dieser bereits zu seinen Lebzeiten von der faschistischen Regierung zur nationalen Gedenkstätte erhobenen Villa. Noch 2019 führte die Enthüllung eines Denkmals für D'Annunzio in Triest zu diplomatischen Spannungen zwischen Italien und Kroatien. D'Annunzio hatte am 12. Sept. 1919 an der Spitze einer Freischärlerschar das heutige Rijeka (Fiume) besetzt und dort für 16 Monate eine autoritäre Herrschaft errichtet, die wesentliche Elemente des Faschismus vorwegnahm.

zu helfen, sie sich von der italienischen Regierung habe zuweisen lassen; daß er seine Versprechungen, Frau Thode wenigstens die Einrichtung herauszugeben, nicht erfüllte und ihr auch den handschriftlichen Nachlaß ihres Gatten vorenthielt; daß er den Schreibtisch Thodes gewaltsam öffnete und dessen Papiere durchsuchte und ähnliches mehr. Bei der Wertung dieser Anklage müssen wir ausschalten, daß d'Annunzio während des Krieges als Deutschenhasser Italien aufpeitschte, und daß ihn sein eigenes Volk bejubelte. Das Urteil hierüber hat die Nachwelt zu fällen. Wir wollen nicht Richter in eigener Sache sein. (...)

15. September

Die Verhandlungen über den *Garantievertrag* rücken vorwärts.[66] (...) Auch im Gebiet des Zivilrechts wenden die Parteien sich oft an die Rechtsbeistände, ehe sie einig sind. Wer dabei tätig war, weiß, wie stark der Einfluß des erfahrenen Juristen auch für die Entschließungen selbst ist. Er zeigt, wie man die widerstrebenden Interessen und Gedanken versöhnt. Ich halte es durchaus für wahrscheinlich, daß auch die Konferenzjuristen in London diese Wege gingen. Ihre Arbeit wird schon dann von Nutzen sein, wenn sie nur klärend wirkte, scheinbare Widersprüche als in Wahrheit nicht vorhanden zeigte und aufhellte, wo noch wirkliche Gegensätze vorliegen. Soweit eine Einigung erzielt wurde, wird ihr Entwurf die Grundlage der politischen Verhandlung bilden. Es ist immer schwer, von einer solchen Vorlage wieder abzuspringen.

66
Gemeint ist die dann im Oktober auf der Locarno-Konferenz u.a. vereinbarte Festlegung der Westgrenze des Deutschen Reiches zu Frankreich und Belgien. Die Unverletzlichkeit dieser Grenze wurde von Italien und Großbritannien in dem Sinne „garantiert", dass der Angegriffene militärisch von ihnen unterstützt werden würde. Die Verhandlungen darüber fanden in London statt.

Wenn ich mich nicht täusche, so ist die Schätzung des *Völkerbundes* in Deutschland gewachsen. Vielleicht hängt das mit der steigenden Wahrscheinlichkeit des Eintritts Deutschlands zusammen. Vielleicht auch mit dem zunehmenden Einfluß des Bundes auf seine Mitglieder. Je länger er besteht, desto geringer wird die Aussicht auf sein Wiederverschwinden und desto stärker die Notwendigkeit, sich mit ihm abzufinden. Daraus fließt aber für den Völkerbund selbst die Aufgabe, die Mängel seiner Geburt abzuwerfen und aus einer politischen Verbindung der Siegerstaaten zu einem unparteiischen Organe der Kulturwelt zu werden. Wie sich dieser Uebergang abspielt, dafür bietet die Behandlung des Streites zwischen England und der Türkei über das Gebiet von Mossul ein belehrendes Beispiel.[67] England, der „Schutzherr" des Königreiches Irak, beansprucht Mossul und dessen Petroleum als Teil seines Protektoratsgebiets. Die Türkei stützt sich auf die bisherige staatsrechtliche Zugehörigkeit von Mossul zu ihrem Gebiete. Beide Teile führen Gründe wirtschaftlicher Notwendigkeit ins Feld. Für beide ist der Besitz des Wilajets[68] Mossul von eminent politischer Bedeutung. (...) Der Vorsitzende der Versammlung, Briand, betonte dabei, daß die beiden streitenden Parteien die Sache feierlich in die Hände des Völkerbundes gelegt hätten. Er werde sich bemühen, sie einer Lösung im höheren Interesse der Gerechtigkeit entgegenzuführen. Ohne eine klingende Phrase geht es eben bei einem Franzosen nicht ab. Außerhalb des Völkerbundes ist man begierig, wie die Sache selbst schließlich geschlichtet werden kann.

67
Mit dem Ende des Osmanischen Reiches im Jahr 1916 hatte zunächst Frankreich die erdölreiche Gegend um Mossul für sich reklamiert, sie aber 1920 Großbritannien im Gegenzug für die Unterstützung seiner Interessen im Nahen Osten überlassen. Als Atatürk das Land für die Türkei beanspruchte, wurde der Völkerbund eingeschaltet.

68
Im osmanischen Reich die Bezeichnung für eine Provinz (Vilâyet).

Auch der *englische Bergbau* befindet sich in einer schwierigen Lage. Die allgemeine Wirtschaftslage der Welt als Folge des Krieges und der Siegerpsychose, niedergelegt im Versailler Vertrag, und die besonderen Umstände in der englischen Montanindustrie machen sich schwer fühlbar. Auch Regierung und Parlament stehen vor einer schier unlösbaren Aufgabe. Man hat eine „Königliche Kommission" eingesetzt. Sie soll die leidende Kohlenindustrie einer gründlichen Untersuchung unterziehen und Vorschläge zur Besserung vorlegen. Dazu hat sie neun Monate Zeit. Das Arbeitsgebiet dieses Ausschusses ist bei der ihm gestellten Aufgabe ein ganz gewaltiges. Er kann die Frage der Verstaatlichung aufgreifen. Er kann die in England bestehende Abgabe (royalty), die der Unternehmer von jeder Tonne geförderter Kohle mit sechs Pence an den Grundeigentümer bezahlt, beanstanden. Er kann die Löhne der Bergarbeiter heranziehen und Maßnahmen zu deren Schutze fordern, und was nicht alles sonst. Die Hauptfrage wird aber sein, ob die Regierung sich dann um dieses Gutachten kümmert. Wenn die englische Presse der Opposition davon spricht, daß die modernen Kabinette die Tendenz haben, „ihre Probleme auf die Schultern nichtpolitischer Körperschaften abzuwälzen", so sollte man daraus gerade folgern, daß die Kommissionsvorschläge, vorausgesetzt, daß es zu solchen kommt, auch die Basis ihrer Politik bilden. Deutschland besitzt in seinem Reichswirtschaftsrat eine Dauerinstitution für solche Untersuchungen.[69] Auch hier kann man den gleichen Vorgang beobachten. Auch hier kann das Volk Vertrauen zu dessen Arbeiten und eine richtige Wertschätzung derselben erlangen, – wenn sie beachtet werden.

69
Erneut erwähnt hier Hachenburg den Wirtschaftsrat, in dem er als Standesvertreter der Rechtsanwälte saß (s. o. Feb. 1923), als Vorbild auch für das Ausland.

Ein Teil aus dem *Regierungsprogramm der Preissenkung bildet die Aufhebung des Institutes der Geschäftsaufsicht.*[70] (...) Die Verhütung des Konkurses durch den Nachlaßvergleich ist das Primäre. Dieses Verfahren muß geregelt werden. Während desselben bedarf der Schuldner einer Schonzeit. Ist die Einleitung des Akkordes zugelassen, so darf nicht ein einzelner Gläubiger ihn durch Zwangsvollstreckung unmöglich machen. Andererseits bedürfen die Gläubiger einer Sicherheit gegen schädigende Maßnahmen des Schuldners. Sie verdichten sich zu einer Aufsicht. (...) Nun wird das deutsche Konkursrecht doch diesen Weg betreten müssen. Man wird dabei nicht stehen bleiben dürfen. Die Frage, ob wirklich der Gläubiger nach Ausschüttung der Masse den Schuldner sein Leben lang verfolgen darf, wirft sich wieder auf. Haftet ihm wirklich dessen Arbeitskraft neben seinem Kapitale? Ist nicht die alte cessio bonorum,[71] deren Prinzip ja auch heute noch andere Kulturstaaten kennen, doch wirtschaftlich das Richtige? Daß man betrügerische Bankerotteure oder ähnliche schuldhafte Schuldner davon ausschließt, ist selbstverständlich. Aber zu einer Gesundung der Wirtschaft gehört die Befreiung des schuldlosen Gemeinschuldners, der alles, was er hat, ehrlich den Gläubigern bietet. (...)

Wiederum ist dem Reichstage der Entwurf eines Gesetzes zur *Bekämpfung der Geschlechtskrankheiten* zugegangen. (...) Die Verordnung zur Bekämpfung der Geschlechtskrankheiten v. 11. Dez. 1918, die erste, die noch vom Rate der Volksbeauftragten, von der Reichsregierung „Ebert-Haase“, unterzeichnet ist, sprach die

70
Vgl. „Die Ordnung der Krise: Konkurs“, S. 261.

71
Etwas verkürzt denkt Hachenburg hier wohl an die Schuldbefreiung, wie sie etwa im schottischen Recht unter dieser Bezeichnung bekannt ist. Dort allerdings führte die freiwillige „Freigabe seiner Güter“ durch den Schuldner nur zur einer Verschonung von der Haft im Schuldgefängnis. Im Römischen Recht aber blieb der Schuldner zwar zur Zahlung verpflichtet, wenn die Verwertung seines mit der cessio bonorum freigegeben Vermögens nicht zur Befriedigung der Gläubiger ausreichte. Er bekam aber wiederum eine Schutzfrist, solange seine wirtschaftliche Erholung brauchte, und blieb währenddessen in seinem Existenzminimum geschützt.

Strafbarkeit des Beischlafes in Kenntnis oder fahrlässiger Unkenntnis der Geschlechtskrankheit aus. Nach der Mitteilung in der Begründung des Entwurfs wurden im Jahre 1921 wegen dieses Vergehens 653 Personen verurteilt und 251 freigesprochen. Ob dies eine abschreckende Wirkung hatte, wissen wir nicht. Auch wenn Zahlen aus den folgenden Jahren vorlägen, wären die Schlüsse hieraus mit Vorsicht zu ziehen. Unter den 653 Verurteilten waren 542 weibliche Personen. Das gibt zu denken. Es macht auch begreiflich, daß, der Reform des Strafrechtes vorgreifend, der Entw. das Kuppelei- und Dirnenrecht neu regelt. Es ist sehr interessant zu lesen, was die Begründung über die „heimlichen Dirnen" berichtet. Sie findet sich damit ab, daß „die Prostitution, wenigstens in den großen Städten, nicht beseitigt werden kann". Dann muß man den Dirnen auch die Möglichkeit geben, eine Wohnung zu haben. Man kann sie auch nicht mehr dafür allein strafen, daß sie Dirne ist. „Non turpe facit, quia meretrix est",[72] sagt schon der römische Jurist. Ein Stück gesellschaftlicher Heuchelei würde fallen, wenn diese Bestimmungen Gesetz werden. (...)

72 Zu übersetzen etwa mit: „Sie wird nicht deswegen schändlich, weil sie eine Prostituierte ist".

1. Oktober

Der *Völkerbundstag* ist wieder beendet. Deutschland gehört ihm noch nicht an. Daher wird er erst recht bei uns mit kritischen Augen betrachtet. Am wenigsten erfreulich ist sein Verhalten in der Rechtsfrage des *Danziger Briefkastenstreits*. Das sehr eigenartige Gutachten seiner Kommission hat er schlankweg trotz aller Bedenken und Angriffe angenommen. Man will bei der Verhandlung eine Ungeduld der Herren Vertreter gemerkt haben. Die Sache sollte zu Ende kommen. Auch sonst erlebt man wohl, daß ein Gericht, das ein Gutachten anordnete, dieses trotz seiner Mängel dem Urteil zugrunde legt. Aber dann hat die Partei die Berufungsinstanz. War die Sache hier so eilig, daß man die von Danzig geforderte nochmalige Befragung des Haager Schiedsgerichtshofes ablehnen mußte? Dies berührt um so peinlicher, als der Völkerbund in dem Prozesse Türkei gegen England wegen des Mossulgebiets zunächst durch das gleiche Gericht die Vorfrage der Kompetenz prüfen läßt und einen Kommissar nach Mossul sendet.[73] Unwillkürlich wirft sich die Frage auf, was geschehen wäre, hätte Deutschland seinen Eintritt in den Völkerbund vollzogen. Da im Untergrund bei allen auch rein rechtlichen Fragen das politische Empfinden mitbestimmend ist, darf man wohl annehmen, daß hier das deutsche Wort sich auch bemerkbar gemacht hätte. (...)

73
Die Kommission schlug die später auch vom Völkerbund akzeptierte Regelung vor, dass Mossul an das Britische Mandat Irak angeschlossen werde, weil die Mehrheit der Bevölkerung Mossuls Kurden seien. Im Gegenzug sollte jedoch mit der Türkei ein Wirtschaftsabkommen vereinbart werden. Nach Ablauf dieses Mandats 1928 sollte sich diese Phase noch einmal um 25 Jahre verlängern, die Kurden aber Autonomie und kulturelle Rechte erhalten. Anderenfalls sollte Mossul an die Türkei zurückgegeben werden. Vgl. auch „Zahnloser Tiger: Der Völkerbund“, S. 89.

15. Oktober

Nach den vorliegenden Berichten wurden im Monat August mit Frankreich 131 Verträge über *Reparationssachlieferungen* im Werte von 7,3 Millionen RM. und mit Belgien 6 Verträge mit einem Betrage von 217 000 RM. getätigt. Der größte französische Auftrag hat 100 000 hl Alkohol im Werte von 2,8 Millionen RM. zum Gegenstande. Er ist von der Regierung erteilt. Die anderen 130 Abschlüsse drehen sich um geringere Summen.

Der größte, über Gußeisenwaren, erreicht 437 000 RM. Diese Waren, abgesehen von der Alkoholbestellung, gehen an Wiederaufbauberechtigte. Belgien kennt nur Staatsaufträge. Die Zahlen und die Gegenstände der Bestellungen sind sehr interessant. Man sieht den Zwiespalt der Gefühle bei den Sachlieferungen. Bleiben sie aus, so steigen die Reparationsgeldleistungen. Aber hier macht sich die Schwierigkeit der Durchführung bemerkbar. Bis zum Treuhänder gehen die Gelder glatt. Aber bei der Transferfrage bleiben sie stecken.[74] Steigert man aber die Sachlieferungen, so fördert man die deutsche Industrie und benachteiligt die einheimische. Ein unlösbares Dilemma. Das letzte Wort in der Reparationsfrage ist noch nicht gesprochen. (...)

In den Vereinigten Staaten von Amerika tritt am 1. Jan. 1926 der „*United States Arbitration Act“ in Kraft. Durch dieses Gesetz wird die Vereinbarung von Schiedsgerichten gestattet.*[75] Bisher war dies in den meisten Staaten der Union nicht erlaubt. Das amerikanische Recht hat grundsätzlich Schiedsgerichtsverträge nicht anerkannt. Die Staatsgerichte konnten in ihrer Zuständigkeit nicht umgangen werden. Das erste „Arbitrationsgesetz“ hat der Staat New York i. J. 1920 erlassen. Andere Staaten folgten. Nun ist das Bundesgesetz für die Vereinigten Staaten geschaffen worden. Es läßt aber die Schiedsgerichte nicht schlechthin zu. Sie sind für den Handelsverkehr bestimmt. Auch hier ist ihre Kompetenz nur auf alle Streitigkeiten aus dem Seeverkehr, auf den zwischenstaatlichen oder Auslandshandel beschränkt. Streitigkeiten aus dem Gütertransport sind besonders ausgeschlossen. Sachlich muß es

74
Das war die Auswirkung der Lösung des Dawes-Plans, einen alliierten Treuhänder für Deutschland einzusetzen, der prüfen musste, ob bei einem Transfer der durch die Reichsregierung bereitgestellten Reparationszahlungen eine Gefährdung der deutschen Währung ausgeschlossen werden konnte. Diese Prüfung, die der deutschen Wirtschaft (Währungs-)Stabilität geben sollte, kostete Zeit. Nicht zuletzt aus diesem Grund wurde sie 1930 im Young-Plan wieder abgeschafft.

75
Schiedsgerichte sind nichtstaatliche Gerichte, die angerufen werden können, wenn die Vertragsparteien das vereinbart haben. Als Mittel zur Streitschlichtung haben sie vor allem für größere Unternehmen Vorteile, da sie häufig schneller und ohne Instanzenzug entscheiden, nicht öffentlich arbeiten und die Schiedsrichter branchenspezifische Kenntnisse haben. In den USA waren ihre Urteile auf der Grundlage des Common Law allerdings nicht vollstreckbar und damit wenig attraktiv. Dies wurde u.a. durch dieses Gesetz, das als Federal Arbitration Act (FAA) besser bekannt ist, geändert. Heute finden sie bei Wirtschaftsstreitigkeiten eine breite Anwendung. Hachenburg berichtete schon im Septemberheft (hier nicht abgedruckt), dass auch in Deutschland die vermehrte Einführung von Schiedsgerichten diskutiert werde.

sich um mindestens 3000 Dollar Streitwert handeln. Diese Schiedsgerichte sind dann als selbständig mit gerichtlichen Eigenschaften ausgestattet. So haben sie auch das Recht der Zeugenladung. Ihre Entscheidungen sind endgültig. Abweichend vom deutschen System ist die Berichtigung von augenscheinlichen Rechenfehlern den Gerichten gestattet. Die Ursache dieser Schiedsgerichte in den Vereinigten Staaten soll in einer Anhäufung von Klagen bei den ordentlichen Gerichten bestehen. Bei dem Obergericht von New York waren, wie berichtet wird, am 1. Jan. 1924 27 000 unerledigte Fälle anhängig. Mehr als 10 000 kann das Gericht im Jahre nicht erledigen. Man rechnet also, daß es wenigstens drei Jahre dauert, bevor eine Klage zur Verhandlung kommt. Merkwürdig ist auch, daß trotzdem der Schiedsgerichtsgedanke sich erst allmählich Eingang verschafft. (...)

Mit der Frage der *Aufwertung* beginnt auch die Reaktion derer, die in der Inflationszeit gegen Papierbeträge Sachwerte veräußerten. Man wußte früher schon, wie sich die deutsche Papiermark zum Golddollar verhält. Man war aber durch die hohen Zahlen bei der ersteren und die schwankende Tendenz getäuscht. Jetzt erkennen zahlreiche Verkäufer, wie sie gegen Bagatellbeträge wertvolle Objekte verschleudert haben. Bei den Beratungen des Aufwertungsgesetzes trat der Gedanke wiederholt zutage, daß eine Berichtigung des vereinbarten Kaufpreises von diesem Gesichtspunkte aus zurückzuweisen sei. Eine Revision der Beträge vom Standpunkte des unangemessenen Entgeltes aus kann nicht zugelassen werden. Nun versucht man den Angriff auf dem Wege der Anfechtung wegen Irrtums. Das Reichsgericht (Urt. v. 11. Juli 1925) hat auch dies für unmöglich erklärt. Wenn der Anfechtende sich in einem Irrtum über den Kaufpreis des Geldes befunden habe, so handle es sich nicht um eine Eigenschaft des Geldes, sondern um das Urteil des Verkehrs darüber, welchen Tauschwert das Geld hatte. Das gehöre aber nicht zu einer Eigenschaft des Empfängers. Es liege nur ein Irrtum im Beweggrunde, nicht aber über eine Eigenschaft der Sache vor.[76] Vom wirtschaftlichen Gesichtspunkt aus ist dieses Urteil zu begrüßen. So sehr man mit den Opfern der Inflationszeit fühlt, so peinlich man es empfindet, daß bei Verkäufen in der Tat der Papiermarkpreis ein Nichts war, so erscheint es doch für die deutsche Wirtschaft unmöglich, in eine rückwirkende Prüfung der Angemessenheit einzutreten. Das hätte eine schwere Unsicherheit und Verwirrung zur Folge. Das deutsche Wirtschaftsleben muß aber sorgfältig vor derartigen Stößen bewahrt werden. Die Entscheidung des Reichsgerichts trägt auch juristisch das wirtschaftlich Notwendige in sich. Man darf sich freilich nicht verhehlen, daß, wenn der Druck der gesamten Wirtschaftslage nach der anderen Richtung gegangen wäre, man auch die Entscheidung auf Grund des § 119 Abs. 2 zugunsten des Anfechtenden hätte begründen können. Auch das Reichsgericht hat schon beim Irrtum im Beweggrund den Anfechtungsirrtum angenommen, namentlich dann, wenn beide Teile die gleiche Voraussetzung zum Ausdruck brachten. (...)

76
Sog. Motivirrtümer berechtigen nach deutschem Recht nicht zur Anfechtung. Warum jemand ein bestimmtes Geschäft eingegangen ist, hat keinerlei rechtliche Relevanz; lediglich die – davon im Einzelfall oft nur schwer abgrenzbare – Frage nach dem genauen Inhalt des Geschäfts ist von juristischer Bedeutung.

1. November

Versailles – London – Locarno! In diesen drei Städtenamen liegt ein gewaltiges Stück Geschichte der Menschheit. Wenn heute wieder ein Dichter einen Romanzyklus „Trois villes“[77] schreiben wollte, er könnte eine Fülle von Stoff auch jetzt wieder finden. Kennzeichnend für die Stellung Deutschlands zu den ehemaligen Feindstaaten ist die Wahl dieser Orte. Zuerst Frankreich, dann England und zuletzt die neutrale Schweiz. Zuerst die völlige Absonderung der deutschen Vertreter, die man ängstlich verborgen hält, deren Schritte man überwacht und mit denen man als hochmütiger Sieger verkehrt. In London eine Annäherung, aber immer noch nicht frei von gegenseitigem Mißtrauen und ohne persönlichen freien Verkehr. Locarno bringt die volle Gleichstellung. Man hat aufgehört, den früheren Gegner als Feind zu behandeln. Auch die französischen Delegierten müssen, ob freiwillig, ob mitgerissen, die Deutschen als ebenbürtige Kontrahenten behandeln. Daraus floß von selbst die Möglichkeit der Verständigung. Sie hat durch die Schaffung des Garantievertrages zwischen Deutschland und Frankreich und Belgien eine beiderseitige, freiwillige Regelung der Westgrenze Deutschlands endgültig herbeigeführt. Man weiß beiderseits, daß eine andere Lösung nicht möglich ist. Daraus ergeben sich dann von selbst die Aenderungen des Versailler Vertrages. Es ist zwecklos, die Kriegsschuldfrage auch jetzt wieder theoretisch in den Vordergrund zu stellen. Man kann hier nicht logisch deduktiv verfahren. Gewiß wäre es das Folgerichtigste, die Schuldformel zu streichen.

77
Gemeint ist vermutlich Émile Zolas Romanzyklus „Trois Villes“ in denen die Städte Lourdes für religiöse Illusion (1894), Rom für die Reformunfähigkeit des Katholizismus (1896) und schließlich Paris für den modernen Glauben an die Wissenschaft (1898) den Hintergrund für eine Entwicklungsgeschichte geben.

Denn dann müßten alle daraus abgeleiteten Konsequenzen fallen. Allein, auch hier muß mit der praktischen Möglichkeit gerechnet werden. Sie führt zu der induktiven Methode. Die Ereignisse werden mit Naturnotwendigkeit Stück für Stück die Uebergriffe des Versailler Vertrages beseitigen. Dann ergibt sich daraus schließlich von selbst, daß die Rechtfertigung dieser Bestimmungen, die Kriegsschuldlüge, vernichtet wird. Sie wird eines Tages verschwunden sein, ohne daß man noch darum zu kämpfen braucht. „In desuetudinem abit"[78] sagt der alte Gaius. (...)

78
Zu übersetzen etwa mit: „durch Nichtgebrauch verschwindet es".

Während in Locarno die Grundlagen zu einer Befriedung Europas durch eine Verständigung der früheren Gegner gelegt wurden und in manchen temperamentvollen Köpfen schon die Vereinigten Staaten von Europa in der Ferne auftauchen, tagte in Genf ein *internationaler Kongreß der nationalen Minderheiten.*[79] Hier trafen sich keine amtlichen Staatenvertreter. Für die Minderheiten in einem national gemischten Lande gibt es nur freiwillige Zusammenkünfte. Ihr Zusammenschluß wird ihre Stimmen verstärken. Das *Selbstbestimmungsrecht* der Völker, das berühmte Schlagwort der Entente, das nach dem Kriege so rasch vergessen wurde, hat heute keine Aussicht, in dem Sinne verwirklicht zu werden, daß die Völkersplitter sich aus dem Körper des Staates, in den sie eingefügt sind, lösen. Praktisch wird dies auch nie restlos durchgeführt werden können. Es war klug, daß der Kongreß sich auf die Frage des Selbstverwaltungsprinzips beschränkte. Er fordert die Berechtigung der nationalen Minderheiten in allen europäischen Staaten, in eigenen öffentlich-

79
Gemeint ist der „Europäische Nationalitätenkongreß", der im Oktober 1925 in Genf gegründet wurde und bis 1938 Bestand hatte. In dieser Zeit kam es jährlich zu Delegiertentreffen, an denen Vertreter von bis zu 33 Ländern teilnahmen.

rechtlichen Körperschaften ihr Volkstum zu pflegen und zu entwickeln. Vom Völkerbunde erwartet man, daß er diese Forderungen verwirklichen hilft. Man darf hinzufügen, daß sehr vieles die Majoritäten durch die Behandlung ihrer Minoritäten zugunsten der in einem fremden Staate lebenden Volksgenossen beitragen können. Am besten wäre es freilich, wenn es keiner besonderen Fürsorge für die Minoritäten mehr bedürfte, sondern jeder Staat, jede Gruppe auch ohne gesetzliche Vorschrift in ihrer Eigenart denken und leben könnte. Das wird aber zunächst nur auf dem Wege des rechtlichen Zwanges erreicht werden können. Dann erst kommt das Moralische als selbstverständlich.

Der *italienische* Justizminister hat dem Ministerrat den Entwurf eines *Gesetzes über die Gerichtssprache* vorgelegt. Danach muß in Zivil- und Strafprozessen die italienische Sprache angewendet werden. Alle Rechtsakte in anderer Sprache sollen ungültig sein. Noch ist es ungewiß, ob sich das Kabinett dem anschließt. Wahrscheinlich ist es nach allem, was man über die Vorgänge in Deutsch-Südtirol hört. Die Franzosen sind im Elsaß nachsichtiger. Dort dürfen sich die Bewohner rühren und den zweisprachigen Schulunterricht und die zweisprachige Gerichtsverhandlung fordern. Für die Deutschen in Südtirol muß das freie Deutschtum allerorts, müßte die ganze Kulturwelt Protest erheben. Hat man denn in Italien aus dem Schicksale der russischen Ostseeprovinzen, aus den polnischen Landesteilen Preußens, aus der eigenen Irredenta[80] nichts gelernt? Weiß man denn nicht, daß dies Verbot der eigenen Sprache im Gerichtsgebrauche eine Verkümmerung

80 Die nationale Bewegung in Italien, in der es darum ging, die ehemals österreichischen Gebiete Trients und Triests an Italien anzuschließen („irredenta“ – noch unbefreit). Die Ideologie des „Irredentismus“ findet in der späteren „Heim-ins-Reich“ Politik Hitlers ihre Entsprechung.

des Rechtes ist? Sonderbar, daß die Staaten, die vor dem Kriege über die Unterdrückung ihrer Stammeszugehörigen in fremden Gebieten lärmende Beschwerden führten, jetzt das gleiche Bild in verschärfter Weise zeigen. Hier darf man sich nicht damit beruhigen, daß die Natur der Völker so geartet sei. Auch nicht, daß hier eine Erscheinung des Faschismus vorliege, die vorübergehe. Jetzt schon muß man das Unrecht in die Welt hinausschreien. Vielleicht wird der „Duce" Italiens und seine Genossen dann doch bedenklich. Sollen fremdsprachige Volksteile die Einfügung in ein anderes Staatsgebilde ertragen, so muß ihr Leben erträglich sein. Sonst ist die Loslösung unvermeidlich.

Vor dem Schöffengericht München schwebt ein Strafprozeß im Wege der Privatklage des Herausgebers der „Süddeutschen Monatshefte" Coßmann gegen den Redakteur der „Münchener Post" Gruber.[81] Den eigentlichen Inhalt des Verfahrens bildet die tief in das Leben des deutschen Volkes einschneidende Frage nach der *Ursache des deutschen Zusammenbruchs*. Prof. Coßmann vertritt die These, die unter dem Schlagwort des „Dolchstoßes von hinten" zusammengefaßt wird. Sein Gegner wirft ihm Geschichtsfälschung vor. Von beiden Seiten werden Beweise angetreten. Zeugen und Sachverständige werden gehört. Dann werden Kläger und Beklagter ihre Ausführungen machen. Wie der Prozeß ausgeht, läßt sich heute nicht sagen. Es ist auch für die Allgemeinheit gleichgültig. Für solche Urteile ist kein Gericht zuständig als das der Geschichte. Auch nach Jahren kann man erleben, daß die entgegengesetzten Standpunkte in wissenschaftlichen Arbeiten

81
Hier handelt es sich um den sog. „Dolchstoßprozess", dessen Urteil am 10. Nov. 1925 verkündet wurde. Der konservativ-monarchistische Paul Cossmann (1869–1942) verfolgte dabei den sozialdemokratischen Journalisten und Politiker Martin Gruber (1866–1936), der Cossmanns These vom Verrat der Heimatfront – insbesondere durch die SPD – als „Geschichtsverfälschung" bezeichnet hatte. Das Verfahren wurde zu einer Art Generaldebatte über die Ursachen der Kriegsniederlage von 1918; zahlreiche hohe Amtsträger und Militärs wurden als Zeugen gehört. Am Ende wurde Gruber für schuldig befunden und mit einer Geldstrafe von 3000,– RM sanktioniert: Das Gericht hielt die Dolchstoßlegende zwar für falsch, konzedierte jedoch, Cossmann sei einem „Irrtum" aufgesessen, weshalb der Vorwurf der Lüge nicht haltbar sei. Unter der nationalsozialistischen Herrschaft wurde der Katholik Cossmann wegen seiner jüdischen Abstammung und monarchistischen Haltung mehrfach verhaftet und schließlich ins KZ Theresienstadt verschleppt, wo er verstarb.

verteidigt werden. Rein lösbar ist das Problem wohl überhaupt nicht. Kein Vorgang bedingt allem den anderen. Er wird auch von diesem beeinflußt. Hat der Niederbruch des Heeres die Revolution, hat diese jenen hervorgerufen? Beide stehen in unlösbarem Zusammenhange. Man sollte es aufgeben, geschichtliche Entwicklungen durch schöffengerichtliche Entscheidungen bewerten zu lassen.

Am 11. Okt. tagten in Berlin die Organisationen des geistigen und künstlerischen Schaffens. Die Kundgebung richtet sich namentlich gegen die *Beschlagnahme von literarischen Werken* und die Verurteilung von Schauspielern wegen Landesverrates, begangen durch Vorträge von Gedichten. Ein in der Versammlung verlesener Brief Gerhart Hauptmanns wünscht dem deutschen Richter auf politischem Gebiete einen „leidenschaftslosen und vor allem parteilosen Blick und ein wohlgeschultes Sehen in richtiger Proportion“. Ich glaube, daß das auch die Juristen unterschreiben werden. Nur ist es nicht so leicht, die eigene Weltanschauung und politische Einstellung, die man sich ein ganzes Leben lang gebildet hat, auszuschalten. Jedes Vergehen muß gewertet werden. Alle Werturteile fließen bewußt oder unbewußt aus dem ganzen Wesen des Wertenden. Es gehört eine ungeheure Energie dazu, sich bei politischen Straftaten in die Seele der andern zu versetzen. Dazu werden nur wenige abgeklärt genug sein. Das ist sicher nicht gut. Aber eine jede Uebergangsepoche zeitigt solche Erscheinungen. Ich will auch nicht sagen, daß die öffentliche Meinung still sein soll. Die Betroffenen mögen, ja sie müssen ihre Stimme erheben, damit eine

Ausgleichung eintritt. Nur muß man die heutige Lage der Richter verstehen. Es mag auch sein, daß bei manchen der von den Künstlern besprochenen Fälle mit Kanonen nach Spatzen geschossen wurde. Aber kann man dann nicht das gleiche ihnen sagen? Und geht bei ihnen nicht auch im Mitgefühl mit ihren Berufsgenossen das Temperament zu weit und verlieren sie nicht auch „das wohlgeschulte Sehen in der richtigen Proportion"? (...)

15. November

Nun hat der *Völkerbund doch seinen Befähigungsnachweis* erbracht. Zwischen *Bulgarien* und *Griechenland* war wieder eine der nachbarlichen Streitigkeiten ausgebrochen, die auf dem Balkan so häufig sind und deren Auswirkungen niemand voraussehen kann. Der Völkerbundsrat trat sofort zusammen. Sein Gebot erreichte sofortige Waffenniederlegung. Jede von beiden Parteien behauptet, unschuldig angegriffen zu sein. Das soll jetzt durch eine Sonderkommission untersucht werden. Auch der Schaden, den der eine dem andern zufügte. Beide Vertreter dankten dem Völkerbunde. Jeder versprach die Anerkennung des zu erwartenden Spruches. Die Häupter des Rates lobten den Völkerbund. Auch die zankenden Nachbarn bekamen ein gutes Zeugnis. Briand, der Vorsitzende, sprach von zwei Mitgliedern einer Familie, die sich in einer Frage nicht einig waren und an den Familienrat appellierten. Allerdings hatte sich die Uneinigkeit etwas handgreiflicher gestaltet und Menschenleben gekostet und ausgeplünderte Dörfer.

Und der Appell war kein ganz freiwilliger. Aber er war doch da. Und schon am 30. Okt. ging man befriedigt auseinander. Es liegt freilich nur ein Konflikt zwischen zwei kleinen Staaten vor. Keiner hatte mehr den Mut, der Gesamtheit dieser zu trotzen. Schon deshalb, weil er nicht in einer der Großmächte eine geheime Rückenstärkung hatte. Je mehr sich aber diese Beispiele häufen, desto stärker wird die Stellung des Völkerbundes. Auch die Großen dürfen keine andere Behandlung verlangen als die Kleinen. So wird die Gerichtspraxis ein neues Friedensrecht schaffen.[82]

82
Einer der wenigen Stellen, an denen Hachenburg sich positiv über den Völkerbund äußert (vgl. auch „Zahnloser Tiger: Der Völkerbund", S. 89).

Das *Notverordnungsrecht des Reichspräsidenten* zur Wiederherstellung der öffentlichen Ordnung und Sicherheit scheint jetzt zur Ruhe gekommen zu sein. Die Stabilisierung der Wirtschaft wirkt sich auch hier aus. Steuerreform und Aufwertung sind vorüber. In absehbarer Zeit ist wohl ein dringendes Bedürfnis für Notverordnungen in der bisherigen Weise nicht gegeben. Um so besser ist die Zeit jetzt geeignet, diese Materie zu regeln. Die Regierung hat dem Reichstage eine Vorlage, die eine Aenderung der Verfassung bedeutet, unterbreitet.[83] (...)

83
Zu einer Änderung des Art. 48 WRV kam es nicht. Tatsächlich aber endeten die Notverordnungen nach ihrem massiven Einsatz in den ersten Jahren der Weimarer Republik. Als nach dem Ende der letzten Großen Koalition im März 1930 sich die Regierungskabinette nicht mehr auf eine Mehrheit im Parlament stützen und nur mit Hilfe der präsidialen Notverordnungen regieren konnten (sog. „Präsidialkabinette), stieg ihre Zahl dann wieder bis zur Reichstagsbrandverordnung vom 28. Feb. 1933, der legislativen Wahlkampfhilfe zur plebiszitär legitimierten Machtübernahme der Nationalsozialisten am 5. März 1933. Vgl. „Im Zwielicht: Notverordnungen", S. 339.

Das *Arbeitsgerichtsgesetz* steht fortgesetzt im Mittelpunkt der Debatten. Angliederung an die ordentlichen Gerichte und Zulassung der Rechtsanwaltschaft oder Sondergericht und Ausschluß der Rechtsanwälte. Das ist die Frage. Die Argumente auf beiden Seiten sind bekannt. Aber wie häufig, ist auch hier die Sprache das Mittel, die Gedanken zu verbergen. In der „Gewerkschaftszeitung" v. 4. April ist ein Aufsatz „Richter,

Rechtsanwälte und Arbeitsgerichte" zu lesen. Verfasser ist offenbar ein Gewerkschaftssekretär. Man kann allen Beteiligten dessen Lektüre empfehlen. Dort heißt es: „Die abfällige Bemerkung vieler Rechtsanwälte und Richter, das Recht dürfe nicht politisch sein, ist im Arbeitsrecht eine sinnlose Redensart. *Wenn es nicht politisch ist, ist es gar nicht.*" Und weiter: „Man kann unternehmersozial und arbeitnehmersozial sein, ‚überirdisch objektiv sozial' kann man jedenfalls nicht sein, man kann es sich allenfalls einbilden." Ich glaube, man muß dem Verfasser dankbar sein für diese Offenheit. Die Arbeitsgerichte werden nicht als Institute der Rechtspflege, sondern als politisches Machtmittel gedacht. Man rechnet auf die Sympathie der Vorsitzenden für die Arbeitnehmer. Es kann freilich auch umgekehrt kommen. Aber jedenfalls, je nach der politischen Konstellation und der politischen Strömung werden die Arbeitsgerichte in deren Dienst gestellt. Man fürchtet von den Richtern und Rechtsanwälten einen Widerstand gegen diese Richtung. Wo ist aber die Grenze? Sind die Strafgerichte nicht auch von Natur aus politisch? Und wenn diese, weshalb nicht auch die Zivilgerichte, die über Hypotheken und Ehescheidung, über Gesellschaften und über den Pflichtteil entscheiden. Politische Gerichte sind keine Gerichte. Der Kampf der Gewerkschaften um die Sonderarbeitsgerichte ist ein Vorstoß gegen das Recht. Vielleicht wird auch das Reichsarbeitsministerium etwas nachdenklich, und der Justizminister kommt zum Worte.[84] (...)

84
Teileigenständige (nämlich nur erstinstanzliche) Arbeitsgerichte wurden 1926 eingeführt. In der Bundesrepublik wurden dann 1953 die Arbeitsgerichte endgültig eigenständige Fachgerichtsbarkeit.

1. Dezember

An dem Tage, an dem dies Heft der DJZ. erscheint, soll der *Locarno-Vertrag in London feierlich unterzeichnet werden.* Schon vor der Genehmigung im Reichstag hatte die französische Regierung ihr Wort eingelöst und die Milderung der Besatzung des Rheinlandes eingeleitet. Die Note des französischen Außenministers gab die allgemeinen Richtlinien. (...) Der Vertrag von Locarno ist im englischen Unterhaus mit großer Mehrheit gutgeheißen worden. Die Ausführungen der Parteiführer haben nichts wesentlich Neues gebracht. Die Häupter der Opposition mußten sich sichtlich bemühen, neben ihrer grundsätzlichen Zustimmung etwas zu finden, was zum Widerspruch berechtigte. Interessant war die Kritik Lloyd Georges. Er vermißte in dem Vertrage die deutliche Festsetzung, daß alle möglichen Streitfragen, auch solche, die von dem Friedensvertrage ausgingen, ausschließlich der Schiedsgerichtsbarkeit unterworfen sein sollen. Er gab eine Auslegung des Vertrages von Versailles. Er betonte, daß dieser selbst seine eigene Revision vorsehe. Er wies wieder auf das Ruhrabenteuer hin. Er wünschte zu wissen, wie die Bestimmungen des Locarno-Vertrages über die Vorgänge der Vergangenheit aufzufassen seien. Der englische Außenminister konnte ihm befriedigende Antwort erteilen.[85] Nur was als erledigt anzusehen ist, kann nicht mehr nachträglich vor ein Schiedsgericht gebracht werden. Alle neuauftauchenden Fragen, auch aus dem Vertrage von Versailles, gehören nunmehr ausschließlich vor dieses. Den Bescheid hätte sich Lloyd George selbst geben können. Man hat auch hier wieder

85 Das war Austen Chamberlain, 1863–1937, Postminister 1902–1903, Finanzminister 1919–1921 und Außenminister 1924–1929. Gemeinsam mit Charles Dawes erhielt er für seine Verdienste um die europäische Nachkriegsordnung 1925 den Friedensnobelpreis.

das Gefühl, daß er sein eigenes Werk, den Vertrag von Versailles, heute mit etwas anderen Augen ansieht als im Jahre 1919. All seine Reden im Parlament und seine Aeußerungen in der Presse machen den Eindruck der Selbstberuhigung gegenüber den eigenen Vorwürfen. Davon aber, daß er mitgeholfen hat, den Vertrag von Versailles zu diktieren, kann ihn weder sein eigenes Gewissen noch ein Parlamentsbeschluß freimachen. Die jetzt von ihm gezeigte tätige Reue mag ein milderndes Urteil in der Geschichte hervorrufen. Schuldlos wird er nicht erscheinen. (...)

Viele unter uns erinnern sich des Strafverfahrens vor dem Schwurgericht Karlsruhe gegen den Rechtsanwalt *Carl Hau.*[86] Er wurde wegen Ermordung seiner Schwiegermutter zum Tode verurteilt, dann zu lebenslänglichem Zuchthaus begnadigt. Nach Verbüßung von 17 Jahren wurde er entlassen. Er betreibt eine Wiederaufnahme seines Prozesses. Das ist sein gutes Recht. Und wenn er sich wirklich unschuldig fühlt, sogar seine Pflicht. Nicht aber gehört es hierzu, daß er jetzt in zahlreichen Einzelschriften journalistischer Aufmachung Teile des Prozesses und der Strafzeit vor das Publikum bringt. Bei der Entlassung aus dem Zuchthaus, die ein halbes Jahr vor der durch Amnestie festgesetzten Zeit erfolgte, hatte Hau einen Revers unterzeichnet. Er enthält auch die Zusage, sich sensationeller Berichte zu enthalten. Nach dem Erscheinen seiner Schriften hat der badische Justizminister diese auf Wohlverhalten erfolgte frühere Entlassung widerrufen. Sofort bemächtigte sich die Tagespresse des Falles. Das Gefühl für den Verurteilten überwog. Man warf der badischen Justizverwaltung

86
Bekannt geworden ist dieser Fall auch durch den mehrfach verfilmten Besteller-Roman von Jakob Wassermann „Der Fall Maurizius“ aus dem Jahr 1928.

Kleinlichkeit vor, ja, auch den Verstoß gegen die guten Sitten. Man bestritt, daß die Veröffentlichungen Haus sensationell seien usw. Ich glaube, daß man diesen Fall mit mehr Ruhe und weniger Gefühl beurteilen sollte. Offenbar kannte man die Einstellungen Haus. Man vermutete, daß er sofort zur Feder greife und in subjektiver Weise, zu Zwecken seines Prozesses oder des Gelderwerbes, seine Erlebnisse darstellen werde. Man hat sich nicht darin, aber in der Person Haus getäuscht, als man annahm, er werde sich an eine solche Zusage gebunden halten. Einen anderen Vorwurf aber kann man weder der Staatsanwaltschaft noch dem Minister machen. Es ist selbstverständlich, daß sie eine Mißachtung der gegebenen Zusage nicht stillschweigend hinnehmen können. Ich vermute fast, daß viele, die sich für Hau ereifern, die von ihm verfaßten Schriften und die Zeitungsartikel nicht gelesen haben. Man würde vielleicht sich sonst etwas weniger sentimental äußern. Als Oskar Wilde aus dem Zuchthaus zu Reading entlassen wurde, erschien wenige Tage nachher in einer der verbreitetsten Londoner Zeitungen, der Daily Chronicle, in Form eines Briefes ein Artikel aus seiner Feder. Auch er knüpfte an die Erlebnisse im Zuchthaus an. Aber nicht von sich selbst sprach er, trotz der Leiden, die er erduldet hatte. Er redete von den Kindern, die er als Untersuchungs- und Strafgefangener gesehen und deren Leiden ihm ans Herz gegangen waren. Und trotzdem die Londoner Gesellschaft Oskar Wilde in Bann getan hatte und in ihm nur noch den verurteilten Sittlichkeitsverbrecher sah, gegen dieses Schreiben erhob niemand Einspruch. Das Mitgefühl mit anderen, von dem Wildes Ausführungen getragen war, fand Widerhall. Auch Wildes Brief war eine Sensation. Man vergleiche damit die Berichte von Hau. Man wird verstehen, warum ihnen nicht die gleiche Bewertung zuteil werden kann.

Man hat erlebt, daß *zum Tode verurteilte Verbrecher* resigniert die Strafe hinnahmen. Manche auch erdulden sie als Sühne für ihre Tat. Sehr selten aber ereignet es sich, daß einer dafür streitet, hingerichtet zu werden. Das Schwurgericht beim Landgericht I Berlin hat einen noch jugendlichen Mörder Otto Leer, pflichtgemäß zum Tode verurteilt. Der Verurteilte verzichtete sofort auf Revision. Er wollte auch keine Gnade. Er wünschte zu sterben. Der Verteidiger hatte, seiner Ueberzeugung entsprechend, die Verurteilung nur wegen Totschlags beantragt. Er reichte gegen den Willen des Verurteilten ein Gnadengesuch ein. Er hatte Erfolg. Das preuß. Staatsministerium sah offenbar den Fall milder an als der Täter selbst. Dieser besteht aber auf dem Vollzuge der Todesstrafe. Seinem Verteidiger macht er schwere Vorwürfe. Es gibt aber keinen Verzicht auf die Folgen der Gnade. Das Todesurteil ist in lebenslängliches Zuchthaus umgeändert. Es besteht nicht mehr. Der Verteidiger hat gemäß der Aufgabe seines Berufes als Mitglied der Rechtsordnung gehandelt. Auch gegen den Willen seines Klienten durfte er in einem solchen Falle die Gnade anrufen. Er mußte es, wenn nach seiner psychologischen Erfassung des Falles die Vernichtung eines Menschenlebens ungerechtfertigt war, obwohl oder gerade weil der Verbrecher es wegwerfen wollte. Auch bei solchen Vorgängen ist der Rechtsanwalt nur seinem Gewissen verantwortlich. Wie sonst einem

Selbstmörder gegenüber verlangt es bei dem lebensmüden Verurteilten ein Dazwischentreten.

Der deutsche Sprachverein[87] tagte am 24/25. Okt. in Frankfurt a. M. Ein Zweigverein hatte den Antrag gestellt, die Reichsregierung um die Ausarbeitung eines *Gesetzes zum Schutze der deutschen Sprache* zu ersuchen. Dem entsprach man nicht. Angenommen wurde der Antrag, bei der Reichsregierung „nachdrücklich" die Bestellung eines Reichssprachwartes zu betreiben. Seine Aufgabe scheint man wesentlich in der Förderung der Aufgaben des deutschen Sprachvereins zu sehen. Die Arbeiten der deutschen Sprachvereine sind sicher dankens-und unterstützungswert. Die Reinheit der eigenen Sprache in maßvollen Grenzen zu wahren, ist die Pflicht eines jeden Deutschen. Nur muß man nicht glauben, daß dies durch Gesetze und Verordnungen geschehen kann. Man kann doch nicht wohl an den Gebrauch von Fremdwörtern eine Geldstrafe setzen. Man kann die Behörden nicht anweisen, alle Eingaben, die nicht rein deutsch sind, zurückzuweisen. Man kann nicht Urkunden, die Fremdwörter enthalten, für nichtig erklären. Der Gedanke eines Eingreifens der Gesetzgebung ist völlig unausführbar. Aber auch von dem Reichssprachwart darf man sich nichts erwarten. Auch im Verwaltungswege ist der Staat nicht in der Lage, einen kulturellen Vorgang zu regeln. Die Entwicklung der Sprache entspricht der Entwicklung des Volkes. Je mehr es sich seiner Eigenart bewußt wird, desto mehr wird es fremde Bestandteile als unnötig empfinden. Das kann man durch Belehrung und durch Vorbild fördern. Die Erkenntnis und die

87
Der Deutsche Sprachverein wurde als Allgemeiner Deutscher Sprachverein 1885 gegründet und wandte sich gegen das „Fremdwörterunwesen", seinerzeit vor allem gegen Entlehnungen aus dem Französischen.

Einstellung hierauf wird sich dann im Laufe der Zeit von selbst vollziehen.

15. Dezember

Am 27. Nov. hat der *Reichstag die Locarnogesetze* angenommen. Damit wurde der Regierung sowohl die Vollmacht zur Unterzeichnung der Sicherheits- und Schiedsgerichtsverträge, als auch die Ermächtigung zum Eintritt Deutschlands in den Völkerbund erteilt. Daß alle Parteien ihren jeweiligen Standpunkt betonten, ist selbstverständlich. Auch die Unterliegenden haben das Recht, an das Urteil der Geschichte zu appellieren. Man kann auch verstehen, daß sie in beiden Teilen des Gesetzesvorschlages eine Verfassungsänderung sehen wollten. Das ruhig vorgetragene Rechtsgutachten des Vertreters des Reichsjustizministeriums zeigte zwar die rechtliche Unhaltbarkeit dieses Standpunktes. Aber im politischen Parteikampf kommt es auf die juristische Richtigkeit nicht an.[88]

88
Die Locarno-Verträge waren innenpolitisch in Deutschland sowohl von rechts als auch von links hoch umstritten. So war aus Protest schon am 25. Okt. 1925 die DNVP aus der Regierung Luther ausgetreten. Dafür stimmte die SPD allerdings für die Verträge, die keine Verfassungsänderung und also auch keine Zweidrittelmehrheit benötigten. Nach der Unterzeichnung trat das gesamte Kabinett zurück, um Platz für eine neue Mehrheitsbildung zu machen.

Der *Barmatausschuß* des Reichstages hat, dem Vorschlage des Unterausschusses folgend, seine Arbeiten ausgesetzt, bis die Staatsanwaltschaft die Entscheidung trifft und entweder Anklage erhebt oder beantragt, die Angeschuldigten außer Verfolgung zu setzen. (...) Das ruft von neuem die Frage wieder wach, ob er nicht von Anfang an sich zu diesem Standpunkte hätte bekennen sollen. Ein gleichzeitiges Untersuchen des gleichen Vorfalles durch Staatsanwaltschaft und Gericht und durch eine politische Körperschaft muß Störungen hervorrufen. Allerdings sind beiden verschiedene Aufgaben gestellt. Aber gerade deshalb muß den Organen der Rechtspflege der Vortritt bleiben. Die gerichtliche Untersuchung aber darf nicht unter den Einfluß politischer Strömungen geraten. Man kämpft mit Recht gegen den Richter als Politiker. Aber noch gefährlicher ist der Politiker als Richter. (...)

Dem Reichsrat liegt der Entwurf eines Gesetzes *über „die unehelichen Kinder und die Annahme an Kindes Statt“* vor. Auf Wunsch des „federführenden“ Reichsjustizministeriums hat das Reichsarbeitsministerium ihn ausnahmsweise im Reichsarbeitsblatt veröffentlicht. Man nimmt also offenbar an, daß dieses Gesetz gerade für das Recht der arbeitenden Klasse von besonderer Bedeutung ist. Selbstverständlich gilt dies nur bezüglich der unehelichen Kinder. Die Annahme an Kindes Statt, die ja ohnedies nur einen nebensächlichen Anhang bildet, dürfte dort weniger in Betracht kommen. Der Zweck der Vorlage ist, der veränderten Auffassung von der Stellung der unehelichen Kinder Rechnung zu tragen. Wirtschaftliche und soziale Momente spielen dabei eine nicht unerhebliche Rolle. Man versucht, auch den Konflikt zwischen der immer noch vorhandenen Abwehr gegenüber dem außerehelichen Geschlechtsverkehr und der Fürsorge für die Frucht desselben zu versöhnen. Daraus fließt dann die Unterscheidung zwischen dem unehelichen Kinde, dessen Vater gewiß ist, und dem, bei dem er ungewiß bleibt. Neben der freiwilligen Anerkenntnis der Vaterschaft steht deren Feststellung durch den Vormundschaftsrichter. Fehlt auch diese, so entsteht für jeden, der der Mutter innerhalb der Empfängniszeit beigewohnt hat, eine Unterhaltspflicht. Mehrere aus diesem Tatbestande verpflichtete Männer haften als Gesamtschuldner. Man darf gespannt sein, wie die Oeffentlichkeit diesen Gedanken aufnimmt. Namentlich, ob die Abneigung gegen diese mehreren Väter, die untereinander in ein Rechtsverhältnis gepreßt werden, nunmehr gutgeheißen werden kann. In zahlreichen Fällen wird es von Zufälligkeiten abhängen, ob ein Kind in die erste oder zweite Klasse der unehelichen Kinder gelangt. Es wird immer Grenzfälle geben, bei denen die Entscheidung schwierig ist und auch nicht selten ungerecht sein mag. Vermutlich wird aber doch die Entscheidung i. S. des Entwurfes fallen. Eine Besserung gegenüber dem jetzigen Zustande bringt er zweifellos. Einer Verbesserung ist er selbst noch zugängig. (...)

Die Ordnung der Krise: Konkurs

Unternehmenskrisen sind ein Dilemma. Auf der einen Seite für das Unternehmen, das seine Schulden nicht mehr bezahlen und schließlich sein Geschäft nicht mehr weiterführen kann, weil es seinen Kredit verspielt hat. Auf der anderen Seite für die Gläubiger, die ihr Geld zu verlieren und bei einem Zahlungsausfall des Schuldners in die Krise zu stürzen drohen. Für die Arbeitnehmer, denen Arbeitslosigkeit droht. Für Zulieferunternehmen oder andere Vertragspartner. Und für die Rechtsordnung, die den gesetzlichen Rahmen für einen gesamtwirtschaftlich sinnvollen Ausgleich dieser Interessen schaffen soll.

Im Römischen Recht war im Extremfall die Lösung in Bezug auf den zahlungsunfähigen Schuldner zunächst eher schlicht: die Hinrichtung. Das war wenig zukunftsorientiert. Etwas eleganter war dagegen schon die Infamie, der „bürgerliche Tod" mit dem Verlust wichtiger Bürgerrechte. Es folgte in der frühen Neuzeit der Schuldturm. Aber auch ein eingekerkerter Schuldner konnte aus eigener Kraft jedenfalls das Geld zur Bezahlung seiner Schulden nicht verdienen. Und was sah das Recht für die Gläubiger vor? Die laufen im Konkurs zusammen („*concurrere*") und wollen möglichst viel aus der Konkurs-Masse für sich. Dafür braucht es ein Verteilungsverfahren. Denn nur den schnellsten oder den mächtigsten Gläubiger zum Zug kommen zu lassen, erscheint den zu kurz gekommenen doch sehr ungerecht. Also wurde und wird *par conditio creditorum* verteilt: jeder gleich nach seinen jeweiligen Anteilen. Bis auf die gesicherten Gläubiger, die z.B. ein

Pfandrecht wie eine Hypothek haben. Die bekommen mehr. Aber viel bekommen die Gläubiger ohnehin nicht. Jedenfalls nicht die ungesicherten. Vielleicht hätten sie jedoch bei einer Sanierung des Unternehmens am Ende mehr bekommen als den bloßen „Zerschlagungswert“. Auch für den Schuldner könnte eine Sanierung seines Unternehmens besser sein. Und für die Arbeitnehmer und für die Zulieferer und so weiter. Dieser Gedanke setzte sich vor allem in den USA ab dem 19. Jahrhundert allmählich durch. Er passt auch gut in ein liberales und kapitalistisches System, wo es nicht um Schuld, sondern um Geld geht. Und so begann, mit einigen Rückschlägen und nicht immer stringent, ab 1914 bis in die Gegenwart der Siegeszug des Sanierungsgedankens auch in Deutschland. In seinen Kolumnen in der DJZ hat Hachenburg diese wirtschaftlich wichtige Frage und die variierenden Antworten des Rechts darauf oft kommentiert.

Zunächst hatte man sich im Deutschen Reich mit der Konkursordnung von 1877 gegen die Idee eines gesetzlich unterstützen Vergleichs zur Abwendung eines Konkursverfahrens entschieden. Stattdessen gab es nur den „Zwangsvergleich“ zur Beendigung *des bereits laufenden* Konkursverfahrens, mit dem auch widerstrebende Gläubiger gerichtlich zum Vergleich gezwungen werden konnten. Zwar wurde die Konkursordnung (neben dem BGB) als ein weiteres legislatives Kunsthandwerksstück aus Deutschland gelobt. Aber bereits um die Jahrhundertwende war man im europäischen Ausland vielfach schon weiter auf dem Weg zu einem Vergleichsverfahren, mit dem der Konkurs vermieden werden sollte und die Sanierung eines Unternehmens eine Chance erhielt. Auch von der Wirtschaft wurden präventive Maßnahmen eingefordert, und im Jahr 1913 forderte der Reichstag die Regierung auf, ein Gesetz zum Zwangsvergleich außerhalb des Konkurses vorzulegen. Dies wurde im Sommer 1914 durch den Kriegsausbruch verhindert – stattdessen wurde die kleine Schwester des Zwangsvergleichs geschaffen: die Verordnung über die „Geschäftsaufsicht" vom 8. August 1914.

Mit der „Geschäftsaufsicht" wurde dem Unternehmen, das „infolge des Krieges zahlungsunfähig" geworden war, vom Gericht eine Aufsichtsperson bestellt, die auf eine sparsame Unternehmensführung aufzupassen hatte. Vorteil für den Schuldner: ungesicherte Gläubiger konnten keinen Konkursantrag stellen, Entscheidungen des Gerichts konnten nicht angefochten werden, das Unternehmen war zunächst gerettet! Womöglich unter dem Einfluss der Kriegseuphorie, die im Sommer 1914 noch allgemein vorherrschte, meinte auch der Gesetzgeber, dass der Krieg wohl schnell gewonnen werde und versäumte, die Dauer dieses Verfahrens zu definieren. Der Krieg aber dauerte. Und immer mehr Unternehmen ignorierten mit Hilfe dieses Moratoriums dauerhaft die Forderungen ihrer Gläubiger und wirtschafteten einfach weiter.

1916 gab es deswegen eine Reform. Und die war die Geburtsstunde des „Zwangsvergleichs zur Abwendung des Konkurses", der sogenannte „Akkord". Die Geschäftsaufsicht wurde in diesem Konzept zur Vorstufe des Vergleichs, in der die Vollstreckung von Gläubigern verhindert werden konnte, um in Ruhe zu verhandeln. Das Verfahren wurde vielfach in Anspruch genommen. Hachenburg stellte sich in der DJZ vom Februar 1919 ausdrücklich hinter diejenigen, die sogar eine Ausweitung dieser Sanierungsmöglichkeiten auch für die Fälle vorsehen wollten, die nicht nur durch den Krieg in Zahlungsunfähigkeit gekommen sind.

Mit Beginn der 1920er-Jahre und dem Aufkommen der Inflation, waren die Schuldner allerdings immer weniger auf ein Konkursverfahren angewiesen: Durch die rasante Geldentwertung entschuldeten sich die Unternehmen in immer kürzerer Zeit, und verschafft wurde ihnen diese Möglichkeit durch die Geschäftsaufsicht. Für die Gläubiger ein unerträglicher Zustand. Und so kam es 1924 zu einer Reform der Geschäftsaufsicht. Doch bereits ein Jahr später wurde darüber debattiert, ob nicht sogar eine Abschaffung der Geschäftsaufsicht vonnöten sei. Hachenburg möchte das Modell des Zwangsvergleichs zur Vermeidung eines Konkursverfahrens erhalten. Das Konzept der Geschäftsaufsicht ist für ihn aber als ein Kind der Kriegsnot entbehrlich. Darüber hinaus fordert er in der DJZ vom September 1925 etwas, das erst 1999 und gegen großen Widerstand in Deutschland Gesetz geworden ist: die Möglichkeit des Schuldners nämlich, auch als Person von seinen Schulden befreit werden zu können, um nicht lebenslang von den Gläubigern verfolgt zu werden. Die Idee einer Privatinsolvenz ist im Übrigen ein Gedanke, der auch dem amerikanischen Insolvenzrecht entliehen ist. Jedenfalls kam es 1927 aufgrund dieser Kritik zu der Abschaffung der Geschäftsaufsicht. Allerdings erschwerte die Vergleichsordnung den Zugang zu einer vertraglichen Sanierungslösung für die betroffenen Unternehmen.

Mit Beginn der Weltwirtschaftskrise Ende der 1920er-Jahre werden die Rufe gegen jede Form eines Vergleichs zum Erhalt des schuldnerischen Unternehmens immer lauter. 1930 wird vom Sächsischen Industrieverband gefordert, die Mindestquote für die Gläubiger von ohnehin schon zu optimistischen 30% auf 50% hochzusetzen und Stundungen auf maximal ein Jahr zu begrenzen. Unter diesen Voraussetzungen kann mit einem Zwangsvergleich in der Regel ein Konkurs kaum vermieden werden. Hachenburg bringt das im Mai 1930 auf den Punkt: „Solche Motive wirken so wenig auf den kämpfenden Gewerbetreibenden, als man durch Versagung des Unterhaltsanspruchs die Erzeugung unehelicher Kinder vermindert. Man muß sich hüten, in wirtschaftlich schweren Zeiten die Mißstimmung, die aus ihnen hervorgeht, zur Triebfeder unwirtschaftlicher Maßnahmen werden zu lassen". Die Diskussion bleibt ein Dauerbrenner, über den Hachenburg auch 1933 berichtet, als ein Referentenentwurf die Mindestquote auf 40% bzw. 50% für die Gläubiger erhöhen möchte. Erst 1935 aber kommt es zu einer neuen Vergleichsordnung, die die Hürden für einen Vergleich dann auch hochsetzt, denn vor allem „unredlichen" Schuldnern sollte das Konkursverfahren der Abwicklung nicht erspart bleiben. Hachenburg konnte dieses Gesetz nicht mehr kommentieren. Andere juristische Autoren taten es im Zeitgeist des Nationalsozialismus und mahnten an, dass eine zukünftige Regelung einen Vergleich sogar nicht mehr in die Hände einer Gläubigermehrheit legen möge, sondern in ein „Organ der Volksgemeinschaft", das dann zu entscheiden habe. Zu einem solchen Gesetz kam es jedoch nicht. Mit Beginn des Zweiten Weltkriegs gab es allerdings, analog zum Ersten Weltkrieg, abermals Erleichterungen für Unternehmen, die durch den Krieg insolvent geworden waren. Davon abgesehen blieb es bis Ende 1998 bei der Vergleichsordnung, die sich jedoch aus Sicht einer möglichen Sanierungsperspektive längst als ineffektiv herausgestellt hatte. Aber die Ansicht, dass Schulden vornehmlich auch etwas mit Schuld zu tun haben, war in Deutschland zu tief verwurzelt. Die Hürden blieben zu hoch.

In Deutschland gilt seit 1999 die Insolvenzordnung, die die Konkursordnung und das Vergleichsverfahren ablöste und auch einen schöneren Namen bekam, einen, der einen nicht gleich an Leichenfledderei erinnerte. Die Zielrichtung: Sanierungsverfahren sollen gefördert werden. Im Insolvenzverfahren durch den Insolvenzverwalter organsiert. Oder seit 2012 mit dem „Schutzschirmverfahren" in Eigenverwaltung. Das setzt allerdings immer noch einen Insolvenzantrag voraus und vermeidet insofern nicht das Verfahren. Mit dem am 1. Januar 2021 in Kraft getretenen Gesetz über den Stabilisierungs- und Restrukturierungsrahmen für Unternehmen hat sich das geändert. Das in einem gesetzgeberischen Kraftakt in der Corona-Krise aus der Taufe gehobene vorinsolvenzliche Sanierungsverfahren soll den Makel des Konkurses vermeiden helfen und ermöglichen, dass ablehnende Gläubiger („Akkordstörer") in einen Vergleich gezwungen werden können. Für sanierungsfähige Unternehmen bieten sich hier neue Chancen. Auf der anderen Seite aber dürfen ökonomisch gesehen insolvenzreife Unternehmen auch nicht künstlich am Markt gehalten werden. Sonst verliert das kapitalistische System seine Anpassungsfähigkeit durch die „schöpferische Zerstörung", wie sie Joseph Schumpeter beschrieben hat. Ob das komplexe und detailverliebte Gesetzeswerk mit seinen 102 Paragraphen in der Praxis angenommen wird und die richtige Balance zwischen notwendiger Zerschlagung und erhoffter Sanierung ermöglichen kann, bleibt abzuwarten. Es wird vermutlich bis auf weiteres bei einer Insolvenzrechtsreform in Permanenz bleiben. Manches wird einem nach Lektüre der DJZ bekannt vorkommen. Wie das Insolvenzrecht in Zukunft auf mögliche neue gesellschaftliche und ökonomischen Verwerfungen reagieren wird, wissen wir nicht. Aber dass das jeweilige Insolvenzrecht immer auch die wirtschaftlichen Krisen seiner Zeit widerspiegelt, das führen uns bereits die Kolumnen von Hachenburg vor Augen.

Jahrgang 1930

Goebbels und Göring auf dem Weg zur Eröffnung des Reichstages

1930 beginnt das allmähliche Ende der Weimarer Republik. Noch erscheint die Wirtschaft trotz steigender Arbeitslosigkeit stabilisierbar. Auch das politische System zeigt angesichts des ersten „Präsidialkabinetts" zunächst noch parlamentarische Resilienz. Die Regierungsbildungen werden jedoch immer schwieriger. Unter der

Kanzlerschaft von Heinrich Brüning werden Notverordnungen zum gängigen Regierungsinstrument. Die Haushaltspolitik ist von strikter Austerität gekennzeichnet. Ein juristischer Trick ebnet der Regierung den Weg, am Reichstag vorbei zu regieren. Bei der Reichstagswahl am 14. September triumphieren die Nationalsozialisten und steigern ihre Mandate von 12 auf 107 Sitze. Trotz allem findet Hachenburg in seiner Rundschau noch viel Platz für die Normalität des juristischen Alltagsgeschäfts.

1. Januar

(...) Wenn wir heute die Frage, ob das neue Jahr glücklicher für uns sein wird als das vergangene, an die Politiker und Wirtschaftsführer richten, so erhalten wir fast überall die gleiche bejahende Antwort. Dabei ist nicht nur der Wunsch der Vater des Gedankens. Er fließt aus dem Empfinden, daß ein Tiefstand erreicht war, aus dem es wieder aufwärts gehen muß. Schwarz in Schwarz zu malen, liegt kein Grund vor. Aber im Leben des Volkes läßt sich von 1929 nicht viel Herzerfreuendes sehen. Niederbruch reiht sich an Niederbruch. Jeder Tag der letzten Monate brachte eine neue Hiobspost. Jetzt erst kamen die Wirkungen der Zerstörung in unserer Wirtschaft voll zur Erscheinung. Was jahrelang mit Kämpfen und Entbehrungen noch aufrechterhalten wurde, stürzt jetzt zusammen. Wo Leichtsinn und Hang zum Luxus zur unehrenhaften und verbrecherischen Geschäftsgebarung führte, läßt sich dies nicht länger verbergen. Betrug und Unterschlagungen werden offenbar. Das Vertrauen wird untergraben. Wie wird das Verhältnis zu unseren früheren Kriegsfeinden werden? Der Reichsbankpräsident erläßt eine offene Erklärung an und gegen die Regierung über den Youngplan.[1] Sie hatte bisher zu lange über die neuen Finanzpläne geschwiegen. Kann sie das ihr so nötige Vertrauen retten? Die Korruption wurde in die obersten Schichten getragen. Der Name *Sklarek* wird in der Geschichte der Stadt Berlin einen dunklen Fleck hinterlassen, mag das Strafverfahren ausgehen, wie es will.[2] Das Menschenleben hat seinen im Volksempfinden wohnenden besten Schutz eingebüßt. Mord und Totschlag sind keine Seltenheit. Raubüberfälle sind nicht mehr eine Besonderheit der Großstädte. Das ist nicht auf Deutschland beschränkt. (...) Und trotz allem lebt die Hoffnung auf wieder bessere Zeit unzerstörbar in uns. Wir fühlen, daß im deutschen Volke die geistige und, was mehr besagt, auch die sittliche Kraft zum Wiederaufstieg wohnt. Jede Zersetzung enthält zugleich, ohne daß man sich dessen bewußt sein wird, die Keime zu neuem Blühen. (...)

Der Reichstag hat wieder einmal seine *Geschäftsordnung verschärft*. Der Präsident kann ein Mitglied bis zu 30 Sitzungstagen und im Fall einer Weigerung, der Weisung des Präsidenten zu folgen, bis zu 60 Sitzungstagen ausschließen. Währen dieser Zeit ruht der Anspruch auf Diäten und auf die Benutzung der

1
Mit dem Young-Plan sollten die Reparationsverpflichtungen des Deutschen Reiches nach dem Versailler Vertrag realistischer und niedriger festgesetzt werden als nach dem Dawes-Plan. Er trat am 17. Mai 1930 (rückwirkend zum 1. Sept. 1929) in Kraft, wurde aber schon 1931 ausgesetzt („Hoover-Moratorium") und 1932 aufgehoben. Die letzte Große Koalition unter Reichskanzler Hermann Müller unterstützte den Plan, Kommunisten wie Nationalisten opponierten heftig dagegen. Im Dezember 1929 initiierten DNVP, NSDAP und Stahlhelm erfolglos einen Volksentscheid gegen den Plan.

Hjalmar Schacht (1877–1970) war 1929/1930 und 1933–1939 Reichsbankpräsident, außerdem 1934–1937 Reichswirtschaftsminister, seit 1937 Mitglied der NSDAP, 1946 im Nürnberger Prozess freigesprochen. Am 6. Dez. 1929 veröffentlichte er das hier erwähnte „Memorandum zum Young-Plan". Eine vertrauensvolle Zusammenarbeit mit dem Kabinett Müller war danach nicht mehr möglich. Auch international irritierten die Winkelzüge seiner Politik. Am 7. März 1930 trat Schacht vom Amt des Reichsbankpräsidenten zurück.

2
Zur Korruptionsaffäre um den Oberbürgermeister von Berlin Böß und die Brüder Sklarek siehe unten 1. Nov. 1930.

Freifahrkarte. Die Begründung lieferte die Rede des Reichstagspräsidenten *Löbe,*[3] die er als Abgeordneter hielt. Das Bild, das er entwarf, bietet keinen sehr erfreulichen Anblick. Man erfährt von seinen vergeblichen Versuchen, zwischen den kommunistischen und den übrigen Abgeordneten gesellschaftliche und erträgliche persönliche Verhältnisse herzustellen. Die neuen scharfen Bestimmungen sind als Damm gegen die „Flut von Beschimpfungen" nötig. Das Parlament muß sich schützen gegen die planmäßige Störung seiner Arbeiten. Das ist betrüblich, aber verständlich. Die Geschichte der Ordnungsbestimmungen des Reichstags zeigt die Geschichte der Sitten des Parlaments. Schritt für Schritt wird dieses weitergetrieben. Alle bisherigen Maßnahmen haben nicht geholfen. Man greift zu immer weiteren Verschärfungen. Erzieherisch werden sie freilich nicht wirken. Solange die Kommunisten nicht selbst einsehen, daß sie im eigenen Interesse als Mitglieder des Reichstags verpflichtet sind, sich dessen Uebung anzupassen, helfen auch drakonische Maßnahmen nichts. Unangenehm mag manchem Betroffenen die Entziehung von Tagegeldern und Fahrkarte werden. Der Reichstag hat sich von dem Gebrauche dieses Mittels nicht durch die Bedenken aus deren verfassungsmäßiger Gewährleistung abschrecken lassen. Aber auch diese mittelbaren Straffolgen werden von dem bisherigen System des Lärmens und Schimpfens nicht abschrecken. Erst wenn der Kommunismus sich häutet, werden auch seine Manieren besser werden.

3
Paul Löbe, 1875–1967, kam aus einfachen Verhältnissen, absolvierte eine Lehre zum Schriftsetzer und arbeitete in einer Druckerei. Ab 1891 begann er anonym in der sozialdemokratischen Breslauer Volkswacht zu publizieren, 1899 wurde er dort Redakteur, 1903–1919 Chefredakteur. Seit 1895 SPD-Mitglied, sah er sich mehreren Verfahren wegen Majestätsbeleidung und Aufreizung zum Klassenhass gegenüber. Seit 1904 war Löbe Breslauer Stadtverordneter. 1919 wurde er Vizepräsident der Weimarer Nationalversammlung. Von 1920–1933 war er Mitglied des Reichstags und ohne größere Unterbrechungen auch dessen Präsident. Die angesprochene Verschärfung der Geschäftsordnung bezog sich auf deren §§ 90, 91 und 95.

15. Januar

Die zweite Verhandlung im Haag hat begonnen.[4] Alle Länder warten mit gespannter Aufmerksamkeit. In deutschen Wirtschaftskreisen wird behauptet, daß mit einem einigermaßen brauchbaren Ausgang sofort ein Aufatmen und Aufleben der Wirtschaft in Deutschland beginne. Solche Prognosen entsprechen zum Teil den eigenen Wünschen der Beteiligten, zum Teil sind sie doch wohl aber auch durch die Sachlage selbst gerechtfertigt. Nichts ist schlimmer für Handel und Verkehr als die Ungewißheit. Zu einer pessimistischen Auffassung über den Ausgang bieten die bis jetzt eingetroffenen Nachrichten keinen Anhaltspunkt. Die deutschen Vertreter haben keinen leichten Standpunkt. Schon deshalb nicht, weil in Frankreich *Briand* nicht mehr der führende Mann ist und weil in Deutschland *Stresemann* nicht mehr lebt.[5] (...)

Dem Reichstag liegt der Entwurf eines Gesetzes über „die Pflicht zum Antrag auf Eröffnung des *Konkurses oder des gerichtlichen Vergleichsverfahrens*" vor. Bis heute gilt noch die Bek. des Bundesrates v. 8. Aug. 1914. Sie hatte „bis auf weiteres" die Pflicht des Vorstandes der Aktiengesellschaft und des Geschäftsführers der G. m. b. H., bei Zahlungsunfähigkeit den Konkurs der Gesellschaft anzumelden, außer Kraft gesetzt. Diese Bestimmung soll aufgehoben und das normale Recht wieder hergestellt werden. Herrschte damals das Interesse der Schuldner vor, so ist jetzt wieder das des Gläubigers in die erste Linie gerückt. Damit wird man wohl allgemein einverstanden sein. Auf der anderen

4
In zwei Konferenzen in Den Haag – die zweite fand vom 3. bis zum 20. Jan. 1930 statt – wurden Umsetzungsfragen des Young-Plans geregelt. U.a. kam es hier zur Gründung der Bank für Internationalen Zahlungsausgleich (BIZ), die für international koordinierte Bankenregulierung bis in die Gegenwart eine große Rolle spielt und heute ihren Sitz in Basel hat.

5
Mit Gustav Stresemann (1878–1929) und Aristide Briand (1862–1932), den damaligen Außenministern Deutschlands und Frankreichs, bezieht sich Hachenburg auf die maßgeblichen Protagonisten des Vertrags von Locarno. Beide bekamen 1926 für ihr Wirken den Friedensnobelpreis verliehen. Stresemann war am 3. Okt. 1929 an den Folgen eines Schlaganfalles gestorben. Zu seinem Trauerzug versammelten sich in Berlin Hundertausende. Sein Tod und die aufziehende Weltwirtschaftskrise mit dem „schwarzen Freitag" an der New Yorker Börse, der eigentlich der „schwarze Donnerstag" des 24. Okt. 1929 ist, wird von vielen als Menetekel für das Ende der Weimarer Republik angesehen.

Seite will der Entwurf eine allzu strikte Auslegung des Gesetzes verhüten. Der Leiter der Gesellschaft kommt in einen schwer zu lösenden Konflikt. Er hofft, den Konkurs zu verhüten. Er glaubt an die Möglichkeit einer Sanierung der Gesellschaft oder doch wenigstens eines gerichtlichen Vergleichs. Er muß aber doch, wenn er nicht selbst das Risiko der persönlichen Haftung und unter Umständen auch der Strafbarkeit auf sich nehmen will, den Konkurs anmelden. Daher soll jetzt von ihm nur verlangt werden, daß er „ohne schuldhaftes Zögern" zum Konkursantrag schreitet. (...) Der Entw. verlangt aber auch, daß spätestens nach 2 Wochen der Zahlungsunfähigkeit oder der Feststellung der Ueberschuldung der Konkursantrag oder der Antrag auf Eröffnung des gerichtlichen Vergleichsverfahrens gestellt werden muß. Eine solche kurze Frist hat immer etwas Bedenkliches. Gewiß sollen die Gläubiger nach Eintritt der Konkursvoraussetzungen nicht durch eine ungebührliche Verzögerung geschädigt werden. Aber andererseits darf man doch die Wohltat, die man der Gesellschaft erweisen will, nicht dadurch illusorisch machen, daß man ihr eine zu knapp bemessene Zeit vorschreibt. Es dürfte sich empfehlen, wenn man schon eine Frist für nötig hält, deren Erstreckung durch das Gericht zuzulassen. Der Richter wird dann zugleich sich überzeugen, ob in der Tat Aussicht für die Erledigung ohne Konkurs vorhanden ist.[6]

6 Das Gesetz wurde am 25. März 1930 verabschiedet. Die Insolvenzantragspflicht findet sich bis heute in § 15a InsO, wenn auch mit einer dreiwöchigen Frist. Zur ökonomischen Bewältigung der Corona-Krise wurde die Frist 2020 mehrfach ausgesetzt. Vgl. „Die Ordnung der Krise: Konkurs", S. 261.

Im preuß. Landtag bei der Beratung des Haushaltsplanes für 1930 kam der *preuß. Finanzminister*, angeregt durch die Anfrage eines Abgeordneten, auf die neuen Aufwendungen für das Welfenhaus. (...) Die auf Grund des Vergleichs mit den Welfen vom Jahre 1892 diesem Hause geschuldeten 40 Millionen waren in preuß. Konsols angelegt worden.[7] Das Reichsgericht hat einen Vergleichsvorschlag gemacht, wonach das Land Preußen 12 Millionen RM. bezahlen soll. Der preuß. Finanzminister konnte sich über die Stellung der Staatsregierung noch nicht äußern. Er erklärte aber, daß er in vielen Dingen den Standpunkt des Reichsgerichts einfach nicht mehr verstehe. Man habe das Gefühl, „daß die Herren am Reichsgericht sich vielfach nicht mehr im Einklang mit dem natürlichen Empfinden des Volkes befinden". Mag man hier, wie bei jedem Prozesse, verschiedener Meinung sein. Die Gründe, die das Reichsgericht zu seinem Vergleichsvorschlage bewogen, sind nicht bekannt. Man kann aber aus dem Vorschlage selbst herauslesen, daß es sich nicht unbedingt dem Standpunkt der preuß. Regierung anschließt. Diese kann den Vergleichsvorschlag ablehnen. Dann erst wird das Urteil ergehen. Es kann aber auch jeder, der die Meinung des Reichsgerichts nicht teilt, sie bekämpfen. Es dürfte aber nicht angängig erscheinen, daß bei einem derartigen Prozesse die eine Partei, schon ehe sie die Gründe kennt, dem Reichsgericht den Vorwurf macht, daß es sich im Widerspruch mit dem Volksempfinden bewegt. Es ist überhaupt schwer zu sagen, wie das Volksempfinden lautet. Verschiedene Teile des Volkes haben bei derartigen Fragen verschiedenartige Gefühle. Am allerwenigsten aber verträgt es sich mit der Stellung eines preuß. Staatsministers, im Abgeordnetenhause in amtlicher Stellung dem Reichsgericht einen solchen Vorwurf ins Gesicht zu schleudern. Wie ein Minister als Mensch empfindet,

7 Preußen hatte nach dem Deutschen Krieg 1866 das Königreich Hannover annektiert. König Georg V. war über Österreich nach Paris geflohen und versuchte von dort, gegen Preußen zu agitieren. Das bereits beschlagnahmte Vermögen des hannoverschen Königshauses wurde daraufhin unter preußische Verwaltung genommen und seine Erträge „zur Bekämpfung welfischer Umtriebe" verwendet. 1892 bestimmte Kaiser Wilhelm II., dass die Zinsen aus dem sog. Welfenfonds künftig an das Oberhaupt des Hauses Hannover gezahlt würden; bei Consols handelt es sich um festverzinsliche Wertpapiere mit unbegrenzter Laufzeit. Im Zuge der Inflation entbrannte über die Höhe der Zahlungen ein Rechtsstreit, den das Reichsgericht nach fast zehnjährigem Hin und Her 1933 endgültig entschied. Herzog Ernst August von Braunschweig konnte die Aufwertung des Fonds durchsetzen und erhielt in der Folge 8 Mio. Reichsmark und einige Immobilien vom Reichsgericht zugesprochen.

wie er als Privatmann sich äußern kann, muß ihm selbstverständlich freistehen. Es liegt aber doch wohl im Interesse der Staatshoheit, daß Mitglieder einer Reichs- oder Landesregierung nicht an der Autorität des höchsten Gerichtshofes rütteln. Darunter ist nicht zu verstehen, daß man die Sprüche des Reichsgerichts kritiklos hinnehmen müßte. Wohl aber erweckt es schwere Bedenken, wenn einer der höchsten Beamten im Deutschen Reiche einen Zwiespalt zwischen dem Urteil des Reichsgerichts und dem Volke selbst behauptet. Auch ein Minister müßte sich stets als Mitträger der Staatsgewalt und nicht als Prozeßpartei verhalten.

1. Februar

(...) Die Stadt Berlin gibt die Schwierigkeiten bekannt, die ihr durch die „*Anleihesperre*" entstanden sind.[8] Die Beratungsstelle scheint die Genehmigung zu einem einjährigen Dollarkredit, der später in eine langfristige Anleihe umgewandelt werden soll, zu verzögern. Die Folge ist, daß noch nicht begonnene Bauten wieder zurückgeschoben, begonnene Arbeiten eingestellt werden. Darin soll die Begründung der Beschwerde über die Abschnürung der Stadt vom Markte der langfristigen Kredite liegen. Das führt zu dem prinzipiellen Problem der Verschuldung der Länder und Kommunen und deren Verhältnis zum Reiche. Der „Finanzausgleich" regelt nur die steuerlichen Beziehungen. Die „kreditären" hat er nicht behandelt. „Wenn schon in der Inanspruchnahme von Steuern, einem Recht, das nur öffentlichen Verbänden zusteht, sich die Knappheit der Finanzdecke,

8
Im Zuge der Verhandlungen über den Young-Plan verhängte Reichsbankpräsident Schacht eine Anleihesperre über die Kommunen und schnitt sie so von einem wichtigen Teil des Kapitalmarktes ab. Die „Beratungsstelle für Auslandsanleihen" gab es seit 1925. Sie musste die langfristigen Auslandsanleihen der Kommunen genehmigen; da sie auch mit einem Vertreter des Reichsbankdirektoriums besetzt war, hatte Schacht in dieser Frage faktisch ein Vetorecht.

an welcher Reich, Länder und Kommunen ziehen, unangenehm fühlbar macht, wie viel stärker muß sich bei der Aufnahme von Schulden dieser Uebelstand der Knappheit bemerkbar machen, wo neben den öffentlichen der private Bedarf tritt." Daran schließt sich zwingend die Frage: „Gibt es eine Kompetenz des Reiches, für einen *Ausgleich* in der Schuldeninanspruchnahme zu sorgen?" Die Notwendigkeit einer Kontrolle ist die Antwort darauf. Eine „Gesamtregelung der öffentlichen Kreditwirtschaft ist erforderlich". Die Reichsgesetzgebung muß eingreifen. Die angeführten Stellen entstammen einem Buche, das mir in mancherlei Richtung zu denken gab, die „*Grundfragen der deutschen öffentlichen Verschuldung*" von *Dr. Hedwig Reinhardt.*[9] Wie auch sonst manches Mal, nenne ich die Quelle, aus der ich selbst Anregung schöpfe. Die eingehende geschichtliche Darstellung der Vorkriegsschulden, die Zeit der „liberalen" Schuldenwirtschaft wirft ein Licht auf die heutigen gegensätzlichen Zustände. Die „kausale Beziehung" zwischen Wirtschaftsbewegung und öffentlichen Schulden erhellt diese. Man erkennt wieder, daß die schweren Probleme der Gegenwart, politische, finanzielle und wirtschaftliche, doch die Basis einer gründlichen wissenschaftlichen Forschung fordern. Und noch eines. Ich habe mich schwer daran gewöhnt, Arbeiten juristischer oder finanzpolitischer Art aus der Feder von Frauen aufzunehmen. Mir schien das Gebiet ihnen nicht zu liegen. Auch hier muß das Vorurteil endgültig aufgegeben werden. Der alte Logau hatte doch recht, als er vor bald 300 Jahren auf eine ähnliche Frage antwortete:

9 Hedwig Reinhardt, geb. 1906 in Mannheim, Studium der Wirtschaftswissenschaften ebd., 1929 Dissertation in Staats- und Sozialwissenschaften an der Universität Heidelberg mit der von Hachenburg erwähnten Arbeit. 1931–1933 war sie als Gutachterin beim Reichssparkommissar tätig. 1938 musste sie Deutschland verlassen und emigrierte über England in die USA, wo sie in New York eine akademische Karriere aufnahm, die sie schließlich zur Professorin für Economy and Finance am Baruch College machte.

„Als ob die Sinnen nicht auch die Weiber brauchen künnen.“[10]

Dem amerikanischen Kongreß wurde der Bericht einer vom Präsidenten eingesetzten Kommission zur Prüfung der *Durchführung der Prohibition vorgelegt.*[11] Soweit Auszüge aus diesem sehr umfangreichen Aktenstücke in deutschen Zeitungen mitgeteilt wurden, könnte der Erfolg des Gesetzes recht zweifelhaft erscheinen. Die Kommission erklärt, daß die Zahl der Uebertretungen erschreckend hoch ist. Im verflossenen Jahre wurden über 80 000 Personen wegen Vergehens gegen das Prohibitionsgesetz verurteilt. Die Kommission schlägt besondere Maßnahmen vor. Dabei springt das Verlangen in die Augen, daß die Verfolgung von Vergehen gegen die Prohibition dem Schatzamt entzogen und dem Justizdepartement übertragen werden soll. Warum wohl war dies nötig? Auch soll die gesamte Durchführung der Prohibitionsgesetzgebung der Bundesregierung übertragen werden. Man will ein besonderes Gerichtsverfahren bei den Polizeibehörden einführen. Man will neue Bundesrichter ernennen usw. Das deutet auf ein bisher zu langsam verlaufendes Verfahren. Der Kongreß bewilligte einen besonderen Kredit für die Durchführung der Prohibitionsgesetze. Es ist den Vereinigten Staaten, jedenfalls ihrem Parlament, heute immer noch sehr ernst mit der Prohibition. Aber der Streit zwischen den „Trockenen“ und „Nassen“ dauert immer noch fort. Der Bericht der Kommission könnte die letzteren eher ermutigen als abschrecken.

10
Friedrich von Logau, 1605–1665, deutscher Dichter aus schlesischem Adelsgeschlecht, 1625–1627 Studium der Jurisprudenz an der Universität Altdorf bei Nürnberg, seit 1644 am Hof des Brieger Herzogs Ludwig IV.
Logau verfasste mehr als dreitausend Epigramme.

11
Gemeint ist der 1.100 Seiten starke Illinois Crime Survey von 1929. Darin wurden nicht nur die unmittelbaren Verstöße gegen die Prohibitionsgesetzgebung geschildert. John Landesco (1890–1954), Soziologe an der University of Chicago, hatte den aufsehenerregenden Teil „Organized Crime in Chicago“ beigesteuert, der unter anderem auf Landescos teilnehmender Beobachtung der kriminellen Banden selbst beruhte.
Das Bild der Bandenkriege, Korruptionsnetzwerke, Erpressung und Wahlmanipulation, das Landesco entwarf, erschütterte die US-amerikanische Öffentlichkeit nachhaltig.

15. Februar

(...) „*Corruptissima res publica plurimae leges*".[12] Das Wort des Tacitus gilt nicht nur für die politische Lage. Auch die Wirtschaft ruft, je schlechter es ihr geht, um so stärker und häufiger nach Gesetzen. Die Zusammenbrüche mehren sich. Die statistischen Aufstellungen zeigen die geringen Konkursquoten. Auch bei den gerichtlichen Vergleichen außerhalb des Konkurses bildet der Mindestbetrag von 30% die Regel.[13] Darum rührt sich Handel und Industrie, um den Mißbräuchen im Kreditwesen zu begegnen. Nach zwei Richtungen zeigt sich dies, zivilrechtlich und strafrechtlich. Die erstere wird von den Spitzenverbänden der Wirtschaft unterstrichen. Der Kreditgeber soll bei Gewährung oder Verlängerung eines Kredites die Vorlegung der Bücher und Bilanzen des Kreditnehmers fordern.[14] (...) Den zweiten Weg der Verschärfung der strafrechtlichen Vorschrift betont der Verband der Vereine Creditreform.[15] Er hat dem Reichstag und dessen Strafrechtsausschuß eine Denkschrift über *Kreditbetrug* eingereicht. Er tritt auch sonst in Wort und Schrift lebhaft für den verbesserten Schutz des Kreditgebers durch das Strafrecht ein. Das Verschweigen von Tatsachen, „welches Anstand und Sittlichkeit im Kreditverkehr gröblich verletzt", soll als Betrug betrachtet werden. Das wäre auch nach dem geltenden Strafrecht möglich. Der Vorwurf der Verbände Creditreform, dem sich auch wirtschaftliche Spitzenverbände anschließen, richtet sich gegen die Rechtsprechung. Auch bei der vorgeschlagenen Fassung hängt es von der Handhabung des Gesetzes ab, ob die Krediterschleichung durch Verheimlichung

12 „Je verdorbener der Staat, je mehr Gesetze."

13 Vgl. „Die Ordnung der Krise: Konkurs", S. 261.

14 Eine solche Regelung wurde mit Schaffung des Kreditwesengesetzes 1934 verwirklicht und findet sich heute in § 18 KWG.

15 Unter der Bezeichnung „Creditreform" bis heute eine der führenden Wirtschaftsauskunfteien in Deutschland.

des voraussichtlichen Zahlungsunvermögens als „Verletzung von Anstand und Sittlichkeit" erscheint. Mehr als alle Gesetzesbestimmungen wird jedenfalls die eigene Vorsicht des Kreditgebers und sein Recht auf Prüfung der Lage des Schuldners helfen. (...)

Ein wegen Hochverrats angeklagter Kommunist ließ vor Beginn der Verhandlung alle Mitglieder des 4. Strafsenats des Reichsgerichts wegen *Besorgnis* der *Befangenheit* ablehnen. Den Kernpunkt der schon vorher schriftlich eingereichten Begründung bildete der Vorwurf, daß der Senat ganz bestimmte Grundsätze für die Behandlung der Hochverratsdelikte herausgebildet habe. Der Senat sei in dem Bewußtsein befangen, daß die Kommunisten eine Art „Dauerhochverrat" verübten. Außer einigen Juristen berief sich der Verteidiger für die Kritik an der Praxis des Senats auch auf Thomas und Heinrich *Mann*. Der Senat verneinte die Befangenheit. Es mußte in die Verhandlung eingetreten werden. Dieses Ergebnis hatten wohl Angeklagter wie Verteidiger erwartet. Es hat sich offenbar mehr um eine politische Demonstration als um ein ernsthaftes Verteidigungsmittel gehandelt. Zumal selbst bei einer dem Antrag stattgebenden Entscheidung von einem anderen Strafsenate kaum eine andere Rechtsauffassung erfolgen konnte. Der Reichsanwalt sprach sein Erstaunen über das Heranziehen der Meinung der Brüder Mann aus. Dies dürfte sich aus den gleichen Motiven wie der ganze Vorgang erklären. Man will an die öffentliche Meinung appellieren. Eine Ablehnung eines Richters aber, weil bei dem Gerichtshof sich bereits eine Praxis gebildet hatte, ist sicher nicht im

Sinne des Gesetzes. Wollte man darin eine Ursache der Befangenheit sehen, so würde in allen Rechtsgebieten die Bildung einer für das Rechtsleben dringend notwendigen festen Rechtsprechung verhindert werden. (...)

1. März

Durch die Presse geht die Notiz, daß der große *englische Versicherungskonzern Lloyd eine Examensversicherung* einführt. Die Studierenden können sich für den Fall des Nichtbestehens der Prüfung durch Versicherung decken. Das besagt, daß sie für diesen Fall die Mittel zur weiteren Durchführung ihres Studiums oder eine Entschädigung für das vergebens aufgewandte Geld erhalten. Ob die Einführung einer solchen Versicherung wünschenswert ist, darüber kann man sehr geteilter Meinung sein. Zu befürchten ist, daß die Möglichkeit einer solchen Versicherung den Zudrang zum Studium noch verstärkt. Die Gefahr der vergeblichen Aufwendung von Vermögen und Arbeit wird verringert. Wir leiden aber doch schon zu sehr unter der Ueberfüllung der akademischen Berufe. Die Vereinigten Kammervorstände haben wieder eine Warnung vor dem juristischen Studium veröffentlicht. Sie weisen auf die steigende Zahl der Studierenden der Rechte bin. Die Zahl der Referendare in Preußen beträgt zurzeit rund 6500. Sie ist im letzten Jahre allein um 600 gestiegen. Die Möglichkeit der Unterbringung vermindert sich dagegen. Solche Warnungen kehren von Zeit zu Zeit wieder. Sie sind notwendig, schon um die

Verantwortung der führenden Stellen zu mindern. Viel geholfen haben sie bis jetzt nicht. Die Befürchtung, daß die Examensversicherung gerade im entgegengesetzten Sinne wirkt und jede Abschreckung beseitigt, dürfte daher sehr wohl begründet sein. Dazu kommt noch, daß die Versicherung bei manchen eine gewisse Nachlässigkeit im Studium herbeiführen mag. Allerdings hat Lloyd bei seinen Versicherungsbedingungen den ständigen Besuch der Vorlesungen verlangt. Damit will sich die Versicherungsgesellschaft gegen eine nicht gewollte Ausnützung der Versicherung schützen. Zugleich sollen dadurch die Studierenden zu intensiver Arbeit angehalten werden. Zuviel darf man aber von dieser Vorschrift nicht erwarten. Wer soll denn den ständigen Besuch der Vorlesungen kontrollieren? Die Professoren werden dies ablehnen. Bei den großen Kollegien in den Hauptstädten ist dies ja ohnedies unmöglich. Dabei darf man auch nicht vergessen, daß gerade bei dem juristischen Studium die Vorlesungen in erster Linie die Anregung zum Selbstdenken und zügigen Durcharbeiten der Lehrbücher bieten sollen. Forderung verdient daher der Plan der Versicherung bei uns nicht. Es ist keineswegs ausgeschlossen, daß die deutschen Gerichte einen solchen Vertrag als gegen die guten Sitten verstoßend ansehen werden. (...)

In einem Heft des „Tagebuchs“[16] beschwert sich der Verfasser des Abschnittes „Tagebuch der Zeit“ darüber, daß die *juristischen Fachblätter* von dem Prozeß des Reichsanwalts *Jorns* keine Notiz genommen haben. Auch darüber, daß die Juristenblätter anläßlich des Falles *Jakubowski* hartnäckig geschwiegen haben.[17]

16
Das „Tage-Buch“ war eine deutsche, linksliberal einzuordnende Zeitschrift, die von Jan. 1920 bis Jan. 1933 und anschließend bis 1940 im Pariser Exil als das „Neue Tage-Buch“ erschien. Sie wurde in Konkurrenz zur „Weltbühne“ publiziert. Vor seiner Tätigkeit als deren Herausgeber schrieb u.a. Carl von Ossietzky im „Tage-Buch“.

Es scheine, daß sich die offizielle Fachwelt der Juristen grundsätzlich nicht für Fragen des Rechtslebens interessiere, an denen „weiter nichts Bemerkenswertes ist, außer, daß sie ein ganzes Volk aufwühlen“. Als Gegensatz hierzu wird auf die deutschen und ausländischen Zeitungen, in denen über die Verhandlungen eingehende Berichte enthalten sind, verwiesen. Die hier aufgeworfene Frage ist nicht ohne Interesse. Soll die juristische Fachpresse zu schwebenden Strafprozessen Stellung nehmen? Ich glaube, daß dies im Grunde verneint werden muß. Die Aufgabe der Tagespresse ist eine völlig andere. (...) Wo sie nur Betrachter und Berichter ist, will und soll sie die interessierten Kreise über die einzelnen Stadien eines Verfahrens unterrichten. Auch die Darstellung der Hauptverhandlung, unter Wiedergabe der Zeugenaussage und Plädoyers, schafft eine erweiterte Oeffentlichkeit. Die Fachpresse aber hat wissenschaftliche Aufgaben. Sie muß daher in der Regel das Ende eines Strafverfahrens abwarten. Dies Ende ist erst mit dem rechtskräftigen Urteil gegeben. Dann kann sie die Folgerungen, die für die wissenschaftliche Erkenntnis des Rechts von Bedeutung sind, daraus ziehen. Mit der Möglichkeit einer Berufungsentscheidung muß gerechnet werden. Die juristische Fachwelt interessieren nur abschließende Erledigungen. Die Möglichkeit, daß zwei einander widersprechende Urteile ergehen, ist gegeben. Dann kann die Würdigung der mehreren Standpunkte zur Aufgabe der juristischen Zeitschrift gehören. Das rein politische Moment, das dem Falle Jorns sein eigenartiges Gepräge gibt, hat ohnedies für die reinen Fachblätter auszuscheiden. Das ist nicht immer leicht.

17 Jakubowski und Jorns stehen für große Justizskandale der Weimarer Republik. Der polnische Arbeiter Josef Jakubowski wurde 1925 wegen Mordes an einem dreijährigen Kind verurteilt und 1926 hingerichtet. Die Prozessführung war von schweren Fehlern geprägt. Das Urteil wurde auch dann nicht aufgehoben, als 1929 die wahren Täter ein Geständnis abgelegt hatten und dafür verurteilt worden waren.

Paul Jorns, 1871–1941, war als Anklagevertreter 1919 mit den Morden an Rosa Luxemburg und Karl Liebknecht befasst. Ein Beitrag im „Tage-Buch“ hatte ihm 1928 dabei Strafvereitelung vorgeworfen und deswegen seine Berufung zum Reichsanwalt 1925 als Fehler bezeichnet. Jorns stellte daraufhin Strafantrag wegen Beleidung und übler Nachrede. Im Zuge des Verfahrens rollte das Amtsgericht Berlin-Mitte den Prozess von 1919 noch einmal auf und sprach den beklagten Redakteur deshalb frei, weil dieser den Wahrheitsbeweis für seine Anschuldigungen erbracht habe. Das Landgericht Berlin aber verurteilte den Redakteur 1931 schließlich zu einer Geldstrafe von 500,– RM.

Es verlangt aber doppelt vorsichtige Zurückhaltung bis zum endgültigen Spruch.

15. März

Die Anrufungen des *Staatsgerichtshofs* für das Deutsche Reich werden immer häufiger. Preußen und Württemberg hatten Prozesse auszufechten. Unzufriedene Parteien klagten gegen die Länder. In der preußischen Sache wurde die Rechtsgültigkeit der Verfassung angefochten.[18] Die Verletzung der Vorschrift der Reichsverfassung über die Wahl zum Reichstag und der preuß. Verfassung über die Landtagswahl, die eine gleiche unmittelbare und geheime sein muß, wurde in der Behandlung der Splitterstimmen und -parteien gesehen. Der Staatsgerichtshof gab zu, daß eine absolute Gleichheit gemeint sei. Auch, daß diese nicht gewahrt wurde. Aber diese Abweichung habe ihre ausreichende verfassungsrechtliche Begründung in Art. 22 Abs. 2 RVerf. Hier habe der Verfassungsgesetzgeber dem ordentlichen Gesetzgeber die Ausführung der im Abs. 1 Art. 22 aufgestellten Grundsätze übertragen. Das gehe über technische Einzelheiten weit hinaus. Eine Erfüllung dieser Aufgabe sei nur möglich, wenn dem Wahlgesetz ein Spielraum und darin auch eine Abweichung von den großen Wahlgrundsätzen gewährt werde. Nur bei einem offensichtlichen Gegensatz zwischen Wahlgesetz und Reichsverfassung müsse das erstere der Nichtigkeit unterliegen. Damit ist einer freien Auslegung auch der Verfassung die Tür geöffnet. Auch auf diesem Gebiete herrscht nicht die formale Logik.

18
Art. 22 der WRV lautet: Abs. 1: „Die Abgeordneten werden in allgemeiner, gleicher, unmittelbarer und geheimer Wahl von den über zwanzig Jahre alten Männern und Frauen nach den Grundsätzen der Verhältniswahl gewählt. Der Wahltag muß ein Sonntag oder öffentlicher Ruhetag sein." Abs. 2: „Das Nähere bestimmt das Reichswahlgesetz." Bis zur erwähnten Entscheidung des Staatsgerichtshofs vom 17. Feb. 1930 hatte die Rechtsprechung die Gleichheit der Wahl vorwiegend als Votum gegen bislang existierende Formen der ungleichen Wahl – etwa Mehrstimmrecht oder Klassenwahlrecht – interpretiert und stattdessen eine absolute Gleichheit verlangt. Dies wurde vom Staatsgerichtshof nun vorsichtig modifiziert, indem der Gesetzgeber über die Regelung „des Näheren" einen gewissen politischen Spielraum erhielt. Dadurch wurden Übergänge und Abstufungen möglich, die auch eine Einschränkung der absoluten Gleichheit rechtfertigen konnten, was insbesondere die Benachteiligung von Kleinstparteien rechtfertigte.

Das ist notwendig, damit die mit einer Verfassung verfolgten staatspolitischen Ziele erreicht werden können. Ob die Konstruktion von der Ueberweisung der Aufgabe an das ausführende Wahlgesetz außer jedem Zweifel ist, ob wirklich der Verfassungsgesetzgeber dem ordentlichen Gesetzgeber diese Abstufungsmacht verleihen wollte, mag nicht ganz außer Zweifel sein. Sicher ist aber, daß kein Gesetz, und sei es die Verfassung, rein nach dem Wortlaute ausgelegt werden muß. Unbrauchbare Ergebnisse müssen verhütet werden. Wäre die Klage durchgedrungen, so wären 17 Abgeordnete kleiner und kleinster Gruppen in den Landtag gelangt. Parteien kann man sie kaum mehr nennen. Es ist schon schlimm genug, daß sich in Reichs- und Landtagen immer Koalitionen unter den großen Parteien bilden müssen. Unerträglich wird eine Zersplitterung in zahllose Teile und Teilchen, deren Entschließungen unberechenbar sind. Man muß endlich in Deutschland lernen, daß nicht für jede Meinung in irgendeiner Frage eine eigene Partei geschaffen werden muß. (...)

Die Kultur bringt Erschwerungen, die Zivilisation Erleichterung des Lebens. Kultur stellt an die Volksgesamtheit erhöhte Anforderungen ihrer geistigen Anspannung und ihres sittlichen Handelns, Zivilisation wahrt Behaglichkeit des Daseins. Sie wirkt mittelbar für die Kultur. Sie schafft damit die Unterlagen für deren Aufgaben. Im Recht trifft beides zusammen. Jede steigende Kultur eines Volkes fordert und fördert ein Schritthalten des Rechts mit ihr. Im Recht spiegelt sich die Kultur seiner Zeit. Die Zivilisation aber führt zu einer Erleichterung des Rechtsverkehrs. Sie beseitigt notwendigerweise Eigenarten einzelner Teile. Sie bemüht sich, durch Gleichheit und Aehnlichkeit von Rechtssatzungen unter verschiedenen Völkern deren Zusammenleben zu erleichtern. Die Rechtsvergleichung zeigt die Aehnlichkeit in der Verschiedenheit. Zum 50jährigen Bestehen der freien Advokatur im Deutschen Reich hat Magnus der deutschen Anwaltschaft sein Werk „*Die Rechtsanwaltschaft*" zugeeignet.[19] Er selbst hat den Abschnitt für das Deutsche Reich geschrieben. Dann folgen nicht weniger als 47 Abhandlungen über die Anwaltschaft der verschiedenen Staaten. Auch Asien ist einbezogen. Man liest freilich dort den Satz: „In Afghanistan gibt es einen irgendwie geregelten Anwaltsberuf noch nicht." Daraus kann man weitere Schlüsse auf die Kultur des Landes ziehen. In anderen, europäischen Ländern erhält man ein vollständiges Bild der Anwaltschaft und ihrer Tätigkeit. Alle Verfasser dieser Aufsätze zeigen, auch wenn sie nicht dem Anwaltstande selbst angehören, eine unbestreitbare Hochachtung vor dem Berufe des Rechtsanwalts und seinem Träger. Wer das Buch durchliest, macht sich schwer einen Begriff von der ungeheueren Arbeit, die hier Magnus geleistet hat. Die gleiche Fähigkeit, die ihn bei der Leitung der Juristischen Wochenschrift auszeichnet, kommt auch hier zur Geltung: den richtigen Mann für die richtige Arbeit zu finden. Die Bedeutung des Werks geht über die Zusammentragung des Stoffes weit hinaus. Sie fördert die juristische Zivilisation. Man erkennt bei allen Differenzen doch wieder die Gemeinsamkeit des Grundgedankens der Advokatur in den Kulturländern. Wie es heute schon möglich ist, daß die belgischen Anwälte vor

19
Julius Magnus, Die Rechtsanwaltschaft. Leipzig, 1929. Julius Magnus wurde 1867 in Berlin geboren und dort 1898 als Anwalt zugelassen. Von 1915–1922 war er im Vorstand des Anwaltsvereins. Er publizierte intensiv auf dem Gebiet des Urheberrechts, war von 1925–1933 Herausgeber der Juristischen Wochenschrift, wurde 1930 Lehrbeauftragter für Urheber- und Patentrecht an der Berliner Universität und erhielt mehrere Ehrendoktorwürden. Als Jude aus allen Ämtern entlassen, floh er 1939 nach Amsterdam, wurde dort aber festgenommen und über das Durchgangslager Westerbork und das KZ Bergen-Belsen nach Theresienstadt deportiert, wo er 1944 an Hunger und Entkräftigung starb.

französischen Gerichten plädieren, so wird es auch mit der Zeit kommen, daß im Wege der Gegenseitigkeit die Anwälte zum Auftreten vor den Gerichten auch der anderen europäischen Staaten zugelassen werden. Das mag ein fernes Zukunftsbild sein. Dazu gehört, daß sich, wenn zunächst auch nur auf einzelnen Gebieten, ein gemeinsames Recht bildet. Es gehört Sprachkenntnis dazu. Aber das alles wird sich auch finden. Bei fortschreitender Kultur des Rechts wird auch die Erleichterung im Wege der Zivilisation nicht entbehrt werden können.

„Nun werden Sie vernünftig sein und keine Dummheiten mehr machen." Mit diesen Worten soll nach den Zeitungsberichten der Berliner Schnellrichter einen Musiker, der einen Selbstmordversuch gemacht hatte, entlassen haben. Die Anklage war erhoben, weil der Lebensmüde sich auf dem Bahnhof Alexanderplatz vor einen einfahrenden Stadtbahnzug warf. Er konnte noch rechtzeitig zurückgeholt werden. Die Anklage lautete auf Gefährdung eines Eisenbahntransportes. Der Richter sprach frei. Er verneinte die Zurechnungsfähigkeit des Angekl. im Momente der Tat. Das war menschlich gedacht, gut und klug gehandelt. Jeder wünscht sich, auch so zu urteilen. Ungerecht ist es aber, der Staatsanwaltschaft aus der Erhebung der Anklage einen Vorwurf zu machen und sie als die formaljuristische Behörde dem volkstümlichen Richter entgegenzustellen. Sie mußte vorgehen, als die Reichsbahn ihre Anzeige erstattete. Ob eine Gefährdung des Zuges und seiner Insassen vorliegt, ist im Einzelfall zu prüfen. Eine Verneinung aus begrifflichen Gründen ist nicht zulässig. Vielleicht hätte der Staatsanwalt auch gern auf die Anklage verzichtet, wenn er gedurft hätte. Wahrscheinlich war ihm auch der Freispruch im Herzen willkommen. Wenn die Tagespresse gerecht sein will, darf sie bei der Besprechung solcher Fälle die Stellung der Staatsanwaltschaft im heutigen Strafprozeß nicht verkennen.

1. April

Der Reichstag hat die Younggesetze angenommen.[20] Besondere Freude darüber herrscht nirgends, auch nicht bei der für sie stimmenden Mehrheit. Auch hier hat wieder der Zwang der Verhältnisse den Ausschlag gegeben. Die Tatsache des verlorenen Krieges und die hier durch dem deutschen Reich auferlegte Schuldverpflichtung ist nicht wegzuwischen. Das zwingt immer wieder zu Verhandlungen. Deutschland ist in der Lage des Schuldners, der zu zahlen verspricht, sobald er wieder und soweit er wieder zu Kräften kommt. Der schwerste Einwand, den die Opposition der Regierung hinwarf, bestand in der Frage an den Reichskanzler, ob er denn die Erfüllung für möglich halte. Darauf konnte weder eine bejahende noch eine verneinende Antwort gegeben werden. Im ersteren Falle hätte man aus dem Anerkenntnis in späterer Zeit unliebsame Folgerungen gezogen. Im letzteren Falle wäre die Unterzeichnung eines Paktes im Bewußtsein des Nichterfüllenkönnens auch der Ausspruch des Nichterfüllenwollens gewesen. Daher konnte nur ein Hinweis auf die Ungewißheit der Zukunft und die Hoffnung wirtschaftlicher Besserung

20 Der Reichstag ratifizierte am 12. März 1930 den Young-Plan mit 265 Ja- und 192 Nein-Stimmen bei drei Enthaltungen. Für das Gesetz stimmten SPD, Zentrum und DDP; außer der Opposition stimmten auch Teile der Regierungskoalition dagegen, nämlich die Abgeordneten der Bayerischen Volkspartei und einige Mitglieder der DVP. Über die Reform der Arbeitslosenversicherung kam es kurz darauf zum Bruch der Koalition. Am 27. März 1930 trat Hermann Müller als Reichskanzler zurück.

erfolgen. Auch hier ist der Vergleich mit dem Schuldner in der Privatwirtschaft lehrreich. Kein Gläubiger läßt sich durch Worte seines Schuldners von der Unmöglichkeit der Zahlung der geforderten Summe überzeugen. Er glaubt dem schönsten Plaidoyer nicht. Nur die Tatsachen können ihn überführen. So muß auch jetzt wieder auf diesem Wege weitergeschritten werden. Darin liegt der Wert der Teilung der Schuld. Soweit sie nicht kommerzialisiert ist, untersteht sie nach wie vor der Erfüllungsmöglichkeit. Wer daran zweifelt, und das ist bei sehr vielen ruhig denkenden Menschen der Fall, auch der wird den Beweis der Unmöglichkeit durch den Gang der Ereignisse für den einzigen Weg der Befreiung von der Schuld ansehen müssen. Die Erfüllungszusage führt zur Nichterfüllung. Nicht in dem Sinne, daß Deutschland von Anfang an die Absicht der Nichtzahlung hat. Wohl aber, daß es durch seine Anstrengungen auch die Gläubigermächte überzeugen will, daß ihre Forderungen über seine Kräfte hinausgehen. Je mehr Zeit vergeht, desto mehr prägt sich auch den früheren Feinden die Ueberzeugung ein, daß Forderungen auf dem Papier für sie wertlos sind. Man mochte sich nach Ende des Krieges an den phantastischen Zahlen berauschen. Jetzt kehrt auch die nüchterne Erwägung bei der Entente ein. So wird man auch die heutige Regelung nur als eine Etappe auf dem Wege der Feststellung der Leistungsfähigkeit Deutschlands betrachten müssen.

Man kann nicht sagen, daß die *Verhandlungen im Reichstag* über den Youngplan einen besonders günstigen Eindruck machten. Immer wieder tauchte der

Zwiespalt der Parteien auf. Jede derselben hatte ihre besonderen Wünsche. Jede suchte den Koalitionsgenossen auf die künftige Ordnung des Finanzwesens festzulegen. Das mag parteitaktisch verständlich gewesen sein. Politisch war es unklug. Nach außen und nach innen mußte hier im Interesse des Ganzen Geschlossenheit gezeigt werden. Es liegt kein Grund vor, über das parlamentarische Regierungssystem den Stab zu brechen. Einem Mann von besonderer Eigenart wie *Hellpach*[21] mag es erlaubt sein, sich vom Reichstag entmutigt abzuwenden. Es hat nicht jeder die passive Fähigkeit, auch Unangenehmes im Interesse der Unterordnung unter die künftigen Ziele zu tragen. Lernen kann man aber und soll man auch im Reichstag aus Hellpachs Verhalten. Ein Stück Idealismus ist in keiner Politik zu entbehren. Dazu gehört das Hinweggehen über eigene Interessen und die Opferung des Sonderstandpunktes für das Ganze. Eine erfolgreiche Außenpolitik kann nur von diesem Gesichtspunkte aus getrieben werden. *Befreiend wirkte das Verhalten des Reichspräsidenten.* Er hat nicht leichten Herzens die Younggesetze unterschrieben. Eine Fülle von Briefen und Eingaben hat ihn beschworen, die Unterschrift zu verweigern. Er hat all dies sorgsam geprüft und doch hat er alle Bedenken im Hinblick auf die durch den Youngplan gebrachte Besserung, nicht zum mindesten wohl auch auf die hierdurch bewirkte Befreiung der besetzten Gebiete zurückgestellt. Er hat noch mehr getan. Er ist aus der sonst von ihm beobachteten Zurückhaltung herausgetreten. Er hat eine Botschaft an das deutsche Volk gerichtet, nicht nur zur Rechtfertigung seines Verhaltens, sondern um eine Mahnung an

21
Willy Hellpach (1877–1955) war von Hause aus Arzt und Psychologe, wurde 1899 in Psychologie und 1903 in Medizin promoviert. Nach einigen Jahren als Arzt und einer medizinischen Habilitation in Karlsruhe, begann Hellpach sich publizistisch und politisch zu betätigen. 1918 wurde er Mitglied der DDP. 1922 wurde er Unterrichtsminister in Baden, 1924/25 Staatspräsident. 1925 kandidierte er für das Amt des Reichspräsidenten und erhielt im ersten Wahlgang 5,8%. Von 1928 bis 1930 saß er für die DDP im Reichstag, nach dem Bruch des Kabinetts Müller zog er sich aus der Politik zurück.

alle Deutschen zu richten. Denen, die ihn vor der Verdunkelung seines Namens als Heerführer warnten, hat er erwidert: „Ich habe mein Leben in der großen Schule der Pflichterfüllung in der alten Armee verbracht und hier gelernt, stets ohne Rücksicht auf die eigene Person meine Pflicht gegenüber dem Vaterlande zu tun." Das Vorbild, das er damit dem deutschen Volke gibt, wird, so darf man hoffen, eine dauernde mächtige Wirkung haben. Folgen ihm die Deutschen auf diesem Wege, lernt auch der Reichstag, sich einer entschlossenen praktischen Arbeit zuzuwenden, dann hat Hindenburg das Reich zum zweiten Male durch sein mannhaftes Auftreten gerettet. Wieder kann man erkennen, daß, so stark man die Bedeutung der Massenbewegung heute einschätzen mag, doch die letzten entscheidenden Worte und der entscheidende Anstoß von dem einzelnen ausgehen. (...)

Außerordentlich schwierige Aufgaben liegen der Regierung und dem Parlamente bei der *Ordnung des Reichshaushaltes* ob. Es muß Rat geschafft werden, um das Budget in Ordnung zu bringen. Alle Vorschläge stoßen selbstverständlich bei den jeweils davon Betroffenen auf Widerstand. Jeder spürt die Steuer, die ihn besonders trifft. Das Ideal eines Steuersystems, bei dem sich jeder wohlfühlt, wird nie gefunden werden können. Es ist früher schon an dieser Stelle von einem Neuaufbau unserer ganzen *Steuergesetzgebung* gesprochen worden. Die wichtigste wirtschaftliche Aufgabe ist die Neubildung von Kapital. Keine Partei, keine Weltanschauung kann es entbehren. Darum muß alles vermieden werden, was kapitalzerstörend, ja auch nur, was hindernd auf die Kapitalbildung wirkt. Der Ausbau der indirekten Steuern wird nicht zu umgehen sein. Ein seltsamer Auswuchs dieser Idee aber war der Gedanke, die Erhöhung der *Biersteuer* den Ländern zu überlassen. Das mag wohl seinen politischen Grund in der Rücksicht auf Bayern haben. Sicher wird man schon aus praktischen Gründen sich mit dem zweitgrößten Lande und dem größten Biererzeuger verständigen müssen. Es hat keinen Zweck, wegen Geldfragen einen Konflikt heraufzubeschwören. Aber dessen Vermeidung wird sich doch wohl in anderer Weise ermöglichen lassen. Von der Frage, ob die Ueberweisung der Biersteuer an die Länder verfassungsändernd ist, mag abgesehen werden. Man hat sich leider daran gewöhnt, bei jeder einer Partei oder einem Lande unangenehmen Regelung einen Eingriff in die Verfassung zu sehen. Der Einwand der mittelbaren Verfassungsänderung gehört allmählich zum stehenden Requisit des politischen und wirtschaftlichen Kampfes.[22] Das Hauptbedenken aber fließt doch wohl daraus, daß man den ganzen Gedanken des jetzt bestehenden Steuersystems durchlöcherte. Die Rücküberlassung einer Konsumsteuer auf die Länder muß als Stärkung des Partikularismus wirken. Hat man diesen Weg begonnen, so werden weitere Schritte auf ihm folgen. Dazu die praktischen Schwierigkeiten, die aus verschiedener Höhe der Biersteuer in den verschiedenen Ländern erwachsen würden. Auch sie führen zu einer Abschließung des einen Landes gegen das andere oder auch zu einer Nacherhebung von Steuern beim Export des einen in das andere. Wieder bildete das eine Begünstigung des eigenstaatlichen Charakters

22
Die Weimarer Staatsrechtslehre hat einen ganzen Katalog der Verfassungsänderung entworfen und dazu vor allem zwischen der unmittelbaren Änderung des Verfassungstextes selbst und mittelbaren Eingriffen differenziert; letztere definierte Karl Loewenstein (1891–1973), einer der profiliertesten Vertreter einer wehrhaften Weimarer Demokratie, als eine Verfassungsänderung durch ein mit verfassungsändernder Mehrheit erlassenes Gesetz, das jedoch nicht den Text der Verfassung selbst änderte.

eines Landes. Es ist zu hoffen, daß die ganze Idee, nach dem die politischen Gründe für sie wegfielen, auch wieder verschwindet. (...)

Der Akademische Senat der deutschen Universität in Prag hat am 19. Febr. 1930, am 10. Jahrestag der Entrechtung der Universität, eine Kundgebung erlassen.[23] Das heute noch geltende Gesetz über das Verhältnis der Prager Universitäten war in der tschechoslowakischen Nationalversammlung ohne Aussprache angenommen worden. Die Deutschen dieses Staates waren darin nicht vertreten. Schon am 24. März 1920 hat der Akademische Senat Verwahrung eingelegt dagegen, „daß das von beiden Völkern im Jahre 1882 vereinbarte Universitätsgesetz nunmehr unter Ausnutzung der augenblicklichen Machtverhältnisse durch eine einseitige Oktroyierung ersetzt wurde". Nun wendet er sich von neuem an die Regierung und an beide Häuser der Nationalversammlung. Das der deutschen Universität zugefügte Unrecht soll wieder gutgemacht werden. Dabei verlangt der Senat nur die Annahme des versöhnenden Standpunktes, daß beide Prager Universitäten, die deutsche und die tschechische, die Fortsetzerinnen der alten Karlsuniversität sind. Der deutschen Universität in Prag ist nicht nur ihr alter Name „Karl-Ferdinand-Universität" aberkannt. Es ist auch der tschechischen Universität allein der Name „Karls-Universität" zugesprochen worden. Mit Recht hat darin der Senat der deutschen Universität eine Degradierung und ideelle Schädigung erblickt. Mit dieser neuen Kundgebung wendet er sich nicht nur an die zuständige Stelle der Tschechoslowakei. Sein Aufruf

23 Die Universität in Prag wurde 1348 vom böhmischen König und späteren deutsch-römischen Kaiser Karl IV. gegründet. Obwohl Deutsch als Amtssprache galt, nahm in der zweiten Hälfte des 19. Jahrhunderts der Anteil tschechisch sprechender Studierender kontinuierlich zu. 1882 wurde die Universität deshalb durch kaiserlichen Erlass geteilt; fortan gab es eine tschechische und eine deutsche Universität. Da die Professoren selbst darüber entscheiden konnten, welcher Abteilung sie zugehören wollten, die meisten aber deutschsprachig waren, bedeutete dies für die tschechische Universität, dass sie in vielen Bereichen faktisch auf Neugründungen angewiesen war. Nach dem Ersten Weltkrieg verlagerte sich dieses Ungleichgewicht auf die andere Seite. Auf Initiative des nationalistischen Philosophie-Professors František Mareš, der 1920 als Rektor der Universität fungierte, erließ die tschechoslowakische Nationalversammlung 1920 ein Gesetz, wonach ausschließlich die tschechische Universität in der Tradition der alten Universität stehe. Nur sie durfte sich danach „Karls-Universität" nennen, während die deutsche jede Verbindung zu Karl zu streichen hatte.

rüttelt auch an dem Gewissen der ganzen gebildeten Welt. Man halte das Verlangen nach der Wiedergewinnung des geschichtlichen Namens für einen Kampf um eine Aeußerlichkeit. Auf dem Gebiete der Wissenschaft sollte doch zuerst die Völkerversöhnung eintreten. Das historische Recht, das der Sieger im Rausche des Augenblicks beiseite schob, sollte auch hier wieder hergestellt werden.

15. April

(...) *Reichskanzler Brüning* hat sich auf der Tagung des Reichsparteiausschusses der Zentrumspartei über die Politik seiner Regierung ausgesprochen.[24] Von einer über die rein politischen Fragen hinausgehenden Bedeutung ist die Bemerkung über Reichstag und Reichspräsident: „Je unfruchtbarer das Parlament wird, je unnötiger die Parteien werden, desto stärker wird automatisch die Stellung des Reichspräsidenten." Wohl werde sich der Reichspräsident streng an die Verfassung halten. Das sei auch nicht in Frage gestellt worden. Aber die Verfassung gebe ihm Mittel, die beim Versagen des Parlaments angewendet werden könnten. Es ist noch nicht lange her, daß über die Stellung des Reichspräsidenten lebhafte Erörterungen in Tages- und Fachpresse zu lesen waren. Auch an dieser Stelle ist es geschehen. Die Bemerkung des Reichskanzlers bestätigt, was dort gesagt wurde. Die Verfassung gewährt dem Reichspräsidenten alle Rechte, deren er zur Durchführung seiner Aufgabe bedürfen kann. Sie waren nur zurückgedrängt. Tatsächlich war das Parlament in den

24
Nach dem Rücktritt von Hermann Müller beauftragte Reichspräsident Hindenburg am 28. März 1930 Heinrich Brüning (Zentrum) mit der Regierungsbildung. Am 30. März wurde Brüning zum Reichskanzler ernannt; sein Kabinett bestand – unter Ausschluss der Sozialdemokraten – aus Mitgliedern der bisherigen Regierungsfraktion und der DNVP. Brüning stand dem ersten sog. Präsidialkabinett vor, das nicht auf eine Mehrheitskoalition der im Reichstag vertretenen Parteien zurückgreifen konnte, sondern auf das Notverordnungsrecht des Reichspräsidenten nach Art. 48 WRV angewiesen war, wonach der Reichspräsident bei einer erheblichen Störung der öffentlichen Sicherheit und Ordnung dazu ermächtigt war, „die zur Wiederherstellung der öffentlichen Sicherheit und Ordnung nötigen Maßnahmen zu treffen". Daraus wurde nun das Recht hergeleitet, den handlungsunwilligen Reichstag durch eigene Präsidialverordnungen zu umgehen. Vgl.: „Im Zwielicht Notverordnungen", S. 339.

Vordergrund getreten. Je mehr sich das Parlament selbst ausschaltet, desto stärker wird die Stellung des Präsidenten, desto mehr werden die Rechte, die auf dem Papier standen, sich verwirklichen. Sie sind das Hilfsmittel, um beim Versagen des Parlaments die Erhaltung geordneter Zustände zu ermöglichen. Wissenschaftliche Interpretation des Art. 48 der Verfassung wird hier wenig nützen. Er wird die Anwendung finden, die das Gebot der Stunde verlangt.

Der Reichsfinanzminister hat ein Gesetz „über die Ermächtigung zur Ergreifung von steuerlichen Maßnahmen zum Zwecke der Erleichterung und Verbilligung der Kreditversorgung der deutschen Wirtschaft" vorbereitet.[25] Es soll zunächst nur ein Ermächtigungsgesetz sein. Mit Zustimmung des Reichsrats und eines Ausschusses des Reichstags kann die Reichsregierung auf dem Gebiet des Steuerabzugs vom Kapitalertrag, der Kapitalverkehrssteuer und, soweit es sich um inländische Aktiengesellschaften handelt, deren Zweck in der Verwaltung, dem Erwerb und der Veräußerung von Aktien, Kuxen[26], Anteilen oder Genußscheinen anderer Erwerbsgesellschaften oder von Schuldverschreibungen in geringen Posten besteht (Kapitalverwaltungsgesellschaften), steuerliche Erleichterung treffen. Begründet wird dies mit der Notwendigkeit, alles zu tun, um die Kreditversorgung der deutschen Wirtschaft zu erleichtern und zu verbilligen. Daher soll die Neigung des Auslandes, Gelder nach Deutschland zu geben, gefördert werden. Selbstverständlich kann aber eine solche Maßnahme nicht nur für das Ausland gegeben werden. Das deutsche Kapital, soweit es anlagefähig ist, wird in

25
Der Entwurf dieses Gesetzes wurde bereits am 20. März 1930 vorgelegt, also noch im Kabinett von Hermann Müller. Dass es als Ermächtigungsgesetz konzipiert war, entscheidende Fragen also dem Ermessen der Verwaltung überließ, war in der Weimarer Republik nicht ungewöhnlich. Schon in den Anfangsjahren wurden immer wieder Ermächtigungsgesetze erlassen, um in einer Krisensituation möglichst rasch und flexibel reagieren zu können. In dieser Tradition stand auch das nun entworfene Gesetz.

26
Kuxe sind eine alte Form von Bodenrechten an einem Bergwerk, die später wie Inhaberaktien frei gehandelt werden konnten. 1985 wurde diese spezielle Unternehmensform in Deutschland abgeschafft.

gleicher Weise zu begünstigen sein. Im wesentlichen handelt es sich um die Durchführung des Finanzprogramms vom Dez. 1929. Der geeignete Zeitpunkt wird der Regierung überlassen. Darin liegt der Vorzug des Ermächtigungsgesetzes. Die nötig werdende Steuererleichterung kann rasch durchgeführt werden. Der Reichstag ist ausgeschaltet. Darin liegt auch das Bedenkliche. Jede Abweichung von der Verfassung lockert deren Grundlage. Sie fördert das Spiel mit dem Diktaturgedanken. Bei dem Mangel an Ständigkeit der Regierung fehlt es an dem persönlichen Vertrauen, das man deren Männern bei der Erteilung der Ermächtigung schenken muß. Wie rasch eine Regierung wechselt und aus welchen eigenartigen Gründen eine Koalition zerbricht, haben wir ja erst in den jüngsten Tagen erlebt. Trotzdem ist zu wünschen, daß die dem Gesetzentwurfe zugrunde liegenden Gedanken bald verwirklicht werden. Die Notwendigkeit einer Verbesserung des Steuersystems, einer Erleichterung der Last, welche die Kapitelbeschaffung hindert, ist dringend im allgemeinen wirtschaftlichen Interesse notwendig. Bis zur großen Steuerreform kann nicht gewartet werden. Man müßte auch die Form des Ermächtigungsgesetzes in Kauf nehmen. (...)

Der preußische Landtag hat wieder die *Einbeziehung der freien Berufe in die Gewerbesteuer* beschlossen.[27] Der Staatsrat hat sich in diesem Jahre nicht widersetzt. Zu wünschen wäre es gewesen. Die Lage hat sich gegenüber den früheren Versuchen in keiner Weise geändert. Noch immer sind die freien Berufe kein Gewerbe. Noch immer ist in dieser Gewerbesteuer nichts anderes zu

27
Die Gewerbesteuerfreiheit der freien Berufe (also etwa Kunst, Journalismus, Anwaltschaft, Arztberuf, etc.) ging zurück auf die preußischen Reformen. Im Edict über die Einführung der allgemeinen Gewerbesteuer vom 2. Nov. 1820 wurde die Gewerbefreiheit eingeführt und an die Stelle der alten Handwerkssteuern eine allgemeine Gewerbesteuer gesetzt. Freie Berufe waren von der Gewerbesteuer ausgenommen. Den „freien Beruf" eng auszulegen und damit im Ergebnis nur Kunst und Wissenschaft von der Steuer auszunehmen, war ein lange diskutiertes Anliegen der Finanzverwaltung. Infolge der katastrophalen Finanzlage nach der Weltwirtschaftskrise wurde es schließlich durchgesetzt, nicht nur in Preußen. Erst 1936 wurden die freien Berufe wieder (bis heute) von der Gewerbesteuer befreit.

sehen, als ein Zuschlag zur Einkommenssteuer. Nur, daß er eben nur einen kleinen Teil der Bevölkerung betrifft. Dieser ist im politischen Leben nicht so organisiert, daß er seiner Stimme Gehör zu verschaffen wüßte. Es kommt hier nicht auf begriffliche Zuspitzungen an. Das Wort „Gewerbe" spielt keine Rolle. Durchgreifend ist, daß man die geistige Arbeit der freien Berufe finanzwirtschaftlich nicht der des Gewerbetreibenden, der ein Unternehmen besitzt, gleichstellen darf. Für diesen bildet das Unternehmen ein selbständiges Vermögensstück. Er kann es veräußern, vererben. In ihm arbeitet das Kapital. Der Arzt oder Rechtsanwalt kann das niemals. Es wird nicht lange dauern und man wird die Folgen erkennen. Behandelt man die freien Berufe gleich den Gewerben, so wird man es ihnen nicht verdenken, wenn sie gleich diesen die Steuern abwälzen. Was werden die Krankenkassen sagen? Was der Rechtsuchende, wenn die Anwaltschaft geschlossen einen Gewerbesteuerzuschlag anfordert? (...)

Die Geschäftsberichte unserer Großbanken sind auch in früheren Jahren schon an dieser Stelle erwähnt worden. Gewiß dienen sie in erster Linie einer Darlegung des Geschäftsganges. Sie erfüllen die Pflicht der Verwaltung, den Aktionären Rechenschaft zu geben. Sie gewähren zugleich aber auch einen Einblick in die wirtschaftlichen Vorgänge des vergangenen Jahres. Sie lassen daraus auch wieder Schlüsse auf die Gestaltung des Wirtschaftsrechts zu. Der Geschäftsbericht der *Dresdner Bank* für 1929 ist in dieser Richtung außerordentlich lehrreich. Schon die Eingangsworte sind es: „Die Folgen der verfehlten Wirtschafts- und Steuerpolitik haben sich im Laufe des Jahres 1929 in immer steigendem Umfange bemerkbar gemacht." Wenn ein Institut vom Range der Dresdner Bank seinen Bericht damit beginnt, wenn in den folgenden Ausführungen Kritik an der Finanzpolitik geübt wird, so wird auch die politische Welt daran nicht achtlos vorübergehen dürfen. Interessant ist weiter die Erfahrung, daß der Anreiz für das Ausland, Kapital nach einem fremden Lande zu geben, nicht allein in dem hohen Zinsfuß besteht, sondern auch in der allgemeinen Rentabilität der Wirtschaft. Sie bietet zugleich die beste Gewähr für die Sicherheit der investierten Gelder. Man darf daraus auch auf die Anlage deutschen Kapitals schließen. Die immer noch verbreitete Meinung, daß die Verschlechterung der Lage der Aktionäre durch die Ausbildung des Aktienrechts durch Rechtspflege und Rechtsgewohnheiten den deutschen Kapitalisten vom Aktienmarkt abschrecke, wird auch durch diese Beobachtung widerlegt. Die Arbeitslosenunterstützung wird selbstverständlich als eine gesteigerte Belastung der deutschen Wirtschaft erkannt.[28] In einer Wirtschaft mit starker Kapitalbildung und reichlichen Betriebsmitteln könne in einer Krisis eine Arbeitslosenunterstützung unter Umständen einen gewissen Ausgleich für Konjunkturschwankungen bilden. Die finanzielle Alimentierung der Arbeitslosen vermeide dann einen plötzlichen Ausfall dieser Kreise in der Nachfrage. Unter den gegenwärtigen Verhältnissen aber wird eine Arbeitslosenversicherung die zur Gesundung der Wirtschaft erforderliche Stärkung des Produktivkapitals verhindern. Auch das ist an sich richtig. Nur fehlt leider heute die Möglichkeit, das Problem der Arbeitslosen in einer

28
Mit dem Ansteigen der Arbeitslosenzahlen waren die Kassen der erst 1927 eingerichteten Arbeitslosenversicherung leer. Schon seit 1929 hatte es von den Sozialdemokraten die hoch umstrittene Forderung gegeben, zur Finanzierung die Beiträge zu erhöhen. Brüning hatte schließlich die Beiträge mehrfach erhöht, da anderenfalls die Mehrkosten von der Reichskasse zu tragen gewesen wären, wozu diese gar nicht in der Lage gewesen wäre.

die Wirtschaft nicht drückenden Weise zu lösen. Vorschläge in dieser Richtung zu machen, ist auch nicht die Aufgabe des Bankberichts. Es genügt, wenn er die Anregungen zu wirtschaftsrechtlichen Ueberlegungen durch sachliche Kritik gibt. Das ist im Jahresbericht der Dresdner Bank für Jeden, der ihn in dieser Absicht durchsieht, zu finden.

1. Mai

Zu den ihrer Neugestaltung harrenden Gesetzen gehört auch die *Gewerbeordnung*. Sie mußte schon in der Vorkriegszeit häufig geändert und ergänzt werden. Die Wirkung des Krieges und der Staatsumwälzung auf das Wirtschaftsleben mußten sich auch auf dem Gebiete des gewerblichen Recht äußern. Der dem Reichtage jetzt vorliegende Entw. befaßt sich nur mit der Aenderung der Titel II bis V der GewO. Eine grundlegende Neugestaltung nach materiellem Inhalt wie gesetzestechnischem Systeme würde „noch umfangreiche und langwierige Vorbereitungen erfordern“. Deshalb begnügt man sich mit den Aenderungen, „deren Aufschub mit einer Gefährdung wichtiger Interessen der Allgemeinheit oder einzelner Wirtschaftszweige verbunden wäre“ (Begr. 10). Das scheint heute das Los aller Gesetze zu sein. Es fehlt Zeit und Ruhe zur Neuordnung. Das ist das Symptom unserer Zeit. Es bleibt nichts, als sich hier, wo es sich um materiell dringende Besserungen handelt, der hierdurch gebotenen Regelung durch eine Novelle zu fügen. Diese bleibt denn auch auf dem Boden des bisherigen Gesetzes stehen. Die GewO. datiert v.

21. Juni 1869, aus der Blütezeit des Liberalismus. Ihr Grundgedanke ist die in langem Kampfe errungene Gewerbefreiheit. Daran wird trotz aller Anstürme festgehalten. Es wird nicht verkannt, daß ein Zudrang von Personen zu einzelnen Gewerben stattfand, „denen es vielfach nicht nur an der erforderlichen fachmännischen und kaufmännischen Fähigkeit, sondern auch an der nötigen polizeilichen Zuverlässigkeit mangelt". Trotzdem bleibt das bisherige System der Wiederbeseitigung. Man lehnte das Verlangen der zahlreichen Konzessionen ab. Nur hat man den Kreis der von jener betroffenen Personen den heutigen Verhältnissen entsprechend vermehrt. Man hat auch die Auskunfteien, die Bücherrevisoren und die Treuhänder eingefügt (§ 35 Abs. 3 Satz 1 GewO.). Beachtung verdienen die Worte der Vorlage über die Ablehnung des Gedankens, durch eine Beschränkung der Gewerbefreiheit eine Besserung der Lage der Gewerbetreibenden herbeizuführen. Im Gegenteil, es ist anzunehmen, daß in je stärkerem Maße der Grundsatz des freien Wettbewerbs gilt, desto eher die wirtschaftliche Entwicklung in der Lage sein wird, durch Abstoßung ungeeigneter und überzähliger Gewerbebetriebe den Ausgleich zu schaffen. Vielleicht gibt diese Auffassung des Reichswirtschaftsministers den Anhängern eines Numerus clausus auch auf anderen Gebieten zu denken. Womit aber eine Gleichstellung der Anwälte mit den Gewerbetreibenden nicht behauptet sein soll.[29]

29 Denn dann, siehe soeben, liefen sie Gefahr, auch Gewerbesteuer entrichten zu müssen.

In einem bis zum Reichsgericht gelangten Prozeß hat der Kläger vom Deutschen Reich eine große Summe für Provisionen auf Grund der von ihm erstatteten Anzeigen wegen *Steuerhinterziehung* eingeklagt. Das hat berechtigtes Aufsehen erregt. So sehr, daß das Reichsfinanzministerium sich darüber äußerte. Es gibt zu, daß Privatpersonen eine Belohnung bis zu 5 % des an die Reichskasse fließenden Mehrbetrages an Steuern und Strafen zugebilligt wird, „wenn sie Angaben machen, die zu der Aufdeckung von Steuer und Abgabezuwiderhandlungen führen“. Bei dem heutigen bedauerlichen Stand der Steuermoral könne hierauf noch nicht verzichtet werden. Die Praxis zeige auch, daß der finanzielle Erfolg derartiger Mitteilungen recht groß sei. Zahlreiche Steuerzuwiderhandlungen würden aufgedeckt, von denen die Finanzämter andernfalls keine Kenntnis erhalten würden. Es ist begreiflich, daß die Kaufmannschaft wie überhaupt die Steuerpflichtigen sich dagegen wenden. Daß die Sache auch ihre bedenkliche Seite hat, weiß das Reichsfinanzministerium sicher selbst. Es ist nirgends angenehm, Denunziationen entgegenzunehmen. Auch die Behörden wissen sehr wohl, daß die Anzeigen nicht aus reiner Vaterlandsliebe erfolgen. Haß und Rachsucht sind häufig die Triebfeder. Entlassene Angestellte bilden das Hauptkontingent der Denunzianten. Trotzdem ist der Standpunkt des Reichsfinanzministeriums verständlich. Die Steuermoral ist in Deutschland nach Kriegsende schwer geschädigt. Hier hilft kein Beschönigen. Es ist unendlich schwer, den Steuerpflichtigen auf den Standpunkt zu bringen, daß die schwere Steuerlast von allen nach Kräften getragen werden muß. Es gibt immer noch eine Reihe von solchen, die in der Höhe der Steuer einen Entschuldigungsgrund zur Steuerhinterziehung sehen. Dann dürfen sich die Herren Defraudanten nicht beschweren, wenn auch der Staat gegen sie mit allen Mitteln vorgeht. Kehrt wieder Ehrlichkeit und Ordnung bei uns ein, so wird auch die Finanzverwaltung auf die ihr selbst nicht sympathischen Mitarbeiter verzichten. (...)

Das Schöffengericht Berlin-Mitte hat eine Anzahl wegen *Bestimmungsmensuren* angeklagter Studenten von der Anklage des Zweikampfes mit tödlichen Waffen freigesprochen. Es handelte dabei bewußt im Widerspruch zu der Rechtsprechung des Reichsgerichts.[30] Nach den Zeitungsberichten soll sich die Begründung auch auf das subjektive Moment, das mangelnde Bewußtsein der Angeklagten von der Tödlichkeit der Waffen, stützen. Damit dürfte das Urteil kaum zu halten sein. Weit wichtiger ist die Heranziehung des Sportgedankens. In der Tat ist auf diesem Gebiete seit der Stellungnahme des RG. eine Wandlung eingetreten. Nicht, daß der Speer in den Händen des Fechters etwas anderes wäre, als er früher war. Aber die Wertung des Kampfsports im Volke hat sich geändert. Auf die Gefährlichkeit allein kommt es allerdings nicht an. Ein Motorrad- oder Autorennen ist gefährlicher als die Mensur. Aber ihm fehlt der Kampf des Einzelnen gegen den Einzelnen. Wohl besitzt der Boxkampf diese Eigenschaft. Wenn das Publikum den Champions im Ring begeistert zusehen darf, wie diese berufsmäßig sich die Knochen zerschlagen, weshalb soll die Bestimmungsmensur nicht auch als sportliche Veranstaltung der gleichen Beurteilung unterliegen? Freilich wird es zunächst dem Juristenverstand schwer eingehen, warum dann die unter den gleichen Bedingungen und den

30
Die Bestimmungsmensur war keine Antwort auf eine Beleidigung, sondern ein fest vereinbarter Bestandteil des Burschenschaftslebens. In dieser Form setzte sie sich gegen Mitte des 19. Jahrhunderts in Deutschland durch. Das Reichsgericht qualifizierte sie seit 1883 in ständiger Rechtsprechung als strafbaren „Zweikampf mit tödlichen Waffen“ nach §§ 201 ff. StGB 1871; zuletzt bestätigte es diese Einschätzung 1926. Dies zeigt zugleich, dass die Mensur trotz ihrer strafrechtlichen Ächtung weit verbreitet blieb, nicht zuletzt in Juristenkreisen. 1933 wurde sie wieder straffrei gestellt, ein Eingriff, den die alliierte Gesetzgebung 1946 wieder aufhob. Die Regelungen wurden danach modifiziert, so dass bis heute schlagende Verbindungen eine (geringere) Anzahl von „Pflichtpartien“ festlegen können, die mindestens zu absolvieren sind.

gleichen Vorsichtsmaßnahmen sich abspielende Beleidigungsmensur anders behandelt werden sollte. Die Unterscheidung wird in das psychologische Gebiet verlegt. Das Motiv entscheidet. Auch wenn sich zwei Arbeiter regelrecht verprügeln und einer dem anderen beim Austrag dieses Streites schwere Verletzungen zufügt, liegt kein strafloser Boxkampf vor. Das sportliche Moment ist also doch in beiden Fällen, beim Boxmatch wie bei der Bestimmungsmensur, das Entscheidende. Man darf nicht vom Zweikampf im rechtlichen Sinne, von dem Austrage eines Ehrenhandels mit der Waffe sprechen. (...)

15. Mai

Die Verfassung regelt genau die *Entstehung der Gesetze.* Sie werden vom Reichstage beschlossen. Der Beschluß des Reichsrates geht vorher. Die Ausfertigung durch den Reichspräsidenten und die Verkündung im Reichsgesetzblatt folgen. Damit ist noch nicht das *Recht* entstanden. Es muß vom Volke aufgenommen und zu einem Teile seines Lebens durch die Anwendung werden. Dann spricht man vom lebendigen Recht. Erst die Rechtsübung gibt ihm die wirkliche Gestalt. Gar manches Mal mögen die Väter eines Gesetzes ihr eigenes Kind nach Ablauf von nur wenig Jahren kaum mehr wiedererkennen. Sie mögen wohl noch Gesetzgeber heißen. Ob sie Rechtsschöpfer waren, zeigt erst die Aufnahme ihres Gebildes in der Wirklichkeit. Das gilt für alle Rechtsgebiete. Man denkt meist an das Zivilrecht und die Einflüsse der Wirtschaft auf seine Gestaltung.

Man muß aber den gleichen Vorgang im Gebiete des öffentlichen Rechts anerkennen. Man lese die *vom Bunde zur Erneuerung des Reichs* herausgegebene Schrift „Die Rechte des deutschen Reichspräsidenten nach der Reichsverfassung“. Ihr Zweck ist, zu zeigen, daß es einer Verfassungsänderung, namentlich einer Aufhebung des Art. 54 RVerf. nicht bedarf.[31] Die verfassungsmäßigen Rechte genügen. Der Schlüssel liegt in der Ausgestaltung des Rechts des Reichspräsidenten zur Ernennung des Reichskanzlers und der Reichsminister. Es fehlt an der Kenntnis von diesen Rechten im Volke. Durch die Herbeiführung dieser soll die Stellung des Reichspräsidenten wieder dem Inhalte der Verfassung angepaßt werden. Ob dieser Erfolg auf diesem Wege eintreten kann, ist nicht sicher. Was aber hier interessiert, ist die Feststellung, daß tatsächlich das Ernennungsrecht des Reichspräsidenten vor dem Reichstag und dessen Parteien zurückgewichen ist. Es war als ein materielles Recht gedacht. Es ist zur Form geworden. Einzelne Ausnahmen beweisen nichts dagegen. Das heute praktisch geübte Recht ist ein anderes als das im Gesetz niedergelegte. Es ist durchaus möglich, daß die politische Lage zu einer Stärkung der Position des Reichspräsidenten führt. Dann wird sich die Handhabung der Verfassung wieder den Tatsachen anschließen. Aus dem, was heute als Gedanke des Gesetzes vorgetragen wird, wird dann wirkliches Recht werden. (...)

31
Art. 54 WRV lautete: „Der Reichskanzler und die Reichsminister bedürfen zu ihrer Amtsführung des Vertrauens des Reichstags. Jeder von ihnen muß zurücktreten, wenn ihm der Reichstag durch ausdrücklichen Beschluß sein Vertrauen entzieht.“ Die staatsrechtliche Frage war, ob das Präsidialkabinett lediglich die Entfaltung ohnehin bestehender Kompetenzen des Reichspräsidenten darstellte oder den bislang bekannten Rahmen der Verfassung überstieg. Die zitierte Schrift des Bundes zur Erneuerung des Reiches nahm für sich in Anspruch, eine „gemeinverständliche Darstellung“ in dieser Frage vorzulegen.

Beim Amtsgericht Berlin-Mitte ist ein Richter für die Bearbeitung aller *Rechtsstreitigkeiten über Urheberrecht* bestellt worden. Bei dem Landgericht Berlin-Mitte bestand bereits eine Kammer für diese Spezialmaterie. Die Durchführung dieses Gedankens seitens des preußischen Justizministers und seine Uebertragung auch auf das Amtsgericht erscheint nur konsequent. Man erwartet von der fortwährenden Bearbeitung der gleichen Materie durch denselben Richter eine besondere Ausbildung desselben auf dem ihm überwiesenen Gebiete. Das ist sicher zutreffend. Jeder Spezialist, ob er Lungenkranke behandelt oder Autorrechtsprozesse entscheidet, sammelt Erfahrungen, die den anderen nicht zu Gebote stehen. Es fragt sich aber, ob der hierfür bezahlte Kaufpreis, die Entfernung des Richters von den übrigen Rechtsgebieten, nicht zu hoch ist. Auch in der Medizin bricht sich der Gedanke wieder Bahn, daß der allgemein ausgebildete und in allen Gebieten arbeitende praktische Arzt doch seine Vorzüge vor dem Spezialisten hat. Dieser wird nur in besonders schwierigen Fällen zugezogen. Ist es nicht beim Juristen noch mehr geboten, daß er den Zusammenhang des Einzelfalles mit dem gesamten Rechtsleben nicht verliert?

Unter dem Vorsitze des griechischen Justizministers tagte in Athen eine Kommission von Professoren, Richtern und Rechtsanwälten zur Beratung über die *Einführung eines einheitlichen Zivilrechts in Griechenland.* Der derzeitige Zustand mit seiner Vielheit von Gesetzen erschien auf die Dauer als untragbar. Der Ausschuß erörterte die Frage, ob eine völlige Neuschöpfung oder die Uebernahme einer bestehenden Kodifikation vorzuziehen sei. Er entschied sich für den zweiten Weg. Dabei wurde das deutsche BGB. als das beste vorhandene Zivilgesetzbuch anerkannt.[32] (...)

32 Das deutsche BGB war als modernste Zivilrechtskodifikation in den ersten Jahrzehnten nach seinem Inkrafttreten tatsächlich eine Art „Exportschlager" und wurde in Teilen etwa auch in der Türkei, Japan oder Korea übernommen.

Das ist für Deutschland eine große Ehre, für die griechischen Juristen aber keine kleine Aufgabe. Auch bei uns haben sich seit dem 1. Jan. 1900 und noch mehr seit den vorhergehenden Beratungen des Gesetzes die Verhältnisse in vielen Punkten geändert. Heute würde gar manches anders gefaßt werden. Das Prinzip der Vertragsfreiheit ist rissig geworden. Je mehr sich das soziale Empfinden in dem Sinne des Schutzes des wirtschaftlich Schwachen durchsetzt, desto zahlreicher würden die diesem Zwecke dienenden zwingenden Vorschriften werden. Der Dienstvertrag erschiene als Arbeitsvertrag gestaltet. Miete und Pacht enthielten Schutzmaßnahmen. Im Gesellschaftsrecht tauchten moderne wirtschaftliche Ideen auf. Auch Hellas wird von diesen Vorgängen nicht unberührt bleiben. Es ist durchaus möglich, daß aus der Anpassung des deutschen Rechts eine völlige Umgestaltung wird.

Am 25. Aug. 1930 wird *Friedrich Nietzsche* 30 Jahre tot sein. Seine Werke und seine Gedanken sind lebendiger denn je. Vieles beginnt Gemeingut zu werden, ohne daß man sich des Ursprungs immer bewußt ist. Das Verlangen einer *lex Nietzsche* taucht auf. Sie wird in der „Literarischen Welt" von Willy *Haas* gefordert. Man denkt an die lex Parsifal und die Verlängerung der Schutzfrist.[33] Davon ist aber keine Rede. Im Gegenteil, das Gesetz wird gegen die Erben der Schriftsteller angerufen. Nach Ablauf der Schutzfrist sollen diese verpflichtet sein, den ganzen Nachlaß zur Veröffentlichung freizugeben. (...) Unser Urheberrecht ist rein zivilrechtlich gedacht. Was jetzt als lex Nietzsche bezeichnet wird, gibt einem öffentlichrechtlichen

33
Als „Lex Parsifal" oder „Lex Cosima" werden die Versuche von Cosima Wagner, Richard Wagners zweiter Ehefrau, bezeichnet, die Schutzfrist für den Parsifal zu verlängern, um Richards Willen, die Oper ausschließlich in Bayreuth aufzuführen, auch künftig zu sichern. Das Vorhaben erwies sich als aussichtslos, weshalb Cosima 1913 sogar eine Petition an den Reichstag richtete. Auch dieses Vorhaben scheiterte. Die Versuche, eine vergleichbare „Lex Nietzsche" durchzusetzen, waren Teil einer breit vorgetragenen, vehementen Kritik an dem Umgang des Nietzsche-Archivs mit dem Erbe des Philosophen; Walter Benjamin sprach von einem „Geist der Betriebsamkeit und des Philistertums", der die Arbeit des Archivs kennzeichne.

Gedanken Ausdruck. Das Eigentum des Erben an den hinterlassenen Arbeiten eines Schriftstellers ist beschränkt durch ein Anrecht des Volkes auf diese geistigen Güter. Folgerichtig brauche man mit diesem Rechte auf Veröffentlichung des Nachlasses nicht bis zum Ablauf der Schutzfrist zu warten. Unmittelbar nach dem Tode eines Autors ist das Interesse an seinen hinterlassenen Gedanken am stärksten. Der Anspruch der Zeitgenossen läßt sich eher verstehen als der einer späteren Generation. Man müßte den Erben die Pflicht auferlegen, der staatlich hierzu berufenen Stelle den literarischen Nachlaß zur Einsicht offenzulegen, damit das Bestehen eines Interesses an der Publikation geprüft wird. Ich glaube freilich kaum, daß heute dieser Gedanke große Aussicht auf Verwirklichung hat. Und doch dürfte er einer Durchprüfung von juristischer Seite wert sein.

1. Juni

(...) Vor dem Schwurgericht in Hamburg wurde der seltene Fall der *Anklage wegen Menschenraub* (§ 234 RStrGB.) gegen die Reeder und den Kapitän des „*Falken*" verhandelt. Das Verfahren endete mit einer Freisprechung der Angeklagten.[34] Der Prozeß hat schon wegen des romantischen Anstrichs die Aufmerksamkeit weiter Kreise auf sich gezogen. Die Ueberführung der Rebellen nach Venezuela, der mißlungene Putsch und der Tod des Führers versetzten in ein Gebiet, das sonst der Rechtspflege fernliegt. Die juristischen Köpfe interessierten sich für das Aufwachen des in der Praxis

34
Der Falke gehörte zur Hamburger Reederei Prenzlau & Co, die seit Jahren im internationalen Waffenhandel tätig war. 1929 schloss Prenzlau einen Vertrag mit dem venezolanischen General Román Delgado Chalbaud, den er mit Waffen ausstatten und gemeinsam mit Söldnern nach Venezuela zu bringen versprach. Delgado wollte dort die Regierung des diktatorisch agierenden Präsidenten Juan Vicente Gómez stürzen. Weil die venezolanischen Behörden vorgewarnt waren, wurde das Vorhaben ein einziger Fehlschlag. Delgado wurde sofort nach der Landung in Venezuela getötet, das Schiff musste fluchtartig den Hafen verlassen und wurde schließlich auf Trinidad festgesetzt. Weil Delgados Truppen freiwillig auf Prenzlaus Schiff gekommen waren, führte die juristische Aufarbeitung des Geschehens zum Freispruch. Gleichwohl gilt die Episode als einer der größten Skandale in der Geschichte der deutschen Seefahrt.

unbekannten Paragraphen über Menschenraub. Die Zeitungen berichteten über einen Zusammenstoß zwischen Staatsanwaltschaft und Verteidiger. Ein Beamter jener hatte, allerdings ohne Wissen seiner Chefs, auf eigene Faust eine nochmalige Vernehmung eines Zeugen vorgenommen und dessen Wiedererscheinen vor dem Gericht hierdurch veranlaßt. Die Erregung der Verteidigung hierüber war begreiflich. Eine Verständigung wurde durch Aufklärung des Vorgangs selbst erzielt. Vielleicht wird eine strengere Anweisung an diese Beamten der Staatsanwaltschaft und ein Verbot des Vorgehens auf eigene Rechnung die Folge sein. Dann hätte auch dieses Vorkommnis seine guten Früchte gezeitigt. Das freisprechende Urteil wurde vom Gericht mit einer moralischen Verurteilung der Angeklagten begleitet. Rechtlich war die Anklage nicht haltbar. Moralisch aber sollten die Angeklagten schwer gebrandmarkt werden. Nach den vorliegenden Berichten soll der Vorsitzende bei der mündlichen Urteilsverkündung die Worte gebraucht haben: „Hinaus mit der Politik, hinaus mit der Sensation aus dem Gerichtssaal! Aber die Moral soll und muß im Gerichtssaal eine bleibende Stätte haben." Der letzte Satz ist durchaus richtig. Das ethische Moment in der Rechtsprechung muß überall beachtet werden. Allein eine ganz andere Frage ist, ob es Aufgabe des Richters ist, den Angeklagten, den er freisprechen muß, moralisch zu vernichten. Hierzu gibt ihm das Gesetz keine Handhabe. Die Verdammung der Handlungsweise vom Richtertisch aus enthält eine Ehrenstrafe. Unter ihr muß der Angeklagte leiden. Vielleicht, unter Umständen, drückt ihn dies schwerer, als wenn er aus juristischen Gründen zu einer Geld- oder Freiheitsstrafe verurteilt würde. Die moralische Ablehnung eines Menschen ist Sache der öffentlichen Meinung. Sie kann den freigesprochenen Angeklagten verfemen. Es ist aber ein gefährlicher Weg, wenn die Gerichte sie beeinflussen wollen. Hier ist ein Rechtsmittel nicht gegeben. Und wie, wenn sich der Richter auch auf diesem Gebiete einmal irrt?

15. Juni

(...) In Verbindung mit dem Problem *der Verminderung der Ausgaben des Reichs* steht auch der Plan der *Verminderung der Zahl der Reichstagsabgeordneten.* Der Gedanke soll sich im Reichsfinanzministerium bereits zu einem Gesetzesvorschlag verdichtet haben. Das Wahlgesetz soll geändert werden.[35] Jetzt entfällt auf je 60 000 Stimmen ein Abgeordneter. In Zukunft sollen 80 000 Stimmen erforderlich sein. An Stelle der 490 Abgeordneten hätte man bei der Wahl v. 20. Mai 1928, wenn die neuen Ziffern gegolten hätten, nicht 490, sondern nur 384 Abgeordnete erhalten. Die Ersparnis an Geld dürfte nicht allzusehr ins Gewicht fallen. Schließlich sind die Diäten der Reichstagsabgeordneten nicht so hoch, daß bei der Verminderung um etwa 100 Köpfe man eine wirkliche Entlastung der Finanzen erzielte. Gewiß wird die Güte eines Parlaments nicht durch die Zahl seiner Mitglieder bestimmt. Aber man darf doch nicht übersehen, daß eine allzu große Einschränkung die Ausschließung gar manchen tüchtigen Politikers zur Folge hätte. Es scheint, daß man gerade jetzt in den Kreisen der Industrie und des Handels das bisherige

35 Das Wahlrecht in Weimar war praktisch ohne Unterbrechung Gegenstand von Reformbemühungen. In der Regel ging es darum, das Verhältniswahlrecht durch mehr Personenbezug oder Elemente der Mehrheitswahl zu modifizieren. Im August 1930 legte Reichsinnenminister Joseph Wirth einen Entwurf vor, der – vor allem durch den Einsatz von Sperrklauseln – Splitterparteien vom Parlament ferngehalten hätte. Fiskalische Erwägungen, wie die von Hachenburg angeführten, spielten dabei eine untergeordnete Rolle.

System des Fernbleibens von der Aktienpolitik und von dem Parlament aufgeben will. In der Rede *Duisbergs* über Wirtschaft und Politik ist dies offen ausgesprochen. Er verlangt „eine zuverlässige Querverbindung der deutschen Wirtschaft in der Politik".[36] Das wäre die Erfüllung eines langgehegten Wunsches. Auch in der Rechtsanwaltschaft zeigt sich eine starke Strömung nach dieser Richtung. Vielleicht bilden sich dann auch neue Parteien. Junge Kräfte werden ihren Einzug in den Reichstag halten. Dieser für die ganze Lebensführung des Reiches notwendigen Neugestaltung sollte man die Türe offen lassen. Entbehrlich sind aber die vielen Einzellandtage. Will man Ersparnisse auf diesem Gebiete machen, so kann man hier durch die Reform der Reichsverfassung einsetzen. (...)

36
Carl Duisberg, 1861–1935, arbeitete sich aus einfachen Verhältnissen zu einem der führenden Industriellen des Landes hoch. Nach dem Studium der Chemie wurde er 1888 Prokurist bei Bayer, stieg dort kontinuierlich weiter auf und wurde 1912 schließlich Vorstandsvorsitzender. Im Ersten Weltkrieg machte er sich für den Einsatz von Chemiewaffen stark und unterstützte die Deportation von belgischen Zivilisten zur Zwangsarbeit in Deutschland. Von 1925 bis 1931 fungierte er als Vorsitzender des Reichsverbands der Deutschen Industrie. Sein Verhältnis zum Nationalsozialismus blieb ambivalent; Duisberg war kein begeisterter Anhänger, aber auch kein Oppositioneller. 1949 gehörte er zu den Gründern der Studienstiftung des deutschen Volkes.

1. Juli

Am 30. Juni wird der letzte französische Soldat den deutschen Boden verlassen haben.[37] Wer die Besetzung selbst unmittelbar miterlebt hat, weiß, was das bedeutet. Aber auch wer sich daran erinnert, wie Ende des Jahres 1918 der Einmarsch der feindlichen Truppen auf jedes deutsche Gemüt wirken mußte und gewirkt hat, wird den Tag der Befreiung feiern. Das bedeutet hier nicht die Veranstaltung von Versammlungen und Reden. Sie mögen ihre Berechtigung im besetzten Gebiete haben. Jeder Deutsche aber sollte dieser Wendung im Schicksal des Vaterlandes in seinem eigenen Innern gedenken, indem er sich der Zeiten des Krieges und des Friedensdiktates von Versailles erinnert. Dann wird

37
Schon der Friede von Compiègne vom 11. Nov. 1918 sah eine teilweise Besetzung und vollständige Entmilitarisierung des Rheinlands vor. Truppen der Siegermächte besetzten das gesamte linksrheinische Gebiet und mehrere große rechtsrheinische Brückenköpfe. Der Versailler Vertrag schrieb diesen Zustand für 15 Jahre fest. Die Verwaltung der Gebiete oblag der Interalliierten Rheinlandkommission in Koblenz. Die vorfristige Räumung im Juni 1930 war die Gegenleistung für die Annahme des Young-Plans, der scheinbar eine Garantie für die Reparationszahlungen des Deutschen Reiches bot.

vielleicht doch wohl das Bewußtsein wach, daß ein gutes Stück Arbeit in den letzten 10 Jahren geleistet worden ist. Nur mit langsamem, unentwegtem Wirken und aber auch dem geduldigen Ausharren war das Ziel zu erreichen. Mit den fremden Truppen verschwinden die fremden Gerichte und die Ordonnanzen der „hohen Kommission". Erst jetzt ist Deutschland wieder wirklich frei. Noch ist die wirtschaftliche Lage ungeklärt und drückend. Aber wenn die Seele ihrer Fesseln entledigt ist, wenn der Druck, der trotz aller Milderung immer noch auf jedem einzelnen ruhte, schwindet, dann darf man von diesem psychologischen Momente ausgehend auch wieder auf eine Besserung der materiellen Dinge hoffen.

Der preuß. Justizminister hat die Staatsanwälte angewiesen, in allen *Verfahren wegen politischer Roheiten*, wozu auch Totschlag, Raufhandel, Landfriedensbruch usw. gehören, für eine rasche Durchführung besorgt zu sein. Die Zusammenstöße der radikalen politischen Parteien verlangten dringend einen Schutz der Bevölkerung. Dieser könne nur gewährleistet werden, wenn die Strafe der Tat auf dem Fuße folge. Die Staatsanwaltschaft soll höchstens zwei Wochen für die Anklage brauchen, die Hauptverhandlung spätestens nach 4 Wochen durchgeführt werden. Wo dies nicht geschieht, ist dem Justizminister Bericht zu erstatten. Die Hinderungsgründe sind im Berichte anzugeben. In allen Fällen wird ein energisches Auftreten der Staatsanwälte und eine mit Nachdruck zu fordernde angemessene Sühne verlangt. Der Gedanke, daß nur die rasch an das Verbrechen sich anschließende Strafe ihre Wirkung auf das Rechtsbewußtsein des Volkes hat, ist unbestreitbar richtig. Seine Verwirklichung wird in allen Fällen gewünscht werden. Die Klage, daß bei Beleidigungen eine viele Monate nach der Tat erst eintretende Sühne für den Betroffenen nahezu wertlos ist, ist nicht selten zu hören. Man muß aber bei der heutigen Ueberbürdung der Gerichte und bei der Unmöglichkeit der Vermehrung der Arbeitskräfte sich damit begnügen, wenigstens in den dringendsten Fällen für Abhilfe zu sorgen. Der Erlaß des Justizministers greift eine der brennendsten Fragen heraus. Kann er verwirklicht werden, so wird diese Maßnahme sicher, wenn auch nicht zu einer Abschreckung der Tumultuanten, so doch zu einer Beruhigung des Publikums beitragen.

Also doch wieder eine *Hinrichtung*. Der württembergische Staatspräsident hatte die Begnadigung des wegen Vatermordes zum Tode verurteilten Landwirts Zell abgelehnt. Der Strafrechtsausschuß des Reichstags versuchte einzugreifen. Er nahm einen Antrag an, die Reichsregierung zu ersuchen, der württembergischen Regierung nahezulegen, vor der Entscheidung über die Abschaffung der Todesstrafe das Urteil nicht zu vollstrecken. Dies in Konsequenz des im Oktober 1928 durch den Reichsjustizminister an die Länder gerichteten Ersuchens, vor der endgültigen Entscheidung über das Schicksal der Todesstrafe sie nicht zu vollziehen.[38] Seitdem wurde dem auch entsprochen. Eine Verpflichtung der Landesregierungen bestand freilich nicht. Die Meinung für und gegen die Todesstrafe schwankt immer noch. Eine Zeitlang war die Befürchtung vor einem Justizirrtum ein starker Agitator gegen

38
In Württemberg hatte man zuletzt 1923 ein Todesurteil vollstreckt, war der von Hachenburg erwähnten Bitte der Reichsregierung also schon nachgekommen, bevor diese überhaupt ausgesprochen war. Umso überraschter war man deshalb in Berlin über die angekündigte (und dann auch vollzogene) Vollstreckung.

sie gewesen. Besonders grauenhafte Fälle erwecken wieder ihre Befürwortung. Daraus erklärt sich die Haltung der Regierung in Württemberg. Sie war formell im Recht. Strafvollzug und Begnadigung sind Sache der Länder. Der Reichstagsausschuß wollte auch nicht in ihre Kompetenz eingreifen. Er wollte nur ein einheitliches Verhalten während des Schwebezustandes. Es widerstrebt unserem Empfinden, daß angesichts der möglichen Abschaffung der Todesstrafe und kurz vor dieser noch Hinrichtungen stattfinden. Auch auf die Gefahr hin, daß bei Beibehaltung der Todesstrafe eine Begnadigung erfolgte, die man bei Kenntnis des Ergebnisses versagt hätte. Dem hätte man sich, ohne sich etwas zu vergeben, wohl auch in Württemberg anschließen können.

15. Juli

(...) *Das Gesetz über die Amnestie ist* im Reichstage mit einer Mehrheit von zwei Dritteln der Stimmen *angenommen.*[39] Sie erfaßt die politischen Verbrecher, die nicht schon durch die Amnestie des Jahres 1928 befreit wurden. Nun sind auch alle die begnadigt, welche sich eines Verbrechens gegen das Leben schuldig machten. Nur die Mörder der Mitglieder der Regierung sind nicht amnestiert. Die Fememordprozesse sind endgültig erledigt. Um die Täter dieser Art hat es sich jetzt besonders gehandelt. Stufenweise trat in ihrer Behandlung eine Milderung ein. Nun sind sie endgültig losgesprochen. Auch in der öffentlichen Meinung hatte

39
Die Amnestie anlässlich der Räumung des Rheinlandes erweiterte die sog. Koch-Amnestie (benannt nach dem damaligen Reichsjustizminister Erich Koch-Weser, zu ihm unten 1. März 1933) von 1928. Damit waren vor allem die blutigen Anfangsjahre der Weimarer Republik amnestiert, als rechte Freikorps und Terrorgruppen Hunderte Morde an politischen Gegnern begingen.

sich ein allmählicher Umschwung vollzogen. Zuerst überwog der Abscheu gegen die zutagegetretene Brutalität und der Widerwille gegen die eigenmächtige Aburteilung angeblicher Verräter und deren Hinrichtung. Diese Auffassung trat allmählich zurück. Das Motto des irregeleiteten Vaterlandsgefühls gewann Anhänger. In größten Teilen des Volkes akzeptiert man heute die Lösung mit Ruhe. Die Frage, ob ein solches Gesetz verfassungsändernd sei, kam nicht zum Austrage. Sie wäre zu verneinen gewesen. Durch die Stimmen der Kommunisten wurde die Zweidrittelmehrheit erreicht. Es fehlte nicht an spöttischen Bemerkungen über diese Bundesgenossen. Es mag richtig sein, daß sie als Gegenleistung eine mildere Auslegung der Strafbestimmungen über Hochverrat erhalten. Das wäre nichts Schlimmes. (...) Und warum soll man sich nicht freuen, wenn eine sonst grundsätzlich verneinende Partei einmal ja sagt? Man kann nur wünschen, daß das Präjudiz fortwirke. (...)

Im Reichsministerium des Innern fand unter dem Vorsitze des Ministers *Wirth* eine Besprechung über die *Mißstände im Unterrichtswesen* und die Abhilfe hiergegen statt. Gemeint ist damit nicht der Schulplan. Vielmehr gab der übermäßige Zudrang zu den höheren Lehranstalten den Anstoß. Dies wieder entspricht dem überspannten und auf die Spitze getriebenen Verlangen des Besuches einer Mittelschule und vielfach auch des Abitur. (...) Die vorgelegten und von Frau Dr. *Gertrud Bäumer*[40] erläuterten und daher auch wohl von ihr verfaßten Richtlinien sehen ein doppeltes Eingreifen des Staates vor. Zum einen soll eine Verschärfung der

40 Gertrud Bäumer (1873–1954) war von 1919 bis 1932 Abgeordnete der DDP. Sie setzte sich dezidiert für Frauenfragen ein und wurde 1920 als erste Frau in Deutschland Ministerialrätin im Reichsinnenministerium.

Auslese in den höheren Schulen stattfinden. Zum anderen will man durch einen Ausbau der Volks- und Fachschulen und vor allem durch die Gleichstellung mit der Obersekundareife der höheren Schule das Vorurteil zugunsten der letzteren beseitigen. Dazu wird eine Vereinbarung mit den Unterrichtsverwaltungen dienen. Die Aufnahme dieses Planes war eine durchaus günstige. Das geschäftsführende Präsidialmitglied des deutschen Industrie- und Handelstages, der frühere Reichswirtschaftsminister *Hamm*, bemerkte sehr zutreffend, daß eine gute abgeschlossene Volksschul- wie Fachschulbildung wertvoller sei als eine auf einer höheren Schule abgebrochene. Ob freilich seine Erwartung, daß sich diese Erkenntnis immer mehr in den Kreisen der Wirtschaft verbreite, zutrifft, dürfte nicht ganz sicher sein. Hier war vielleicht der Wunsch der Vater des Gedankens. Man wird bei der Erörterung dieser Schulfragen unwillkürlich auf das Gebiet der Auslese in den gelehrten Berufen und wieder der der Juristen geführt. Gelingt es wirklich, die höheren Schulen von den Mitläufern zu entlasten, hört der Anstoß auf, das im Gymnasium nun doch einmal untergebrachte Kind auf dem einmal betretenen Weg weiter traben zu lassen, so wird sich diese freiwillige Auslese besser auswirken, als der numerus clausus der Studenten, der Referendare oder der Rechtsanwälte. (...)

1. August

Der Reichstag ist aufgelöst. Bei der vielumkämpften Deckungsvorlage wurde zuerst § 1 angenommen.[41] Als es aber zur Beratung der Einzelbestimmungen kam, verwandelte sich die Mehrheit wieder in die Minderheit. Keine Partei konnte allen Vorschlägen zustimmen. Jede hatte ihre eigenen Wünsche und ihre Bedenken gegen die der anderen. So verzichtete die Regierung auf Weiterberatung. Der Reichskanzler war im Besitze der Ermächtigung des Reichspräsidenten zur Anwendung des Art. 48 der Reichsverfassung. Die Deckungsvorlage wurde im Wege der Notverordnung in Kraft gesetzt. Die Zuschläge zur Einkommensteuer, die Sondersteuer der Ledigen, die Bürgerabgabe, gen. Kopfsteuer, und schließlich auch mit einer besonderen Verordnung die Schankverzehrsteuer wurden Gesetz. Sofort hat der Reichstag die Notverordnungen wieder außer Kraft gesetzt. Die Antwort der Regierung war die Auflösung des Reichstags. Was wird jetzt die Regierung tun? Sie kann nicht wohl die eben vom Reichstag beseitigten Verordnungen wieder in Kraft setzen. Aber die Not der Finanzen wird immer schwerer. Ob eine anders gestaltete Notverordnung ihr neu und selbständig erscheint, wird Tatfrage sein. Wer ist hier der unparteiische und überparteiliche Richter? Im Volke berühren diese Vorgänge schmerzlich. Das Ansehen des Parlaments sinkt. Das Spiel mit dem Diktaturgedanken wird verstärkt. Aus dem Spiel kann Ernst werden. Die Notlage ist nicht durch äußere Momente, sondern durch das Versagen des Reichstags eingetreten. Man sah vor lauter Parteien kein Parlament mehr. Vor bald 100 Jahren hat der

41 Es ging um die Deckung des Haushaltes durch eine sozial unausgewogene Erhöhung von Steuern und Abgaben, die der Reichstag am 16. Juli abgelehnt hatte. Daraufhin widmete Brüning die gesamte Vorlage zur Notverordnung des Reichspräsidenten nach Artikel 48 Abs. 2 WRV um. Der Antrag der SPD-Fraktion, diese Notverordnungen nach Artikel 48 Abs. 3 WRV aufzuheben, wurde vom Reichstag angenommen. Unmittelbar danach jedoch löste der Reichspräsident nach Artikel 25 WRV den Reichstag auf. Hachenburg hielt es in dieser Lage für unmöglich, dass jetzt erneut die gleiche Regelung wieder als Notverordnung durchgesetzt werden sollte und sieht sich schon in der nächsten Ausgabe der DJZ darin getäuscht.

schwäbische Dichter J. G. *Fischer* klagend nach dem „ganzen Mann“ gerufen, der die deutsche Einheit verwirklicht. Er schloß mit den Worten:

Komm’ Einziger, wenn du schon geboren,
Tritt auf, wir folgen deiner Spur,
Du letzter aller Diktatoren
Komm‘ mit der letzten Diktatur!

Man hat später darin die Vorhersage Bismarcks sehen wollen. Ein solcher Schmerzensschrei ist zu allen Zeiten der Zersplitterung und Zerklüftung der natürliche Ausbruch des Gefühls des Volkes. Aber bei keiner Diktatur hat man die Gewißheit, daß sie die letzte ist. Bei keiner Diktatur kann man vorher sagen, daß sie nur einem einzigen Zweck dienen würde. Noch würde es Zeit sein, sie zu vermeiden. Aber nur durch seine Leistungen kann es ein Parlament vermögen. (...)

15. August (Doppelheft)

Der Auflösung des Reichstags folgten die *Notverordnungen des Reichspräsidenten* auf dem Fuße. Sie wiederholen die vom letzten Reichstage abgelehnten steuerlichen Regelungen trotz des Reichstagsbeschlusses. Ist dies verfassungsrechtlich zulässig? Der ständige Ausschuß des Reichstags für Wahrung der Rechte der Volksvertretung beschäftigte sich in seiner Sitzung v. 6. Aug. mit dieser Frage.[42] Der Vertreter der Kommunisten beantragte, der Ausschuß solle wieder die Aufhebung

42 Der Ständige Ausschuß zur Wahrung der Rechte der Volksvertretung war nach Art. 35 Abs. 2 WRV für die Zeit zwischen Auflösung und Neuwahl vorgesehen und hatte die Rechte eines Untersuchungsausschusses. Was in dieser Zwischenzeit mit einer Notverordnung nach Art. 48 WRV zu geschehen habe, war in der Staatspraxis bislang ungeklärt. Vgl. „Im Zwielicht: Notverordnungen“, S. 339.

der Verordnungen verlangen. Er habe alle Rechte des Reichstags wahrzunehmen. Seitens der Sozialdemokratie wurde die Zuständigkeit des Ausschusses verneint. Doch solle dieser aussprechen, daß die Verordnungen verfassungswidrig seien. Die Mehrheit lehnte beide Anträge ab. Sie erklärte sich nicht für zuständig, eine Notverordnung des Reichspräsidenten verfassungsrechtlich nachzuprüfen. Begründet wurde dies auch damit, daß der Ausschuß eines aufgelösten Reichstags unmöglich den Entschließungen des neuzuwählenden vorgreifen dürfe. Damit ist in diesem Punkte eine Interpretation der Verfassung gegeben. Es wurde ein Präjudiz geschaffen, das auch in späteren Fällen beachtet werden muß. Die Frage nach der Zulässigkeit der Verordnungen ist damit nicht entschieden. Sie wird es auch wohl nicht werden. Der neue Reichstag hat zu bestimmen, ob die Notverordnungen bleiben oder ob sie aufzuheben sind. In der Debatte wird dann wohl auch die Berechtigung der Regierung, die Notverordnungen zu erlassen, behandelt werden. Eine Vernichtung aus verfassungsrechtlichen Gründen wird aber nicht zu erwarten sein. Auch kaum eine Aufhebung. Sie sind dann schon zu lange in Kraft gewesen. Eine resolutio ex tunc gibt es hier nicht. Man kann die bereits eingezogenen Steuern nicht wieder zurückzahlen. Man wird es auch nicht wollen. Im Grunde genommen werden die Volksvertreter froh sein, daß die Regierung ihnen die unbeliebten Maßnahmen zur Deckung der Finanznot abgenommen hat.

Die Ursache der Finanznot des Reiches ist jetzt dessen wirtschaftliche Not. Das ist eine Binsenwahrheit. Ihrer Erkenntnis entspringen die Versuche der Regierung, jene durch eine Bekämpfung dieser zu beseitigen. Dem verdankt der Teil der NotV. des Reichspräsidenten über *die Verhütung unwirtschaftlicher Preisbindungen* seine Entstehung.[43] Die gesamte deutsche Wirtschaft leidet unter einer schweren Depression. Menschliche Arbeitskräfte und technische Anlagen liegen still. Die Ueberwindung dieser Krise wird als durch den Mangel einer Anpassung der Preisbildung und Preisbindung durch die Kartelle erschwert bezeichnet. Nur durch eine Senkung der Selbstkosten und des Preisniveaus sei eine Bekämpfung der immer steigenden Zahl der Arbeitslosen möglich. Das ist der Kernpunkt der Ausführungen des Staatssekretärs im Reichswirtschaftsministerium, mit denen er die V. vor dem wirtschaftspolitischen Ausschuß des RWRates begründete. Sie soll der Lockerung der Preise dienen. Daher soll die Regierung unmittelbar überall da eingreifen können, wo durch eine Maßnahme „die Wirtschaftlichkeit der Erzeugung oder des Verkehrs mit Waren oder Leistungen beeinträchtigt oder die wirtschaftliche Handlungsfreiheit in volkswirtschaftlich nicht gerechtfertigter Weise eingeschränkt wird“. Der Mitwirkung der Kartellgerichte bedarf es nicht. Der Reichswirtschaftsminister, in Angelegenheiten der Landwirtschaft der Reichsernährungsminister, kann Kartellverträge oder Kartellbeschlüsse unmittelbar außer Kraft setzen. Er kann auch sonstige Maßnahmen treffen, welche zur Erreichung der Ziele zweckdienlich erscheinen. Die Verwaltungsbehörde ist an Stelle der Gerichte getreten. Das ist die bedenkliche

43
Die genannte Verordnung ist ebenfalls am 26. Juli 1930 ergangen und zielte vor allem auf die Bekämpfung wirtschaftlicher Machtstellungen und nachteiliger Geschäftsbedingungen.

Seite dieser Anordnung. Sie mag notwendig erscheinen, um unwirtschaftliche Bindungen auszuräumen. (...) Vielleicht findet man einen gewissen Trost darin, daß vor der Entschließung die beteiligten Wirtschaftskreise gehört und der RWRat um seine gutachtliche Meinung ersucht werden sollen. Es bleibt doch der bittere Geschmack, daß ohne Rechtsweg in bestehende Rechte eingegriffen wird.

Die Notverordnung des Reichspräsidenten über den Waffenmißbrauch dient als fürsorgliche Maßregel zum Schutze für Leben und Gesundheit bei den bevorstehenden Wahlen.[44] Sie ist aber auch sonst notwendig geworden durch den Anreiz zu Gewalttaten, der schon im Besitz der Waffe liegt. Daher wird das Führen von Waffen außerhalb der Wohnung unter Strafe gestellt. In schärferer Weise soll der politische Terror durch Bestrafung derer, die bewaffnet in politischen Versammlungen erscheinen, bekämpft werden. Hier ist die Mindeststrafe drei Monate Gefängnis. Es gibt keine mildernden Umstände. Eine Umwandlung der Gefängnisstrafe in Geldstrafe ist ausgeschlossen. Den Begriff des bewaffneten Erscheinens wird die Rechtsprechung feststellen. Man wird dem Zwecke des Gesetzes entsprechend für diesen Fall alle Gegenstände als Waffen anerkennen müssen, die nach der Absicht ihrer Träger dazu dienen sollen, anderen Verletzungen zuzufügen, auch wenn sie gemeinhin nicht als Waffen bezeichnet zu werden pflegen. So Beile, Aexte, schwere Knüppel und dergl. Der Erfolg der gesetzlichen Maßnahme wird freilich von ihrer Handhabung abhängen. Wie nötig die Entziehung der Waffen und das energische

44 Verordnung des Reichspräsidenten auf Grund des Artikels 48 der Reichsverfassung gegen Waffenmißbrauch, 25. Juli 1930. Darin wurde bereits das Tragen einer Waffe im öffentlichen Raum strafrechtlich sanktioniert und die Einziehung der Waffe ermöglicht.

Eingreifen der Behörden ist, zeigt das Strafverfahren vor dem Landgericht III Berlin gegen vier Kommunisten, die am 12. Aug. 1928 einen Angehörigen des Stahlhelms so schwer verletzten, daß der Tod eintrat. Die beiden Haupttäter wurden zu je 5 Jahren Gefängnis verurteilt. Ein persönliches Motiv zur Tat ließ sich nicht aufweisen. Sie soll als Vergeltung für die Verletzung von Kommunisten durch Stahlhelmleute erfolgt sein. Jene wieder schlugen und stachen auf den ersten Stahlhelmer ein, den sie trafen. Das ist die mittelalterliche Blutrache in moderner Form. Es ist dringend geboten, daß alle Parteien sich gegen diese Austragung politischer Fragen mit Messer und Gummiknüppel zur Wehr setzen. Dies Verfahren könnte sich sonst auch gegen die wenden, deren Ansichten auf diese Weise verfochten werden. (...)

In dem in Wien erscheinenden Internationalen Anwaltsblatt ist eine nicht uninteressante Notiz enthalten. Der Staat Minnesota hatte 1929 ein Gesetz über die *Zulassung zur Anwaltschaft* erlassen. Wer während des Weltkrieges im Landheer oder in der Flotte der Vereinigten Staaten Militärdienste geleistet hat, ist auch ohne Ablegung eines Examens zur Anwaltschaft zuzulassen. Vorausgesetzt, daß er in Ehren entlassen wurde und auf Grund des Weltkriegs-Veteranengesetzes von 1924 für mindestens 10 % invalid erklärt wurde. (...) Man sieht, wie weit die Kriegspsychose auch 1929 immer noch in Amerika nachwirkte. Daß man für die Invaliden sorgen muß, ist für jedes Land Ehrenpflicht. Daß man aber aus der Teilnahme am Krieg eine besondere Stellung für sie ableiten will und ihnen hierdurch eine Versorgung in einem für sie nicht geschaffenen

Berufe verschafft, erscheint denn doch als eine Ueberstürzung der Dankbarkeit für die dem Vaterlande geleisteten Dienste. Dabei scheint der Gesetzgeber auch eine merkwürdige Auffassung von der Notwendigkeit einer Vorbildung zur Anwaltschaft zu haben. Er mußte sich von dem obersten Gerichtshof eine Belehrung hierüber erteilen lassen. Wir dürfen aber in Deutschland dabei keine überheblichen Gefühle in uns aufkommen lassen. Es fehlt auch bei uns nicht an solchen, die da glauben, daß eine politische oder agitatorische Tätigkeit die wissenschaftliche Vorbildung ersetze. Die gleichen Flämmchen züngeln eben heute überall hervor.

15. September

Unter den Aufgaben, die des kommenden Reichstags warten, steht auch *die Reform des Wahlrechts.* Ihr Gedanke läßt sich in dem Schlagwort der Wiederherstellung der Beziehungen zwischen Wähler und Abgeordnetem zusammenfassen. Dem dient die Beseitigung der großen Wahlkreise. Es sollen jetzt 162 Einzelkreise gebildet werden. Die Reichsliste fällt. Aber neben den Einzelkreisen stehen Wahlkreisverbände und zwölf Ländergruppen. Sie ersetzen die Reichsliste. In ihnen werden die Reststimmen gesammelt. Die Persönlichkeit des Kandidaten soll wieder mehr in den Vordergrund treten. Die Wähler müssen nicht die Liste, die der Parteivorstand ihnen unterbreitet, gutheißen. Bei dem Vorschlag der Abgeordneten wird schon auf deren Werbekraft zu sehen sein. Man hofft dadurch die Freude am Parlament zu wecken. Der Wille, der die Reform hervorrief, ist sicher gut. Ob der Erfolg groß sein wird, läßt sich schwer voraussagen. Das Zutrauen zum Reichstage wird in letzter Linie doch davon abhängen, ob er deutsche Politik oder Parteipolitik treibt. Dann wird man sehen, ob die verbesserte Wahlmethode politische Köpfe anlockt und bringt. Die Stimmung, mit welcher die Parteien die Reform aufnehmen, wird unschwer zu erkennen sein. Ueberall, wo der Abgeordnete an die Idee der Partei schlechthin gebunden ist, wo der einzelne sich ihr unterzuordnen hat, wird man wenig Wert auf die Auswahl des Kandidaten durch den Wähler legen. Dieser soll ja nicht jenem, sondern der Partei seine Stimme geben. Drum sucht ihn der Parteivorstand aus. Wo aber durch die Zusammenarbeit der Individuen sich erst die politische Meinung, wenn auch ausgehend von der gemeinsamen Weltanschauung, bildet, wird die Persönlichkeit als politischer Faktor erstrebt werden müssen. Eben deshalb ist es unsicher, ob sich eine Mehrheit für den im Ministerium des Innern ausgearbeiteten Entwurf finden wird. Freilich ist noch weniger an eine Reform zu denken, die sich von dem Traume der Gerechtigkeit im Proporz frei macht. Und doch gilt es, ein Parlament zu schaffen, das eine arbeitsfähige, weil selbständige Mehrheit besitzt. Ein Diktator würde auch sie sein. Aber eine Diktatur im Parlament und durch das Parlament ist immer noch besser als eine Zerrissenheit in zahllose Parteien und Parteiehen, die das Verlangen nach dem außerhalb des Parlaments stehenden Diktator immer wieder hervorrufen. (...)

1. Oktober

(...)[45] Man kann nicht sagen, daß *Briands Paneuropaplan im Völkerbund* sehr warme Aufnahme gefunden hat.[46] Höfliche Worte und dankbare Verbeugungen gab es wohl.Sie gehören ja zum eisernen Inventar solcher Verhandlungen. Aber wirkliche Zustimmung und Anzeichen eines Eintretens für den eigensten Gedanken des französischen Außenministers wird man vergebens suchen. Ihm war es schon nicht besonders sympathisch, daß sein europäischer Verband in den Völkerbund eingegliedert werden soll. Sein innerster Zweck wurde damit abgebogen. Unbehaglich mag ihm auch geworden sein, als die Vertreter Englands und Deutschlands an die noch immer fehlende Abrüstung mahnten. Damit wurde der wunde Punkt der ganzen Aktion berührt. Es ist unmöglich, ein vereinigtes Europa herzustellen, solange einzelne Länder von Waffen starren und andere waffenlos sind. Die zwei Seelen Frankreichs traten zutage. Die im Kriege errungene militärische Vorherrschaft will man noch nicht preisgeben. Aber andererseits fürchtet man für die wirtschaftliche Zukunft. Man erkennt verstandesmäßig, daß diese den Zusammenschluß fordert. Aus jener aber fließt zwangsläufig die Vereinzelung. So war nicht zu vermeiden, daß das Projekt Briands mit allen Antworten der europäischen Regierungen in eine Studienkommission versinkt. Ob und wie es dort herauskommt, wußte keiner der Redner im Völkerbund zu sagen. Es hat auch keinen interessiert.[47] Wohl aber brachte die Debatte Anregungen, die wichtige Fragen zeitigen können. (...)

45
Auf die Reichstagswahl vom 14. Sept. 1930 geht Hachenburg nicht ein. Sie hatte den Stimmenanteil der NSDAP von 2,8% auf 18,3% gesteigert, während vor allem die SPD starke Verluste hatte hinnehmen müssen. Nach intensiven Beratungen mit Brüning beschloss die SPD, dessen Regierung künftig zu tolerieren, auch aus Sorge, dass eine weitere Reichstagsauflösung zu noch verheerenderen Wahlergebnissen führen würde.

46
Die Paneuropa-Union wurde 1922 gegründet. Ihr Begründer Richard Nikolaus Coudenhove-Kalergi war ein japanisch-österreichischer Schriftsteller und Politiker. Vor allem nach der Besetzung des Rheinlands durch französische und belgische Truppen und der damit gestiegenen Kriegsgefahr bekam die Paneuropa-Union starken Zulauf auch unter einflussreichen Politikern, etwa Gustav Stresemann oder Aristide Briand. Auch wenn sie noch heute besteht, ist sie seit Jahrzehnten vorwiegend eine Vereinigung von Honoratioren.

47
Vgl. „Zahnloser Tiger: Der Völkerbund", S. 89.

15. Oktober

(...) Die Ratifikationsurkunden zu dem Abkommen zwischen der *Schweiz* und dem *Deutschen Reich* über die *gegenseitige Vollstreckung von gerichtlichen Entscheidungen und Schiedssprüchen* sind am 1. Sept. 1930 ausgetauscht worden.[48] Das Abkommen wird am 1. Dez. 1930 in Kraft treten. Es wird als eine Wohltat empfunden werden, daß dem bisherigen Zustande, zuerst der Ungewißheit und dann der mangelnden Vollstreckbarkeit, ein Ende gemacht ist. Von besonderem Interesse ist die Behandlung der Schiedssprüche. (...) Zur Vollstreckbarkeitserklärung genügt der Nachweis der Rechtskraft des Schiedsspruchs durch die Bescheinigung des Gerichts, bei dem der Schiedsspruch niedergelegt ist. Der internationale Verkehr verlangt diese Erleichterung. Gerade bei Geschäften zwischen Angehörigen verschiedener Staaten kann die Anrufung eines Schiedsgerichts das Mittel sein, Bedenken gegen Geschäfts- und Gesellschaftsverträge wegen der Zuständigkeit der Gerichte des einen oder des anderen Staates zu beseitigen. Die gegenseitige Vollstreckbarkeit der Urteile in den Kulturstaaten wird immer mehr zur Notwendigkeit werden. Nur die Garantien für die ordentlichen Rechtswege sind zu schaffen. Werden sie aber berücksichtigt, so wird durch die Gegenseitigkeit im Vollstreckungsverfahren auch der Handel die Erleichterung erhalten. Er ist noch heute wie vor Zeiten die Brücke zwischen den Völkern. (...)

48
Das Abkommen zwischen der Schweizerischen Eidgenossenschaft und dem Deutschen Reich über die gegenseitige Anerkennung und Vollstreckung von gerichtlichen Entscheidungen und Schiedssprüchen wurde am 2. Nov. 1929 abgeschlossen.

1. November

Eine Verfügung des preuß. Justizministers an die Staatsanwaltschaft weist auf die sich mehrende *Ablehnung von Richtern als befangen* infolge ihrer Zugehörigkeit zu einer bestimmten Partei oder ihrer Abstammung hin. Generell lasse sich eine solche Ablehnung nicht begründen.[49] Es bedürfe der Anführung besonderer, aus der Lage des Einzelfalls geschöpfter Mißtrauensgründe. Auch diese müssen glaubhaft gemacht werden. Die Beamten der Staatsanwaltschaft werden angewiesen, diesen Gesichtspunkt nachdrücklich geltend zu machen. Die in diesem Erlaß niedergelegten Gesichtspunkte sind zweifellos zutreffend. Es ist ein Zeichen unserer Zeit, daß die politische Kampfweise sich bis in die Ablehnung der Richter hinein erstreckt. Angeklagte, die angeblich auf Grund ihrer politischen Einstellung oder Ueberzeugung gehandelt haben wollen, verlangen schließlich, daß sie nur von den Angehörigen der eigenen Partei abgeurteilt werden. Denn jeder andere Richter ist dann vermutlich politischer Gegner. Auf diesen Boden darf ihnen die Rechtsprechung nicht folgen. Der Richter hat unabhängig von seiner eigenen Parteizugehörigkeit objektiv zu urteilen. Das muß bis zum Vorliegen besonderer Momente unterstellt werden. Wie weit dann bei der Beachtung solcher zu gehen ist, darüber lassen sich keine allgemeinen Vorschriften geben. Unvorsichtige Aeußerungen der Richter können leicht Ablehnungsgründe bilden. Es muß daher auch wieder vom Richter verlangt werden, daß er, eingedenk seiner Stellung, sich vor Gesprächen hütet, aus denen eine Voreingenommenheit geschlossen werden könnte.

49
Das entsprach der gefestigten Rechtsprechung des Reichsgerichts. Parteizugehörigkeit oder politische Überzeugungen waren nach Ansicht des Reichsgerichts kein Anlass, einen Richter für befangen zu halten. 1930 trug es in einem Urteil eine beeindruckend zirkuläre Erklärung dafür vor: Der Richter sei verpflichtet, die Gesetze neutral zur Anwendung zu bringen, „so daß er, vor einen Gewissensstreit gestellt, von sich aus für den fraglichen Fall von der Ausübung des Richteramtes absehen müßte. Erklärt also der Richter, sich nicht befangen zu fühlen, (...) so kann auch vom verständigen Standpunkt eines Angeklagten aus kein Grund bestehen, in eine unvoreingenommene Ausübung des Richteramtes durch diesen Richter Zweifel zu setzen“.

Der *sächsische Justizminister* hat die ihm unterstehenden Gerichte zur besonderen Vorsicht bei der *Bewilligung des Armenrechts* ermahnt.[50] „Im Hinblick auf die ohnehin sehr ernste Finanzlage wird die Belastung der Staatskasse immer drückender, sofern nicht die Gerichte Mittel und Wege finden, um einer unangemessenen Ausnutzung des Armenrechts wirksam entgegenzutreten.“ Von der Beschränkung des Armenrechts auf einen Bruchteil werde nach den gemachten Erfahrungen noch nicht überall in dem wünschenswerten Umfange Gebrauch gemacht. Diese Anpassung des Armenrechts an die Einkommens- und Vermögensverhältnisse der Beteiligten diene aber auch dem Interesse des Staates an der Verminderung einer ungerechtfertigten Belastung desselben. Der Gedanke, sowohl des Gesetzes als der Erinnerung des Justizministers an diesen, ist sicher wohl begründet. Nur wird die Aufgabe des Gerichts nicht immer leicht sein. Die Erwägung, von welchem Kostenteil man die Armenpartei befreit und welchen sie selbst tragen soll, muß im Einzelfall unter Berücksichtigung aller Umstände erfolgen. Dabei sind nicht nur das Einkommen und das Vermögen in Betracht zu ziehen. Es muß auch berücksichtigt werden, welche Ausgaben hiervon zu bestreiten sind, namentlich welche Personen und wie viele in ihrer Existenz von dem Ernährer abhängen, und anderes mehr. Machen nun die Gerichte von dieser Möglichkeit des Gesetzes Gebrauch, so muß der Kläger für den auf ihn verbleibenden Teile den Gerichtskostenvorschuß entrichten. Sofort werden dann die Beschwerden über die Rechtsverweigerung und das plutokratische Verfahren einsetzen. Die allgemeine Verarmung der Länder

50 Das Armenrecht sah vor, dass bei Nachweis der Bedürftigkeit und Vorliegen einer hinreichenden Erfolgsaussicht des Antrags ein Zivilprozess vorläufig kostenlos geführt werden konnte. Gerichts- und Anwaltskosten wurden also – anders als vom Gerichtskostengesetz vorgesehen – vom Staat vorgeschossen. Seit 1981 heißt das Armenrecht „Prozesskostenhilfe“.

und des Volks macht sich auf dem Gebiete des Armenrechts mit aller Kraßheit bemerkbar. Die Zahl der im Armenrecht Prozessierenden wächst, und die Staatskasse wird ihrerseits immer ärmer. Wie waren doch die Zeiten schön, in denen die Rechtsanwaltschaft die unentgeltliche Vertretung der armen Partei als Ehrenpflicht ansah und die Gerichte ohne Zaudern und Aengstlichkeit das Armenrecht bewilligten. Aber auch die Anwaltschaft ist unter die Räder gekommen.

Der amtliche preuß. Pressedienst hat das zweitinstanzliche Urteil mit Begründung gegen den Berliner *Oberbürgermeister Böß* in einem ausführlichen Auszug mitgeteilt.[51] Mit diesem Erkenntnis des Oberverwaltungsgerichts ist der Fall Böß rechtlich erledigt. Es ist aber auch notwendig, daß dies menschlich geschieht. Liest man den Auszug aus den Urteilsgründen, so ist man etwas überrascht über die in der Anklage behaupteten Dienstvergehen, die zum weitaus größten Teil als unbegründet zurückgewiesen werden. Mußte wirklich daraus, daß der Oberbürgermeister das dienstälteste Magistratsmitglied zum Stellvertreter des beurlaubten Bürgermeisters „in seiner Eigenschaft als gesetzlicher Vertreter des Oberbürgermeisters“ bestellt hat, ein Vorwurf abgeleitet werden? Berührt es nicht eigenartig, wenn der Richter zweiter Instanz erklären muß, daß „diese Regelung bei dem Umfange der Dienstgeschäfte der Berliner Stadtverwaltung einem praktischen Bedürfnis entsprechen mochte, seit Jahren bei dem Magistrat geübt und auch von der Aufsichtsbehörde nicht beanstandet worden ist“? Es blieb schließlich nichts übrig als der vielbesprochene Pelzkauf und

51
Gustav Böß von der DDP war von 1921 bis 1929 Oberbürgermeister von Berlin. Er trat im Zuge des sog. „Sklarek-Skandals“ zurück. Die Brüder Sklarek hatten nach dem Ersten Weltkrieg die Lager der Kleider-Vertriebsgesellschaft erworben und sich für die nächsten Jahre das Recht gesichert, die städtischen Dienststellen mit Bekleidung zu beliefern. Dabei fälschten sie in großem Stile Rechnungen; am Ende belief sich der Schaden auf mehr als 10 Millionen Mark. Die Frau von Oberbürgermeister Böß hatte einen kostbaren Pelzmantel deutlich unter Wert erhalten. Böß selbst befand sich gerade auf USA-Reise, als der Fall durch einen Untersuchungsausschuss im preußischen Landtag ins Rollen kam, wurde aber per Telegramm über den Fortgang informiert.

das Telegramm aus San Francisco. Der erkennende Senat hat bei der Behandlung eines von ihm nicht als Dienstvergehen bezeichneten Vorganges richtig bemerkt, daß dieser nicht nach der heutigen Kenntnis, sondern „nach dem damaligen Stand der Dinge“ beurteilt werden muß. Man wird dies auch für die zur Verurteilung führenden Vergehen gelten lassen müssen. Damit soll nicht an der Richtigkeit des Urteils gerüttelt werden. Der erkennende Senat des OVG. betonte, daß aus der Stellung des Oberbürgermeisters die Pflicht entspringt, mit äußerster Vorsicht auch den Schein einer persönlichen Verbindung mit einer Firma wie *Sklarek* zu vermeiden. Rein menschlich aber wird man dem Betroffenen das Mitgefühl nicht versagen können, daß er in einem Momente nicht sofort das Richtige getan hat und den Brüdern Sklarek den Pelz samt Rechnung zurückschickte. Das Urteil stellt fest, daß der vom Oberbürgermeister Böß geschriebene scharfe Brief an Sklarek durch Frau Böß zurückgehalten wurde. Ihr lag offenbar am Behalten des Pelzes. Hier dürfte auch der Schlüssel zu dem ganzen Verhalten ihres Ehemannes liegen. Man braucht nicht in die Familienverhältnisse einzudringen. Trotzdem wird man aus den Gründen des Urteils herauslesen können, worin die Quelle des ganzen Unglücks liegt. Versteht man dies, so wird man wohl menschlich milder bleiben, als dies das Disziplinargericht tut. (...)

15. November

Der jetzt *ausgearbeitete Etat des Reichs* steht unter dem Zeichen des Sparens. Jedes Ministerium muß für sein Gebiet starke Abstriche machen. Jeder davon Betroffene spürt an dem eigenen Leibe die Wirkung. Jeder glaubt zu wissen, daß gerade hier Sparsamkeit nicht am Platze sei. Und doch wird ein Zurückstellen des eigenen Interesses gegenüber dem Gesamtinteresse eine dringende Notwendigkeit sein. Das gilt für die Gehälter der Beamten, angefangen vom Reichspräsidenten bis zu den kleinen Büroangestellten. Dies gilt für die unmittelbaren Staatsaufgaben, Heer, Marine, Verwaltung wie für die Förderung von Wissenschaft und Kunst. Es nützt nichts, wenn man bei dem letzteren Punkt auf die Schäden hinweist, die die Zukunft erleidet. Es ist auch durchaus richtig, daß die geistige Atmosphäre des Volkes auch auf die wirtschaftlichen Erfolge von Einfluß sein kann. Es darf aber keine Ausnahme geben. Auch nicht für das Gebiet der Rechtspflege. Wieder wirkt sich das auch hier nach allen Seiten aus. Wenn die Neuordnung des Armenrechts in Frage kommt, wird auch die Rechtsanwaltschaft sich nicht der Kürzung ihrer Gebühren entziehen. Während der Zeit der Not wird sie gleich dem Beamten ihr Scherflein beitragen. Vielleicht gelingt es auf diesem Wege der Ersparung und des Sichbescheidens in weiten Kreisen den Gemeinsinn wieder zu wecken. Es gibt eine suggestive Wirkung auch im Guten. Ist die Bewegung ins Rollen gekommen, so reißt sie auch die mit, die sich nicht aus ethischen Gründen der Selbstbesinnung freiwillig eingereiht hätten. Auf dem Gebiete der Rechtspflege kann das und wird das auch die Bevölkerung selbst begreifen. Hier kann sie lernen, daß man wegen geringfügiger Dinge nicht die eigene Zeit und das eigene Geld verschwendet und auch nicht für diese die Kraft des Staates in Anspruch nimmt. Im Jahre 1929 sind in Preußen 24 000 Urteile in Privatklagesachen erlassen worden. In den meisten Fällen handelt es sich um Beleidigungen und bei diesen in der großen Mehrzahl um rein formale Kränkungen. Hier blicken wir mit Neid auf England. Das deutsche Recht gibt dem Richter keine Möglichkeit, das Verfahren mit Rücksicht auf die Geringfügigkeit des Vorfalls abzulehnen. Aber vielleicht kann die große Sparwoge auch hier ein Stück dieser Beleidigungsklagen wegspülen. (...)

Der *Reichsfinanzhof* hat in seinem Urteile v. 18. Juni 1930 einen in Deutschland Steuerpflichtigen, der sämtliche Aktien einer ausländischen Aktiengesellschaft besitzt, nur für das als steuerpflichtig erklärt, was er als Einkommen aus dieser Gesellschaft bezieht, was also als Einkommen aus Kapitalbesitz gilt. Steuerrechtlich müsse beachtet werden, daß jemand zwischen sich und den Verkehr eine selbständige Rechtspersönlichkeit schiebt. Das mag „vom Standpunkte der Finanzverwaltung“ aus unerwünscht sein. Es fehle aber an einer Bestimmung, die ein solches Vorgehen verböte. Es liege kein Mißbrauch von Formen und Gestaltungsmöglichkeiten i. S. des § 5 RAbgO. vor.[52] Es ist begreiflich, daß dieses Erkenntnis gerade heute eifrig besprochen und wohl noch häufiger angewendet wird. Die Folge ist eine Beruhigung der Gemüter derjenigen, die ihr Vermögen in das Ausland bringen. Handelt es sich um deutsche Werte, so ist die ausländische AktGes.

52
Der Wortlaut von § 5 Abs. 1 der Reichsabgabenordnung: „Durch Mißbrauch von Formen und Gestaltungsmöglichkeiten des bürgerlichen Rechtes kann die Steuerpflicht nicht umgangen oder gemindert werden.“ Absatz 2 erläuterte, wann ein solcher Missbrauch vorliege, nämlich – verkürzt – wenn für bestimmte wirtschaftliche Zwecke „ungewöhnliche Rechtsformen gewählt“ wurden. Die 20% Körperschaftsteuer entsprachen der sog. „beschränkten Körperschaftsteuerpflichtigkeit“, die in § 3 KörpStG festgesetzt wurde.

wenigstens mit deren Erträgnissen in Deutschland beschränkt steuerpflichtig, allerdings nur mit 20%. (§ 3 Abs. 1 Ziff.1 KörpStG.) Ausländische Werte zahlen auch diese Steuer nicht. Also bildet dies einen Anreiz zur Flucht auch aus deutschen Anlagewerten. Das ist sicher wirtschaftlich nicht zu rechtfertigen. Auch nicht damit, daß dadurch Kapital gesammelt wird, das später deutschen Unternehmungen wieder zufließen kann. Sicher mindert der hohe Steuerdruck heute die Kapitalbildung. Sicher ist eine Milderung erwünscht. Aber doch nicht einseitig für die, welche in der Lage sind, sich eigene AktGes. in der Schweiz, Liechtenstein oder wo sonst anzuschaffen. War wirklich die Anwendung des § 5 RAbgO. nicht zu rechtfertigen? (...)

Vor dem *Schwurgericht in Halberstadt* hatte sich der frühere Bergarbeiter, spätere Bademeister Koch aus Nachterstedt wegen Mordes zu verantworten.[53] Es war ein trübes Bild, das sich vor den Augen des Gerichts abrollte. Trüb ist auch die Stimmung, die schon das Lesen der Berichte hervorruft. Der Angeklagte wurde wegen Mangels an Beweisen freigesprochen. Darüber ist nichts zu sagen. Das Gericht hat in sorgfältiger Würdigung aller Momente sein Urteil gefunden. Zwei Dinge aber fallen auf. Einmal das Unbehagen des Gerichts über den eigenen Freispruch, das sich bei der Urteilsverkündung zeigte. Der Angeklagte wurde als ein roher und gewalttätiger Mensch bezeichnet, dem die Tat zuzutrauen sei. Nur weil positive Feststellungen für die Schuld des Angeklagten nicht gemacht werden konnten, war eine Verurteilung nicht möglich. Die Aeußerung ging wohl bis an die Grenze des bei der

53
Otto Koch war Heilgehilfe (in etwa: Betriebssanitäter) auf der Grube Concordia in Nachterstedt, seinerzeit eine der größten Gruben Preußens. Er war angeklagt worden, den unter sämtlichen Arbeitern wegen seiner drakonischen Betriebsführung verhassten Grubendirektor Emil Kramer ermordet zu haben. Der Mordprozess begann erst Monate nach der Tat, weil erst die Aussage von Kochs Ehefrau den Verdacht auf diesen gelenkt hatte.

Urteilsbegründung Erlaubten. Sie ist aber nicht überschritten. (...) Das Gericht mußte bei der Abwägung aller Umstände auch die Persönlichkeit des Angeklagten würdigen. Es durfte daher auch die hieraus abzuleitenden Verdachtsmomente hervorheben, genau wie alle anderen Indizien, die möglicherweise zu einer Verurteilung führen könnten. Wenn also hier die Presse sich gegen die Urteilsbegründung wendet, so geht sie fehl. Seltsam nimmt sich aber gegenüber dem mangels genügender Beweise erfolgten Freispruch die Begrüßung des Angeklagten bei seiner Heimkehr aus. Im Dorf Nachterstedt soll Spalier gebildet worden sein. Vor dem Hause des Heimgekehrten kam es zu Kundgebungen für ihn. In Vereinen, denen Koch angehörte, wurde Geld für ihn gesammelt. Damit machen sich die Dorfbewohner zu Richtern über das Gericht. Sie erklären den wegen Mangels an ausreichenden Beweisen Freigesprochenen für einen unschuldig Angeklagten. Es wäre interessant zu wissen, wer dieses Verhalten inszeniert hat. An eine spontane Aeußerung der Volksseele wird man nur schwer glauben.

1. Dezember

(...) Der Hauptausschuß des Verbandes der Deutschen Hochschulen hat sich in einer einstimmig gefaßten Entschließung gegen die *Ueberhandnahme des Berechtigungswesens* ausgesprochen.[54] Er sieht darin eine der Quellen der Ueberfüllung der Hochschulen. Sie dürfen auch nicht mehr als „eine Art Notausgang“ angesehen werden. Einerseits soll der Wert der nichtakademischen

54
Der Verband der Deutschen Hochschulen wurde 1920 gegründet und 1936 durch Ministererlass aufgelöst. 1950 hat der Deutsche Hochschulverband seine Nachfolge angetreten. Mit dem „Berechtigungswesen“ war die Neigung gemeint, für die Ausübung vieler Berufe Abitur und Studium zu verlangen. Die daraus resultierende Überfüllung der Hochschulen führe zur Verflachung von Forschung und Lehre. Abhilfe wurde nicht selten in der reaktionären Vorratskammer gesucht, etwa wenn man die Zulassung von Frauen zum Studium bemängelte oder den Versailler Vertrag für die schlechten Berufsaussichten von Akademikern verantwortlich machte.

Berufe wieder in viel höherem Maße anerkannt werden. Andererseits handelt es sich darum, den wirklich Hochbegabten und Tüchtigen aus allen Schichten des Volkes den Zugang zur Hochschule zu ermöglichen. „Innerhalb der Hochschule selbst", so schließt der Aufruf, „müssen alle Vorkehrungen getroffen werden, um diejenigen Studierenden, die nach Ueberzeugung der Dozenten nicht die volle wissenschaftliche und menschliche Eignung zum Studium haben, vom Studium fernzuhalten oder zum Aufgeben des Studiums zu veranlassen". Das sind zweifellos durchaus richtige Gedanken. Sicher finden sie auch Anklang in den Kreisen der Studierenden und der Eltern von solchen. Nur wenden diese leider diesen Grundsatz fast immer nur auf andere an. Fast jeder glaubt, daß er für das Studium geeignet und daß die andere Tätigkeit seiner nicht würdig ist. Von einer *Belehrung* der in Frage kommenden Personen darf man nicht allzu viel erwarten. Von Interesse wäre es, zu wissen, durch welche Maßnahmen die Hochschulen selbst die Reinigung von ungeeigneten Elementen vornehmen sollen. Mit dem Rat, auf das Studium zu verzichten, wird nicht allzu oft ein Ergebnis erzielt werden.

15. Dezember

Noch hatte der Reichstag über die Notverordnung des Reichspräsidenten v. Juli d. J. sich nicht schlüssig gemacht. Schon erschien wieder die zweite *große Notverordnung* des Reichspräsidenten auf Grund des Art. 48 RVerf. zur „Sicherung von Wirtschaft und Finanzen" v. 1. Dez. 1930.[55] Die sämtlichen Pläne der Regierung,

55 Die Verordnung des Reichspräsidenten zur Sicherung von Wirtschaft und Finanzen vom 1. Dez. 1930 gliederte sich in 9 Teile und enthielt ein veritables Regierungsprogramm, das neben Steuern und Finanzen auch die Wohnungs- und Landwirtschaft sowie die Rechtspflege tiefgreifenden Reformen unterzog. So wurden etwa die Dienstbezüge der Reichsbeamten und der Soldaten automatisch um 6% gekürzt und die Beiträge zur Arbeitslosenversicherung noch einmal erhöht.

anfangend mit der Verbesserung der Sommernotverordnung bis zu den Ersparnissen in der Rechtspflege, sind in sie aufgenommen. Sicher haben die Väter des Art. 48 an diese Art seiner Anwendung nicht gedacht. Es handelt sich hier aber nicht um Interpretationen aus dem Willen des Gesetzgebers. Es ist stets der gleiche Vorgang. Die veränderten Verhältnisse zwingen zu einer veränderten Auslegung. Der Begriff der Not wird schließlich so weit aufgefaßt, daß es kaum eine Möglichkeit gibt, die nicht darunter zu bringen ist. Es bedarf der Annahme einer Lücke in der RVerf. nicht. Es ist auch kaum denkbar, daß diese den Fall eines zwar vorhandenen, aber durch Parteizersplitterung arbeitsunfähigen Reichstags hätte erwähnen können. Das schließt aber nicht aus, daß aus diesem Momente heraus eine Not des Reichs geboren wird, die zu einem sofortigen Eingreifen führt. Verfassungsrechtlich blieb freilich die Befugnis des Reichstags, die Notverordnung außer Kraft zu setzen. Es war ein offenes Geheimnis, daß auf Grund der Vorbesprechungen des Reichskanzlers mit den Parteiführern die Regierung zwar nicht auf eine Annahme ihrer Vorschläge, wohl aber auf eine Duldung ihres den Reichstag vor die vollendete Tatsache stellenden Vorgehens rechnen durfte. So hat der Reichstag in der Abstimmung v. 6. Dez. die Anträge auf Aufhebung der Notverordnung und zugleich die Mißtrauensvota gegen die Regierung abgelehnt.[56] Damit hat er ein nicht mehr zu beseitigendes Präjudiz für die Anwendung des Art. 48 RVerf. geschaffen. Ob man dabei von einer Diktatur sprechen will oder nicht, ist schließlich gleichgültig. Gleichgültig auch, ob die Ausschaltung des Reichstags durch Gewalt oder durch

56 Den Antrag hatte die KDP gestellt. Er wurde mit den Stimmen der SPD abgelehnt, die damit ihre Bereitschaft zur Tolerierung der Regierung Brüning noch einmal unter Beweis stellte. Vgl. „Im Zwielicht: Notverordnungen“, S. 339.

dessen freiwillige Resignation erfolgte. Das Wichtigste ist die Erkenntnis, daß es immer wieder und überall Fälle geben kann, in denen ohne Parlament regiert werden muß.

Die *große Notverordnung* v. 1. Dez. 1930 ist ein kleines Gesetzbuch. Sie umfaßt 87 Seiten des Reichsgesetzblattes. Eine Begründung wurde ihr auch bei der Vorlage an den Reichstag nicht mitgegeben. Man kannte die Pläne der Regierung aus ihren früheren Erklärungen. Ueber Einzelheiten hat sie sich nicht ausgelassen. Den Kommentar hierzu mag sich jeder selbst suchen. Es geht auch ohne Motive und sonstige Materialien. Auch sonst bietet dieses neueste Werk der Gesetzgebung manches von dem gewohnten Wege Abweichendes. Der dritte Teil „Steuervereinfachung und Steuervereinheitlichung" beginnt mit einem Kapitel 1: „Gesamtplan der Steuervereinfachung". Der § 1 berichtet, welche Maßnahmen getroffen werden. Diese sind in den folgenden Kapiteln zu finden. Es ist neu und aus dem Fehlen der Begründung zu begreifen, daß der Gesetzgeber seinen Anordnungen eine Uebersicht vorausschickt. Aus der Eigenart der Notverordnung erklärt sich auch das Einschalten von Vorschriften, die die Regierung sich selbst gibt. Dahin gehört das an die Spitze des zweiten Teiles „Sicherungen des Haushaltes" gestellte Kapitel „Ausgabenbegrenzung". Das ist ein sicher ehrlich gemeintes Gelöbnis. Aber ob es gehalten werden kann, hängt nicht nur vom Willen des Finanzministers und des Reichskanzlers ab. Nicht einmal wenn der Reichstag ein solches Begrenzungsgesetz beschlossen hätte, wäre es unabänderlich. Neu ist endlich auch die Mitteilung im Kapitel von der Gehaltskürzung (§ 4): „Die Länder *kürzen* die Bezüge der Beamten." Ist dies ein die Länder betreffendes Reichsgesetz oder die Mitteilung einer Absprache zwischen Reich und Ländern oder nur die Voraussetzung des Vorgehens auch dieser? Man sieht schon hieraus, welche Fülle von Arbeit schon hier der juristischen Ausleger des neuen Rechts harrt. Der materielle Inhalt wird aber noch mehr Kopfzerbrechen machen.

Außenpolitisch sind die Aussichten auf eine ruhige Entwicklung z. Zt. nicht besonders rosig. Die Abrüstungsfrage rückt immer mehr in den Vordergrund. Um so mehr stemmt sich Frankreich gegen einen wirklichen Vollzug der Zusage im Vers.Vertrag. Der vorbereitende Abrüstungsausschuß nimmt ein wenig rühmliches Ende. Er brachte nur ein erfreuliches Moment: die energische Erklärung des deutschen Vertreters, des Grafen Bernstorff.[57] Mit aller wünschenswerten Deutlichkeit hat er erklärt, daß Deutschland den auf französische Einwirkung zurückgehenden Beschluß niemals gutheißen werde. Man hat versucht, den ganzen Zweck der Abrüstungsverpflichtung dadurch zu vereiteln, daß man die Verpflichtung aus bestehenden Verträgen vorbehält. Was das bedeutet, weiß auch der harmloseste Nichtpolitiker. Damit ist jede Abrüstungspflicht von vornherein erledigt. Dem allgemeinen Völkerrecht ginge das spezielle internationale Vertragsrecht vor. Daß eine derartige Regelung als Hohn empfunden wird, wird niemand den Deutschen verübeln. (...)

57
Gemeint ist Albrecht Graf von Bernstorff (1890–1945), der nach dem Studium der Rechtswissenschaft 1917 in den diplomatischen Dienst eingetreten war und von 1923–1933 an der deutschen Botschaft in London Dienst tat. Als Gegner des Nationalsozialismus wurde er noch 1933 entlassen, engagierte sich später im Widerstand und wurde Ende April 1945 in Berlin von der SS ermordet.

Kaum ist der neue Reichstag zusammengetreten, eröffnet der Verband der Vereine Creditreform wieder seinen Feldzug gegen die Vergleichsordnung.[58] Dessen Grundgedanke ist schon früher besprochen. Er erstrebt eine Verschärfung des geltenden Rechts. Die Behauptung in der dem Reichstag zugeleiteten Eingabe, daß über die angestrebte Vergleichsreform kaum wesentliche Meinungsverschiedenheiten bestehen, dürfte doch etwas zu allgemein aufgestellt sein. Bei aller Anerkennung der zweifellos vorhandenen Verdienste der Vereine Creditreform und ihres Verbandes darf doch nicht verhehlt werden, daß sie zu einseitig eingestellt sind. Sie werden von der Idee beherrscht, daß man durch immer strenger ausgearbeitete Gesetze den herrschenden Uebelständen mit Erfolg entgegentreten könne. Deren Wurzel liegt aber in den heutigen mißlichen wirtschaftlichen Verhältnissen. Sie kann man nicht durch Erschwerung des Vergleichs außerhalb des Konkurses beseitigen. Man darf auch nicht mit den heute immer steigenden Zahlen der Konkurse und der Vergleichsverfahren operieren. Auch diese erklären sich immer nur aus der einen Tatsache des allgemeinen wirtschaftlichen Elendes. Man darf bei aller Energie, mit der man leichtsinnigen Schuldnern entgegentreten will, doch nicht vergessen, daß es auch anständige und brave Menschen gibt, die gerade heute durch unverdientes Unglück unter die Räder kommen. Sie hätten genauso die Schärfe des Reformgesetzes zu spüren wie die Schuldigen. Eine Statistik darüber, wie groß der Prozentsatz der einen und der anderen ist, können wir nicht haben. Schließlich wird man doch sich damit abfinden müssen, daß die Entscheidung, ob ein Vergleich

58 Vgl. „Die Ordnung der Krise: Konkurs“, S. 161.

zustande kommt oder nicht, letzten Endes in die Hände der Gläubiger gelegt werden muß. Man sollte ihnen zutrauen, daß sie wissen, was in ihrem und im Interesse der Wirtschaft liegt. (...)

Es ist ein Zeichen der Zeit, daß Männer der verschiedenen Stände in den brennenden Fragen ihres Berufs sich an das große Publikum in Form dichterischer Arbeit wenden. Es braucht nur an die Dramen erinnert zu werden, die von Ärzten zur Unterstützung ihres Verlangens auf Straflosigkeit der Abtreibung geschrieben wurden. Man mag sie beurteilen wie man will, sie haben ihren Eindruck auf die Hörer nicht verfehlt. Der gleiche Vorgang beginnt in Juristenkreisen. Die deutschen Richter bekämpfen mit Mut und Ausdauer die gegen sie gerichteten Vorwürfe. Sie leiden unter der Behauptung der Vertrauenskrisis. Je höher die Auffassung des Richters von seinem Berufe ist, desto schmerzlicher gerade empfindet dieser die vielleicht in einzelnen Fällen begründeten, zu Unrecht verallgemeinerten Aeußerungen des Mißfallens. Ich glaube nicht zu irren, wenn ich den Roman „Der Untersuchungsrichter und der Prozeß der Lotte Grell“ von Otto Rudorff in die Kategorie der eingangs bezeichneten Fälle einreihe. Der Verfasser ist Landgerichtspräsident in Brieg. Er hat kein Pseudonym gewählt. Er tritt mit seiner Person für das, was er sagt, ein. Den literarischen Wert des Buches zu beurteilen, ist hier nicht der Platz. Wie überhaupt hier eine Bücherbesprechung nicht gewollt und grundsätzlich unmöglich ist. Das Buch interessiert aber als Ausdruck der Gefühle des deutschen Richtertums. (...) In der Vorkriegszeit wäre das Buch sicher nicht entstanden. Es ist ein Zeichen der Zeit.

Im Zwielicht: Notverordnungen

Notverordnungen sind juristisch anrüchig. Weil Not kein Gebot kennt, sind sie von der permanenten Sorge um normative Entgrenzung begleitet. Hinter der Notverordnung steht der Ausnahmezustand, und im Ausnahmezustand drohen die Obsessionen des Staatsrechtlers Carl Schmitt wahr zu werden, der von der souveränen Entscheidung träumt und vom Wesen der wahren Demokratie, die von Homogenität lebe und deshalb alles Heterogene vernichten müsse.

Die Weimarer Verfassung vom 11. August 1919 war also aus gutem Grund zurückhaltend im Umgang mit Ausnahmesituationen. Anders als die Verfassung von 1871, die dem Kaiser noch die diktatorische Gewalt für den „Kriegszustand" zugebilligt hatte, wurde auf Verfassungsebene bewusst auf eine Regulierung des Ausnahmezustands verzichtet. Anerkannt waren lediglich einfache Ermächtigungsgesetze, in denen das Parlament selbst der Regierung eine – zeitlich befristete und thematisch eingegrenzte – Vollmacht ausstellte, Gesetze ohne das Parlament zu erlassen. Vor allem in den wirtschaftlichen Krisen der Anfangsjahre wurden solche Ermächtigungsgesetze immer wieder erlassen.

In der Verfassung enthalten waren allerdings besondere Befugnisse des Reichspräsidenten für den Fall einer Gefahr für die öffentliche Sicherheit. Der berüchtigte Art. 48 Abs. 2 WRV lautete: „Der Reichspräsident kann, wenn im Deutschen Reich die öffentliche Sicherheit und Ordnung erheblich gestört oder gefährdet wird, die zur Wiederherstellung der öffentlichen Sicherheit und Ordnung nötigen Maßnahmen treffen". Dazu durften einzelne Grundrechte aufgehoben und die Reichswehr eingesetzt werden. Als Gegengewicht gab Art. 48 Abs. 3 WRV dem Reichstag das Recht zur Intervention. Von dieser – im Kern polizeirechtlichen – Befugnis machte der Reichspräsident in den ersten Jahren der Weimarer Republik häufig Gebrauch. Im Zuge der Revolutionsunruhen, aber auch noch in den Jahren danach, kam es immer wieder zu Angriffen auf die verfassungsmäßige Ordnung, zu deren Bekämpfung der Reichspräsident mittels Notverordnung vorging. Erst als die Republik Mitte der 1920er-Jahre in ruhigere Fahrwasser kam, verschwanden auch die Notverordnungen aus der politischen Praxis.

Nachdem das Kabinett von Reichskanzler Hermann Müller im März 1930 wegen unterschiedlicher Vorstellungen über die Beiträge zur Arbeitslosenversicherung zerbrochen war und Brüning mit der Regierungsbildung beauftragt wurde, kehrte Art. 48 WRV zurück ins Rampenlicht und wurde zu einer Art pauschalem Ermächtigungsgesetz für die Regierung ausgebaut. Ein juristischer Taschenspielertrick machte es möglich: Eine Absprache zwischen Reichspräsident und Reichskanzler sollte garantierten, dass abgelehnte Gesetzesvorhaben der Regierung am Parlament vorbei im Wege der Notverordnung in Kraft treten würden. Im Ergebnis erhielt die Regierung dadurch die Möglichkeit, aus eigener Kraft Gesetze zu erlassen, ohne dazu vom Parlament ermächtigt zu sein. Im Juli 1930 kam es dann zur Uraufführung dieser Form der Präsidialregierung. Der Reichstag lehnte Brünings Haushaltsgesetz ab. Anstatt zurückzutreten, machte sich Brüning nun mit Hindenburgs Hilfe an die „verfassungskonforme" Demontage der parlamentarischen Demokratie:

Am 16. Juli wandelte Hindenburg auf Bitten Brünings den Gesetzentwurf in eine Notverordnung nach Art. 48 Abs. 2 WRV um. Zwei Tage später lehnte der Reichstag diese Notverordnung auf Antrag der SPD nach Art. 48 Abs. 3 WRV ab. Direkt im Anschluss an die Abstimmung verlas Brüning ein vorbereitetes Dekret von Hindenburg, mit dem dieser – gestützt auf Art. 25 WRV – den Reichstag auflöste. Am 26. Juli erließ Hindenburg auf Brünings Bitte eine neue Notverordnung, die die Maßnahmen der soeben zurückgewiesenen Notverordnung noch einmal verschärfte. Bis zu den Neuwahlen – laut Verfassung innerhalb von 60 Tagen durchzuführen – gab es jedoch kein Parlament, das dagegen hätte vorgehen können. Der Coup war gelungen.

Die Freude darüber währte nicht lange. Am 14. September 1930 war die NSDAP die eigentliche Gewinnerin der Wahl. Ihr Stimmenanteil wuchs von 2,6% auf 18,3%, was sie zur zweistärksten Fraktion hinter der SPD machte. Auch die KPD gewann Anteile hinzu. Um weitere Parlamentsauflösungen nach dem erlebten Muster zu verhindern, beschloss die SPD, künftige Notverordnungen der Regierung nicht mehr aufzuheben, sondern parlamentarisch zu tolerieren. Das Ergebnis war erst recht ein Desaster. Die SPD musste Maßnahmen zulasten der Arbeiterschaft in Kauf nehmen, die weit über das hinausgingen, was im März 1930 zum Bruch der großen Koalition zwischen SPD und DVP geführt hatte. Bei der darauffolgenden Wahl im Juli 1932 verdoppelte die NSDAP sogar ihre Stimmen.

Franz von Papen, seit Juni 1932 Reichskanzler in einer Regierung der „nationalen Konzentration“, legte auf eine Beteiligung des Parlaments schließlich gar keinen Wert mehr.

Aus den Präsidialkabinetten wurde in gewisser Weise eine Präsidialdiktatur. Bei der einzigen regulären Sitzung des Parlaments am 12. September 1932 stellte die KPD einen Misstrauensantrag gegen die Regierung und verlangte, zwei Notverordnungen aufzuheben. Die Antwort darauf war wieder die Auflösung des Reichstags, was dem in Art. 48 Abs. 3 WRV verbrieften Recht des Reichstags zuwider lief. Allerdings ließ sich der im August 1932 zum Reichstagspräsidenten gewählte Hermann Göring die Gelegenheit nicht entgehen, die Regierung vorher noch zu demütigen. Papen hatte bereits die von Hindenburg unterschriebene Erklärung zur Auflösung des Reichstags auf Görings Tisch platziert, womit der Reichstag formell aufgelöst war, doch Göring übersah absichtlich seinen Antrag auf Wortmeldung, weshalb der Reichstag der Regierung trotzdem noch mit überwältigender Mehrheit das Misstrauen aussprechen konnte – juristisch unwirksam, aber politisch ein Fanal. Die Neuwahlen vom 6. November brachten keine entscheidenden Veränderungen. Kurt von Schleicher versuchte sich an einer „Querfrontregierung" und dann am Staatsstreich. Nachdem beides gescheitert war, ernannte Hindenburg am 30. Januar 1933 Hitler zum Reichskanzler.

Mit der Reichstagsbrandverordnung vom 28. Februar und dem Ermächtigungsgesetz vom 24. März 1933 war schließlich auch noch Art. 48 WRV selbst ausgehebelt. Die Regierung Hitler konnte nun – zunächst befristet auf vier Jahre – ganz offen ohne den Reichstag agieren, ohne dafür den Umweg über den Reichspräsidenten wählen zu müssen. Wie brutal man dabei vorgehen konnte, wurde insbesondere im Juli 1934 deutlich. Nach dem sog. Röhm-Putsch – der Ermordung von Widersachern und persönlichen Feinden als Antwort auf einen angeblichen Putsch-Versuch der SA – erließ die Regierung am 13. Juli 1934 das *Gesetz über Maßnahmen der Staatsnotwehr*, das lediglich aus einem einzigen Satz bestand: „Die zur Niederschlagung hoch- und landesverräterischer Angriffe am 30. Juni, 1. und 2. Juli 1934 vollzogenen Maßnahmen sind als Staatsnotwehr rechtens." Hitler erhob sich zum Fürsten *legibus solutus*, der Reichstag trug inbrünstig das Horst-Wessel-Lied vor, und Carl Schmitt jubelte stellvertretend für die ganze Rechtswissenschaft in der Deutschen Juristen-Zeitung, deren Herausgeber er mittlerweile geworden war: „Der Führer schützt das Recht."

Und Max Hachenburg? Im Juli 1930, als Brüning die erste Machtprobe mit dem Reichstag für sich entschieden und die abgelehnte Notverordnung erneut auf den Weg gebracht hatte, fragte Hachenburg in der Rundschau: „Ist dies verfassungsrechtlich zulässig?" Stellung bezog er nicht – vermutlich war ihm das Feld zu politisch –, aber man darf davon ausgehen, dass er die Frage nur aufwarf, weil er sie verneinte. Zwei Jahre später, als Hermann Göring in der oben erwähnten Episode im Reichstag Reichskanzler Franz von Papen vor aller Augen lächerlich gemacht hatte und sich der Zerfall der Republik immer klarer abzuzeichnen begann, griff Hachenburg auf eine seiner Lieblingsformulierungen zurück: „Das Endurteil wird die Geschichte fällen." Und weiter: „Ob dabei beide Teile auf eine besonders günstige Auffassung stoßen werden, mag heute schon bezweifelt werden." Er sollte Recht behalten.

Jahrgang 1933

Adolf Hitler im geschlossenen Auto auf dem Weg zum Reichspräsidentenpalais, jubelnde Menschen am Straßenrand, 30. Jan. 1933

1933 spiegelt sich auch in der Juristischen Rundschau die hektische Betriebsamkeit der nationalsozialistischen „Machtergreifung“ wider. Eine Vielzahl eilig erlassener Gesetze baut die Herrschaft der Nationalsozialisten aus, verdrängt die Opposition und ermöglicht ihre scheinlegale Verfolgung. Es geht um die Beseitigung der Grundrechte, die Diskriminierung der Juden sowie um die

„Gleichschaltung" der Länder und aller gesellschaftlichen Organisationen. Darüber hinaus finden aber auch viele soziale und wirtschaftsfördernde Gedanken in den Gesetzesvorhaben Niederschlag. Spürbar ist die revolutionäre Dynamik der neuen Regierung auch für das Recht. Selbst Hachenburg kann sich dem mitreißenden Schwung des „nationalen Aufbruchs" nicht entziehen. Als vom Assimilierungsgedanken überzeugter Jude versucht er eine Haltung zu finden zu der mit großer Wucht einsetzenden antisemitischen Diskriminierung.

1933

1. Januar

Das Jahr 1932 schließt, wie es begonnen hat, chaotisch und zerrissen, aber doch nicht ohne geheime Hoffnung. Das Kennzeichen dieser Tage ist das Mißtrauen aller gegen alle. Es herrscht in Politik und Wirtschaft. Es durchdringt das öffentliche und private Leben. Es zeigt sich im Völkerrecht wie im Staatsrecht, im Strafrecht und im Zivilrecht. Bei jeder Rechtsbildung und jedem Rechtsvorgang von Bedeutung findet man seine Spuren. Im letzten Ende entspringt dieses Mißtrauen der Furcht. Diese aber mag als die Frucht der furchtbaren Ereignisse seit 1914 erkannt werden. Noch stehen sich Frankreich und Deutschland voll Mißtrauen gegenüber. Die europäischen Staaten, ob sie wollen oder nicht, werden zu einer gemeinsamen Front gegen Amerika gezwungen. Im Reich mißtraut der Reichstag der Regierung und die Regierung dem Reichstag. Parlament und Reichspräsident bilden Gegensätze. Nicht minder das Reich und die Länder. Jedes von beiden schaut voll Bedenken auf jede Handlung des anderen. Im Reichstag hält jede Partei die andere für schlecht. Man versucht nicht mehr, sich zu verstehen. Wieder stehen im Wirtschaftsleben sich Arbeitgeber und Arbeitnehmer gegenüber. Das Ringen um die Lohntarife zeigt es. Das einzige zur Zeit zur Debatte stehende größere Gesetz, die Aktienrechtsnovelle, ist durchtränkt von dem Mißtrauen der Aktionäre gegen die Verwaltung. Die Ueberspitzung des Verlangens der Durchleuchtung der Bilanzen und Offenlegung aller Vorgänge kann nur hieraus entspringen. Und doch gibt es nichts, was im Leben der Völker und der einzelnen Menschen so notwendig zum Gedeihen wäre wie das gegenseitige Vertrauen. Man müßte verzweifeln, wenn man nicht auch Ansätze zu dessen Wiedererstarken erblickte. Bescheidene Ansätze vielleicht, Keime, die durch plumpe Hände leicht gefährdet werden können. Wir hoffen vom neuen Jahre, daß sie sich in ihm entwickeln mögen.

Deutschland hat sich bereit erklärt, an den *Abrüstungskonferenzen* wieder teilzunehmen.[1] Die 5 Hauptmächte haben sich in Genf auf die von diesen zu beachtenden Grundsätze geeinigt. An deren Spitze steht die Anerkennung der Gleichberechtigung Deutschlands. Freilich folgt dann auch wieder der französische Satz von der Sicherstellung. Wesentlich ist aber, daß diese nicht zuerst kommt. Die Gleichberechtigung Deutschlands

1 Vom 2. Feb.–10. Dez. 1932 fand in Genf eine Abrüstungskonferenz des Völkerbundes statt, auf der Deutschland die Aufhebung der Entwaffnungsregeln aus dem Versailler Vertrag forderte.

ist bei der Durchführung dieses Gedankens die Grundlage, nicht erst ihr Ziel. Dadurch fallen die besonderen Bestimmungen des Versailler Vertrages. Die Herabwürdigung Deutschlands hört auf. Damit ist unendlich viel erreicht. Auch die Kriegsschuldlüge zerbricht daran. Ich habe dies früher schon gesagt und darf es nochmals wiederholen. (...)

Der Reichstag hat die Stunde seiner Geburt überlebt.[2] Das bedeutet heute schon etwas. Das traurige Beispiel eines bei der Eröffnung bereits wiederaufgelösten Parlaments wollten weder Regierung noch Reichstag dem Volke bieten. So gelang es auch, zwei Gesetze zu verabschieden. Das eine schafft die Stellvertretung des Reichspräsidenten. Beim Tode Eberts wurde durch besonderes Gesetz der damalige Präsident des Reichsgerichts zum stellvertretenden Reichspräsidenten berufen. Jetzt tritt der jeweilige Reichsgerichtspräsident kraft Gesetzes ein. Ein Antrag, dem Reichspräsidenten die Ernennung seines Stellvertreters zu übertragen, fand keine Zustimmung. Bei vorübergehender Verhinderung wäre dies erträglich erschienen. Ein Recht der Berufung des Stellvertreters für den Fall des Todes wäre leicht zu einer Ernennung des Nachfolgers geworden. Ein Stück monarchie-ähnlicher Thronfolge wäre geschaffen. Man fürchtet dies. Man hegte auch Mißtrauen gegen den Reichskanzler, dem sonst bis zur Ernennung des neuen Präsidenten die Reichspräsidentschaft zufiele. So entstand die große Mehrheit für die Berufung des obersten Richters als Stellvertreter des Reichspräsidenten. (...)

2
Anders als der am 12. Sept. 1932 zusammengetretene Reichstag, der schon auf seiner ersten Sitzung sofort wieder aufgelöst wurde, vgl. „Im Zwielicht: Notverordnungen“, S. 339. Aus den daraufhin anberaumten und hier angesprochenen Reichstagswahlen vom 6. Nov. 1932 ging die NSDAP – trotz einiger Verluste – mit 33,1% der Stimmen als stärkste Partei hervor, gefolgt von der SPD mit 20,4%.

Der zweite Akt der Gesetzgebung war *eine Amnestie*.[3] Hier vereinigten sich die sonst einander bekämpfenden Parteien. Gerade die, deren Anhänger wegen Vergehen aus politischen Motiven verurteilt werden mußten, hatten den gemeinsamen Wunsch, sie wieder straffrei zu machen. So kam die Begnadigung aller derer, die aus politischen Motiven oder aus wirtschaftlicher Not gehandelt haben. Nur die Vergehen gegen Leib und Leben blieben ausgeschlossen. Und doch waren diejenigen, welche auch diese Verbrecher mit in die Amnestie einbezogen hatten, die Konsequenteren. Hält man die Verletzung des Strafrechtsgesetzes durch den politischen Kampf für entschuldbar, so ist kein Halten mehr. Gerade diese Konsequenz hätte aber zeigen sollen, daß noch kein Raum für die Amnestie ist. Nur dann, wenn man eine Epoche politischer oder wirtschaftlicher Kämpfe als endgültig erledigt ansehen kann, darf der Staat die Erschütterung seiner Fundamente verzeihen. Er muß selbst wieder so fest stehen, daß ein wiederholter Versuch außer dem Bereich der Wahrscheinlichkeit liegt. So aber liegen die Dinge immer noch nicht. Niemand kann behaupten, daß der Parteikampf sich in Zukunft nur in Wort und Schrift auslebt. Jeden Augenblick kann die Flamme wieder emporschlagen. Dann hat aber der Staat sich seine einzigen Waffen, das Strafrecht und das Strafverfahren, abgestumpft. Wenn hinter der Verurteilung die Amnestie steht, wie soll dann noch das Strafgesetz hemmend wirken? Welche Gefühle müssen in den Richtern erweckt werden, die in sorgfältiger, oft tagelang währender Verhandlung Recht und Unrecht zu erkennen suchen und die gerecht scheinende Strafe aussprechen?

3
Nämlich das Gesetz über die Straffreiheit vom 20. Dez. 1932 unter der Regierung Kurt von Schleichers. Insbesondere NSDAP und KPD, aber auch die SPD stimmten für das Gesetz.

Durch die sogenannte Terrorverordnung[4] haben die Terrorakte, wenn nicht ganz aufgehört, so doch bedeutend nachgelassen. Amnestie ist eine Gesetzgebung gegen die Terrorverordnung.

4
Die Terrorverordnung des Reichspräsidenten vom 9. Aug. 1932 hatte zu einer Verschärfung der Strafbarkeit politischer Terrordelikte und der Einrichtung von Sondergerichten geführt.

Das Reichsgericht hat zum ersten Male seit seinem Bestehen in einem *Wiederaufnahmeverfahren* gegen einen wegen Landesverrats Verurteilten diesen freigesprochen. Der Angeklagte *Bullerjahn* war zu 15 Jahren Zuchthaus verurteilt worden.[5] Sieben Jahre waren seitdem vergangen. Auch jetzt erfolgte die Freisprechung nicht wegen erwiesener Unschuld. Nur mangels ausreichender Beweise war eine Verurteilung nicht mehr möglich. Ein Verdacht bleibt bestehen. Es mag dem 4. Strafsenat des RG. nicht leicht geworden sein, sein früheres Urteil aufzuheben. Man kann sich denken, was in der Seele der Richter vorgeht. Es ist ein Ruhmesblatt in der Geschichte des RG., daß es diesen Schritt getan hat. Man darf dies nicht als eine Selbstverständlichkeit abtun. (...) Es war unklug, den mangels Beweises freigesprochenen Angeklagten zu feiern. Es war aber auch nicht richtig, wenn man die Sympathie einzelner Volkskreise als „Rummel“ abtun wollte. So, wie das Urteil lautet, hätte es auch aufgenommen werden müssen. Die Begrüßung des freigesprochenen Bullerjahn entspricht dem Mißtrauen gegen die Rechtsprechung der Gerichte. Man sieht nicht die sorgfältig abwägende Gerechtigkeit des RG. Man sieht nur auf die Verurteilung, die aufgehoben wurde. Man hüte sich aber davor, darin eine Rechtfertigung für die Behauptung einer Vertrauenskrise in der Justiz zu sehen.

5
Im Dezember 1925 war Walter Bullerjahn vom Reichsgericht aufgrund von Zeugenaussagen eines nie vor Gericht erschienenen Belastungszeugen wegen Landesverrats verurteilt worden. Bullerjahn war vorgeworfen worden, an die französische Kontrollkommission die Existenz eines großen Lagers mit Gewehrläufen des Unternehmens, in dem er als Lagerverwalter arbeitete, verraten zu haben. Da die Glaubwürdigkeit dieser Aussagen vom Hörensagen später zu Recht in Zweifel gezogen werden konnte, wurde das Urteil aufgehoben.

Die chinesische Nationalregierung[6] hat das *chinesische Familienrecht* neu geregelt. Es bricht in entschiedenster Weise mit uralten Traditionen. Die Vorherrschaft der Familie über den einzelnen wird, wenn nicht aufgehoben, so doch sehr stark gemildert. Das Individuum wird künftig Mittelpunkt des Rechts sein, nicht mehr die Familie. (...) Die chinesische Regierung hat sich die westeuropäische Gesetzgebung zum Muster genommen. Sie glaubt, damit der Weiterentwicklung und dem Fortschritt zu dienen. Sie glaubt, damit die Lage der chinesischen Bevölkerung zu fördern. Es bleibt ein großes Fragezeichen. Wird ein solcher Schritt wirklich von Vorteil sein? In keinem Lande der Welt sind in wirtschaftlicher und sozialer Entwicklung Jahrtausende so spurlos vorübergegangen wie in China. Man kann aus der Geschichte der letzten einundeinhalb Jahrzehnte nicht sehen, daß China durch die Uebertragung westeuropäischer staatsrechtlicher und wirtschaftlicher Begriffe wirklich vorwärts gekommen ist. Grundlegende rechtliche und soziale Aenderungen, die als Nachahmung fremder Vorbilder eingeführt sind, dienen nicht immer dem Fortschritt, dem sie in jenen anderen Ländern gedient haben. Was dem einen Volke frommt, frommt fast nie einem anderen, anders konstruierten, auf anderer Geschichte aufbauenden Entwicklungen sollten immer von innen heraus, nicht von außen nach innen sich ergeben. Erst die Zukunft kann lehren, ob hier nicht nur Vergangenes zerbrochen, sondern auch wirklich Neues geschaffen wurde.

6
Die eher dem Westen zugeneigte Regierung der Kuomintang unter Chiang Kai-shek hatte in dem 1927 begonnenen Bürgerkrieg zunächst die Oberhand gegen die Kommunistische Partei Chinas unter Mao Zedong gewonnen. 1949 konnte sich, nach zwischenzeitlicher Bildung einer Einheitsfront beider Parteien gegen die Invasoren aus Japan, die Kommunistische Partei unter Mao Zedong durchsetzen und gründete die Volksrepublik China. Chiang Kai-shek floh mit seinen Anhängern nach Taiwan und errichtete dort eine Einparteiendiktatur.

15. Januar

(...) *Eine Verordnung des Reichspräsidenten* v. 23. Dez. 1932 untersagt die *Errichtung* von *Einheitspreisgeschäften*[7] allgemein. Bisher galt das Verbot nur für Gemeinden bis 100 000 Einwohner. Nun ergreift es auch die Großstädte. Es ist zeitlich begrenzt. Die Sperre dauert nur bis 1. April 1934. (...) Die Forderungen der Vertreter der Mittelstandspolitik und die Klagen gegen die verheerenden Wirkungen der Einheitspreisgeschäfte haben mitbestimmend gewirkt. Wir wissen aber nicht, ob hierdurch wirklich eine Hilfe geschaffen wird. Man denkt wohl mehr an eine psychische Beruhigung der Betroffenen. Auch die ist von zweifelhaftem Werte. Wird die Großverkaufsunternehmung nicht andere Wege finden? Hat man nicht nur ein kleines, freilich in die Augen fallendes Stück getroffen? Was soll nach dem 1. April 1934 werden? Tritt dann der Wettbewerb der Einheitspreisgeschäfte wieder ein? Wird der numerus clausus nicht den bestehenden Unternehmungen allein zum Vorteil gereichen? Sie dürfen nicht „durch bisher nicht benutzte Verkaufsräume erweitert, noch in andere Verkaufsräume verlegt werden". Aber in den bisherigen darf der Zustrom wachsen.

7 Das Einheitspreisgeschäft kann als Vorläufer der heutigen Discounter angesehen werden. Es setzte auf ein Sortiment von Waren des täglichen Bedarfs von eher niedriger Qualität zu einem vergleichsweise günstigen Preis und in wenigen festen Preisstufen (Einheitspreisen), häufig auch in Form des Selbstbedienungsladens.

Der *Staatsgerichtshof* hat seine Entscheidung über die *Abänderung der Geschäftsordnung des preuß. Landtags* gefällt. Ein Beschluß des Landtags v. 12. April 1932 hatte sie geändert. Für die Wahl des Ministerpräsidenten war an Stelle der relativen die absolute Mehrheit gesetzt worden.[8] Gegen die aufgetauchte, dann später zur Klage verdichtete Auffassung, als handle es sich

8 Auf diese Weise konnte die Koalitionsregierung von SPD und Zentrum unter dem seit 1920 amtierenden sozialdemokratischen Ministerpräsidenten Otto Braun geschäftsführend im Amt bleiben, da weder sie noch die NSDAP mit der DNVP die absolute Mehrheit in der Preußischen Landtagswahl vom 24. April 1932 erhalten hatte.

hier um eine Verfassungsänderung, war von uns die Zulässigkeit des Beschlusses betont worden. Die Entscheidung des Staatsgerichtshofs beruht auf der gleichen Anschauung. Auch damals hatte die „Rundschau" bereits darauf hingewiesen: „Politisch war der Beschluß determiniert, politisch ist das Heilmittel". Auch hierin hat die Folgezeit der hier vertretenen Auffassung recht gegeben. Für die abermalige Aenderung der Geschäftsordnung war eine Mehrheit nicht zu finden. Die Wahl eines Ministerpräsidenten mit absoluter Mehrheit mißlang. Es kam zur V. des RPräs. v. 20. Juli 1932, die den Reichskommissar für Preußen brachte.[9] Rein juristisch hatte der alte Landtag mit seinem Beschluß recht gehabt. Politisch hat er einen Fehler begangen, dessen Auswirkungen noch nicht vollständig abzusehen sind. Jedenfalls eine Lehre dafür, daß man eine politische Entwicklung nicht mit einem juristisch-formalen Vorgang – auch wenn er rechtlich einwandfrei ist – aufhalten kann.[10] (...)

So sehr sich die Tageszeitungen mit dem *Prozesse Petschek-Caro* befaßt haben, so könnte man doch zweifeln, ob er auch von der rechtlichen Seite her eine Beachtung verdient. Er hat 7 Monate lang gedauert. Er hat sehr hohe Kosten verursacht. Sie sind dem Nebenkläger Petschek zur Last gelegt. Vielleicht haben die Teilnehmer des Prozesses psychologische Studien machen können. Manches mag im letzten Grunde auch ihnen rätselhaft geblieben sein. Auch das wäre kein Anlaß, an dieser Stelle den Prozeß hervorzuheben. Notwendig wurde es aber in dem Momente, in dem in einer geachteten Tageszeitung ein Richter die Prozeß-

9
Die Reichsregierung unter von Papen hatte ein Interesse an der Entmachtung des letzten noch regierenden sozialdemokratischen Ministerpräsidenten. Deswegen sollte mit der Notverordnung die Einsetzung eines „Reichskommissars" ermöglicht werden. Ein wesentlicher Schritt zur Entmachtung der Länder, denn Preußen machte immerhin 2/5 des Deutschen Reiches aus. Der Anlass für die Notverordnung wurde mit dem „Altonaer Blutsonntag" vom 17. Juli 1932 gefunden, als es durch Aufmärsche von NSDAP-Anhängern in „roten" Stadtvierteln zu Schießereien mit 17 Toten kam. Zum Reichskommissar für Preußen wurde in Personalunion Reichskanzler von Papen. Dieser verhängte bis zum 26. Juli 1932 den militärischen Ausnahmezustand und entließ alle bisherigen preußischen Minister (sog. „Preußenschlag").

10
Wenig später spielte Preußen bei der Machtübernahme der Nationalsozialisten eine wichtige Rolle, denn nach der Auflösung des preußischen Landtages errang die NSDAP in der Neuwahl am 5. März 1933 zusammen mit der Kampffront-Schwarz-Weiß-Rot (ehemals DNVP) die absolute Mehrheit, und Hermann Göring wurde preußischer Ministerpräsident.

führung kritisierte und Anlaß nahm, für die Einführung des richterlichen Ermessens bei der Wahl der Beweismittel auch bei Strafsachen, die nur der Revision unterliegen, einzutreten. (...) Und wenn der Laie weiter meinen sollte, daß der reiche Mann sich ein Dutzend Anwälte nehmen könne, wobei er dann anscheinend meint, daß durch die Verteidigung das Verfahren hingezogen werde, so wäre auch hier der Laie zu belehren gewesen. Man hätte Gelegenheit gehabt, ihn aufzuklären, daß es nicht die Verteidigung war, die irgendwelche Beweisanträge stellte, die nicht zur Sache gehörten.[11]

11 Dieser äußerst aufwendig geführte Prozess wurde durch den Streit über eine Mitgift aus der gescheiterten Ehe der Kinder der wohlhabenden Industriellen Nikodem Caro und Ignaz Petschek ausgelöst. Petschek hatte behauptet, dass die Mitgift nicht gezahlt worden sei und deswegen Caro nichts zurückfordern könne. Caro bezog sich auf eine Quittung, von der wiederum Petschek behauptete, dass sie gefälscht sei. Die Staatsanwaltschaft lehnte zunächst die Einleitung eines Ermittlungsverfahrens ab. Nach dagegen erhobener Beschwerde wurde der Strafprozess gegen Caro u.a. wegen versuchten Betrugs und Urkundenfälschung durchgeführt. Petschek wurde Nebenkläger. Beide wurden von einer Vielzahl von Anwälten vertreten. Am 23. Dez. 1932 kam es nach über einem halben Jahr Prozess zu einem Freispruch für Caro. Für den Angeklagten hatte der bekannte jüdische Rechtsanwalt Max Alsberg (s.u. 1. Okt. 1933) ein sechstätiges (!) Plädoyer gehalten. Da die Protagonisten osteuropäische Juden waren, wurde das Verfahren in der Öffentlichkeit antisemitisch aufgebauscht als Missbrauch der Gerichte mit einem übermäßigen Beweisverfahren.

1. Februar

Die Vergleichsordnung v. 5. Juli 1927 hat im Lauf der Jahre steigende Kritik gefunden. Namentlich in der Art ihrer Durchführung hat sie den Schuldner allzu sehr auf Kosten des Gläubigers entlastet. Was der § 6 als unterste Grenze für einen Vergleich vorsah, 30% der Gläubigerforderung, wurde allmählich zum Normalsatz. Und dann verteilte er sich noch auf eine lange Zeit. Dem sucht der nunmehr vorliegende Referentenentwurf für eine neue VergleichsO. abzuhelfen. Die Mindestquote wird von 30 auf 40 % erhöht. Zieht sich die Erfüllung des Vergleichs über ein Jahr hinaus, so müssen 50 % geboten werden. Auch dann ist der Vergleich innerhalb 1 ½ Jahren zu erfüllen. (...) Es kommt eine Reihe von neuen Einzelbestimmungen dazu. Sie bezwecken vor allem eine genauere Offenbarung der Vorgeschichte des Vergleichs und eine größere Publizität des Vergleichsverfahrens selbst. Manche Wünsche bleiben noch offen. Vielleicht findet sich dazu eine Ergänzung, bis der Entwurf Gesetz wird. Jedenfalls ist der eingeschlagene Weg der richtige.[12] (...)

12 Vgl. „Konkurs in Krieg und Krise“, S. 261.

Man kennt die Schwierigkeiten, in die der Rechtsanwalt namentlich bei der strengen Auslegung des Reichsgerichts über die *Fahrlässigkeit* im *Anwaltsberuf* geraten kann. Man weiß auch aus der Praxis, wie schwer der verurteilte Rechtsanwalt zu kämpfen hat, um den ihm auferlegten Ersatz zu leisten. Auch den Parteien ist wenig mit der Verurteilung allein gedient. Daher wird vorgeschlagen, von jedem Anwalt *vor* seiner Zulassung zu verlangen, daß er sich gegen Haftpflicht versichert. Solche Haftpflichtversicherungen sind unter den Anwälten häufig. Sie geschehen freiwillig, weil sich der Rechtsanwalt vor den in seinem Berufe liegenden Gefahren zu decken sucht. Er muß aber die nötigen Mittel dazu haben. Die Einnahmen aus der Praxis müssen so sein, daß ohne Vernachlässigung sonstiger Pflichten er auch die nicht kleine Versicherungsprämie auf sich nehmen kann. Die Versicherung darf auch nicht auf einen zu geringen Betrag lauten, sonst nützt sie nichts. Daher scheint der Vorschlag, so gut gemeint er ist, nicht praktisch durchführbar.[13] Die Zulassung zur Anwaltschaft vom Abschluß einer Versicherung abhängig zu machen, greift zu sehr in die freie Berufswahl ein. Dem wohlhabenden Rechtsanwalt wird es keine Schwierigkeiten machen, dem mittellosen aber wird der Zugang zum Amt und Brot dadurch versperrt. Oder aber, er müßte, um anfangen zu können, sich das Geld borgen. Das wäre sicher auch kein wünschenswerter Zustand.

13 Eine solche Versicherung ist heute nach § 51 der Bundesrechtsanwaltsordnung Pflicht.

15. Februar

Zur Herstellung „geordneter Regierungsverhältnisse in Preußen“ hat der RPräs. am 6. Febr. 1933 eine neue *Notverordnung* erlassen. Sie bezweckt die Durchführung des Urt. des Staatsgerichtshofs v. 25. Okt. 1932.[14] Sie stützt sich daher auch nicht, wie es die erste Verordnung v. 20. Juli 1932 zur Ordnung in Preußen getan hatte, auf Art. 48 Abs. 1und 2, sondern nurmehr auf Art. 48 Abs. 1. Abs. 1 enthält die Reichsexekutive des Präsidenten gegenüber einem der Länder.[15] Voraussetzung ist, daß das Land eine ihm nach der RVerf. oder den Reichsgesetzen obliegende Pflicht nicht erfüllt hat. Dazu gehört auch die Durchführung eines Urt. des Staatsgerichtshofs. (...)

Unklar ist die Lage bei der Reform der *Reichsverfassung*. Eine Mehrheit im Reichstag wird sich nicht finden. Die Reform durch NotV. einzuführen, widerspricht der Verfassung. Wenn aber Not einmal kein Gebot kennt, so kennt sie dann auch das Gebot der Verfassung nicht mehr. Drohend im Hintergrunde aller Auseinandersetzungen bleibt doch die aufgezwungene Verfassungsänderung. Der sozialdemokratische Führer Breitscheid[16] berichtete über eine Antwort, die er dem Reichskanzler auf die Frage gab, ob die Arbeiter auf die Barrikaden steigen würden. Er hat es verneint, aber auf den Widerstand mit allen anderen Mitteln hingewiesen. Hier bleibt nur die Hoffnung, daß sich doch noch, trotz allem, eine organische Entwicklung durchsetzt. (...)

14
Das Urteil hatte den Klagen gegen die auf Art. 48 WRV gestützte Absetzung der preußischen Regierung durch die Verordnung des Reichspräsidenten von 20. Juli 1932 teilweise stattgegeben, aber grundsätzlich gestattet, vorübergehend die Befugnisse eines Landes auf Reichsorgane zu übertragen Die Notverordnung vom 6. Feb. 1933 reagierte darauf und war ein weiterer Schritt zur „Gleichschaltung“ der Länder. Mit ihr wurde zugleich der Landtag aufgelöst und die Verfügungsgewalt über Polizei und Verwaltung dem kommissarischen preußischen Innenminister Hermann Göring zugewiesen.

15
Vgl. „Im Zwielicht: Notverordnungen“, S. 339.

16
Rudolf Breitscheid emigrierte wenige Wochen danach über die Schweiz nach Frankreich. Dort wurde er 1940 von der Vichy-Regierung ausgeliefert und starb am 24. Aug. 1944 im KZ Buchenwald bei einem amerikanischen Luftangriff.

Auch für die Börse wird eine Reform verlangt. Die Gemeinschaft der Berliner Privatbankiers tut dies. Daraus ist wieder ersichtlich, daß auch hier das Interesse dieses Berufszweiges seinen Einfluß geltend macht. Die Ursache liegt freilich tiefer. Der Gegensatz zwischen Großbanken und Privatbanken hat sich in den letzten Jahren immer mehr verschärft. Auch das Kommissionsgeschäft in Effekten drohte in die Hände der großen Zentralbanken überzugehen. [17] Seit diese durch Staatshilfe gerettet wurden, ist ihr Einfluß nicht nur geblieben, er ist eher gewachsen. [18] Ohne das Effekten-Kommissionsgeschäft kann aber die Privatbank nicht existieren. (...) Unser Wirtschaftsleben braucht den Privatbankier als Berater des Kunden. Er soll wieder dessen Vertrauensmann werden wie er es früher gewesen ist. Das reine EffektenKommissionsgeschäft wird keinen großen Gewinn mehr abwerfen. Es soll aber, wenn es auch sonst neu gestaltet und mit den nötigen oder wenigstens mit den möglichen Sicherheitsmaßnahmen umgeben wird, auch für das anlagesuchende Publikum wieder vom Einzelbankier getätigt werden.[18]

17
Beim Effektenkommissionsgeschäft geht es um amtlich notierte Wertpapiere, mit denen die Bank im eigenen Namen für Rechnung eines anderen handelt.

18
Man ist an die Finanzkrise 2008 erinnert: Die Rettung von großen „systemrelevanten“ Banken, die die Krise verursacht haben, ist notwendig, führt aber im Gefolge dazu, dass die kleinen Banken später schwierigere Rahmenbedingungen vorfinden, weil es zu einer weiteren Marktkonzentration mit größeren und dann erst recht „systemrelevanten“ Banken kommt.

1. März

Mit der *Verordnung* des Reichspräsidenten *v. 14. Febr. 1933 über den landwirtschaftlichen Vollstreckungsschutz* und der auf Grund von ihrem § 2 erlassenen Ausführungsverordnung der Reichsregierung vom gleichen Tage wird zum ersten Male die Ausführung der Vollstreckungsmöglichkeiten in den gesamten landwirtschaftlichen, forstwirtschaftlichen und gärtnerischen Besitz praktisch fast vollständig ausgeschlossen.[19] (...) Mit dem landwirtschaftlichen Vollstreckungsschutz tritt nur zunächst eine Verlagerung der Schwierigkeiten ein. Will man die Gläubiger der Landwirtschaft schutzlos stellen, dann wird künftig niemand mehr einem Landwirt kreditieren. Will man, wie es nach den Mitteilungen der Regierung den Anschein hat, den unmittelbaren Gläubiger der Landwirtschaft vor dem Nachteil des Vollstreckungsschutzes bewahren, so verschiebt sich die gleiche Schwierigkeit um eine Stelle weiter. Aber beseitigt ist sie nicht. Wo soll in dieser Kette das Ende sein? Man kann eben nicht ein Glied aus dem wirtschaftlichen Kreislauf herausnehmen. Man wird weitere Maßnahmen der Regierung erwarten müssen, um hierüber endgültig sprechen zu können. (...)

19
Die Regelung kann auch als Teil der Klientelpolitik der NSDAP vor den Wahlen im März angesehen werden, denn zu deren Wählern gehörten insbesondere die ländliche Bevölkerung und die Bauern.

Die durch den Friedensschluß neu entstandenen Staaten kommen allmählich zu einer *Vereinheitlichung ihres Rechts*. In Polen ist mit dem 1. Jan. 1933 ein Gesetz über das strittige Verfahren vor den Gerichten und ein Gesetz über die gerichtliche Zwangsvollstreckung in Kraft getreten. Sie bilden eine Einheit. Ihre gemeinsame Bezeichnung ist „Gesetzbuch für das Zivilverfahren.“ Damit ist auf diesem Gebiet wenigstens die bisherige Zersplitterung in dreierlei Rechtsgebiete beseitigt, wie sie ja für Polen zunächst durchweg bestanden: das Gebiet des deutschen, des russischen, des österreichischen Rechts. Man hat von den verschiedenen bisherigen Verfahren Teile übernommen. (...)

Wer in 50 Jahren die *Geschichte unserer Zeit* schreiben soll, wird eine schwere Aufgabe haben. Das gilt für jeden Zweig derselben, auch für den Rechtshistoriker. Er wird, um das Leben des Rechts zu erkennen, die Gesamtlage des Volks, seine wirtschaftlichen und seelischen Nöte mit umfassen müssen. Bücher und Urkunden aus unserer Zeit müssen ihm Gelegenheit geben, die hinter den äußeren Vorgängen liegenden irrationalen Kräfte aufzudecken. Auch wer versucht, die Gegenwart zu verstehen, darf sich nicht auf die Vordergründe beschränken. Versenkt man sich in die Kundgebungen, gedruckte und gesprochene, so taucht unwillkürlich der Mensch auf, dem sie entspringen. Jeder gibt ein Stück seiner Seele preis, mehr als er oft selbst sich bewußt ist. Das wurde mir wieder klar, als ich das Buch von *Erich Koch-Weser*: „und dennoch aufwärts. Eine deutsche Nachkriegsbilanz" gelesen hatte[20]. Es fesselt nicht nur durch die blendende Darstellung der Revolution und ihrer Folgen und die Rückhaltlosigkeit in der Aufdeckung der Schäden und ihrer Beleuchtung. Wir durchlaufen atemlos nochmals die Jahre, die wir durchlebten, alle Schrecken, alle Hoffnungen, alle Enttäuschungen. (...) Koch-Weser hat das Buch mit dem Herzen geschrieben. Die spätere Zeit mag manches anders sehen. Der Einblick, den es späteren Generationen in die Psyche unserer Tage gibt, wird bleiben.

20 Hachenburg wusste wohl nicht, dass Koch-Wesers Buch Anfang Feb. 1933, also zum Zeitpunkt des Erscheinens der Ausgabe 4/33 der DJZ, bereits verboten war. Im Mai 1933 war es unter den für die Bücherverbrennung in Berlin vorgesehenen Werken. Der in Bremerhaven geborene Jurist Erich Koch (deswegen „-Weser", 1875–1944) war dort ab 1909 Stadtdirektor, von 1913–19 Oberbürgermeister von Kassel, gründete 1918 mit die DDP, deren Vorsitzender er von 1924–30 war und fungierte als Reichsinnenminister von 1919–21 sowie als Reichsjustizminister von 1928–29. Mit seiner Familie emigrierte er Ende 1933 nach Brasilien und erwarb eine Kaffeeplantage in Rolandia, eine nach dem Bremer Roland genannte und 1932 gegründete deutsche Ansiedlung, an deren Entwicklung hin zu einer Kleinstadt mit über 65.000 Einwohnern er wesentlichen Anteil hatte.

15. März

Die Verordnung des Reichspräsidenten zum Schutze von Volk und Staat v. 28. Febr. 1933 zeigt ihren Zweck in der Präambel an. Sie erfolgte „zur Abwehr kommunistischer staatsgefährdender Gewaltakte".[21] Zu diesem Zweck werden alle die Grundrechte, bei welchen die Verfassung es gestattet, vorübergehend zur Wiederherstellung der öffentlichen Sicherheit und Ordnung „bis auf weiteres" außer Kraft gesetzt (§ 1). Zur Verdeutlichung wird deren Inhalt ausdrücklich hervorgehoben. Beschränkungen der persönlichen Freiheit, des Rechts der freien Meinungsäußerung, einschließlich der Pressefreiheit, des Vereins und Versammlungsrechts, Eingriffe in das Brief-, Post-, Telegraphen- und Fernsprechgeheimnis, Anordnungen von Haussuchungen und von Beschlagnahmen sowie Beschränkungen des Eigentums sind auch außerhalb der sonst hierfür bestimmten gesetzlichen Grenzen zulässig. Damit ist der Regierung die zur Erreichung des angegebenen Zweckes erforderliche außergewöhnliche Macht gewährt. Sie wird durch die Bestimmungen des § 4 verstärkt. Zuwiderhandlungen gegen die von den obersten Landesbehörden oder den ihnen nachgeordneten Stellen zur Durchführung erlassenen Anordnungen werden mit Gefängnis nicht unter einem Monat oder mit Geldstrafe von 150–15000 RM. bestraft. Eine Begrenzung der Befugnisse der Reichsregierung gibt es nicht. Der Einwand, daß die angeordneten Maßnahmen nicht zur Abwehr der kommunistischen Gewaltakte erforderlich seien, ist ausgeschlossen. Es handelt sich um eine Notmaßnahme. Die Ursache ist zwar angegeben. Sie bildet

21
Den Reichstagsbrand am 27. Feb. 1933 hatte der preußische Innenminister Göring bereits in der Nacht des Brandes als Versuch eines kommunistischen Aufstands bezeichnet. Bis heute ist ungeklärt, ob die Tat auf das Konto eines geistig verwirrten Einzeltäters gegangen ist oder ob nationalsozialistische Kräfte beteiligt waren. Im Wahlkampf vor den Reichstagswahlen am 5. März 1933, die durch die Auflösung des Reichstags am 1. Feb. erforderlich geworden waren, spielten die diktatorischen Befugnisse der Regierung jedenfalls eine entscheidende Rolle.

aber keinen integrierenden Bestandteil der V. selbst. Werden in einem Lande die zur Wiederherstellung der öffentlichen Sicherheit und Ordnung erforderlichen Maßnahmen nicht getroffen, so kann die Reichsregierung „insoweit die Befugnisse der obersten Landesbehörde vorübergehend wahrnehmen". Auch dies fließt aus der Natur der V. als einer Kampfmaßnahme gegen drohende Umsturzgefahr. Auch sie bleibt im Rahmen des Art. 48. Man darf darin keine grundsätzliche Ueberspringung der Rechte der Länder oder einen Versuch auf Zentralisierung sehen. Die Bestimmung des § 2 hält sich strikt an den Art. 48 RVerf. Die Nichterfüllung der Pflichten eines Landes gibt der Reichsregierung das Recht, dieses selbst in die Hand zu nehmen. (...)

Der Präsident des preuß. Juristischen Landesprüfungsamtes warnt wieder vor dem *Studium der Rechtswissenschaft*.[22] Das preuß. Justizministerium veröffentlichte durch den amtlichen preuß. Pressedienst seine Ausführungen. (...) Noch entschließt man sich nicht zu einer Zurückweisung vom Studium. Wohl aber soll eine Warnung erteilt werden. Sie verhält sich zur Zurückweisung etwa wie das consilium abeundi zur Relegation.[23] Die Mahnung mag manchen zurückschrecken, namentlich, wenn sie in geeigneter Form von geeigneter Stelle aus erfolgt. Aber immer noch muß man damit rechnen, daß in der verzweifelten Lage der heutigen Jugend gar leicht doch die Hoffnung gerade des einzelnen, er werde sich durchsetzen, bei gar vielen noch überwiegt. Hart ist das Leben! Hart werden auch die Maßnahmen sein müssen! Wenn sich nicht unsere ganze wirtschaftliche Lage erheblich ändert, dann wird man auch vor weiter-

22
Hachenburg erwähnte in regelmäßigen Abständen die desolate wirtschaftliche Lage der juristischen Berufe; so etwa im September 1930 mit dem Hinweis, dass die Zahl der Jura-Studenten seit 1913 um 150% zugenommen habe. Weil die Zahl der Stellen nicht in gleicher Weise angestiegen sei, würden viele den Anwaltsberuf ergreifen – wohlwissend, dass die Aussichten dort auch schlecht seien, aber doch jeder in der Hoffnung, „daß gerade für ihn doch noch die Möglichkeit eines Fortkommens gegeben ist".

23
Das consilium abeundi bedeutet in der „akademischen Gerichtsbarkeit" des 19. Jahrhunderts den Verweis von der Hochschule. Dieser war jedoch nicht endgültig, wie bei der „Relegation", sondern der Student konnte sich nach einer Zwangspause wieder immatrikulieren.

gehenden Schritten nicht zurückschrecken dürfen. Wäre nur nicht die immer wieder auftauchende Frage, was dann aus unserer Jugend, die nach Beschäftigung und Lebensraum schreit, werden soll? (...)

Was Deutschland im Juli 1931 erlebte, spielt sich jetzt in den *Ver. St. v. Amerika* ab. *Bankzusammenbrüche*, Panikstimmung, *Bankfeiertage*. Verbot der Ausfuhr von Gold. Die Banken schließen ihre Schalter. Das Publikum hamstert Noten. Die Rechtsfolgen werden die amerikanischen Gesetzgeber und Gerichte nicht weniger beschäftigen, wie es bei uns geschah. Das sollte den Politikern aller Länder zu denken geben. Die „prosperity forever", von der man jenseits des Atlantik nach dem Kriege träumte und redete, hat sich in ihr Gegenteil verkehrt. Der Fluch des Versailler Vertrags trifft jeden, auch die U. St., obwohl sie ihn nachher nicht unterzeichneten. In seiner Antrittsrede von der Freitreppe des Kapitols warnte der *neue Präsident*[24] vor der unvernünftigen Furcht. Er verlangte Vertrauen zu der Offenheit und Energie der Führer. Sicher sind diese Mahnungen hier wie in allen kritischen Zeiten gut und notwendig. Wenn er aber weiter behauptet, daß diese nur durch geldgierige Machenschaften gewissenloser Spekulanten hervorgerufen wurden, so dürfen wir in Europa und besonders in Deutschland dahinter ein großes Fragezeichen setzen. Wohl ist auch in Amerika von den verschiedensten Seiten gesündigt worden. Der Rausch des Sieges durch die amerikanische Hilfe, das Zuströmen des europäischen Goldes hatte eine wirtschaftlich wilde und ungesunde Zeit zur Folge. Aber schlägt denn dort nicht jetzt auch das

24
Franklin D. Roosevelt, der aus der Wahl vom 8. Nov. 1932 als Sieger hervorgegangen war und mit seinem „New Deal" gegen die Folgen der durch den Börsencrash 1929 ausgelösten „Great Depression" vorging.

Gewissen über die brutale Behandlung Deutschlands? Erkennt man nicht, daß die tiefere Ursache der jetzigen Lage in dem begangenen Unrecht liegt? Präsident Roosevelt will erst das eigene Haus in Ordnung bringen, bevor er zu den „internationalen Verhandlungen" schreitet. Aber diese erst können die Wiederherstellung des Weltfriedens bringen. Durch ihn wird dann auch die Beseitigung der Arbeitslosigkeit und die Ordnung in seinem eigenen Lande denkbar sein. Die dira necessitas[25] zwingt zur tätigen Reue. (...)

25 „Die grausame Notwendigkeit", Zitat aus einer Ode (III, 24,6) von Horaz.

1. April

Der Reichstag hat das *Ermächtigungsgesetz* mit 441 gegen 94 Stimmen angenommen.[26] Die erforderliche Mehrheit zur Verfassungsänderung ist damit erreicht und überschritten. Die künftige Geschichtsschreibung wird dieses kaum je gesehene Ereignis in seiner vollen Bedeutung würdigen. Heute läßt sich ihr juristischer Inhalt erfassen. An Stelle des Reichstags als Gesetzgeber tritt die Reichsregierung. Der Reichstag bleibt zwar bestehen. Er kann jederzeit einberufen werden. Die Möglichkeit der Durchberatung eines Gesetzes in Reichstag und Reichsrat ist rechtlich immer noch gegeben. Sie tritt aber hinter der gesetzgebenden Gewalt der Reichsregierung praktisch zurück. Auch das Recht des Reichspräsidenten zum Erlaß von Notverordnungen ist nicht beseitigt. Auch seine Stellung ist so wenig wie die des Reichstags durch das Ermächtigungsgesetz berührt. Aber auch hier wird man sagen dürfen, daß praktisch die Zeit der Notverordnungen

26 Zwei Tage nach dem als Symbol für den Einklang preußischer Tradition mit dem NS-Staat pompös inszenierten „Tag von Potsdam" war das „Gesetz zur Behebung der Not von Volk und Reich" am 23. März 1933 im Reichstag mit den Stimmen der NSDAP, DNVP, Zentrum, Bayerischer Volkspartei und Deutscher Staatspartei (ehemals DDP) gebilligt worden. Nur die 94 Abgeordneten der SPD stimmten dagegen. Die Mandate der KPD waren mit Hilfe der Reichstagsbrandverordnung schon annulliert worden, viele Abgeordnete befanden sich in Haft, im KZ oder auf der Flucht. Vgl. „Im Zwielicht: Notverordnungen", S. 339.

vorüber ist. Die Ermächtigung der Regierung leitet den Weg der Gesetzgebung an Stelle der Notverordnung wieder ein. Die von ihr erlassenen Gesetze bedürfen keiner nachträglichen Genehmigung des Reichstags. Die gesetzgebende Gewalt ist mit den vorgesehenen Ausnahmen voll auf die Reichsregierung übergegangen. Sie lenkt, unabhängig vom Parlament und Reichspräsidenten, die Schicksale des Volkes.

Verfassungen werden nicht auf dem Papier gemacht. Ihre Urkunden können nur den tatsächlichen Zustand in rechtliche Formen bringen. Aus der inneren Verfassung eines Volks fließt deren nach außen gekehrter Niederschlag. Das ist kein Spiel mit der doppelten Bedeutung des Wortes „Verfassung". Es ist derselbe Vorgang, der sich auch auf privatrechtlichem Gebiete zeigt. Noch ehe ein Vertrag abgeschlossen wird, muß die interne Einigung vorhanden sein. Aehnlich vollzieht sich wieder im Leben des deutschen Volks eine Aenderung der Gestaltung seines Lebens. Ihr wird sich die des Gesetzes anschließen. Ob man von einer Evolution oder Revolution sprechen will, ist dabei gleichgültig. Entscheidend wäre, was man sich unter diesen Begriffen denkt. Das Eigenartige der Vorkommnisse der jüngsten Wochen ist die Wahrung des legalen Weges. *Jhering* rühmt die Art der Fortbildung des Rechts bei den Römern, die sich der vorhandenen Rechtsbegriffe und Einrichtungen bedienten, um zu einem neuen Inhalt zu kommen.[27] Das ist nichts nur dem römischen Rechte Eigentümliches. Auch heute konnte man beobachten, wie die bestehende Verfassung und ihre in anderem Sinne gedachten Bestimmungen die Brücke zum Uebergang

27
Rudolf von Jhering, 1818–1892, einer der bedeutendsten und sprachmächtigsten Juristen des 19. Jahrhunderts. Auf Jhering geht die Formulierung zurück, die Begriffe des Rechts seien produktiv, sie würden sich paaren und neue zeugen. Solche Anschauungen hat er selbst später als „Begriffsjurisprudenz" diffamiert und stattdessen eine Rechtswissenschaft gefordert, die sich stärker an gesellschaftlichen Interessen orientiert („Interessenjurisprudenz").

in ein neues Recht bilden.[28] Sie schaffen aus der Macht durch deren von der Verfassung getragene Anerkennung wieder Recht. Die volle Distanz wird erst der späteren Zeit möglich sein. Aber auch wer beobachtend heute mitten in den Ereignissen steht, wird diesen rechtlich bedeutsamen Vorgang erkennen und als Chronist verzeichnen dürfen.

28
Im gleichen Heft der DJZ schlussfolgerte Carl Schmitt zum Ermächtigungsgesetz zustimmend: „Damit ist der (...) parlamentarische Gesetzgebungsstaat (...) überwunden". Auch der Verleger Otto Liebmann feierte im Geleitwort das „Erwachen des Deutschen Volkes".

Es ist zwecklos, sich über die endgültige Gestaltung der *neuen Verfassung* den Kopf zu zerbrechen. Noch ist die begonnene Entwicklung nicht abgeschlossen. Ideen, wie man sie gestalten könnte oder sollte, gibt es sicher zahllose. Man erzählt von dem Abbé Siyés,[29] daß er in den Anfangszeiten der französischen Revolution stets für alle eintretenden Fälle Entwürfe von Verfassungsurkunden in der Tasche hatte. Ueber sie alle ist der Gang der Geschichte hinweggeschritten. Man wird auch nicht aus einzelnen Maßnahmen Folgerungen allgemeiner Art ziehen dürfen. In den Ländern wurden die durch die Landtage gewählten Regierungen durch Reichskommissare ersetzt. Diese wieder beriefen an Stelle der zurücktretenden Minister neue Träger dieser Aemter. Das war die Konsequenz der Uebernahme der Macht durch die von den Reichstagswahlen gebilligte Regierung. Sie mußte, wenn sie ihr Ziel erreichen wollte, eine Homogenität in Reich und Ländern herbeiführen. Ueber das Schicksal der Länder ist damit nichts gesagt. Sie haben sich auch im Nov. 1918 behauptet. Die vorübergehende Einschaltung der Reichsgewalt bleibt im Rahmen der RVerf. und des Art. 48.

29
Emmanuel Joseph Siyés (1748–1836) war einer der einflussreichsten politischen Denker der französischen Revolution und des folgenden napoleonischen Konsulats.

Justitia fundamentum regnorum.[30] Daraus hat sich das *Prinzip der Unabhängigkeit* und damit *der Unabsetzbarkeit der Richter* entwickelt. In der großen Rede des Reichskanzlers v. 23. März 1933 fesselt den Juristen das Bekenntnis zur Unabsetzbarkeit der Richter.[31] Auch was er sonst hierzu sagte, kann als Gemeingut der Mitarbeiter am Rechte angesehen werden. Das Rechtsleben muß in erster Linie der Erhaltung der Volksgemeinschaft dienen. Im Mittelpunkt des Rechts hat das ganze Volk zu stehen. Der Boden der Existenz der Justiz kann kein anderer sein als der Boden der Existenz der Nation. Vielleicht ist dabei in erster Linie an die Strafprozesse gedacht. Auch das Strafrecht paßt sich der veränderten Auffassung an. Es gilt das gleiche aber auch für jede Art der Rechtsprechung, auch die zivilrechtliche. Sie muß dem Empfinden des Volkes entsprechen. Daran werden die deutschen Juristen weiterarbeiten. Dabei wird ihnen die Erklärung des Reichskanzlers eine starke Beruhigung gewähren. Sie wird auch für die weiteren Volkskreise beruhigend wirken. Das Festhalten an der Unabhängigkeit der Gerichte verdient für die spätere Geschichte der Entwicklung des deutschen Rechts festgehalten zu werden. (...)

Das durch den Vertrag von Versailles geschaffene Gebilde des *Freistaates Danzig* und seine Verbindung mit der Republik *Polen* mußte notwendigerweise immer wieder zu Schwierigkeiten führen. Polens Enttäuschung, sich nicht der blühenden Handelsstadt bemächtigt zu haben, zeigte sich fortgesetzt. Fortgesetzt war auch der Völkerbund mit den Beschwerden Danzigs befaßt.

30
„Die Gerechtigkeit ist das Fundament der Herrschaft", Wahlspruch des österreichischen Kaisers Franz I. (1768-1835), der bis 1806 als Franz II. zugleich der letzte Kaiser des Heiligen Römischen Reiches Deutscher Nation war.

31
Die Rede enthielt Hitlers Regierungsprogramm und die Bitte zur Zustimmung zum Ermächtigungsgesetz. Viele Abgeordnete hörten Hitler dabei selbst zum ersten Mal live sprechen. Hitler trat im Braunhemd auf und sprach etwa 50 Minuten. Neben vielen Bekenntnissen zu bürgerlichen Werten – Schutz der Kirchen, der Föderalstruktur des Reichs, des Privateigentums – kündigte Hitler auch zahlreiche radikale Neuerungen an. Die Medien hätten der Regierung zu dienen, die Kunst habe sich an „Blut und Rasse" zu orientieren, selbst von den Richtern verlangte er im Gegenzug zu ihrer Unabhängigkeit „Elastizität der Urteilsfindung zum Zweck der Erhaltung der Gesellschaft" und „barbarische Rücksichtslosigkeit" bei der Bekämpfung von Landesverrat.

Fortgesetzt konnte man beobachten, wie widerwillig sich die polnische Regierung den Aussprüchen des Rates oder den Weisungen des Kommissars des Völkerbundes fügte.[32] Auffallend ist die rasche Erledigung des jüngsten Vorfalles. Er ist von verhältnismäßig geringerer Bedeutung gegenüber manchen früheren Ereignissen. Polen hatte auf der sog. *Westerplatte*[33] *Truppenverstärkungen* vorgenommen. Damit überschritt es die ihm erlaubte Truppenzahl. Rasch folgte der Beschwerde Danzigs die Verhandlung. Der englische Berichterstatter und der Völkerbundskommissar konstatierten den Rechtsbruch Polens. Die Ermächtigung des letzteren wäre ausdrückliche Bedingung einer Erhöhung der Truppenzahl gewesen. Sie war nicht eingeholt. Auffallenderweise unterblieb dieses mal auch die sonst übliche Verteidigung des befreundeten Polens durch den französischen Delegierten. Der polnische Außenminister gab ein Anerkenntnis ab. Ein darauf ergehendes Urteil unterblieb. Völkerrechtlich gesprochen, sagte er die unverzügliche Zurücknahme der unzulässigerweise vorgeschobenen Truppen zu. Er maskierte den Rückzug durch die Behauptung, es habe sich hier um eine vorübergehende Maßnahme gehandelt. Daß auch diese vertragswidrig war, wagte er nicht zu bestreiten. Der Vorgang mag symptomatisch sein. Die Zeit der polnischen Uebergriffe wird, so hoffen wir, beendet sein. (...)

32
Vgl. „Zahnloser Tiger: Der Völkerbund", S. 89.

33
Am 6. März 1933 war die polnische Marineinfanterie auf dieser Halbinsel bei Danzig gelandet. Der Versailler Vertrag erlaubte Polen zwar die Benutzung des Danziger Hafens für Kriegsschiffe und den Unterhalt eines Munitionsdepots auf der Westerplatte, allerdings nur in begrenztem Umfang. Der Beschuss des Munitionslagers durch das auf „friedlichen Besuch" in Danzig weilende deutsche Schulschiff „Schleswig-Holstein" am 1. Sept. 1939 markierte dann den Beginn des Zweiten Weltkriegs.

In bewegten Zeiten flüchtet der Mensch in die *Vergangenheit*. Die Lehren der Geschichte geben ihm die Möglichkeit, die eigenen Erlebnisse sub specie aeternitatis[34] zu sehen. Wer dies sucht, dem wird ein Blick in *Jacob*

34
Hier zu übersetzen mit „unter dem Blickwinkel der Ewigkeit".

Burkhardts Weltgeschichtliche Betrachtungen die Ruhe der Betrachtung geben. Ich denke an das Kapitel „Die geschichtlichen Krisen". Es ist wunderbar, wie dieser Philosoph der Geschichte rückblickend vorausschaute. Er schließt seinen Ausblick mit dem Lobe der Krise. „Ungeahnte Kräfte werden im einzelnen und in den Massen wach. Und auch der Himmel hat einen anderen Ton. Was etwas ist, kann sich geltend machen, weil die Schranken zu Boden gerannt sind oder eben werden." Die Krisen und selbst ihr Fanatismus sind ihm „echte Zeichen des Lebens". Nur muß man „eben nicht bloß fanatisch gegen andere" sein. Und an einer anderen Stelle: „Die Botschaft geht durch die Luft, und in dem einen, worauf es ankommt, verstehen sich plötzlich alle und wäre es auch nur ein dumpfes: Es muß anders werden." Und nun mag man lesen, wie sich dem schauenden Auge des abgeklärten Betrachters die Schicksale der Völker in den wirklichen, umgestaltenden Krisen darstellen. Jeder, welcher Richtung er angehört, wird daraus lernen. Das Buch ist 1868/70 entstanden. Auch damals in erregten Tagen. Man muß versuchen, das große Beispiel nachzuahmen. Es gilt zu sehen und niederzuschreiben, was geschieht, aber eingereiht in die großen Bewegungen der Geschichte der Menschheit. (...)

15. April[35]

Japan ist aus dem Völkerbund ausgetreten.[36] Diesen Rechtsakt hat der japanische Ministerrat einstimmig beschlossen. Die Mitteilung geschah telegraphisch an den Generalsekretär des Völkerbundes. Tatsächlich

35
Vom 1. April 1931 bis zum 1. April 1933 schrieb Hachenburg die Kolumnen mit seinem Schwiegersohn und Kanzleisozius Fritz Bing, der mit seiner Frau Grete – Hachenburgs Tochter – und den Söhnen Heinz Wolfgang und Albert Felix 1934 ins niederländische Exil floh. Sie wurden 1942 nach Auschwitz deportiert und dort ermordet.

36
Japan nutzte Ende 1931 den chinesischen Bürgerkrieg zu einer Invasion in die rohstoffreiche Mandschurei. Binnen weniger Monate gelang die vollständige Besetzung und die Einrichtung von Mandschuoko, einem Marionettenstaat, der international kaum Anerkennung fand. Eine Kommission des Völkerbunds kam Ende 1932 zu dem Ergebnis, dass das japanische Vorgehen nur teilweise gerechtfertigt gewesen sei und setzte sich für eine Autonomie der Mandschurei ein. Obwohl man eine vollständige Verurteilung Japans vermied, bot der Bericht der Kommission für Japan den Anlass, aus dem Völkerbund auszutreten. Vgl. „Zahnloser Tiger: Der Völkerbund", S. 89.

hatte sich Japan schon längst von ihm gelöst. Es kannte dessen Ohnmacht gegenüber den Großstaaten. Man mochte verhandeln, bitten, raten, befehlen. Japan ging ruhig seinen Weg weiter. Damit ist wieder das bestätigt, was an dieser Stelle mehrfach gesagt wurde. Ob ein Bund, der alle Völker der Erde umfassen sollte, überhaupt praktisch durchführbar sein wird, wissen wir nicht. Heute war er es jedenfalls nicht. Der Völkerbund des Versailler Vertrages war auch nur als Instrument der Siegermächte gedacht.[37] Unmöglich, daß im Jahre 1920 ein Bund entstehen konnte, der wirklich und ehrlich eine friedliche Verbindung aller Staaten bezweckte und erreichte. Auch diese Idee kann nur organisch wachsen. Erst müssen die Völker Europas zu einer Einheit auf gleicher Basis werden. Erst muß der Rest des Siegesrausches in Frankreich verflogen sein. Erst muß in der Abrüstungsfrage Deutschland wieder seinen alten Platz in der Welt gewonnen haben. Dann wird man daran denken können, einen Europabund als eine echte völkerrechtlich gefestigte Vereinigung zu schaffen. Dann mag in weiter Ferne das Ideal eines wirklichen Bundes aller Völker auftauchen. Der jetzige Völkerbund wird diese Bezeichnung nicht beanspruchen.

37 Vgl. „Zahnloser Tiger: Der Völkerbund“, S. 89.

Zur Frage der *Unabhängigkeit der Richter* hat das *Reichsgericht* in seiner Plenarsitzung v. 29. März 1933 eine *Entschließung* gefaßt. Der Präsident des RG. hat sie dem Reichskanzler übermittelt. Der Wortlaut verdient, festgehalten zu werden: „Das Reichsgericht begrüßt es dankbar, daß der Herr Reichskanzler in der Regierungserklärung v. 23. März 1933 die richterliche Unabsetzbarkeit als Grundlage des Rechtswesens anerkannt hat. Nur das Bewußtsein seiner Unabhängigkeit kann dem Richter die innere Freiheit geben, deren er zur Führung seines hohen Amtes bedarf. In solcher Freiheit, nur dem Gesetz unterworfen, durch seine Urteilsfindung der Erhaltung der Volksgemeinschaft zu dienen, ist die wahre Aufgabe des Richters. Der Mahnung des Herrn Reichskanzlers, daß ‚der Boden der Existenz der Justiz kein anderer sein könne als der Boden der Existenz der Nation' und daß die Justiz daher auch, ‚stets die Schwere der Entscheidungen derer berücksichtigen möge, die unter dem harten Zwang der Wirklichkeit das Leben der Nation verantwortlich zu gestalten haben', wird kein deutscher Richter sich verschließen. Der Präsident des Reichsgerichts hat dabei dem Reichskanzler gedankt, ‚daß er nichtbehördliche Eingriffe in die Rechtspflege des Reichsgerichts verhindert habe'. Dem wird sich die ganze Juristenwelt anschließen."

Wieder, wie zur Kriegszeit, ist *das Lesen des Reichs-Gesetzblattes* die wichtigste Aufgabe. Sie wird auch künftig für den Geschichtsschreiber eine unentbehrliche Quelle der Erkenntnis sein. Er wird den Hintergrund vieler Dinge sehen, der uns heute verborgen bleibt. Am 31. März 1933 wurde das Gesetz v. 29. März 1933 „über Verhängung und Vollzug der Todesstrafe" veröffentlicht. Es führt die Rückwirkung des § 5 der V. des RPräs. v. 28. Febr. 1933 auf die Taten, die zwischen dem 31. Jan. und 28. Febr. 1933 begangen sind, ein.[38] Bei der Verurteilung zum Tode wegen eines gegen die öffentliche Sicherheit gerichteten Verbrechens kann die Vollstreckung dieses Urteils durch Erhängen angeordnet

38
Die sog. „Lex van der Lubbe" ermöglichte damit die Hinrichtung des der Brandstiftung im Reichtstag bezichtigten Marinus von der Lubbe. Die darin liegende Durchbrechung des auch in Art. 116 Weimarer Reichsverfassung garantierten Gesetzlichkeitsprinzips (nulla poena sine lege) problematisiert Hachenburg hier nicht, allerdings am 15. Okt. 1933 aus anderem Anlass (s.u.).

werden. Man denkt an die Zeiten zurück, in denen der Kampf um das Fortbestehen der Todesstrafe lebhaft geführt wurde. Keine neue Macht vermag die Todesstrafe zu entbehren. Sie braucht sie zur Selbstbehauptung. Daher auch die Vermehrung der todeswürdigen Verbrechen. Das neue Recht dient in erster Linie der Abschreckung. Von dieser Wirkung wird es abhängen, ob und in welchem Umfange es zur Anwendung kommt. Davon auch, ob von der wieder zugelassenen Hinrichtung durch den Strang Gebrauch gemacht wird. Sie soll das Verächtliche der Handlung des Volks- und Vaterlandsverräters weithin sichtbar machen. Auch dies ist ein Stück Rechtsgeschichte, das sich aus der Zeitgeschichte erklärt.

Der *Vorläufige Reichswirtschaftsrat* hat eine völlige Umgestaltung erfahren. Er war 1920 durch Verordnung ins Leben gerufen worden. Der Versuch, durch Gesetz ihn endgültig zu machen, scheiterte, da die erforderliche Zweidrittelmehrheit nicht zu erreichen war. Auch jetzt besteht er zwar als „vorläufiger" weiter. Aber alle Mandate wurden für erloschen erklärt. Die Wiederbesetzung geschieht nicht mehr durch die Verbände der Wirtschaft. Ein kleiner Kreis, höchstens 60 Personen, wird durch den Reichspräsidenten berufen werden. Was schließlich aus dem RWR. wird, ist unbekannt. Für ihn ist im Ermächtigungsgesetz kein Vorbehalt gemacht. Er kann gestrichen, er kann neu aufgebaut werden. So wie er bisher war, dürfte er wohl nicht wiederkehren. Man muß sich an seine Entstehung erinnern. Er war das Mittel, den Rätegedanken, der Anfang 1919 noch die Gemüter beherrschte, abzubiegen.

Man „verankerte" ihn in der Verfassung. Er sollte die Spitze eines Systems von Räten werden. Die übrigen blieben im Art. 165 RVerf. stecken.[39] Der RWRat sollte der Boden sein, auf dem sich Arbeitnehmer und Arbeitgeber in freier Aussprache träfen. Darin hat er Gutes gewirkt. In den Jahren der Inflation brauchte ihn die Regierung bei ihren schweren wirtschaftlichen Plänen. Rentenmark und Steuernotverordnungen wurden 1923 von ihm beraten. Immer mehr wich sein Einfluß zurück. (...)

39
Art. 165 WRV bestimmte in Abs. 1: „Die Arbeiter und Angestellten sind dazu berufen, gleichberechtigt in Gemeinschaft mit den Unternehmern an der Regelung der Lohn- und Arbeitsbedingungen sowie an der gesamten wirtschaftlichen Entwicklung der produktiven Kräfte mitzuwirken." Die Folgeabsätze sahen dafür die Einrichtung von Arbeiterräten auf Betriebs-, Bezirks- und Reichsebene vor.

Fortgesetzt berichtet die Tagespresse von Fällen der „*Schutzhaft*". Begreiflich, daß die Frage nach ihrer Bedeutung oft gestellt wird. Rein formalrechtlich ist sie leicht zu beantworten.[40] Sie ist die im Verwaltungsweg verfügte Haft eines Menschen. Ihren Gegensatz bildet die richterliche Haft. Damit ist das Wesen der Schutzhaft nicht geklärt. Sie hat ein doppeltes Gesicht. Sie kann den Schutz des Inhaftierten gegen Gefährdung seiner Person bedeuten. Sie kann ebenso dem Schutze des Staates gegen Gefahren aus der Person des Häftlings dienen. Beides läßt sich aufzeigen. Mitunter mögen beide Momente zusammentreffen. An ihnen läßt sich auch etwas von der Eigenart der Revolution erkennen. Sie ist gleichzeitig eine solche von unten und eine von oben. Die erstere mag den Schutz einzelner Personen, die zweite Schutz gegen diese zur Folge haben. Beide entspringenden außergewöhnlichen Zuständen der außerordentlichen Zeiten. Je mehr wieder das gesetzlich geregelte Leben sich durchsetzt, werden beide entbehrlich. (...)

40
Tatsächlich ist die „Schutzhaft" keine Erfindung der nationalsozialistischen Regierung, sondern war schon unter Kaiser Wilhelm II. als Verhaftung aufgrund des Kriegszustandes im ersten Weltkrieg und später durch das „Gesetz über die vorläufige Reichsgewalt" vom 10. Feb. 1919 (s.o. die Kolumne von Hachenburg im März 1919) ermöglicht worden. Allerdings nutzte das Regime dieses Rechtsinstitut bekanntlich zur Errichtung seines KZ-Systems, was wegen der „Reichstagsbrandverordnung" scheinlegal möglich war.

1. Mai

Neue Zeiten bringen neue Worte und neue Bedeutungen. Zwei Gesetze über die *„Gleichschaltung der Länder mit dem Reiche“* haben unter dieser Bezeichnung die Länder in Abhängigkeit vom Reiche gebracht. Die Landtage richten sich nach der Zusammensetzung des Reichstags. Sie sind dessen verkleinertes Spiegelbild. „Mißtrauensbeschlüsse“ gegen Vorsitzende und Mitglieder der Landesregierungen sind unzulässig. Die letztere aber ist jetzt nur zum Organ der Reichsregierung geworden. In Preußen ernennt der Reichskanzler selbst die Regierungsmitglieder. In allen anderen bestellt der Reichspräsident auf Vorschlag des Reichskanzlers die Reichsstatthalter. Sie haben für die Beobachtung der vom Reichskanzler aufgestellten Richtlinien der Politik zu sorgen. Sie ernennen und entlassen den Vorsitzenden der Landesregierung und auf dessen Vorschlag deren übrige Mitglieder. Sie können die Landtage auflösen. Nur die jetzt neugewählten sind für 4 Jahre, v. 5. März 1933 ab gerechnet, davor gesichert. Den Statthaltern steht das Begnadigungsrecht zu. Sie können in den Sitzungen der Landesregierungen den Vorsitz übernehmen. Als im Jahre 1919 die Finanzhoheit auf das Reich überging, schrieb *Düringer*,[41] daß damit den Ländern das Rückgrat gebrochen sei. Es war der Anfang ihres Endes. Nun sollen sie Reichsländer werden, wie Elsaß-Lothringen z. Zt. des Kaisertums. Ein Vorgang von ungeheurer verfassungsrechtlicher Bedeutung! Was Bismarck nicht unternehmen durfte, woran die Umwälzung von 1918 nicht die Hand zu legen wagte, ist der Revolution von 1933 fast wie von selbst gelungen.

41 Adelbert Düringer, 1855–1924, Studium der Rechtswissenschaften in Straßburg, Bonn und Heidelberg, 1880 Promotion zum Dr. iur., seit 1884 Richter, zunächst am Amts-, dann am Land-, dann am Oberlandes-, von 1902–1915 am Reichsgericht. 1915 Präsident des OLG Karlsruhe, 1919 Mitglied der Weimarer Nationalversammlung und danach des Reichstags (erst DNVP, dann DVP). Düringer begründete mit Hachenburg 1899 einen Kommentar zum Handelsgesetzbuch, den Hachenburg nach Düringers Tod alleine weiterführte.

Wohl sollen die Statthalter dem Lande angehören, dessen „Staatsgewalt“ sie ausüben. Das geschieht aber nicht mehr kraft eigenen Rechts. Die „Staatsgewalt“ der Länder ist eine vom Reiche abgeleitete. Die Einheit der Regierung ist geschaffen.

Das *Gesetz zur Wiederherstellung des Berufsbeamtentums* v. 7. April 1933 will der Wiederherstellung eines nationalen Berufsbeamtentums und der Vereinfachung der Verwaltung dienen. Es enthält Anordnungen nach verschiedenen Richtungen. Beamte, die seit 9. Nov. 1918 in das Beamtenverhältnis eingetreten sind, „ohne die für ihre Laufbahn vorgeschriebene oder übliche Vorbildung oder sonstige Eignung zu besitzen“, müssen aus dem Dienste entlassen werden. Beamte, „die nach ihrer bisherigen politischen Betätigung nicht die Gewähr dafür bieten, daß sie jederzeit rückhaltlos für den nationalen Staat eintreten“, können entlassen werden. Die erste Gruppe hat nur Anspruch auf ihre bisherigen Bezüge auf die Dauer von 3 Monaten, für die letztere bleiben nach diesen Bezügen 3/4 des Ruhegeldes und der Hinterbliebenenversorgung gewahrt. Die Bestimmungen über Beamte, „die nicht arischer Abstammung sind“, werden im Zusammenhang mit dem neuen Anwaltsgesetz zu besprechen sein. Rechtlich von Interesse ist die grundsätzliche Betonung des Berufsbeamtentums. Die Ueberschrift des Gesetzes stellt dies in den Vordergrund. Der hier zutage tretende Gedanke wird sicher in allen Juristenkreisen Zustimmung finden. Die in dem letzten Dezennium vielfach hervorgetretene Meinung, daß die juristische Vorbildung in der höheren Beamtenlaufbahn nicht erforderlich sei, daß die Parteizugehörigkeit die Fachkenntnis ersetze, hatte schon in jenen Tagen schwere Bedenken ausgelöst. Das Gesetz v. 7. April 1933 kehrt wieder zu dem früher herrschenden Prinzip zurück. (...)

Es würde mir vielleicht als Feigheit gedeutet werden, wenn ich die in den letzten Wochen im Mittelpunkt der Erörterung stehende *Judenfrage* überginge. Greifen doch die bisherigen Maßnahmen tief in das Rechtsleben ein. Ich darf heute im 73. Lebensjahre um so eher hierzu das Wort nehmen, als ich schon im Jahre 1927 in meinen „Lebenserinnerungen eines Rechtsanwalts" versucht habe, die Wurzeln des Antisemitismus zu verstehen.[42] Dort habe ich das Verlangen strenger Zurückhaltung auch der begabten und arbeitsfrohen Juden gestellt. Daher bin ich nicht erstaunt, daß jetzt eine Reaktion gegen die nach 1919 eingetretene zu starke Verwendung der Juden in öffentlichen Stellen eintritt. Sie findet sich im Gesetze über die *Wiederherstellung des Berufsbeamtentums* und in dem Gesetze über die *Zulassung zur Rechtsanwaltschaft*. Hier wird der Begriff der „nichtarischen Abstammung" eingeführt. Beamte dieser Art sind in den Ruhestand zu versetzen. Bei Rechtsanwälten kann die Zulassung zurückgenommen werden. Nicht betroffen werden die Beamten, die seit 1. Aug. 1914 Beamte, und Rechtsanwälte, die seit diesem Tage zugelassen sind. Nicht betroffen sind die Frontkämpfer. Alle anderen unterliegen der Ausschließung, die Beamten unbedingt, auch die Richter, die Rechtsanwälte nach freiem Ermessen. Wären beide Gesetze gleichzeitig erlassen worden, vielleicht wäre auch für die Beamten nur eine Kannvorschrift erlassen

42
Dort heißt es: „Mir ist der deutsche Antisemitismus ein geschichtlicher Vorgang. Die, welche in seine Zeit fallen, traf es schwer. Er stellt aber doch nur ein Stück aus der Entwicklung des jüdischen Volkssplitters zu einem unlösbaren Bestandteile Deutschlands dar. Jede Angleichung eines ursprünglichen Fremdkörpers vollzieht sich langsam und unter Kämpfen und Krämpfen. Wäre diese Erkenntnis nicht, so wüßte ich nicht, wie ein in deutscher Sprache und Kultur aufgewachsener Jude das Dasein ertragen könnte" (Max Hachenburg, „Lebenserinnerungen eines Rechtsanwalts und Briefe aus der Emigration", Hrsg. von J. Schadt, 1978, S. 92). Hachenburg sieht verschiedene Ursachen des Antisemitismus: Er zeigt Verständnis für einen Antisemitismus aus „Vaterlandsliebe" („Ich bin sicher, dass auch in unserer heutigen Jugend gar mancher aus sittlichen Motiven, aus einer irregehenden Liebe zu seinem unglücklichen Lande zum Hakenkreuz schwört", S. 93), verurteilt jedoch den Antisemitismus, der auf Neid fußt. Am stärksten aber speist sich nach seiner Auffassung der deutsche Antisemitismus aus der „menschlichen Eigenschaft, sich durch Niedrigerstellen eines andern zu erheben. Kann er sich nicht aus eigener Kraft in die Höhe schwingen, so gewährt es ihm doch Genugtuung, den anderen völlig oder wenigstens in bestimmten Punkten unter sich zu halten" (S. 93). Hachenburg folgert daraus: „Es ist die Aufgabe der jüdischen Bevölkerung, an der eigenen Anpassung zu arbeiten. Je mehr sich diese geltend macht, desto leichter wird sich die Assimilierung vollziehen" (S. 94).

worden.[43] Das Ziel, die übermäßige Einwirkung der nichtarischen Juristen zurückzudrängen, wäre auch dann erreicht worden. In der Behandlung der Frontkämpfer liegt der Versuch einer Vermeidung von Unbilligkeiten. Aber gilt dies nicht in gleicher Weise für die Beamten und Rechtsanwälte, die während der Besetzung des Rheinlandes und beim Ruhreinbruch für ihre vaterländische Gesinnung gelitten haben? Und werden sich nicht immer noch mehr solcher Fälle zeigen, je mehr man an die Verwirklichung des Gesetzes geht? Wohl mögen einzelne Auswüchse peinlicher Art in Großstädten sich gezeigt haben. Aber man kann deshalb m. E. nicht sagen, daß das deutsche Rechtsleben durch die Tätigkeit der jüdischen Juristen nur in einem ungünstigen oder undeutschen Sinne beeinflußt wurde. Die Namen *Paul Laband, Heinrich Dernburg* und *Hermann Staub* sind aus der Entwicklung unseres Rechts nicht hinwegzudenken. Die Rückstauung kann eine erzieherische Wirkung auf die jüdische Intelligenz haben. Sie sollte aber nicht über das gebotene Maß hinausgehen, jedenfalls nicht in dieser Allgemeinheit. Vielleicht bin ich zu sehr Partei. In einem Leitartikel der Deutschen Allg. Zeitung v. 3. April 1933 heißt es: „Wir müssen aber unterscheiden lernen und können gerade aus Selbstbewußtsein und in Wahrung der nationalen Würde darauf verzichten, auch diejenigen in ein moralisches Ghetto zu stoßen, die das nach Nam' und Art als bitteres Unrecht empfinden." In der Rhein-Mainischen Volkszeitung schreibt ein katholischer Pfarrer: „Man kann durchaus der Meinung sein, daß der Einfluß der deutschen Juden in unserem Wirtschaftsleben und in unserem Kulturleben ein durchaus

43
Zwar wurden beide Gesetze am 7. April 1933 verkündet. Hachenburg spielt wohl eher darauf an, dass die Zulassungsbeschränkungen für die Anwaltschaft eilig als Ergänzung zum Gesetz über die Widerherstellung des Berufsbeamtentums im Justizministerium erarbeitet wurden. Grund war der Druck, den einzelne Länder wie Preußen, Bayern und Baden durch Einschränkung jüdischer Anwaltstätigkeit im Alleingang erzeugt hatten. Es drohte der Eindruck eines „Flickenteppichs" von Regelungen. Das sollte durch eine reichseinheitliche Regelung verhindert werden.

unverhältnismäßiger und zu einem großen Teile ungünstiger und destruktiver war. Insofern verlangt auch die Judenfrage nach einer Lösung. Aber nicht nach irgendeiner. Nicht nach einer falschen. Nicht nach einer ungerechten. Die christliche Ethik muß gegen eine ungerechte Lösung protestieren wie gegen jede Ungerechtigkeit, gleichgültig, gegen wen sie geschieht". Bei den Rechtsanwälten kann man hoffen, daß die Kannvorschrift in diesem Sinne gehandhabt wird. Das würde verhüten, daß Männer ehrenhaftesten Wandels die nur im Deutschtum wurzeln, zur Verzweiflung getrieben werden. Der Selbstmord eines hoffnungsreichen jungen Gerichtsassessors am 1. April 1933 in Heidelberg, gewollt als Opfer für sein Vaterland, sollte zu denken geben.[44]

Auch die *Neuzulassung zur Rechtsanwaltschaft* kann Personen „nichtarischer Abstammung versagt werden". Die Ablegung der beiden juristischen Prüfungen gibt diesen kein Recht mehr zur anwaltschaftlichen Tätigkeit. Auch dann, wenn sie vorher Richter waren. Damit ist die erste Lücke in die freie Advokatur gerissen. Ein numerus clausus ist für eine bestimmte Klasse der Bevölkerung eingeführt. Wird man dabei stehen bleiben? Personen, die sich im kommunistischen Sinne betätigt haben, sind schlechthin von der Zulassung ausgeschlossen. Dies ohne Unterschied der Rasse. Auch die Umgrenzung der Ariereigenschaft ist streng gezogen. Keiner der Großeltern darf Nicht-Arier gewesen sein. Der numerus clausus, den die Abgeordnetenversammlung des Deutschen Anwaltvereins für die ganze Anwaltschaft forderte, rückt damit näher.[45] Freilich ein anderer, als die Antragsteller wollten. Die Zulassung

44
Das dürfte vermutlich der Gerichtsassessor Hans-Walter Bettmann (geb. 1907) gewesen sein. Er wurde am 1. April 1933 am Amtsgericht wegen seiner jüdischen Herkunft entlassen. Am gleichen Tag war auch die Arztpraxis seines Vaters, Siegfried Bettmann, Professor an der Universität Heidelberg, vom „Judenboykott" betroffen. Er beging am Heidelberger Bergfriedhof Selbstmord.

45
Die zahlenmäßige Begrenzung der zugelassenen Anwälte war in den Jahren zuvor immer wieder gefordert worden, um die wirtschaftliche Lage des Anwaltstandes zu verbessern.

wird Hoheitsakt der Regierung werden. Auch hier kann es kommen, daß Rechtsgedanken, die zuerst als Ausnahmevorschrift oder Kampfmaßnahme gewollt waren, sich Allgemeingeltung erringen. Je stärkere Wurzeln die berufsständische Gliederung schlägt, desto wahrscheinlicher wird die zunftmäßige Gestaltung der Advokatur. Bis sich daraus und daneben wieder der freie Beruf des Geschäftsanwalts nach dem Vorbilde des englischen solicitors entwickelt. Nur soll man nicht meinen, daß sich diese in England geschichtlich verwurzelte Zweiteilung nach diesem Muster auf Deutschland einfach übertragen läßt. Auch hier kann nur eine langsame Entwicklung brauchbare Einrichtungen schaffen.

Durch den *Austritt Japans aus dem Völkerbund* wird eine Reihe von rechtlichen Problemen aufgeworfen. In Art. 1 Abs. 3 der Satzung des Völkerbundes ist zwar der Austritt aus dem Völkerbund durch Kündigung vorgesehen. Für sie ist aber eine zweijährige Frist bestimmt. Während dieser Zeit hat das ausscheidende Mitglied alle seine internationalen Verpflichtungen, einschließlich der aus der Satzung des Völkerbundes sich ergebenden, zu erfüllen. Der Sinn dieser Bestimmung ist klar. Es sollte eben nicht jedes Mitglied jeden Augenblick den Völkerbund verlassen können. Die übernommenen Verpflichtungen bleiben während der Kündigungszeit bestehen. Hierüber liegt eine Entschließung der Völkerbundsversammlung vor. Der angenommene Schlußbericht hat die Verfehlung des Art. 10 der Satzung festgestellt.[46] Er hat auch erklärt, daß Japans Truppen aus der Mandschurei zurückzuziehen sind. Diese

46 Art. 10: „Die Bundesmitglieder verpflichten sich, die Unversehrtheit des Gebiets und die bestehende politische Unabhängigkeit aller Bundesmitglieder zu achten und gegen jeden äußeren Angriff zu wahren. Im Falle eines Angriffs, der Bedrohung mit einem Angriff oder einer Angriffsgefahr nimmt der Rat auf die Mittel zur Durchführung dieser Verpflichtung Bedacht." Siehe oben 15. April 1933.

Verpflichtung Japans besteht völkerrechtlich. Sie hindert Japan nicht an dem Vormarsch in China. Wieder zeigt es sich, daß eine Möglichkeit, anders als durch Krieg die Erfüllung von internationalen Pflichten zu erreichen, nicht wohl gegeben ist. Niemand aber tritt Japan in den Weg. (...)

15. Mai

Von den Maßnahmen der Regierung findet sicher der *Kampf gegen die Korruption* in weitesten Kreisen Anklang und Zustimmung.[47] Korruption ist kein Rechts-, sondern ein Moralbegriff. Sie bedeutet das Verschwinden der Hemmungen gegen die Verlockung zu unlauteren Handlungen. Mit Schmerz hatte man das Sinken dieses sittlichen Pegels beobachtet. Auch das Urteil der Standesgenossen über solche Vorgänge im Wirtschaftsleben war laxer geworden. Man will nun die Fälle von Bestechung, Untreue, Betrug, Vergehen gegen das Aktiengesetz usw. aufgreifen. (...) Der Schwerpunkt liegt in dem Wiederaufleben des moralischen Empfindens aus der Mißbilligung durch die Gesellschaftskreise. Dann wird sich eine größere Widerstandskraft des Einzelnen gegen die Verlockungen einstellen. Der Rechtsanwalt, der mahnend abrät, wird nicht mehr auf spöttisch überlegene Mienen stoßen. Die Revolution auf diesem Gebiete kann nur segensreich wirken.

47 Diese Maßnahmen finden sich im Gesetz zur Abänderung strafrechtlicher Vorschriften vom 26. Mai 1933.

Ein Erlaß des preuß. Justizministers will nicht nur unter den Anwärtern auf das Amt eines Richters oder

Staatsanwalts, sondern auch unter den zur Rechtsanwaltschaft *eine Auslese auf Grund ihrer Persönlichkeit treffen.* Nach bestandener großer Prüfung wird der Bewerber in einem besonderen Termin zu zeigen haben, daß „Volksverbundenheit, soziales Einfühlungsvermögen, Verständnis für die gesamte völkische Entwicklung und für die Notwendigkeiten der Entwicklungsmöglichkeiten des Volkes in Gegenwart und Zukunft die Grundlage seiner Persönlichkeit" ist. Das Ergebnis will der Minister bei der Entscheidung über das Zulassungsgesuch gleichmäßig mit den übrigen Voraussetzungen berücksichtigen. Darin liegt eine rechtliche Neuerung für die Rechtsanwaltschaft. Die Verwendung im Justizdienst steht im Ermessen des Staates. Das beste Examen gibt keinen Anspruch auf Anstellung. Nun ist auch die Zulassung zur Anwaltschaft in Preußen von der Genehmigung der Regierung abhängig. Man kann dies als vorläufige, im Interesse der gesamten Neuordnung getroffene Maßnahme betrachten. So lange sie gilt, besteht tatsächlich ein numerus clausus, wenn auch nicht nach der Zahl, so doch nach der Art der zuzulassenden Rechtsanwälte. Die Berücksichtigung der Persönlichkeit des jungen Juristen neben seinen Kenntnissen ist ein alter Wunsch. Man kann ihn ebensowohl auch im Examen wie außerhalb desselben zu erfüllen streben. Jeder, der einmal als Examinator versucht hat, sich auch ein Bild von dieser Art der Befähigung des Prüflings zu machen, weiß freilich, wie ungleich schwerer diese Prüfung ist, als die Frage nach positiven Kenntnissen.

„Hier mußte geholfen werden, hier durfte ein entschlossener Staatsmann auch vor solchen Maßnahmen nicht schon Scheu tragen, welche um des gemeinen Besten willen in das Privatrecht eingriffen und sich ohne Beeinträchtigung der Gläubiger nicht durchsetzen ließen. Aus der Schuldenlast mußte das Volk erlöst werden, wenn es besser werden sollte." So beschreibt *Curtius* in seiner griechischen Geschichte die wirtschaftliche und soziale Reform Solons. Dieser ging von der schweren zur leichteren Währung über. Zwar enthielt auch die neue Mine 100 Drachmen. Diese verhielt sich zur alten Mine wie 100 : 137. Modern gesprochen: Solon griff zur *Inflation als Mittel zur Entschuldung*. Liest man mit den heutigen Augen alle Reformen des großen Atheners, so begreift man das Urteil der Geschichte über ihn. Auch die Bemerkung des deutschen Historikers: „Solon glaubte an die Macht des Guten im Menschen". So einfach wie damals im alten Athen liegen freilich die Dinge heute in keinem unter der Wirtschaftskrise leidenden Lande. Der Reichsbankpräsident hat in Amerika durch den Sender erklärt, daß die Währungsänderungen nicht zur Gesundung der Wirtschaft genügten. Zu umgehen werden aber in keinem Lande Maßnahmen zur Beseitigung des Bauernelendes sein. In den Vereinigten Staaten quält das Problem die Gemüter genauso wie in Deutschland. Die Pläne lauten verschieden. Sie werden durch die Besonderheiten beider Reiche beeinflußt. Deutschland wird ein ihm angepaßtes *Entschuldungsverfahren* erhalten[48]. Mit ihm wird den Amtsgerichten eine neue Aufgabe zugewiesen. Sie haben nicht Recht zu sprechen, sondern Recht zu schaffen. Sie sollen im Zwangsvergleichsverfahren

48 Durch das spätere Gesetz zur Regelung der landwirtschaftlichen Schuldverhältnisse vom 1. Juni 1933. Zur Problematik vgl. auch „Konkurs in Krieg und Krise", S. 261.

eine Kürzung der Forderungen aussprechen dürfen. Darin wäre eine Analogie des Gedankens des Zwangsvergleichs im Konkurse zu sehen. Nur daß sich dort die Gesamtheit der Gläubiger und der Schuldner, hier nur dieser und jeweils ein einzelner Gläubiger gegenüberstehen. Um eine Vermögensverschiebung zugunsten des Schuldners im Interesse der Gesamtwirtschaft handelt es sich hier wie dort. In erster Linie soll aber sicher eine Verständigung erstrebt und auch wohl erreicht werden. Man soll auch der deutschen Gesetzgebung einmal nachrühmen, daß sie an das Gute im Menschen glaubte. (...)

Das Verlangen der *Unfruchtbarmachung erblich belasteter Personen* ist wiederholt Gegenstand der Erörterungen in wissenschaftlichen Schriften wie in der Tagespresse gewesen. Begreiflich, daß es jetzt sofort wieder auftaucht.[49] Ein Entwurf des Gesundheitsrates ist den preuß. Ministerien vorgelegt. Er wird dann dem Reichskabinett zugehen. Getroffen werden die Fälle Geisteskrankheit, Geistesschwäche, Epilepsie wie sonstiger erblicher Erkrankungen und Erbanlagen. Vorausgesetzt ist, daß nach den Lehren der ärztlichen Wissenschaft bei einer Nachkommenschaft mit großer Wahrscheinlichkeit schwere geistige oder körperliche Schäden zu erwarten sind. Dann darf unter besonderen Kautelen bei Einwilligung des Betroffenen dieser sterilisiert werden. Man spricht von „eugenischer Sterilisation". Das erweckt leicht eine falsche Vorstellung vom Zwecke der Anordnung. Sie dient nur der Volksgesundheit. Sie will die Fortdauer der verderblichen Krankheitsanlagen verhüten. Auch das nur mit dem

49
Schon im Juli 1914 war ein erster Entwurf des „Gesetzes für die Unfruchtbarmachung und Schwangerschaftsunterbrechung" vorgelegt, aber wegen des Kriegsausbruchs nicht weiter verfolgt worden. Seitdem wurde das Thema der zu Beginn des 20. Jahrhunderts weit verbreiteten eugenischen Bewegung zur Optimierung der menschlichen Reproduktion immer wieder diskutiert, u.a. durch das 1920 von Karl Binding und Alfred Hoche veröffentlichte Werk *Die Freigabe der Vernichtung lebensunwerten Lebens.*

Willen der Belasteten selbst. Ob dieser so gar oft vorhanden sein wird? Und ob dann die Sterilisierung noch rechtzeitig erfolgt? Schwer kann man sich vorstellen, daß Eltern ihre Kinder der Operation unterwerfen. Sie hoffen doch immer und sei es auf ein Wunder. Und zur Zwangssterilisierung scheint man sich noch nicht zu entschließen. (...)

1. Juni

Bang hatte man die *Genfer Verhandlungen* über die Abrüstung verfolgt. Das Wiederaufschnüren der Sanktionsdrohung gegenüber Deutschland im englischen Oberhause durch den Kriegsminister wurde mit Entrüstung aufgenommen. Hoffnungsvoll blickte die Welt auf die *Erklärung der deutschen Regierung in der Reichstagssitzung* v. 17. Mai.[50] Erschütternd war die Anklage des Reichskanzlers gegen den Vertrag von Versailles. Wuchtig die Verteidigung des deutschen Verhaltens gegenüber der Verschleppungstaktik der Angreifer. Ueberzeugend die Vorschläge zur vergleichsweisen Regelung in der Restitutionsklage Deutschlands gegen Frankreich & Gen. Der Reichskanzler fordert die Gleichberechtigung nicht nur als eine Forderung der Moral, des Rechts und der Vernunft, die auch im Friedensvertrag selbst anerkannt ist. Vorab auch, weil „die Disqualifizierung eines großen Volks geschichtlich nicht ewig aufrecht erhalten werden kann, sondern einmal ihr Ende finden muß“. Und an späterer Stelle heißt es wieder: „als dauernd diffamiertes Volk würde es uns schwer fallen, noch weiterhin dem Völkerbunde

50
Die etwa einstündige Rede Hitlers vor dem Reichstag wurde im Rundfunk übertragen. Sie wird auch als „Friedensrede“ bezeichnet, weil Hitler eine gemäßigte Haltung zur Revision des Versailler Vertrages für Frieden und Abrüstung unter Wahrung und Anerkennung auch der deutschen Interessen vortäuschte.

anzugehören". Mehr als eine juristisch logische Beweisführung aus den Bestimmungen des Versailler Diktates muß dieser Aufschrei aus der Seele des Volkes wirken. (...)

Die große Rede des Reichskanzlers vor der neugeschaffenen deutschen Arbeitsfront wird auch in späterer Zeit als ein geschichtliches Ereignis erster Ordnung bezeichnet werden.[51] Schon daß die deutsche Arbeiterschaft zum ersten Male als geschlossene Einheit erscheint, gibt ihrem Kongresse sein eigenartiges Gepräge. Was der Reichskanzler zu ihr sprach, zeigt den neuen Weg, den sie zu gehen hat. Neu ist auch die Weise. Man war gewohnt, in Paragraphenform mit Haupt und Unterabteilungen ein Programm zu hören. Aus diesen mußte man sich den Zweck der Vorschläge herausholen. Anders jetzt. Das große Ziel wird gezeigt. Das Auseinanderfallen der Arbeitgeber und Arbeitnehmer soll verschwinden. Damit der Klassenkampf. Damit das Proletarierempfinden. Denn der Staat soll nicht die Interessenvertretung einer Gruppe oder eines Standes sein. Das Ziel aber wird nur erreicht werden auf dem Wege des sittlichen Empfindens. Nicht der kühl abwägende Geist, sondern das warme Herz, der edle Wille, wird aufgerufen. Die Vereinigung von Arbeitnehmer und Arbeitgeber zum gemeinsamen Wirken hatte schon der Verordnung über den Vorl. Reichswirtschaftsrat vorgeschwebt. In den Gruppen sollten Arbeitgeber und Arbeitnehmer sich nach Berufen gegliedert zusammenfinden. Der Versuch ist dort mißlungen. Die Gruppen verloren bald ihre Bedeutung. Die Gegensätze waren damals nicht zu überbrücken. Gelingt es jetzt dem

51
Unter der nationalsozialistischen Regierung wurde – einer alten Forderung der Arbeiterschaft entsprechend – der 1. Mai 1933 zum gesetzlichen Feiertag erklärt. Am Tag darauf wurden die Gewerkschaften zerschlagen, ihr Vermögen beschlagnahmt und das Streikrecht abgeschafft. Am 10. Mai wurde die Deutsche Arbeitsfront gegründet und im Anschluss nach und nach zum NS-Massenverband ausgebaut, der sämtliche Berufsverbände der Arbeiter und Angestellten sowie der Arbeitgeber in sich vereinte.

Reichskanzler, der sich selbst als den ehrlichen Makler bezeichnete, so wird dies eine der größten Taten der Geschichte werden.

Es ist durchaus begreiflich, daß auch *Recht und Rechtspflege in den Kreis der Neugestaltung einbezogen werden.* Fast selbstverständlich, daß sich der preußische Justizminister und der Reichsjustizkommissar hierüber in einer *großen Kundgebung* aussprachen.[52] Es ist die Aufgabe der ruhigen Betrachtung, diese Ziele zu verstehen und zu würdigen. Das neue Recht soll nicht abhängig sein von irgendwelchen Buchstaben und Paragraphen. Nur die Persönlichkeit des deutschen Richters könne ihm Geltung verschaffen. „Wir müssen hinweg von der Ueberfülle der Schablonen, der Gesetzmacherei, die jeden einzelnen Fall dem Richter mundgerecht machen will, damit er nicht ein hohes königliches Recht ausübt, sondern nur eine Technik ausführt". Damit wird sicher nicht das Gesetz für unnötig erklärt. Die weiteren Ausführungen des preußischen Justizministers bestätigen es. Er verlangt eine freie, vom Buchstabengeiste losgelöste Rechtsprechung. Dieses Ideal findet sich in dem 1907 erschienenen Buche von Ernst Fuchs: „Schreibjustiz und Richterkönig" geschildert und gefordert.[53] Bringt uns die neue Zeit den Richterkönig, nach dem man bisher vergebens gesucht und gerungen hat, sie wird darüber gepriesen werden. Der Reichsjustizkommissar wünscht, das römische Recht im ganzen Reich aus den Prüfungen entfernt zu sehen.[54] Damit faßt er eine vielbesprochene, viel umstrittene Frage an. Man wird auf die ganze, schon lange gewünschte Neugestaltung der Examina geführt. Die Entlastung von reiner

52
Am 12. Mai 1933 hatten Hanns Kerrl als preußischer Judtizminister und Hans Frank als Reichsjustizkommissar gesprochen (zu beiden s. Aug. 1933)

53
Der Rechtsanwalt Ernst Fuchs (1859–1929) war ein bedeutender Vertreter der sog. „Freirechtsschule", die in Abgrenzung zum sog. „Rechtspositivismus" sich weniger streng am Buchstaben des Gesetzes orientieren wollte. Da jede Rechtsordnung notwendig lückenhaft sei, sollten die Lücken eher durch eine soziologische Methode und der Erkenntnis dessen, was real notwendig sei, geschlossen werden. In seiner Schrift *Was will die Freirechtsschule?* (1929) sah er sich durch die freie Rechtsfortbildung des Reichsgerichts in der Aufwertungsrechtsprechung (vgl. „Geldentwertung: Aufwertung!", S. 165) bestätigt.

54
Das entsprach dem Parteiprogramm der NSDAP von 1920, wo es unter Punkt 19. hieß: „Wir fordern Ersatz für das der materialistischen Weltordnung dienende römische Recht durch ein deutsches Gemein-Recht."

Gedächtnisarbeit, das Verlangen des Nachweises der Fähigkeit, das Recht zu verstehen, wird nicht nur von den Prüflingen begrüßt werden. Aufsehen könnte das Wort über die richterliche Objektivität erregen. Aber auch dieses muß richtig verstanden werden. Auch der Richter, auch der beste und gerade der beste, wird stets ein Stück Subjektivität mitwirken lassen. Andernfalls wäre er eine blutlose Maschine. „Das Recht soll kein letztes Ziel, sondern Mittel zum Zweck sein." Das hat schon *Rudolf Jhering* in seinem „Zweck im Recht" verkünden wollen. „Jeder Rechtsdienst kann nur Volksdienst sein." Der große Romanist hätte sich vielleicht gegen die Verbannung des römischen Rechts gewehrt. Den letzten Satz aber hätte auch er unterschrieben. (...)

Es ist jeder Revolution eigenartig, daß die bestehenden Behörden versagen. Leitende Personen scheiden aus. Vorhandene Einrichtungen treten zurück. Für die französische Revolution hat *Taine* dies als „anarchie spontanée" bezeichnet.[55] Sofort aber regt sich das Verlangen nach dem *Rechtsstaat*. Kein Kulturvolk kann ihn auf die Dauer entbehren, am wenigsten ein mit so starkem Rechtsempfinden begabtes Volk wie das deutsche. Dem entsprang zunächst die Bestellung zahlreicher Kommissare.[56] Sie waren die Sendboten der neuen Gewalt. Aber sie sind nur als vorübergehende Einrichtung gedacht. (...)

Das Gesetz zum Schutze des Einzelhandels v. 12. Mai 1933 ist zur Abwehr der dem Einzelhandel aus der gegenwärtigen wirtschaftlichen Not drohenden Gefahren und zur Sicherung des Bestandes der mittel-

55
Der Historiker und Philosoph Hippolyte Taine (1828–1893) war in Deutschland vor allem mit seinem Werk „Die Entstehung des modernen Frankreich" (1875) bekannt geworden.

56
Staatskommissare waren 1933 durch die Nationalsozialisten bei der Machtergreifung auf vielen Ebenen eingesetzt worden, von der Kommunalverwaltung über die Polizei bis hin zur evangelischen Kirche.

ständischen Betriebe des Einzelhandels als Uebergangsmaßregel beschlossen. Die Notverordnung zum Schutze der Wirtschaft v. 9. März 1932 hatte sich gegen die Einheitspreisgeschäfte gewendet. Sie sollte für die Zeit bis 1. April 1934 gelten.[57] Die Zeitbestimmung ist gestrichen. Das Verbot der Errichtung, Erweiterung und Verlegung von Einheitspreisgeschäften ist unbefristet. Damit wird dem Einzelhandel Schutz gegen einen seiner schwersten Konkurrenten gewährt. Jetzt ist man der Auffassung, daß sich der Schutz nicht in der kurzen Zeit, die die Notverordnung vorsah, durchführen läßt. Unbefristet ist auch die Bestimmung des Gesetzes, die selbständige Handwerksbetriebe im Betrieb eines Warenhauses, Einheitspreisgeschäftes, Kleinpreisgeschäftes, Serienpreisgeschäftes oder eines ähnlichen Unternehmens, auch in der Verkaufs- oder Verteilungsstelle eines Konsumvereins oder einer Werkskonsumanstalt verbietet. Hier können auch die heute vorhandenen geschlossen werden. Das zielt auf die Stärkung des selbständigen Handwerks. (...)

57 Siehe dazu schon oben 15. Jan. 1933.

15. Juni

Man wußte längst, daß die Bestimmungen über den *Vollstreckungsschutz* nicht auf die Landwirtschaft beschränkt bleiben können. Das Gesetz über weitere Maßnahmen auf dem Gebiete der Zwangsvollstreckung vom 26. Mai 1933 hat diesen Schritt getan. Er mußte zwangsläufig erfolgen. Aus der Gesamtwirtschaft läßt sich nicht auf die Dauer nur ein Stück herausgreifen. So ist auch die Zwangsvollstreckung wegen Geldforderungen in Gegenstände des beweglichen Vermögens, auch dies für die Zeit bis zum 31. März 1934, eingeschränkt. Es sind nicht nur Kompetenzstücke,[58] die der Pfändung entzogen werden. Bewegliche Sachen, die zum persönlichen Gebrauche des Schuldners dienen oder zum Hausrat gehören, oder Einrichtungsgegenstände, Gerätschaften oder Vorräte, die der Erwerbstätigkeit des Schuldners dienen oder zu einem von ihm betriebenen gewerblichen Unternehmen gehören, müssen von der Vollstreckung freigegeben werden, wenn der Schuldner ohne sein Verschulden außerstande ist, die Verbindlichkeit zu erfüllen, und ihm durch den Verlust der gepfändeten Gegenstände ein unverhältnismäßiger Nachteil erwachsen würde. Auf der andern Seite steht wieder die wirtschaftliche Lage des Gläubigers. Würde sie durch die Aufhebung der Zwangsvollstreckung gefährdet, so muß von der Aufhebung der Zwangsvollstreckung abgesehen werden. (...) Das Gesetz wird vielfach wie ein Moratorium wirken. In der Hand des Gerichts liegt die Fürsorge, daß es nur den wirklich Bedürftigen und Würdigen zugute kommt und daß keine allzu großen Störungen im Blutkreislauf der Wirtschaft eintreten. (...)

58
Heute in Deutschland als unpfändbare Gegenstände bezeichnet, die der Schuldner zur Existenzsicherung braucht.

Das Gesetz zur *Verminderung der Arbeitslosigkeit*[59] geht seine eigenen Wege. Es ist der Anfang einer neuen Gestaltung des wirtschaftlichen und sozialen Lebens. Der Arbeitslosigkeit stellt es die direkte Arbeitsbeschaffung entgegen. Hier liegen die Probleme auf dem Gebiete der Wirtschafts- und der Finanzpolitik. Das rechtliche Moment tritt zunächst zurück. Man kann nur wünschen und hoffen, daß dem Elend der Arbeits-

59
In dem Gesetz vom 1. Juni 1933 wurde u.a. der Reichsfinanzminister ermächtigt, Darlehen und Zuschüsse für Arbeitsbeschaffungsmaßnahmen z.B. an Gemeinden zu vergeben. Teil des Gesetzes war auch das sog. „Ehestandsdarlehen“.

losigkeit mit Erfolg entgegengewirkt wird, so daß Rechtsfragen hier nicht auftauchen werden. Mehr in das juristische Gebiet führt die Förderung der Ehen. (...) Günstige Lebensbedingungen vermehren die Ehen und die Erzeugung von Kindern. Aber ehe diese wieder eingetreten sind, soll die Einrichtung des jungen Haushalts durch ein Darlehen von 1000 RM. erleichtert werden. Es ist zinsfrei und wird in monatlichen Raten von 1% zurückbezahlt. Vorausgesetzt ist, daß die Ehefrau mindestens 6 Monate in einem Arbeitsverhältnis stand. Sie muß sich verpflichten, solange ihr Ehemann ein Einkommen von mindestens 125 RM. monatlich hat, keine neue Arbeitsstelle zu übernehmen. Damit wird zugleich der Arbeitsmarkt von dem Angebot weiblicher Arbeitskräfte entlastet. Man hätte in früherer Zeit vielleicht rechtliche Bedenken gegen eine solche Verpflichtung aufgeworfen wegen einer zu weitgehenden Beschränkung der persönlichen Freiheit. Heute erscheint eine solche Zusage gerade als den guten Sitten entsprechend. Kein Wort hat so die Gemüter ergriffen wie der Satz: „Gemeinnutz geht vor Eigennutz". Das Verlangen des Zurückstehens der Ehefrauen von der Konkurrenz der Arbeit kann nur hieraus verstanden werden. (...)

Der Deutsche Anwaltverein ist durch Beschluß seiner Abgeordneten in die Nationalsoziale juristische Front eingetreten.[60] Der Verein als juristische Person. An seinem Mitgliederbestand hat der Beschluß der Abgeordnetenversammlung nichts geändert. Es wurde nur festgestellt, daß durch diesen Anschluß des Vereins für seine Mitglieder weder eine Pflicht noch ein Recht

60 Hachenburg meint den Bund Nationalsozialistischer Deutscher Juristen (BNSDJ), der 1936 in „Nationalsozialistischer Rechtswahrerbund'" (NSRB) umbenannt wurde. Zur Gleichschaltung des Anwaltsvereins in diesen Verband hatte Hans Frank auf der außerordentlichen Mitgliederversammlung des DAV am 18. Mai 1933 die Alternative so ausgewiesen: „Meine Herren, es steht Ihnen vollkommen frei, Ihre Entscheidung zu fällen. Die Entwicklung geht entweder so, wie sie ihnen heute ermöglicht ist. Wenn sie nicht so geht, dann würde ich bedauern, die gleiche Methode wie bei der marxistischen Gewerkschaft anwenden zu müssen".

zur Aufnahme in die NSDAP. entsteht. Der DAV. soll innerhalb des einheitlichen, alle Diener am Recht umfassenden Verbandes seine Selbständigkeit bewahren. Möglich ist dies. Aber die Durchführung wird nicht leicht sein. (...)

Welchen ungeheuren Einfluß die Revolution auch auf *Rechtspflege und Rechtsbildung* haben muß, bedarf keiner wiederholten Betonung. Das Schicksal des Organs des Deutschen Anwaltvereins, der *Juristischen Wochenschrift*, ist ein neuer Beleg dafür. Der Wechsel im Schicksal des Deutschen Anwaltvereins mußte auch auf seine Zeitschrift sich auswirken. Aus kleinen Anfängen war sie immer weiter gewachsen, bis sie unter der Schriftleitung von *Magnus*[61] zu einem nach Umfang und Inhalt mächtigen juristischen Fachblatte wurde. Nun hat sich nicht nur die Schriftleitung geändert. Ihr Ziel ist ein anderes geworden. Der neue Präsident des Deutschen Anwaltvereins, RA. Dr. Hermann Voß,[62] gibt in dem Hefte v. 2. Mai 1933 unter der Ueberschrift „Zeitenwende" sein Programm auch für die JW. Daß sich die junge Geistesrichtung im Leben des Volkes auch hier spiegelt, ist selbstverständlich. Daß wir nicht „Politik im gewöhnlichen Sinne" erleben, sondern „Geschichte, Rechtsgeschichte gewaltigen Maßes", ist zweifellos zutreffend. Daraus folgt weiter, ebenso zutreffend, die Aufgabe der deutschen Juristen und auch der JW., „die von *politischem* Wollen und volkhaftem *Gemüte* geschaffenen Normen mit *verständnisvoller* Auslegung auch in die Rechtspflege zu übertragen". Neue Rechtsbildung verlangt vorab deren Verstehen. Dazu gehört auch ein Eindringen in die schaffenden

61
Zu Magnus oben 15. März 1930.

62
Der Rechtsanwalt Herrmann Voß (1878–1957) war bis zum März 1933 aktives Mitglied der DVP, seit dem 1. April 1933 Mitglied der NSDAP und kurz darauf auch der SA. Schriftleiter der JW war er nur kurz, bis Hans Frank diese Position übernahm. Sein Sohn Gerd wurde 1934 im Zusammenhang mit der Röhm-Affäre erschossen, er selbst erreichte in der SA 1938 die Position eines Hauptsturmführers.

Kräfte. Auch daß der wahre Jurist stets „Herz und Gemüt“ wird mitschwingen lassen müssen, werden auch die aus der alten Zeit stammenden Juristen gern unterschreiben. Konstruktives Recht, ein „Würfeln mit juristischen Begriffen und Paragraphen“ haben auch wir Alten nicht als „wahre Rechtspflege“ angesehen. Nach wie vor wird es aber Aufgabe der juristischen Wissenschaft bleiben, gerade diese Ziele zu fördern. Wohl ist das in sittlichem Boden wurzelnde Rechtsgefühl wichtig für die Rechtsentwicklung. Es bedarf aber ebenso des wissenschaftlich klärenden Verstandes. Auch die neue Richtung wird die Mitarbeit der Rechtswissenschaft nicht entbehren wollen.

Vermischtes.

Die Deutsche Rechtsfront zur Verwirklichung des Deutschen Rechtsgedankens. Der Reichskanzler Adolf Hitler hat an den Reichsjustizkommissar und Führer des Nationalsozialistischen Juristenbundes, Minister Dr. Frank, folgendes Schreiben gerichtet:

„Berlin, den 30. Mai 1933.

Herrn Reichsjustizkommissar
Staatsminister Dr. H. Frank
München.

Lieber Parteigenosse!

Ich freue mich, von Ihnen die Meldung erhalten zu haben, daß der Aufbau einer geschlossenen Front zur Neugestaltung eines Deutschen Rechtes durch Anschluß des
Deutschen Richterbundes e. V., Leipzig,
Richtervereines beim Reichsfinanzhof, München,
Preußischen Richtervereines e. V., Berlin,
Vereines Sächsischer Richter und Staatsanwälte e. V., Leipzig,
Bayerischen Richtervereins e. V., München,
Bundes Deutscher Rechtspfleger e. V., Berlin,
Deutschen Notarvereines e. V., Berlin,
Deutschen Anwaltsvereines e. V., Berlin,
Verbandes Wirtschaftswissenschaftl. höherer Finanzbeamter, Berlin,
Bundes Akademischer Volkswirte e. V., Berlin,
Instituts der Wirtschaftsprüfer, Berlin,
Reichsverbandes der deutschen Volkswirte (R. D.V.), Berlin,
Verbandes Deutscher Diplomkaufleute e. V., Berlin,
Reichsverbandes leitender Angestellter (Vela), Berlin,
an den Bund Nationalsozialistischer Deutscher Juristen erfolgt ist. Zu diesem Erfolg der Bewegung möchte ich Sie aufrichtig beglückwünschen und die von Ihnen als notwendig erkannten Maßnahmen zur Bildung einer geschlossenen Rechtsfront bestätigen.

Der Bund Nationalsozialistischer Deutscher Juristen ist unter Ihrer Führung zur Durchführung der großen, in der Zukunft zu lösenden Aufgabe der Schaffung eines Deutschen Rechtes und der Neugestaltung der Deutschen Rechtsordnung berufen.

Alle mit dem Recht verwurzelten Berufsstände und Amtsträger werden daher in der Front des Deutschen Rechtes des Bundes Nationalsozialistischer Deutscher Juristen als Standesgruppe in den kommenden ständischen Aufbau übergeführt werden können. Ihre Ihnen diesbezüglich bereits erteilten Vollmachten bestätige ich hiermit vollinhaltlich.

Mit deutschem Gruß!
(gez.) Adolf Hitler.“

1. Juli

(...) Das Gesetz v. 19. Mai 1933 über *Treuhänder der Arbeit* führt mit diesen eine neue Rechtseinrichtung ein.[63] Sie sind zur Vorbereitung der neuen Sozialverfassung berufen. Bis zu dieser regeln sie die Bedingungen für den Abschluß von Arbeitsverträgen. Sie treten damit an die Stelle der Vereinigungen der Arbeitnehmer und der Arbeitgeber. Ihre Verfügungen haben die gleiche Wirkung wie die der Schlichtungsämter. Ihnen kommt die Allgemeinverbindlichkeit zu. Die Treuhänder werden vom Reichskanzler auf Vorschlag der Landesregierungen und im Einvernehmen mit ihnen für größere Wirtschaftsgebiete ernannt. Sie werden, wiederum im Einvernehmen mit den beteiligten Landesregierungen, einer von diesen oder einer Landesbehörde zugeteilt. Sie sind aber an die Richtlinien und Weisungen der Reichsregierung gebunden. Das Gesetz eröffnet mannigfache Ausblicke. Es spricht von der „neuen Sozialverfassung". Aber sie ist noch in Vorbereitung. Wer wird außer den Treuhändern hierbei mitwirken? Worauf zielt sie? Was umfaßt sie? Es ist zwecklos, heute darüber Vermutungen aufzustellen. Auch aus dem Treuhändergesetz lassen sich keine Schlüsse ziehen. Die Einfügung der Treuhänder entspricht dem autoritären Prinzip. An Stelle der Verhandlungen zwischen den beiden Interessentengruppen tritt der Wille des Staates. Die Idee, daß sich jene auf Kosten der Konsumenten verständigen könnten, ist ausgeschlossen. Das Verhältnis von Reichsregierung und Länderregierung tritt zutage. Auf diese wird Rücksicht genommen. Aber sie haben schon bei der Wahl nicht die entscheidende Stimme. Und die Reichsregierung stellt die Richtlinien auf.

63
Mit diesem Gesetz wurde die Tarifautonomie endgültig abgeschafft, nach der Zerschlagung der Gewerkschaften und der Gründung der „Deutschen Arbeitsfront" (s. u. 1. Juni 1933) der letzte Schritt, um Arbeitnehmer und Arbeitgeber nach nationalsozialistischer Ideologie zusammenzufassen.

Die Einheitlichkeit wird gewahrt bleiben. Auch für die Sozialgesetzgebung. (...)

Der Geschäftsbericht der *Dresdner Bank* für das Jahr 1932 ist in mehr als in einer Hinsicht interessant. Der Rückblick auf die abgelaufene Epoche mußte mit der „auf Wunsch und mit Unterstützung der Reichsregierung" beschlossenen Fusion mit der Danatbank beginnen.[64] (...) Das Ziel wird nicht die Ausschaltung der Banken aus der Privatwirtschaft, sondern die Rückleistung des Hilfskapitals an die helfende Staatskasse sein. Der Geschäftsbericht der Dresdner Bank ist hierbei besonders lehrreich. Das Reich ist ja ihr Hauptaktionär. Man darf in dem Bericht auch dessen Meinung erkennen.

15. Juli

Das amerikanische Parlament hat sich vertagt. Es wird erst Anfang 1934 wieder zusammenkommen. Inzwischen beherrscht der Präsident die Außen- und Innenpolitik. Durch den National recovery act[65] ist ihm die Macht über die Industrie des Staates übertragen. Damit und mit den vorhergehenden Gesetzen, dem über die Banken, über die Farmer hat der Präsident die Grundlage für die von ihm geplanten wirtschaftlichen Maßnahmen erhalten. Was er darauf aufbaut, werden die nächsten Monate zeigen. Auch die Resultate seiner außenpolitischen Einstellung. Hier interessiert die Tatsache, daß auch in den U. S. A. das Parlament zurücktritt und die autoritäre Leitung als nötig empfindet. Das ist kein Zufall. Die Not führt zu diesem Schritt. Es hat

64
Als 1931 die Regierung Brüning die Zahlung von Reparationen verweigerte, kündigten viel ausländische Gläubiger den deutschen Banken die Kredite. Das traf auch insbesondere die Darmstädter und Nationalbank (kurz: Danatbank), die zweitgrößte Kreditbank in Deutschland, die zusätzlich die Insolvenz des von ihr kreditierten Nordwolle-Konzerns aus Bremen zu überstehen versuchte (s. u. Okt. 1933). In Heft 15 vom 1. Aug. 1931 beschrieb Hachenburg seinerzeit das Geschehen so: „Unsere Großbanken sind die Arterien des Wirtschaftskörpers. Zerreißt eine, so bedeutet es Lebensgefahr. Sofort griff der Arzt ein. Noch am selben Tage stellte sich die Reichsregierung schützend vor die Bank. Auf Grund einer Notverordnung des Reichspräsidenten übernahm in deren Ausführung die Regierung die Ausfallbürgschaft des Reiches für die Erfüllung der Verbindlichkeiten der Danatbank". Die Dresdner Bank, an der sich seinerzeit zur Rettung der Staat beteiligt hatte, ist mittlerweile in der Commerz-Bank aufgegangen, an der nach der Rettung aus der Finanzkrise 2008 heute wiederum der Staat beteiligt ist.

65
Dieses Gesetz vom 16. Juni 1933 war ein wichtiger Bestandteil von Roosevelts „New Deal" mit weitreichenden staatlichen Eingriffsbefugnissen in die Wirtschaft.

stets Zeiten gegeben, wo die Verhandlungen des Volkes und der Volksvertreter nicht mehr tragbar waren und es seine Macht einem einzelnen übertrug. Ich schlage das corpus iuris auf: „quum lege regia quae de imperio eius principis lata est populus ei et ineum omne suum imperium et potentatem concessit".[66] (Inst. I. 2, 6.) Wenn auch das römische Recht keine praktische Bedeutung mehr hat, als Lehrbuch der Geschichte des Rechts und der Völker wird es immer noch wertvoll bleiben. (...)

66 Übersetzt etwa: „weil das Volk durch das königliche Gesetz, das über die kaiserliche Macht bestimmt, diesem und auf diesen seine gesamte Herrschaftsgewalt übertragen hat".

Es wetterleuchtet auch in anderen Ländern als Deutschland. Eine Reinigung der Luft von formalrechtlich vielleicht unantastbaren, moralisch verwerflichen Erscheinungen versucht man auch anderswo herbeizuführen. Wir haben trotz aller Berichte in der Tagespresse, in Fachzeitschriften, in Broschüren und Büchern doch meist nur ein unvollkommenes Bild von der wirklichen Verfassung der Seele eines fremden Volks. Leicht pflanzt sich eine Auffassung durch Ueberlieferung weiter, bis mit einem Male einzelne Vorfälle eine veränderte Einstellung erzwingen. Dazu ist in Amerika der Kampf gegen das bisher allmächtige Bankhaus *Morgan* zu rechnen. (...) Schlimmer scheint es mit der Begünstigung führender Politiker durch Ueberlassung von Aktienpaketen unter dem Tageskurse zu stehen. Am drückendsten, wenn vielleicht juristisch am schwersten zu fassen, ist der Vorwurf, daß das Haus Morgan in den letzten 18 Jahren mehr als 6 Milliarden an Werten absetzte, bei denen die Käufer schwere Verluste erlitten. Wenn sich die öffentliche Meinung New Yorks und der Ver[einigten] St[aaten] hiergegen wendet, so ist der Verlust an Vertrauen und Macht, der sich daraus ergibt, eine härtere Strafe, als eine Geldbuße von einigen Millionen. Die Korruption, die man als einen unvermeidlichen Teil des amerikanischen Geschäftslebens glaubte ansehen zu müssen, würde in einer ihrer Hochburgen bekämpft. (...)

Ein Mitglied einer Goldschmiedinnung hatte beantragt, den *Innungsmitgliedern* unter Strafandrohung zu verbieten, *Waren von jüdischen Großhandelsfirmen* zu beziehen. Die hiervon verständigte Industrie- und Handelskammer wandte sich an den Industrie- und Handelstag. Der wieder an das Reichsministerium für Volksaufklärung und Propaganda. Dieses erklärte, daß die Innung bei Annahme des Antrags sich zu den Absichten der Verlautbarungen der Regierung in Gegensatz setzen würde. „Sowohl der Herr Reichskanzler wie andere Mitglieder der Reichs- und Preuß. Staatsregierung haben wiederholt erklärt, daß jeder bei der Mitarbeit an Deutschlands Wiederaufbau willkommen sei, der festen Willens ist. Solange ein Geschäftsmann nicht gegen die bestehenden Gesetze verstößt, liegt kein Grund vor, irgendwelche Sondermaßnahmen gegen ihn zu treffen." Dies stimmt durchaus mit den früheren Aeußerungen der Regierungsstellen überein. Es fließt aus der gleichen Einstellung, wie sie sich in der Ablehnung des Anzeigertums durch den Reichskanzler ausprägt. Daraus wird man folgern dürfen, daß auch die immer noch zahlreichen und in den mannigfachsten Formen auftretenden Aufforderungen, nicht in jüdischen Geschäften zu kaufen, mißbilligt werden. Zivilrechtlich ist ein Fall des unlauteren Wettbewerbs zu sehen. Sie gehen ja nur allzu häufig von der Konkurrenz aus.

Was verstößt mehr gegen die guten Sitten, als wenn die Flamme der Revolution benutzt wird, um das Süppchen des Eigennutzes darauf zu kochen? (...)

Der *preußische Justizminister* hat den durch die bestehende Verordnung über den *Strafvollzug* zulässigen Urlaub für die Strafgefangenen aufgehoben. Den Gefangenen der Stufe 2 konnte er bis zu einer Woche, denen der Stufe 3 bis zu zwei Wochen gewährt werden. An Sonn- und Feiertagen waren ihnen Spaziergänge in bürgerlicher Kleidung in der Umgebung der Strafanstalt in Begleitung eines Beamten ohne Uniform gestattet. Das erscheint jetzt mit dem Gedanken der gerechten, aber strengen Strafe unverträglich. Nur in dringenden Ausnahmefällen bleibt die Möglichkeit eines Urlaubs. Das entspricht der ganzen veränderten Einstellung von Regierung und Volk. Strengere Strafen werden verlangt. Sie fordern, wenn sie wirken sollen, auch strengen Vollzug. Die milde Strafe und ihr wohlwollender Vollzug war die Frucht des Liberalismus und seiner Pflege des Individuums. Der sündigende Einzelmensch ist liebevoller Betrachtung bedürftig. Mit der sinkenden Bewertung des Individuums verliert auch dessen Behandlung im Gefängnis ihren Boden. Auch der Strafgefangene kann nur als Glied der Gesamtheit betrachtet werden. Es wird Sache der Wissenschaft sein, hierzu die theoretische Grundlage zu schaffen. (...)

1. August

(...) Deutschland hat zwar noch ein Parlament. Der Reichstag besteht, aber er handelt nicht mehr. Wenn er zusammen käme, so böte er das eigenartige Bild einer Volksvertretung, die nur eine Partei enthält. Dieser Zustand wird durch das Gesetz v. 14. Juli 1933 gegen die *Neubildung von Parteien* bestätigt. „In Deutschland besteht als einzige politische Partei die Nationalsozialistische Deutsche Arbeiterpartei." Eine andere politische Partei aufrecht zu erhalten oder neu zu bilden, ist strafbar. Als Strafe ist Zuchthaus bis zu 3 Jahren oder Gefängnis von 6 Monaten bis zu 3 Jahren angedroht. Das ist der Ausfluß des Prinzips der Totalität. Mit dem autoritären Gedanken hätte sich die Parteibildung noch vereinbaren lassen. Dieser verlangt und gestattet, daß das Volk in seiner Mehrheit sich den Führer wählt, der dann ohne Bindung an die Beschlüsse einer Vertretung die Geschicke des Volkes lenkt. Eine Minderheit mit abweichender Einstellung wäre denkbar. Mit der Einheitlichkeit der politischen Meinung verträgt sich deren Duldung nicht. Die Parteien haben keine Daseinsberechtigung mehr. Die Geschichte wird später feststellen, wodurch sie sich dieses Schicksal selbst bereitet haben. Parlamente ohne Parteien verändern ihre verfassungsrechtliche Bedeutung. Sie werden Berater der Regierung. (...)

Der preuß. Justizminister hat in einer vom Amtlichen Preuß. Pressedienst veröffentlichten Verfügung eine *Neuordnung der großen juristischen Staatsprüfung* angeordnet. An der Spitze steht ein Satz, den jeder, der sich mit dem Problem der Examina beschäftigt hat, gern unterschreiben wird. Der Zweck der großen juristischen Staatsprüfung ist es, festzustellen, ob der Referendar nach Charakter, Fähigkeit und Wissen geeignet ist, „ein deutscher Richter, Staatsanwalt oder Rechtsanwalt zu sein". Zweifellos ist das sittliche Wesen des juristischen Praktikers oft von weit größerer Bedeutung als Können und Wissen. Diese beiden Eigenschaften sind nur auf ethischer Grundlage von Wert. Auch das Recht hat sein Ethos. Es erschöpft sich nicht in der Anwendung des Rechtssatzes von der Nichtigkeit der gegen die guten Sitten verstoßenden Verträge. Die ungeheure Schwierigkeit besteht nur darin, zu ergründen, ob der Prüfling diesen Charakter besitzt. Fähigkeit und Wissen sind leicht kontrollierbar. Die seelischen Eigenschaften liegen verborgen. Sie kommen oft erst bei außergewöhnlichen Gelegenheiten zutage. Der Referendar hat ein rechtswissenschaftliches Gutachten während der oberlandesgerichtlichen Station zu fertigen. Hierzu hat er 4 Wochen Zeit. Dann folgt als Beginn der Prüfung eine zweite „sogenannte praktische Arbeit". Sie ist in 3 Wochen abzufassen. Nun setzt die große Neuerung ein. Der Referendar wird zur Teilnahme an dem Gemeinschaftsleben in dem neu errichteten Gemeinschaftslager geladen.[67] Der Gemeinschaftsdienst dauert bis zur mündlichen Prüfung. Damit ist die Zeit „zum rein gedächtnismäßigen Einlernen von Einzelwissen" dem Referendar genommen. Das stimmt mit dem Rate überein, den jeder erfahrene Prüfer dem Prüfling gab. Es taugt nichts, bis zum letzten Augenblick zu lernen. „Körperlich gestählt und geistig erfrischt" zur Prüfung zu kommen, ist mehr wert, als einige

67 Gemeint ist damit das „Gemeinschaftslager Hanns Kerrl" in Jüterbog bei Berlin, benannt nach dem damaligen preußischen Justizminister, 1887–1941, Mitglied der NSDAP seit 1923. Dort verbrachten die Referendare in der Regel acht Wochen vor ihren mündlichen Prüfungen, um Soldatentum, einfaches Leben und Nazi-Lieder zu üben und dabei möglichst viel vom „Gift der Kameradschaft" aufzunehmen, wie Sebastian Haffner es ausdrückte, der ebenfalls in Jüterbog war. Bis 1939 durchliefen rund 20.000 Juristen die Ausbildung im Lager.

Urteile und Kommentare mehr gelesen zu haben. Unmittelbar an das Gemeinschaftsleben schließt sich die mündliche Prüfung an. Während derselben werden Klausurarbeiten gefertigt. Das große Ziel, den ganzen Menschen kennen zu lernen, kann man jedenfalls auf diesem Wege besser erreichen, als wenn man Kenntnisse aller möglichen Gesetze verlangt. Nur muß auch jetzt und gerade jetzt der Examinator die Gabe besitzen, zwischen den Zeilen der schriftlichen Arbeiten zu lesen und in der Unterhaltung die geheimen Herzenstöne zu hören.

In der ältesten Generation, zu der ich mich auch zählen darf, lebt noch eine dunkle Erinnerung an die Zeit, in der in den deutschen *Bädern und Kurorten öffentlich* gespielt wurde. Damals waren diese der Tummelplatz der eleganten Welt. Das Ausland sandte die Spiellustigen und Unterhaltungsbedürftigen, aber auch die Abenteurer nach Deutschland. In zahlreichen Romanen und Erzählungen kann man diese Schilderungen lesen. Vielleicht mit das Packendste ist die Schilderung in Dostojewskis „Spieler". Dann kam die Reaktion hiergegen. Den Anfang bildet das Gesetz des Norddeutschen Bundes vom 1. Juli 1868, das nach der Gründung des Reichs zum Reichsgesetz wurde. Die öffentlichen Spielbanken verschwanden. Mit ihnen zugleich aber auch die Quellen, aus denen die Kur- und Badeplätze ihre Lebensbedürfnisse befriedigten. Nur durfte man nicht glauben, daß damit die Spielsucht der Menschen beseitigt war. Wer es konnte, reiste nach Monte Carlo. Daneben bildeten sich die geheimen Spielklubs. Von Zeit zu Zeit wurde gegen diese auf Grund der Bestimmungen der

§§ 284ff. RStrGB. eingeschritten. Nun hat die Reichsregierung mit Gesetz v. 14. Juli 1933 dem Reichsminister des Innern die Ermächtigung gegeben, in Kur- und Badeorten öffentliche Spielbanken zuzulassen.[68] (...)

68 Hachenburg kritisierte regelmäßig die Einrichtung von Spielbanken, um eine Einnahmequelle für den Fiskus zu generieren. Auch juristisch war Glücksspiel verpönt. Gewerbliches Glücksspiel war nach § 284 StGB 1871 strafbar; das BGB sagt dazu (§ 762): „Durch Spiel oder durch Wette wird eine Verbindlichkeit nicht begründet."

Die im Juli 1933 in Nürnberg zusammengetretene *Vertreterversammlung des Deutschen Richterbundes* hat ihre Auffassung von dessen Aufgabe in einer einstimmig gefaßten *Entschließung* niedergelegt. Sie beginnt mit der Erklärung, daß sie sich eins fühle „mit der großen Idee, die von dem Bund Nationalsozialistischer Deutscher Juristen getragen wird". Sie bekennt sich zu dem von dem Führer dieses Bundes aufgebauten Arbeitsprogramm. Nach dieser Einleitung, die für jeden der neuen Verbände in gleicher Weise lauten könnte, folgt das besondere Moment. Der Richterbund sieht seine Hauptaufgabe und damit die beste Standesvertretung in der Mitwirkung des gesamten Richtertums „an der Neugestaltung des deutschen Rechts und der deutschen Rechtsordnung, die in Zukunft von einem Reichsrichtertum getragen werden soll". Hier ist der Nebensatz die Hauptsache. Daß der deutsche Richter an der Gestaltung des Rechts mitwirkt, daß er gerade bei dessen Neuschöpfung, Auslegung und Anwendung unentbehrlich ist, brauchte nicht hervorgehoben zu werden. Wohl aber ist es das Bekenntnis zum Uebergang der gesamten Justiz auf das Reich. Lange ist hierüber gestritten worden. Die Durchführung dieses Gedankens erscheint als Folge der Durchführung der Einheit des Reiches. (...)

15. August (Doppelheft)

Mit gespannter Aufmerksamkeit verfolgt man nicht nur die *Gesetzgebung* selbst, sondern auch deren *Ankündigung* durch die Mitglieder der Regierung. Aus ihnen ergibt sich deren Programm auf dem Gebiete der Rechtspflege. Auch für die künftige Geschichtsschreibung des deutschen Rechts werden sie unschätzbares Material bilden, je weniger „Materialien" die Gesetze nach sich schleppen. Die Mitteilungen an die Vertreter der Presse stehen hier im Vordergrunde. Durch diese wird die Aufmerksamkeit nicht nur der Juristenkreise erweckt. Die Ansprache des *Reichsjustizkommissars*, der zugleich bayerischer Justizminister ist,[69] am 26. Juli 1933 in München enthält eine Fülle von Gesichtspunkten, von denen jeder einzelne Beachtung verlangt. Er bezeichnete es als Lebensaufgabe der Regierung, das Vertrauen zur Unabhängigkeit des deutschen Richters in jeder Form aufrechtzuerhalten. Niemand habe deshalb, weil er einer bestimmten Partei angehört habe, zu fürchten, daß er vor deutschen Gerichten kein Recht finde. Auch für die Justiz sei die Revolution beendet. Das wird nicht nur auf die Parteien, sondern auch auf die Richter beruhigend wirken. Die Reform des Rechts ist in vollem Gange. (...) Die Akademie für deutsches Recht[70] wird Gelegenheit haben, sich zu erproben. Aber auch hier wird die Mitarbeit aller, die guten Willens sind, nicht verschmäht werden dürfen.

Das Gesetz „zur Verhütung erbkranken Nachwuchses", das sog. Sterilisierungsgesetz, löst eine seit langem die

69
Das war Hans Frank, 1900–1946, der für die NSDAP schon seit ihren frühen Tagen eine Art Parteianwalt geworden war und zahlreiche ihrer Vertreter immer wieder vor Gericht vertreten hatte. 1933 machte seine Karriere einen großen Sprung, 1939 wurde er Generalgouverneur im besetzten Polen und verantwortete zahllose Morde und Plünderungen. 1946 wurde er in den Nürnberger Prozessen wegen Kriegsverbrechen zum Tode verurteilt und gehängt.

70
Die Akademie war im Juni 1933 in München gegründet worden. Präsident war bis 1942 Hans Frank. 1934 wurde sie per Reichsgesetz zu einer öffentlichen Körperschaft mit der Aufgabe, „die Neugestaltung des deutschen Rechtslebens zu fördern und in Verbindung mit den für die Gesetzgebung zuständigen Stellen das nationalsozialistische Programm auf dem gesamten Gebiet des Rechts zu verwirklichen". In diesem Zusammenhang erarbeitete sie eine Reihe entsprechender Gesetzentwürfe, u.a. ein „Volksgesetzbuch", das das BGB ablösen sollte. Feierlich „proklamiert" wurde sie auf dem Deutschen Juristentag am 2. Okt. 1933 (s. u. 15. Okt. 1933).

Gemüter bewegende Frage.[71] Zunächst nur zu „eugenischen“ Zwecken. So der wissenschaftliche Ausdruck. Ich gestehe, daß mir die „Verhütung des erbkranken Nachwuchses“ besser gefällt. Nicht nur, weil es ein deutsches Wort an Stelle eines Fremdwortes ist. Vorab drückt es auch weit stärker die Richtung des Gesetzes aus. Es wendet sich zunächst an den kranken Menschen selbst. Er soll das Opfer bringen, auf Nachkommenschaft zu verzichten, wenn er weiß, daß sie mit dem in der Familie wiederkehrenden Uebel belastet zur Welt käme. Der Verzicht wird nicht leicht sein. Wer aber die Selbstvorwürfe mit anhörte, die sich Eltern bei dem Ausbruch von Geisteskrankheit bei einem Kinde machten, der wird auch aussprechen dürfen, daß der vorherige Verzicht die geringere seelische Belastung ist. Dafür, daß mit dieser Wohltat kein Mißbrauch durch kinderscheue Ehepaare getrieben wird, ist Fürsorge getroffen. Kein Arzt darf ohne Erlaubnis des eigens dazu eingesetzten Gerichts die Sterilisierung vornehmen. Auch dies nur auf Antrag des sie Verlangenden. Die objektiven Voraussetzungen müssen gegeben sein. Es muß nach den Erfahrungen der ärztlichen Wissenschaft mit großer Wahrscheinlichkeit die Vererbung zu erwarten sein. Gegen den Willen des in erster Linie hierzu Berufenen findet der Eingriff nur statt, wenn ein Antrag, sei es durch einen beamteten Arzt, sei es durch den Leiter einer Strafanstalt, gestellt wird. Dann ist ein Rechtsmittelverfahren eingeführt. Hier ist letzten Endes die Anwendung von Gewalt möglich. Man darf auch hiervor nicht zurückschrecken. Diese Fälle werden wohl selten sein. Meist wird Belehrung und Zuspruch genügen. Wo aber böser Wille oder Unverstand

71
Der bereits oben im Mai angesprochene Entwurf wurde insbesondere um die Regelung zur Zwangssterilisation erweitert und war die Grundlage für das am 14. Juli 1933 verabschiedete Gesetz „zur Verhütung erbkranken Nachwuchses“, das im Januar 1934 in Kraft trat.

sich sperrt, hat der Staat die Pflicht, sich vor einer Nachkommenschaft, die ihn vielleicht bedroht, in jedem Falle ihn schwer belastet, zu schützen. Der Zweck des Gesetzes geht aus seinem Inhalt klar hervor. Seine Sprache ist trotz des nicht leichten Gegenstandes jedermann verständlich. Es scheint, als ob die neue Wendung im Schicksale des Volkes auch auf die Kunst der Gesetzgebung günstig eingewirkt hat.

„Preisend mit viel schönen Reden"[72] war die *Weltwirtschaftskonferenz* eröffnet worden. Am 27. Juli 1933 wurde sie geschlossen. Die Abgesandten aller 64 Völker waren wieder versammelt. Man hörte den Bericht über die Finanz- und den über die Wirtschaftsverhandlungen an. Dann kamen die Schlußansprachen. Sie klangen nicht sehr hoffnungsfreudig. Der Vertreter Sowjetrußlands durfte die Frage, was die Konferenz getan habe, mit den Worten „absolut nichts" beantworten. Sachlicher sprach der deutsche Reichsbankpräsident.[73] Er blieb bei aller Kritik ruhig und objektiv. Aber auch er mußte feststellen, daß nach 6 Wochen angestrengter Arbeit kaum ein Punkt zu Abmachungen geführt habe. Dann zeigte er die Punkte, in denen sie versagte. Es wäre aber falsch, die Schuld an diesem Ausgange der Konferenz zuzuschreiben. „*Der Fehler liegt im System*". Der Gedanke, durch generelle Empfehlungen oder Beschlüsse die Lage von 64 verschiedenen Völkern bestimmen zu können, habe sich als undurchführbar erwiesen. Nicht einmal auf dem Gebiete der Währungsstabilität konnte eine Einheitlichkeit hergestellt werden. Dann untersuchte Schacht die tieferen Gründe dieses Vorgangs. Solange nicht die einzelnen Nationen *in sich*

72 Anfangszeile einer Ballade von Justinus Kerner (1786–1862), das als vertontes Lied in Württemberg eine Art inoffizieller Hymne war.

73 Hjalmar Schacht, s. 1. Jan. 1930.

ein gewisses wirtschaftliches Gleichgewicht gefunden haben, werde der Erfolg einer neuen Weltwirtschaftskonferenz zweifelhaft bleiben. Die bisherige, leider gebräuchliche ungesunde Methode, durch internationale Kreditinanspruchnahme die Lage der Wirtschaft für den Augenblick zu erleichtern, müsse dem Willen weichen, aus eigener Kraft eine gewisse wirtschaftliche Stabilität herzustellen. (...)

Die Wirtschaft ist die Quelle, aus der auch der Staat seinen Unterhalt in Form der *Steuern* bezieht. Das gilt für jede Art derselben. Auch bei der Vermögen- und bei der Erbschaftsteuer. In erster Linie stehen überall die Steuern aus dem Einkommen. Durch ihren Ausbau wirkt der Staat wieder auf die Wirtschaft ein. Eine schonendere Behandlung erhöht den Ertrag der Einkommen und Vermögen und damit wieder die Einkünfte des Staates. Von diesem Gesichtspunkt aus ist das *Gesetz* über Steuererlei*chterungen* v. 15. Juli 1933 zu verstehen. Es ist wirtschaftspolitischer Art. Die Erleichterung der dort behandelten Steuern entspringt nicht einem Gefühl des Mitleides mit Bedürftigen oder der Stützung der Schwachen. Sie soll vielmehr gerade den Leistungsfähigen höhere Erfolge ermöglichen und sie zur Anspannung ihrer Kräfte anspornen. So gibt es eine Steuerermäßigung für Instandsetzungen und Ergänzungen an Betriebsgebäuden. (...) Unternehmungen zur Entwicklung neuer Herstellungsverfahren oder zur Herstellung neuartiger Erzeugnisse können vom RFinMin. für eine bestimmte Zeit von der Steuer vom Einkommen, vom Ertrag, vom Vermögen oder vom Umsatz befreit werden „wenn dafür ein überragendes

Bedürfnis der gesamte deutschen Volkswirtschaft anerkannt wird". (...)

Der Einfluß der *Maschine* nicht nur auf den Gang der Wirtschaft, sondern auch auf die soziale Gestaltung des ganzen Volkes ist ein viel erörtertes Problem. Man glaubte nach dem verlorenen Kriege durch die Rationalisierung der Betriebe die Wirtschaft zu fördern. Das Ergebnis, freilich nicht nur dieses Vorganges, war die furchtbare Arbeitslosigkeit. Das führt nicht zu einer Abkehr von der Maschine, wohl aber zu ihrer Vermeidung, wo sie entbehrlich ist. Was eine ferne Zukunft bringen wird, wissen wir nicht. Vielleicht wird sich in späterer Zeit wieder das Verlangen herausstellen, an Stelle der Menschen Apparate arbeiten zu lassen. Aber nur, wenn für jene anderweit gesorgt ist. Heute führt die Not der Zeit zu dem entgegengesetzten Wunsche. Aus ihm entsprang das RGes. v. 15. Juli 1933 „über die Einschränkung der Verwendung von Maschinen in der Zigarrenindustrie". Es ist mit Rücksicht auf die bei diesen herrschenden besonderen Verhältnisse entstanden. Es wird als „einstweilige Uebergangsmaßnahme zur Eindämmung der herrschenden Arbeitslosigkeit" bezeichnet. Es schränkt die Freiheit in den Betrieben der Zigarrenfabrikation ein. Von jetzt ab dürfen Maschinen nicht mehr aufgestellt, stillgelegte nicht mehr wieder in Betrieb genommen werden. Für Fabriken, die noch mit früher aufgestellten Maschinen arbeiten, ist eine Höchstproduktionsmenge festgesetzt. Von dieser Begrenzung kann sich der Unternehmer durch Verzicht auf die Maschinen- und den Uebergang zur Handarbeit frei machen. Das ist ein mittelbarer

Antrieb zur Aufgabe des Maschinenbetriebs. Ein Rechtsanspruch auf Entschädigung wegen des durch dieses Gesetz entstehenden Nachteils steht keinem Unternehmer zu. Nur beim Verzicht auf die Benutzung vorhandener Maschinen kann eine Unterstützung gewährt werden. Auch den Herstellern solcher Maschinen. Es handelt sich überall um staatliche Hoheitsakte. Aus einem Verbote einer bestimmten Art eines Betriebes kann nie eine zivilrechtliche Forderung gegen den Staat erwachsen. Diese Bestimmung des Gesetzes entspricht diesem anerkannten Grundsatz.

15. September

Eine eigenartige Erscheinung bot der Briefwechsel *des Oberreichsanwaltes* mit dem früheren schwedischen Ministerpräsidenten *Rechtsanwalt Branting* und dem Dichter *Romain Rolland*.[74] Man erfuhr daraus, daß sich im Auslande ein internationaler Untersuchungsausschuß zur Aufklärung des *Reichstagsbrandes* gebildet hatte und daß sich dieser berühmte, im Besitze wichtigen, zur Entlastung der Angeklagten dienenden Materials zu sein. Wir fragen uns sofort, mit welchem Recht sich eine Gruppe fremder Personen, wenn auch mit gutklingenden Namen, um die Untersuchung eines deutschen Kriminalfalles kümmert? Es gibt wohl Fälle, in denen die ganze kultivierte Menschheit sich erregt. Aber dann handelt es sich um ein wirkliches oder vermeintliches Unrecht, das einem Beschuldigten zugefügt ist. Man wartete aber doch das Urteil ab. (...)

74
Der Prozess vor dem Reichsgericht um die angeblichen Brandstifter im Reichstag erlangte auch international hohe Aufmerksamkeit und begann am 21. Sept. 1933. In London hatte es einen antifaschistischen internationalen „Untersuchungsausschuss“ zur Aufklärung des Reichstagsbrandes gegeben, der zu dem Ergebnis kam, dass Lubbe nicht Alleintäter und die mitangeklagten Kommunisten unschuldig seien. Vielmehr bestehe der Verdacht, dass die Nationalsozialisten die Brandstiftung verursacht hätten. Hierzu gab es einen Briefwechsel unter Beteiligung des schwedischen Rechtsanwalts Georg Branting und des französischen Literaturnobelpreisträgers Romain Rolland mit dem von 1926 bis zu seinem Tod 1936 amtierenden Oberreichsanwalt Karl-August Werner. Am 23. Dez. 1933 wurde van der Lubbe zum Tode verurteilt, am 10. Jan. 1934 kam es zur Vollstreckung. Die ebenfalls angeklagten Kommunisten Dimitroff, Popoff, Taneff und Torgler wurden aus Mangel an Beweisen freigesprochen, womit die These einer kommunistischen Verschwörung zwar nicht widerlegt, aber erheblich entkräftet war. Das Regime reagierte mit Empörung; direkte Folge war die Errichtung des Volksgerichtshofs, dem künftig die Aburteilung von Hoch- und Landesverrat oblag.

Der *badische Unterrichtsminister* hat die Verfassung *der ihm unterstehenden Hochschulen* grundlegend umgestaltet. Der Rektor wird jetzt durch den Minister aus der Zahl der ordentlichen Professoren ernannt. Die Dauer seines Amtes bestimmt der Minister. Der Rektor kann zu seiner Vertretung aus dem Lehrkörper der Universität einen Kanzler ernennen. Die bisherigen Befugnisse des Senats gehen auf den Rektor über. Der Senat hat nur eine beratende Stelle. Die Dekane sind geblieben. Sie entscheiden in allen Angelegenheiten der Fakultät. Aber nicht diese bestellt sie, sondern der Rektor. Er kann eine Entschließung der Dekane beanstanden. Einigen sie sich nicht, so entscheidet das Ministerium. Die Mitglieder der Fakultät können zur Beratung zugezogen werden. Die Dekane können vom Rektor jederzeit abberufen werden. Hiergegen steht ihnen die Beschwerde an das Ministerium zu. Man sieht, eine völlige Neuerung im Leben der Universitäten. Der erste badische Großherzog Carl Friedrich, dem Heidelbergs Universität den zweiten Teil ihres Namens, *Ruperto Carola*, verdankt, hatte wohl erklärt: „Rektor wollen wir selbst sein". Aber mehr, als daß er in dieser Eigenschaft auf allen amtlichen Verfügungen, auch in den Doktordiplomen figurierte, bedeutete das Rektorat des Landesfürsten nicht. Der Prorektor und die Mitglieder des Senats gingen aus den Wahlen des Lehrkörpers hervor. Das wird nun aufhören. Der autoritäre Gedanke soll auch im Aufbau der Hochschule herrschen. Die bisher beschließenden Organe, Senat und Fakultät, sind zu beratenden geworden. Auch dies nur, soweit Rektor oder Dekan es wollen. Es darf angenommen werden, daß das gleiche System auch in den anderen

Ländern sich durchsetzt. Es ist die folgerichtige Durchführung der Unterordnung aller Sonderinteressen unter die des Staates.

Nach dem sog. *Kündigungsschutzgesetz* ist für ältere Angestellte eine längere Kündigungsfrist als die gesetzliche vorgesehen. Unkündbar konnte man ihre Stellung nicht machen. Auch war der Zwang der Gewährung einer Pension für langjährig Dienstverpflichtete wirtschaftlich nicht tragbar. Aber, wenn sie nicht durch Verträge schon gesichert waren, so sollte ihnen wenigstens durch die besonderen Fristen ein größerer Schutz dagegen gewährt werden, daß der Unternehmer gerade die entließ, welche am längsten für ihn gearbeitet hatten, die vielleicht deshalb höhere Gehälter bezogen und von denen aber nicht mehr das frühere Maß an Leistungen erwartet werden konnte. Auf Arbeitgeberseite suchte man die hierin liegende Hemmung in der Bewegungsfreiheit durch die sog. *Kettenkündigung* abzuwenden. Man kündigte den älteren Angestellten fürsorglich mit Rücksicht auf die Möglichkeit des weiteren Rückgangs im Geschäft auf eine Reihe von Terminen. Man setzte dann den wirklichen Entlassungstag nach eingetretenem Bedürfnis in Kraft. So glaubte man die gesetzliche Erschwerung der Kündigung zu vermeiden. Das RArbGer. hat diese Methode für unzulässig erklärt. Zur rechtlichen Wirksamkeit einer Kündigung gehöre, daß der Dienstberechtigte seine Absicht mit der nötigen Bestimmtheit und Klarheit und für den Angestellten erkennbar zum Ausdruck bringe. Der tiefere Grund liegt in dem Widerstand der Gerichte gegen Versuche, soziale Gesetze durch Benutzung juristischer Formen zu sabotieren. Ueberall wo es sich um Maßnahmen im Interesse der Allgemeinheit handelt, muß das des einzelnen zurücktreten. Das ist stillschweigend in den Gesetzen zum Schutz der wirtschaftlich Schwachen enthalten. Deshalb sind sie zwingendes Recht. Die Vertragsfreiheit kann nicht dazu dienen, dieses außer Kraft zu setzen.[75]

75
Auch der heutige Verbraucherschutz im Zivilrecht, dessen Vorläufer der „Schutz des wirtschaftlich Schwachen" war, folgt diesem Gedanken.

In einem Vortrage, der in der *tschechischen* juristischen Zeitschrift „Pravni obzor" veröffentlicht wurde, wendet sich der Präsident des Obersten Gerichtshofs gegen den immer größer werdenden *Einfluß der politischen Exekutive auf die Richter* und damit auf die Rechtsprechung. Die richterliche Macht sei nicht mehr ein gleichwertiger Teil der staatlichen, sondern nur noch ein Zweig der Regierungsmacht. Der Staat behandele auch die Richter nicht in gleicher Weise wie die politischen Beamten. Jenen werde nur ein bescheidenes Existenzminimum bei starker Ueberlastung gewährt. Zwischen den Bezügen des Landespräsidenten und des Präsidenten des Obergerichts bestehe ein Mißverhältnis. Man könne meinen, daß das Bestreben vorliege, „die Justiz zunächst arm zu machen, um sie dann zu versklaven und zum Schlusse politisieren zu können". Nun ist es freilich sehr schwer, über die Zustände in einem anderen Lande sich ein klares Bild zu machen. Das kann schließlich nur der, welcher dort lebt und mit offenen Augen die Wirkung der verschiedenen Strömungen beobachtet. Sicher muß eine starke Mißstimmung vorhanden sein, wenn ihr der oberste Richter der Tschechoslowakei einen solchen Ausdruck verleiht. Aber ist es nicht doch wieder ein Zeichen für die

Unabhängigkeit der Richter, daß er dies kann? Und wird nicht trotz der Klagen über die unzureichende Entlohnung der Richter seine Unabhängigkeit von der jeweiligen Regierung sich bewahren können? Der Wunsch nach auskömmlicher Entlohnung der Richter findet sich allüberall. Auch dieses als Fundament der Selbständigkeit der Gerichte. Nur steht die wirtschaftlich schwere Lage aller Staaten auch diesem Bestreben im Wege. (...)

Beim Beginn der Hauptverhandlung in dem *Strafprozeß gegen die verantwortlichen Leiter der Nordwolle, die Brüder Lahusen*[76], beantragte die Verteidigung die Untersuchungshaft gegen die gegen Sicherheit aus ihr entlassenen Angeklagten wieder zu verhängen. Sie waren inzwischen in Schutzhaft genommen. Diese mit der Untersuchungshaft zu vertauschen, erschien wünschenswert, weil die Angeklagten bei dieser mehr für ihre angegriffene Gesundheit tun könnten und weil sie im Falle ihrer Freisprechung nur bei der Untersuchungshaft, nicht bei der Schutzhaft Entschädigung zu beanspruchen hätten. Die Staatsanwaltschaft trat diesem Verlangen entgegen. Ein Fluchtverdacht läge nicht vor. Daher lasse sich die Untersuchungshaft nicht rechtfertigen. Auch in der Schutzhaft werde für die Gesundheit der Angeklagten ausreichend gesorgt. Die Möglichkeit eines Entschädigungsanspruches sei kein Grund zur Untersuchungshaft. Das Gericht lehnte den Antrag ab. Eine Untersuchungshaft darf nur aus den im Gesetz vorgesehenen Gründen, der Flucht- oder Verdunklungsgefahr, verfügt werden. So fehlte es hierzu an der gesetzlichen Grundlage. Der Vorgang verdient es,

76
Im Zuge der Insolvenz des Bremer Nordwolle-Konzerns, die ein Auslöser der Bankenkrise 1931 war, wurden die Brüder Carl und Heinz Lahusen wegen diverser Konkursstraftaten angeklagt, der Prozess allerdings erst 1933 durchgeführt. Carl Lahusen wurde als Haupttäter zu 5 Jahren Haft und Geldstrafe verurteilt. Er war der Vorstandsvorsitzende der Nordwolle und saß zugleich in diversen Aufsichtsräten, u.a. in dem der Danat-Bank, die wiederum den Konzern maßgeblich finanzierte (s. o. 1. Juli 1933). Ein jüngerer Bruder der beiden, Gustav, war der Großvater des Mitherausgebers.

als Unikum in der Geschichte des Strafverfahrens, daß ein Angeklagter selbst um Untersuchungshaft bittet, festgehalten zu werden.

1. Oktober

Das RGBl. II v. 14. Sept. 1933 bringt die *Bekanntmachung des Reichsministers des Auswärtigen über die Ratifizierung der Erklärung* der deutschen Regierung v. 9. Febr. 1933, durch welche die Verpflichtung zum Austrage aller völkerrechtlichen Streitigkeiten vor dem Ständigen Internationalen Gerichtshof im Haag auf weitere fünf Jahre verlängert wird. Gleichzeitig wird der Völkerbund wieder seine Tätigkeit aufnehmen. Das Problem der Beziehungen Deutschlands zu den früheren Gegnern, das seinen Niederschlag in dem Kampfe um die Abrüstung findet, ist in sein entscheidendes, vielleicht sein letztes Stadium getreten. (...) *Der deutsche Außenminister* hat am 15. Sept. vor den Vertretern der ausländischen Presse seine Meinung mit aller wünschenswerten Deutlichkeit ausgesprochen. Er verlangt endlich die Verwirklichung der *Gleichberechtigung Deutschlands.* Anderenfalls sieht er den Zusammenbruch der Abrüstungsidee voraus. (...)

Es ist wiederholt an dieser Stelle auf die Notwendigkeit hingewiesen worden, auf alles zu achten, was für die *Gestaltung des künftigen Rechts* von Bedeutung sein kann. Dahin gehören in erster Linie alle Aeußerungen führender Persönlichkeiten, auch wenn sie nur erst allgemein die Richtung anzeigen. Dies um so mehr, wenn solche von der Absicht einer Aufklärung über die ihnen vorschwebenden Ziele getragen sind. So wurde die Rede des Reichsjustizkommissars Dr. Frank bei Eröffnung der Sitzung des Rechtsausschusses des Deutschen Industrie und Handelstages nicht mit Unrecht in der Tagespresse mit der Ueberschrift: „*Die Grundlagen des neuen Wirtschaftsrechts*“ bekanntgemacht. Man darf den allerdings kurz gehaltenen Bericht wohl als authentisch ansehen. Auch von den Juristen alten Stiles wird dem nicht widersprochen werden, was er über die Gesetzgebung in den Parlamenten sagt. Wer dort hinter die Kulissen sehen konnte, wie in wirtschaftsrechtlichen Fragen verhandelt und gehandelt wurde, hat sicher keine Freude an diesem System gehabt. Das Hineinwerfen eines Gedankens in den wohlausgeglichenen Bau eines Entwurfs hat oft nicht geringe Schwierigkeiten bei der Handhabung des Gesetzes zur Folge gehabt. Als das BGB. geschaffen werden sollte, hat Josef *Kohler* verlangt, daß die Arbeit einem einzigen Manne zur einheitlichen Schöpfung übertragen werden sollte. Das autoritäre Prinzip hatte sich auf diesem Gebiete in ihm geregt. Zu entbehren ist die Fühlung mit der Wirklichkeit nicht. Auch jetzt sagte der Minister der Versammlung zu, daß auf dem Gebiete des Wirtschaftsrechts nichts ohne Zuzug der maßgebenden Vertreter der Wirtschaft geschehen werde. Sie werden gehört werden, ohne bestimmen zu können. In der Gesetzgebung wird sich das Verhältnis zwischen Staat und Wirtschaft ausprägen. Nun heißt es, nicht die Wirtschaft dürfe den Staat bestimmen, dieser müsse jene zwar fördern und sichern, aber daher auch bestimmen. Vielleicht weicht dies doch nicht so sehr von den Gedanken ab, die auch die frühere Zeit schon kannte. Ich habe stets betont, daß zwar das Recht der Wirtschaft aus ihr schöpfe und ihr diene. Aber höher noch muß die Ethik des Rechts stehen. Ihr hat sich die Wirtschaft zu fügen. So dürfen wir auch die neuere Formulierung verstehen und so auch begrüßen. (...)

Auch der *nichtarische Rechtsanwalt*, dessen Zulassung aufrechterhalten wurde, soll, schon im Interesse der Rechtssicherheit und der arischen Anwaltsangestellten, den Schutz des Staates für ungestörte Ausübung seines Berufes beanspruchen können.[77] Die Generalstaatsanwälte sollen ein besonderes Augenmerk darauf lenken, daß der Anwalt in der Ausübung seines Berufes weder gehindert, noch bedroht oder sonst beeinflußt, noch wegen pflichtgemäßer Berufshandlung von irgendeiner Seite zur Verantwortung gezogen werde. Uebergriffe dieser Art sollen unnachsichtlich verfolgt werden. Diese Worte sind zunächst an die Staatsanwaltschaft gerichtet. Liegt es aber nicht auch in der gleichen Linie, daß den Bestrebungen, den nichtarischen Rechtsanwälten auf anderem Wege die Ausübung ihres Berufs zu erschweren, entgegengetreten werde? Die Verhütung einer Erschwerung der Parteien in der Wahl der Prozeßvertreter gehört wohl auch zur Durchführung der Rechtspflege.

Die *Verfassung Hamburgs* hat eine andere Gestalt erhalten. Der Senat ist von zwölf auf fünf Mitglieder herabgemindert. An seiner Spitze steht ein Bürgermeister. Im Gegensatz zum früheren System herrscht nicht mehr das Kollegialprinzip. (...) Zugrunde liegt ihm

77
Hachenburg bezieht sich hierbei auf einen Erlass des bayerischen Justizministers Hans Frank an die Generalstaatsanwälte bei den bayerischen Oberlandesgerichten, um hieraus ein Argument gegen den Regelfall zu ziehen, in dem die jüdischen Rechtsanwälte in ihrer Berufsausübung durch die Gerichte und die anderen Anwälte empfindlich behindert wurden.

der Gedanke, den man als das Führerprinzip bezeichnet: die Abstreifung der Mehrheitsbeschlüsse und der in diesen liegenden Abschwächung des Verantwortungsgefühles. Er beherrscht unverkennbar das ganze Leben und Empfinden. Man wird sich darauf einstellen, daß er auch in anderen Rechtsgebieten sich durchzusetzen bestrebt sein wird. Man wird aber sorgsam zu erwägen haben, ob er überall die gleiche Bedeutung haben kann. (...)

Einer unserer markantesten und vielbesprochensten Juristen ist jäh aus der Welt geschieden. Es gab eine Zeit, in der der Name *Max Alsberg*[78] auf aller Lippen war. Kein größeres Strafverfahren, in dem er nicht als Verteidiger auftrat oder doch erwartet wurde. Ueber die Kunst der Verteidigung hat sich Alsberg selber wiederholt geäußert. Aber das, was ihn dabei auszeichnete, läßt sich weder lehren noch lernen. Es floß aus seiner eigenartigen Persönlichkeit und seiner besonderen Begabung. Man hat Alsberg ein feines Fingerspitzengefühl für das jeweils Richtige nachgerühmt. Er besaß aber mehr als nur dieses. Gerade Alsberg ist ein Beweis dafür, daß nur der Rechtsanwalt seinem Amt und dessen hoher Aufgabe gerecht wird, der auch ein Stück seines Selbst opfert. Nicht, indem er sich mit dem Klienten identifiziert. Das hat Alsberg nie getan. Aber er darf auch nicht als unbeteiligter Zuschauer das ihm anvertraute Schicksal sich vor seinen Augen abrollen lassen. Er muß es miterleben. Man hat nach der Quelle der Erfolge Alsbergs gefragt. Sie dürfte nicht zum geringsten Teile in diesen Momenten liegen. Nicht daß seine Reden auf eine Einwirkung auf das Gefühl der

78
Der jüdische Rechtsanwalt Max Alsberg (geb. 1877) hatte am 11. Sept. 1933 im Schweizer Exil Selbstmord begangen. Als vielleicht berühmtester Strafverteidiger der Weimarer Republik hatte er eine Vielzahl prominenter Mandanten unabhängig von ihrer politischen Richtung vertreten (Stinnes, Helfferich, Ossietzky, den oben erwähnten Caro etc.). Auch publizierte er vielfältig, u.a. als Autor des Fachbuchs „Der Beweisantrag im Strafprozeß", das auch aktuell noch in der 7. A. fortgeführt wird, und zugleich auch als Theaterautor.

Richter abgestellt gewesen waren. Im Gegenteil, sie waren sachlich sorgfältig abgewogen, logisch aufgebaut. Aber hinter diesen Ausführungen des Juristen stand ein ungewöhnlicher Mensch. Ungewöhnlich auch in seiner Vielseitigkeit und der universellen Bildung. Diese wieder wirkte sich nicht nur in seinen literarischen Versuchen aus. Ihre Reflexe zeigten sich in seiner Berufsarbeit. Es ist möglich, daß die neue Zeit nicht nur neue Männer, sondern auch eine neue Auffassung von der Art der Verteidigung hervorbringt. Aus der Geschichte des deutschen Strafrechts wird der Kriminaltheoretiker und Praktiker Alsberg nicht hinweg zu denken sein.

15. Oktober

Der Leipziger Juristentag brachte die Neuschaffung der „*Akademie für deutsches Recht*". Sie wurde feierlich am 2. Okt. 1933 proklamiert. Ihre Mitglieder, soweit sie nicht die obersten Behörden und Leiter der Partei sind, sind von der Regierung ernannt. Neben den Lehrern des Rechts stehen dessen Praktiker. Neben den Juristen die Vertreter der anderen schaffenden Stände.[79] Das Interesse am Recht soll sie zusammenführen. Der Jurist schöpft seine Anregung aus den Mitteilungen über die Wünsche des Volks, aus Ablehnungen des bestehenden oder Neuregelung des kommenden Rechts. Nichts Menschliches soll ihm fremd sein. Der Nichtfachmann (man vermeidet besser die Bezeichnung „Laie") soll einen Einblick in die Werkstatt der juristischen

79
Die „Akademie für deutsches Recht" residierte in München. siehe oben 15. Aug. 1933. Rechtspolitische Bedeutung erlangte sie nicht. Bekanntheit hat vor allem der „Ausschuss für Rechtsphilosophie" anlässlich einer vor wenigen Jahren in den deutschen Feuilletons geführten Debatte über die Dauer und Bedeutung der Mitgliedschaft des Philosophen Martin Heideggers erlangt. Unter dem Vorsitz von Hans Frank waren nicht nur Juristen dort Mitglieder, wie etwa der „Kronjurist des III. Reiches" Carl Schmitt, sondern auch der führende NSDAP-Ideologe Alfred Rosenberg, der Psychiater Max Mikorey, der Biologe Jakob Johann von Uexküll, der als ein Wegbereiter der Ökologie gilt, der Philosoph und Kulturantrophologe Erich Rothacker, bei dem im übrigen 1954 Jürgen Habermas promovierte, der NS-Publizist Julius Streicher und eben auch der Philosoph Martin Heidegger.

Technik erhalten. Er wird lernen, daß nicht jeder rasch hingeworfene Gedanke, der ihm einzuleuchten scheint, fähig ist, Gesetz zu werden. Wie überhaupt, daß man Gesetze nicht improvisieren kann, ohne schwer wieder gutzumachenden Schaden anzurichten. So kann die Akademie des Rechts das große Sieb werden, durch das zahllose Anregungen hindurch gehen, ehe sie an die Regierung gelangen oder von dieser in Arbeit genommen werden. (...)

Das *Reichserbhofrecht* v. 29. Sept. 1933 setzt an Stelle bisheriger landesrechtlicher Anordnungen, namentlich des bahnbrechenden preuß. Gesetzes, ein einheitliches deutsches Recht. Es wird nicht nur juristisch von größtem Interesse sein. In der Geschichte des deutschen Volkes wird es einen Markstein bilden. Es will den freien Bauernstand als Adel der Nation, wie er bei Beginn der deutschen Geschichte bestand, wiederherstellen. Daher muß er, wie früher der Adel im Lehen- und Fideikommißrecht, an das Bauerngut gebunden werden. Es ist unveräußerlich und unpfändbar, das besagt, daß der Bauer weder Kredit brauchen noch erhalten soll. Auch die Ansprüche, die gegenüber dem Bauern dessen Geschwistern zustehen: auf eine dem Stande des Hofes entsprechende Ausbildung und bei ihrer Verselbständigung, bei Töchtern bei ihrer Verheiratung auf Gewährung einer Ausstattung, gelten nur, „soweit die Mittel des Hofes dies gestatten“ (§ 30 Abs. 2). Aufnahme von fremdem Kapital findet nicht statt. Die Belastung des Hofes mit den Ausgleichsansprüchen ist ausgeschlossen. Das Idealbild ist das Verbleiben der Kinder des verstorbenen Bauern als

Helfer auf dem Hofe. Eine Zersplitterung darf nicht eintreten. (...)

Die *Denkschrift des preuß. Justizministers: „Nationalsozialistisches Strafrecht“*[80] wurde mit Spannung erwartet und gelesen. Das war nicht nur wegen des Gegenstandes begreiflich. (...) Sie zeichnet sich durch Klarheit und Einfachheit der Sprache aus. Auch da, wo es sich um keineswegs einfache Probleme handelt, ist ihre Darstellung gemeinverständlich, ein Beweis also, daß man Gesetze so abfassen kann, daß kein Rätselraten über ihren Inhalt ihrer Anwendung vorausgehen muß. (...) An zwei Stellen setzen die Bedenken ein. Der alte Satz: „Nulla poena sine lege“ ist nicht mehr vorhanden. Auch bei einer nicht ausdrücklich als strafbar erklärten Handlung, die nach gesunder Volksanschauung sittlich verwerflich ist, deren Bestrafung von den einem bestimmten Strafgesetz zugrunde liegenden Rechtsgedanken gefordert wird, hat der Richter die Strafe für die Tat innerhalb des Rahmens der entsprechend angewendeten Strafgesetze festzusetzen. Damit wird der Richter zum Gesetzgeber. Der zweite Punkt fließt aus der Rassenfrage. Kann man daraus die Beschränkung des Inzestes auf den geschlechtlichen Verkehr zwischen Eltern und Kindern und zwischen Geschwistern ableiten? Sträubt sich das Volksempfinden nicht auch gegen den Verkehr zwischen Stiefvater und Stieftochter? Das Kapitel über den „Rasseverrat“, Vermischung eines Deutschen mit einem Angehörigen fremder Blutsgemeinschaft oder Rasse, ist noch Blankettgesetz. Es setzt bestehende Gesetze zu deren Fernhaltung voraus. Vorab ein Gesetz gegen Mischehen.

80 Preußischer Justizminister war Hanns Kerrl (s. o. 1. Aug. 1933). An der Denkschrift war maßgeblich Roland Freisler beteiligt, der zu dieser Zeit Staatssekretär im preußischen Justizministerium war.

Gedacht ist aber auch an außereheliche Beiwohnung. Theoretisch und praktisch wird hier noch manches Wort gesagt werden. Hier setzt eine wertvolle Aufgabe der neuen Akademie des Rechts ein. (...)

Daß auch die *Schweiz* von den Krisen, die die Weltwirtschaft erschüttern, nicht unberührt bleiben werde, war vorauszusehen. Auch daß dann das Eingreifen des Staates die Folge sein mußte. Dem soll jetzt *eine Aenderung der Bundesverfassung* die rechtliche Grundlage geben. Der Bund wird für befugt erklärt, im Gebiete von Landwirtschaft, Industrie und Gewerbe auf dem Wege der Gesetzgebung „namentlich über Arbeitsnachweis und Arbeitslosenversicherung einheitliche Vorschriften aufzustellen“. Das wäre nichts Neues und Revolutionäres. Er darf aber auch „besondere Maßnahmen zum Schutze und zur Erhaltung kleinerer und mittlerer Betriebe vorsehen“. Das geht schon erheblich weiter. Es erinnert an die Vorgänge in Deutschland. Und wenn es am Schlusse heißt: „Die Bundesgesetzgebung kann, wo das allgemeine Interesse es dringend erfordert, vom Grundsatz der Handels- und Gewerbefreiheit abgehen“, so bedeutet dies für ein Land wie die Schweiz einen Schritt, der es trotz allen Widerstrebens doch den Vorgängen in Italien, Deutschland und Nordamerika nähert. Gewiß gab es auch in früherer Zeit in diesen Staaten keine absolute Gewerbefreiheit. Es fanden sich immer und überall, auch in der Schweiz, Gebiete, die der Staat seiner Regelung unterwarf. Man erinnert sich auch bei uns an das Verbot der Errichtung neuer Hotels. Aber daß jetzt das bisherige Palladium der Gewerbefreiheit auch in der Schweiz nicht mehr aufrechterhalten werden kann, daß die Not auch hier ein Aufgeben dieses Prinzips zu erzwingen scheint, gibt zu denken. Der Schutz des Mittelstandes weist auch auf diesen Weg.

1. November

Ueber die Bedeutung des Völkerbundes und seine *Schwächen*, über die *Abrüstungskonferenz* und die stets von Frankreich hierbei erhobenen *neuen Schwierigkeiten* hat sich die „Juristische Rundschau" der DJZ. oft genug geäußert. Die Zweifel an der Brauchbarkeilt des Völkerbundes gehen fast bis auf seine Entstehung zurück. Sie wurden auch beim Eintritt Deutschlands in den Völkerbund nicht unterdrückt. Es ist selbstverständlich nicht angängig, jetzt wieder alle diese einzelnen Stellen aufzuführen. (...) So ist die deutsche Regierung folgerichtig zu der Abberufung ihres Vertreters in der Abrüstungskommission und zur Erklärung ihres Ausscheidens aus dem Völkerbund geschritten. Der Reichskanzler hat sich in seiner großen Rede mit warmen Worten unmittelbar an den französischen Ministerpräsidenten gewandt. Ich fürchte, man wird dasselbe Schauspiel wie früher erleben. Nicht dieser entscheidet, sondern die Stimmung, in der man das ganze Land immer wieder erhalten hat. Man spricht von dem Eintreten des Viererpakts.[81] Auch hierauf sollte man nicht allzuviel Hoffnung setzen. (...)

Das Gesetz zur *Gewährleistung des Rechtsfriedens* v. 13. Okt. 1933 gilt in erster Linie dem politischen

81
Am 15. Juli 1933 war, von Mussolini angeregt, ein Viermächtepakt zwischen dem Deutschen Reich, Frankreich, Großbritannien und Italien unterzeichnet worden. Ein echtes Interesse am völkerrechtlichen Sicherheitssystem zeigte dies wohl nicht, wurde aber als „Großer Friedensplan" propagandistisch ausgeschlachtet.

Verbrechertum. Angriffe gegen den Bestand, die Sicherheit und das Ansehen des Staats, Gewalttaten gegen seine Träger und die Träger der nationalsozialistischen Bewegung sollen unter Einsatz aller staatlichen Machtmittel unterdrückt werden (Begründung: Reichsanzeiger v. 16. Okt. 1933 S. 3). Das künftige Strafrecht wirft hier seine Schatten insoweit voraus, daß jeweils bestraft wird, „wer es unternimmt". Das Unternehmen der Tötung einer der in § 1 Abs. 1 Nr. 1 und 2 aufgezählten Personen wird mit dem Tode oder lebenslänglichem Zuchthaus oder mit Zuchthaus bis zu 15 Jahren bestraft. Das gleiche gilt für den Hochverrat, begangen durch die Herstellung einer Druckschrift im Ausland und deren Verbreitung im Inland. Gesetze zum Schutze einer bestehenden Regierungsmacht sind allen Rechtssystemen bekannt gewesen. Vielleicht ist es hier als Novum anzusehen, daß neben den Organen des Staates die Angehörigen der Sturmabteilungen (einschließlich des Stahlhelms) und der Schutzstaffeln der NSDAP. benannt sind. Doch wird hervorgehoben, daß dieser Schutz nur dann gilt, wenn die Tat aus politischen Beweggründen oder wegen ihrer amtlichen oder dienstlichen Tätigkeit begangen wird. In allen anderen Fällen findet das allgemeine Strafrecht Anwendung. Der erhöhte Strafschutz gilt nur der amtlichen oder politischen Tätigkeit des Bedrohten oder Betroffenen.

Mit dem Datum v. 4. Okt. 1933 hat die Reichsregierung das *Schriftleitergesetz* verkündet. Zum ersten mal wird der Beruf des Schriftleiters rechtlich als solcher geregelt. Niemand darf sich Schriftleiter nennen, der nicht nach dem Gesetz hierzu berechtigt ist. Berechtigt ist nur der, der von dem Verbande der Gesamtheit der Schriftleiter zugelassen wird. Die Voraussetzungen hierzu sind im Gesetz geregelt. Fachmännische Ausbildung ist verlangt. Ein Examen wird jedoch nicht abgenommen. Es genügt der Nachweis der im Gesetz vorgesehenen Vorbereitung. Die Zulassung erfolgt auf Antrag durch den Eintrag in die Berufsliste der Schriftleiter. Man wird schon hier an die Aehnlichkeit mit dem Aufbau der Rechtsanwaltschaft erinnert. Nur daß für diese die Ablegung der zum Richterberuf berechtigenden Prüfungen verlangt wird. Zum Schutz des Schriftleiterberufs werden Berufsgerichte der Presse gebildet. Ueber dem Bezirksgericht als 1. Instanz steht der Pressegerichtshof in Berlin. Ein Schriftleiter, der gegen seine öffentlichen Berufspflichten verstößt, begeht ein Berufsvergehen. Als Strafen sind hier Verwarnung, Geldstrafen bis zum Betrage eines monatlichen Berufseinkommens und die Löschung in der Berufsliste vorgesehen. Das erinnert wieder an das Verfahren vor dem Ehrengericht der Rechtsanwälte. Eigen ist aber dem Schriftleitergesetz, daß, unabhängig von dem Verfahren vor den Berufsgerichten, der Reichsminister für Volksaufklärung und Propaganda die Löschung eines Schriftleiters in der Berufsliste verfügen kann, wenn er es ausdringenden Gründen des öffentlichen Wohls für erforderlich hält. Der Unterschied zu dem Verfahren bei der Rechtsanwaltschaft erklärt sich wohl aus der Besonderheit des Berufs der Schriftleiter und ihrer Bedeutung für das politische Leben.[82] (...)

82
Das Gesetz trat dann am 1. Jan. 1934 in Kraft. Die Bestimmung nach § 5 Nr. 3 erwähnt Hachenburg hier nicht: „Schriftleiter kann nur sein, wer (...) arischer Abstammung ist und nicht mit einer Person von nichtarischer Abstammung verheiratet ist". Das bedeutete das Ende der DJZ unter ihrem jüdischen Herausgeber Otto Liebmann und mit ihrem jüdischen Kolumnisten Max Hachenburg.

15. November

Der *Reichsaußenminister* hat am 6. Nov. in einer großangelegten Rede im Deutschen Club den Austritt Deutschlands aus dem *Völkerbund* gerechtfertigt.[83] „Man wird meine Ausführungen als eine Anklagerede gegen den Völkerbund bezeichnen", sagte er selbst. Sie ist es auch. Es bedarf auch keiner Entschuldigung hierwegen. Die trüben Erfahrungen, welche nicht nur Deutschland mit diesem Teile des Vertrages von Versailles gemacht hat, sind jedem längst zum Bewußtsein geworden. Aber sie in einer langen Reihe aufgezählt zu hören, verstärkt und befestigt die Meinung über diese in einer unglücklichen Stunde geschaffene mißlungene Verkörperung eines an sich schönen Gedankens. Eine Stelle der Rede des deutschen Außenministers faßt in wenigen Worten den Grund dieses Mißlingens zusammen: „Es ist möglich, daß Siegermächte sich einen Apparat zu dem offen eingestandenen und brutalen Zweck der dauernden Niederhaltung des Besiegten schaffen; es ist auch eine Organisation von gleichberechtigten Mächten zur aufrichtigen Verfolgung gemeinsamer Ziele möglich; was aber auf die Dauer unmöglich ist, das ist eine Verkoppelung dieser beiden Dinge, die doch schließlich nur in der Weise erfolgen kann, daß die äußerliche Form der Zusammenarbeit zur Kulisse für den eigentlichen machtpolitischen Zweck gemacht und daß die geschaffene Organisation der einseitige Vollstrecker des Willens der Siegermächte wird." So wird dem Völkerbund als einziges Verdienst das eines Experimentes bleiben, aus dem man gelernt hat, wie man es nicht machen darf.[84]

83
Konstantin von Neurath, 1873–1956, war nach dem Studium der Rechtswissenschaften 1901 in den konsularischen und später in den diplomatischen Dienst getreten. Nach Stationen in London, Konstantinopel, Kopenhagen und Rom war er von 1932–1938 Reichsaußenminister. 1937 trat er der NSDAP bei, von 1939 bis 1941 war er Reichsprotektor in Böhmen und Mähren. 1941 wurde er beurlaubt, 1943 auf eigenen Wunsch entlassen. Im Nürnberger Prozess gegen die Hauptkriegsverbrecher wurde er 1946 zu 15 Jahren Gefängnis verurteilt, 1954 jedoch vorzeitig entlassen.

84
Vgl. „Zahnloser Tiger: Der Völkerbund", S. 89.

Die Zukunft wird zeigen, ob man auch in anderen Ländern diese Lehre verstanden hat und ob es gelingt, einen wahren Bund der Völker auf der Basis der Gleichstellung zu bilden. (...)

Die *Strafrechtsreform*, die gemeinsam mit *Deutschland* in *Oesterreich* vorgenommen wurde, war in der letzten Zeit dort in den Hintergrund getreten. Andere dringende Fragen hatten den Vorrang erlangt. Um so angenehmer berührt es, wenn der österreichische Staatssekretär für Justiz, *Glas*, auf eine Frage durch die Presse sich hoffnungsvoll äußert. (...) Die gleiche Hoffnung hat Glas für die Neugestaltung und Gleichgestaltung der Reform einer Vergleichsordnung[85] ausgesprochen. Der von den Vertretern des Reichsjustizministeriums und denen des österreichischen Bundesministeriums für Justiz ausgearbeitete Entwurf bewege sich in der Richtung einer wesentlichen Verstärkung des Gläubigerschutzes. Es ist durchaus erfreulich, von Oesterreich eine derartig hoffnungsstarke Stimme zu hören. Namentlich, wenn sie die eines Mannes von Gewicht ist. Die Wolken, die jetzt am politischen Horizont sind,[86] werden auch wieder einmal verschwinden. Dann kann die Saat, die bisher gesät wurde, und die jetzt unter der schützenden Decke der Ministerien schlummert, doch noch einmal aufgehen.

Der Vorstand des Deutschen Anwaltvereins hat in der Jurist. Wochenschrift v. 28. Okt. 1933 bekannt gemacht, daß auf Anordnung des Reichsjustizkommissars alle juristischen Fachvereinigungen in ihrer bisherigen Form bis spätestens 31. Dez. 1933 zu liquidieren und in

85
Vgl. „Konkurs in Krieg und Krise", S. 261.

86
Der seit März 1933 diktatorisch regierende, nationalistische Bundeskanzler Engelbert Dollfuß (1892–1934) kämpfte in politischen Unruhen auf der einen Seite gegen die NSDAP, die in Österreich den „Anschluss" vorantrieb, und auf der anderen Seite gegen die SPD. Am 25. Juli 1934 wurde er während eines nationalsozialistischen Putschversuchs erschossen.

die zuständigen Fachgruppen des Bundes Nationalsozialistischer Deutscher Juristen[87] zu überführen sind. Die näheren Anordnungen über die Art der Eingliederung in die anwaltschaftlichen Fachgruppen des Bundes Nationalsozialistischer Deutscher Juristen werden noch erfolgen. Wie sie auch lauten mögen, der Deutsche Anwaltverein als solcher hört nach einer Tätigkeit von über 60 Jahren auf, zu bestehen. (...)

87 Von Hans Frank bereits 1928 gegründete Organisation, in der 1933 im Wege der Gleichschaltung alle bisherigen juristischen Verbände aufgingen. 1936 Umgestaltung zum Nationalsozialistischen Rechtswahrerbund.

In einer Sitzung des Reichsjustizkommissariats v. 3. Nov. 1933 faßten die durch ihre Führer vertretenen deutschen Rechtsanwälte eine Entschließung über die *kostenlose Rechtsberatung Unbemittelter.* Was in einzelnen Bezirken bereits aus der eigenen Initiative hervorging, soll nun Standesrecht für ganz Deutschland werden. Gesetzliche Maßnahmen hierzu werden erbeten. Es ist als sicher anzunehmen, daß dieser Anregung Folge geleistet wird. Dabei wird freilich darüber, wie dies zu geschehen hat, noch eine nähere Aufklärung zu erfolgen haben. Um ein vollständiges Novum handelt es sich nicht. Auch diese kostenlose Beratung war schon seit langem für jeden Rechtsanwalt, der sich seiner Berufspflicht bewußt war, eine Selbstverständlichkeit. Auch ohne gesetzliche Vorschrift hat man dem Hilfesuchenden ohne Entgelt Rat und Auskunft gegeben. Ich kann mir nicht vorstellen, daß ein deutscher Rechtsanwalt sich jemals geweigert hätte, den Mittellosen anzuhören und ihm die verlangte Aufklärung zu geben. Es fehlte aber bisher an dem Vertrauen im Volke. Die Furcht, zurückgewiesen zu werden, schreckte ab. Man wollte nicht glauben, daß auch ohne Zuweisung im Prozesse der Rechtsanwalt es als eine vornehme Pflicht betrachtet, denen, die seiner bedürfen, auch ohne Vergütung zu helfen. Wird reichsrechtlich in irgendeiner Form diese Auffassung des Standes dem Volke verkündet, so wird hierdurch bewirkt, daß man dort die Scheu vor dem Betreten des Anwaltsbüros überwindet. Dann wird auch der Stand der Rechtsanwaltschaft wieder fester im Volksbewußtsein verwurzelt sein. Man erkennt, welche Bedeutung für die Wahrung des Rechts eine gesunde Anwaltschaft hat.

---

1. Dezember

Vor der Berliner Rechtsfront sprach am 15. Nov. der Reichsjustizkommissar Dr. *Frank* über die *Reform des deutschen Rechts*. Sie hat von der Vorstellung eines einheitlichen deutschen Staatsgebildes auszugehen. Das besagt, daß hierbei auch die früheren Gegner mitwirken sollen bei dem Aufbau einer Volksgemeinschaft. Es liegt noch ein weiteres darin. Unterschiede zwischen den verschiedenen Teilen des Reiches kann es dann nicht mehr geben. Das Reichsrecht wird das Landesrecht endgültig brechen. Es darf angenommen werden, daß trotzdem den Eigenarten einzelner Landschaften und Stämme auf besonderem Gebiete Rechnung getragen werden kann. Die allgemeine Reichsreform ist wieder in den Vordergrund gerückt. Wenn der Reichsjustizkommissar hervorhebt, „daß hierfür die reine Vernunft allein maßgebend sein wird und wir endlich einmal das Ziel erreichen wollen, daß wir in erster Linie deutsch und nichts als Deutsche sein wollen“, so schließt sich dies an die bisherige Einstellung der Ausschaltung der Macht der Länder an. Als eine Unterdrückung dieser braucht es nicht gedeutet zu werden. In der gleichen Weise ist der Vereinheitlichung der Justiz gedacht.[88] Sie dient dem gleichen Zwecke, dem staatsorganischen Aufbau des ganzen Volkes. Wenn die Wiedergabe der Rede in der Presse richtig ist, so hat der Reichskommissar schon hier das Wort „allmählich" eingeflochten. Das stimmt auch zu dem sonstigen Inhalt. „Wir denken nicht daran, die Reform zu überstürzen und irgendwie nervös zu werden." Und weiter: „Es ist auch nicht so, daß man eine 300jährige Entwicklung etwa in wenig Tagen oder Wochen umgestalten könnte." Das ist sicher mit klarer Absicht ausgesprochen. Die Gestaltung des Rechts setzt eine innerliche Festigung des Lebens eines Volkes voraus. Das Gebiet des Rechts ist ein ungeheuer weites. Nur in geduldiger und ruhiger Beobachtung wird sich erkennen lassen, wo es einer Erneuerung und welcher es bedarf. Auf verschiedenen Gebieten des *Rechts* sind in jahrelangen Erörterungen die Früchte einer Reform gereift. Es fehlte die Hand, sie zu pflücken. Oder es mangelte ihr an der Kraft hierzu. Die derzeitige Regierung besitzt diese. (...)

Das Reichskabinett hat sich mit der vielumstrittenen Frage der *Doppelverdiener* beschäftigt.[89] Es hat seine grundsätzlichen Erwägungen bekanntgegeben. Während sonst nur zu einem *erlassenen* Gesetz Motive verfaßt werden, wird hier die Begründung für das *Unterlassen* eines Gesetzes gegeben. Der Widerstand gegen das Doppelverdienen erklärt sich aus der Not

88
Die Rechtspflege war Angelegenheit der Länder. Bestrebungen, dies zu ändern und die Justiz zu „verreichlichen" wurden schon während der Weimarer Verfassungsberatungen laut, und auch Max Hachenburg hat dies in seinen Kolumnen immer wieder vertreten, da man Kosten und Personal einsparen, eine einheitliche Ausbildung, Besoldung und Gebührenordnung einführen, Zufälligkeiten bei der Gebietseinteilung korrigieren und die Flickschusterei im Verfahrensrecht beenden könne.

89
„Doppelverdiener", also insbesondere arbeitende Ehefrauen mit einem berufstätigen Ehemann, waren in Zeiten der Weimarer Republik besonderen Anfeindungen ausgesetzt, weil man fürchtete, dass sie die von anderen dringend benötigte Arbeit „wegnehmen" könnten. Für Beamte hatte dies sogar zu einer gesetzlichen Regelung geführt, so dass verheiratete Frauen vielfach nicht mehr weiterarbeiten konnten. Das Für- und Wider solcher Verbote auch in der Privatwirtschaft wurde allseits diskutiert. Im November 1933 stellte sich das Reichsarbeitsministerium in einer Denkschrift gegen eine solche Regelung.

der Zeit. Wäre die furchtbare Krise nicht über das deutsche Volk hereingebrochen, so hätte man es jedem überlassen, seine Arbeitskraft so zu verwerten, wie es ihm gut schien. Wo aber viele ohne Arbeit und Anstellung waren, tauchte das Verlangen auf, daß jeder, der aus einer Tätigkeit ein hinreichendes Einkommen beziehe, sich zugunsten des Darbenden einer weiteren Betätigung im Erwerbsleben enthalte. Man konnte die fortschreitende Ausdehnung des Doppelverdienens beobachten. Zuerst auf Mann und Frau, dann auf Vater und Töchter und überhaupt auf die Familie. Das führte zu der Stellungnahme der Reichsregierung. Sie hat nicht nur die gesetzgeberische Regelung abgelehnt. Sie schützt auch den „Doppelverdiener“ vor einer moralischen Diffamierung. In gesundem wirtschaftlichem Erkennen wird davor gewarnt, „daß das Leistungsprinzip immer mehr in den Hintergrund gedrängt wird.“ (...)

Es wird berichtet, daß die *italienische Regierung eine Verfassungsreform* beabsichtigt. Sie läßt sich dahin zusammenfassen, daß der Nationalrat der ständischen Korporationen mit dem Parlament zu einer korporativen Kammer vereinigt werden soll. Anscheinend gehen dabei die Aufgaben des Parlaments auf den Nationalrat der Korporationen über. Dieser setzt sich aus den Vertretern der Wirtschaftsstände zusammen. Selbstverständlich muß die endgültige Entschließung Mussolinis abgewartet werden. Doch ist anzunehmen, daß die durch die Presse verbreitete Nachricht nicht ohne seine Zustimmung erfolgte. Man weiß, daß schon bisher die Wirtschaftsverbände auf die Bildung der Kammer einen erheblichen Einfluß hatten. Der Nationalrat der Korporationen ist wiederholt bei der Ausarbeitung und Beratung von Gesetzen tätig gewesen. Der Grundgedanke des faschistischen Systems, eine ständige Volksvertretung zu schaffen, nähert sich der Verwirklichung. Italien hatte das Glück, daß es zuerst praktische Erfahrungen sammeln konnte. Sie sind offenbar günstig gewesen. Man kann jetzt dort in Ruhe zur Neuschaffung einer Volksvertretung schreiten. Daß man in Deutschland diesem Vorgehen mit großem Interesse folgt, ist begreiflich.

15. Dezember[90]

In Berlin fand unter Vorsitz des *Reichsbankpräsidenten Dr. Schacht* die erste öffentliche Sitzung der *Bank-Enquete-Kommission* statt. Gegenstand der Verhandlung war die Verstaatlichung der Banken. Der Vorsitzende konnte am Schluß feststellen, daß nahezu Uebereinstimmung darüber bestehe, daß von einer Totalverstaatlichung abgeraten werden müsse. Damit ist das Problem noch nicht gelöst. Die Ablehnung des absoluten Uebergangs aller Banken auf den Staat schließt nicht aus, daß er doch teilweise in Frage käme. Eine Verstaatlichung der mittleren Aktien- und der Privat-Banken würde zwar ausgeschlossen sein. Dagegen wäre immer noch die Uebernahme der Großbanken vom Reich denkbar. Zweifellos sind diese aus der Sphäre der Privatwirtschaft herausgewachsen. Sie sind diejenigen Institute, die in der Vergangenheit den größten Einfluß auf die Wirtschaft gehabt haben. Sie waren die Kreditgeber

90
In diesem Heft verabschiedete sich der Verleger und Herausgeber der DJZ Otto Liebmann von seinen Lesern. Er hatte den Verlag Otto Liebmann mit Wirkung zum 15. Dez. 1933 an die C. H. Beck'sche Verlagsbuchhandlung verkauft, wozu neben der DJZ auch die lukrative und bis heute fortgeführte Reihe der Kurz-Kommentare gehörte. Ausdrücklich verabschiedete sich Liebmann auch von Max Hachenburg, dessen Kolumnistentätigkeit mit diesem Heft ebenfalls zu Ende ging. Otto Liebmann starb am 13. Juli 1942 in Berlin. Bei der Beerdigung des berühmten Verlegers waren nur drei Trauernde anwesend: Der bedeutende Rechtswissenschaftler Leo Rosenberg (1879–1963), der die Gedächtnisrede hielt, und die zwei Töchter Liebmanns. Beide wurden im Konzentrationslager Auschwitz ermordet.

der Industrie. Sie entsandten die Mitglieder ihres Vorstandes und ihres Aufsichtsrates in deren Aufsichtsräte. Daraus erwuchs die Frage der Neugestaltung des Aufsichtsrats im künftigen Aktienrecht. Hieraus allein aber wird man diese außerordentlich tief in das Wirtschaftsleben eingreifende Frage der Verstaatlichung nicht entscheiden können. Die Kommission soll sich weiter mit der Prüfung der Frage befassen, welche Mängel das Bankwesen in der Vergangenheit gezeigt hat.[91] Zugleich auch, ob sie durch eine stärkere Einflußnahme des Reichs oder der Reichsbank beseitigt werden könnten. Daraus kann man ersehen, daß auch hier von dem wirklichen Leben ausgegangen werden muß. Man muß wissen, worin die Bedenken, die man gegen die Gebarung der Großbanken aufwirft, wurzeln. Sind sie auf anderem Wege als durch die Verstaatlichung zu beseitigen, dann wird der Einwand gegen diese, daß man dem Staat hierdurch Verantwortungen auferlege, die er nicht tragen, und Aufgaben zumute, die er nicht erfüllen könne, wieder an Bedeutung gewinnen. (...)

91
Diese Arbeiten der Kommission führten zum Erlass des Reichsgesetzes über das Kreditwesen vom 5. Dez. 1934, das als Kreditwesengesetz bis heute das zentrale Gesetz zur Bankenaufsicht in Deutschland ist.

Teils war es die Nachricht von *Wielands* 200jährigem Geburtstag, teils das Verlangen, in der Vergangenheit Aufschluß über die Gegenwart zu suchen, was mich veranlaßte, Wielands Agathon, seinen schon bei Erscheinen vielumstrittenen philosophischen Roman hervorzuholen[92]. Es war nicht vergebens. Der Grundgedanke, die Ueberwindung des Tieres im Menschen durch den Geist, das Ringen eines begabten Mannes um diesen Sieg trat klar vor Augen. Zuletzt befestigt sich in dem Helden der Geschichte die Ueberzeugung, „daß der Mensch – auf der einen Seite den Tieren des

92
Wieland beschreibt in diesem 1766/67 erschienenen Bildungsroman die Entwicklung Agathons von einer idealistischen Weltsicht hin zu einer bürgerlich-praktischen Lebensweisheit, orientiert am griechischen Ideal vom „Schönen und Guten“ (kalós kai agathós).

Feldes, auf der anderen den höheren Wesen und der Gottheit selbst verwandt – zwar ebenso unfähig sey, ein bloßes Tier als ein bloßer Geist zu seyn; aber daß er nur alsdann seiner Natur gemäß lebe, wenn er immer emporsteige". Zu gleicher Zeit kam mir *Oswald Spenglers* Schrift „Jahre der Entscheidung. Erster Teil: Deutschland und die weltgeschichtliche Entwicklung" (*Spengler*, Jahre der Entscheidung. Teil1: Deutschland und die weltgeschichtliche Entwicklung. 1933. München, Beck. 3,20 M.) zu. Ihm ist der Mensch immer noch ein Raubtier. „Alle die Tugendbolde und Sozialethiker, die darüber hinaus sein oder gelangen wollen, sind nur Raubtiere mit ausgebrochenen Zähnen, die andere wegen des Angriffs hassen, den sie selbst weidlich vermeiden." Und weiter: „Der breite Zug der Weltverbesserer, der seit Rousseau durch diese Jahrhunderte trottete und als einziges Denkmal seines Daseins Berge bedruckten Papieres auf seinem Wege zurückließ, ist zu Ende" (S. 14). Es handelt sich hier nicht um ein Urteil zwischen den beiden sich widersprechenden Auffassungen. Jede ist ein Kind ihrer Zeit. Gerade das zu erkennen, ist heute nötiger als je. Aber *Wieland* gelangt zu einer Folgerung, die *Spengler* nicht ziehen kann. Agathon „sah durch die ganze Oekonomie der Menschheit die Grenzen des Wahren und Falschen, des Guten und Bösen, des Rechts und Unrechts unmerklich ineinander fließen; und überzeugte sich dadurch immer mehr von der Notwendigkeit weiser Gesetze und von der Pflicht des guten Bürgers, dem Gesetze mehr zu glauben als seinem eigenen Gefühle".

Heft 15 Berlin, den 1. August 1934 39. Jahrgang

Deutsche Juristen-Zeitung

Organ
der Reichsfachgruppe Hochschullehrer
des Bundes Nationalsozialistischer Deutscher Juristen

Unter Mitwirkung der Mitglieder des Reichsfachgruppenrates

Dr. V. BRUNS, Professor in Berlin — Dr. G. DAHM, Professor in Kiel — Dr. Dr. C. A. EMGE, Professor in Jena, Direktor des Nietzsche-Archivs in Weimar — Dr. W. GRAF GLEISPACH, Professor in Berlin

Dr. J. HECKEL, Professor in Bonn — Dr. E. R. HUBER, Professor in Kiel — Dr. W. KISCH, Geh. Justizrat, Professor in München, stellv. Präsident d. Akademie f. Deutsches Recht — Dr. F. KLAUSING, Professor in Frankfurt a. M.

Dr. H. LANGE, Professor in Breslau — Dr. J. POPITZ, Preuß. Finanzminister, Staatsrat, Professor in Berlin — Dr. P. RITTERBUSCH, Professor in Königsberg

herausgegeben vom Reichsfachgruppenleiter

Dr. CARL SCHMITT

Staatsrat, Professor in Berlin

C. H. Beck'sche Verlagsbuchhandlung München und Berlin

Hauptschriftleitung: Berlin W 35, Tiergartenstr. 20 — Schriftleitung und Geschäftsstelle: Berlin W 57, Potsdamer Str. 96

Bankkonto: Deutsche Bank u. Disconto-Ges., Kasse P, Berlin — Postscheckkonto: Nr. 45561 Postscheckamt Berlin NW 7

Die „Deutsche Juristen-Zeitung" erscheint am 1. und 15. jeden Monats. Ueber die Bezugspreise und die Preise für einzelne Hefte vgl. die Angaben auf der 2. Umschlagseite. Bestellungen werden durch den Buchhandel und die Postanstalten sowie unmittelbar durch die Geschäftsstelle Berlin W 57, Potsdamer Str. 96, entgegengenommen.

Alle redaktionellen Sendungen nur an die Schriftleitung Berlin W 57, Potsdamer Str. 96 erbeten. Jeder Einsendung bitte Rückporto beizufügen. Anzeigen-Annahme der DJZ., Berlin W 57, Potsdamer Str. 96, u. bei allen Anzeigenstell. Anzeigenpr.: die 4gesp. Millimeterzeile (Großspalte: 46 mm breit) 22 Pf. Fernspr. B 7 Pallas 2403 u. 2564.

Der Führer schützt das Recht

Zur Reichstagsrede Adolf Hitlers vom 13. Juli 1934

Von Staatsrat, Professor Dr. Carl Schmitt, Berlin

I. Auf dem Deutschen Juristentag in Leipzig, am 3. Okt. 1933, hat der Führer über Staat und Recht gesprochen. Er zeigte den Gegensatz eines substanzhaften, von Sittlichkeit und Gerechtigkeit nicht abgetrennten Rechts zu der leeren Gesetzlichkeit einer unwahren Neutralität und entwickelte die inneren Widersprüche des Weimarer Systems, das sich in dieser neutralen Legalität selbst zerstörte und seinen eigenen Feinden auslieferte. Daran schloß er den Satz: „Das muß uns eine Warnung sein".

In seiner an das ganze Deutsche Volk gerichteten Reichstagsrede vom 13. Juli 1934 hat der Führer an eine andere geschichtliche Warnung erinnert. Das starke, von Bismarck gegründete Deutsche Reich ist während des Weltkriegs zusammengebrochen, weil es im entscheidenden Augenblick nicht die Kraft hatte, „von seinen Kriegsartikeln Gebrauch zu machen". Durch die Denkweise eines liberalen „Rechtsstaats" gelähmt, fand eine politisch instinktlose Zivilbürokratie nicht den Mut, Meuterer und Staatsfeinde nach verdientem Recht zu behandeln. Wer heute im Band 310 der Reichstags-Drucksachen den Bericht über die öffentliche Vollsitzung vom 9. Okt. 1917 liest, wird erschüttert sein und die Warnung des Führers verstehen. Die Mitteilung der damaligen Reichsregierung, daß Rädelsführer der meuternden Matrosen mit Reichstagsabgeordneten der Unabhängigen Sozialistischen Partei verhandelt hatten, beantwortete der Deutsche Reichstag in lauter Entrüstung damit, daß man einer Partei ihr verfassungsmäßiges Recht, im Heere Propaganda zu treiben, nicht verkürzen dürfe und daß schlüssige Beweise des Hochverrates fehlten. Nun, diese schlüssigen Beweise haben uns die Unabhängigen Sozialisten ein Jahr später ins Gesicht gespien. In beispielloser Tapferkeit und unter furchtbaren Opfern hat das Deutsche Volk vier Jahre lang einer ganzen Welt standgehalten. Aber seine politische Führung hat im Kampfe gegen die Volksvergiftung und die Untergrabung des deutschen Rechts und Ehrgefühls auf eine traurige Weise versagt. Bis zum heutigen Tage büßen wir die Hemmungen und Lähmungen der deutschen Regierungen des Weltkriegs.

Alle sittliche Empörung über die Schande eines solchen Zusammenbruchs hat sich in Adolf Hitler angesammelt und ist in ihm zur treibenden Kraft einer politischen Tat geworden. Alle Erfahrungen und Warnungen der Geschichte des deutschen Unglücks sind in ihm lebendig. Die meisten fürchten sich vor der Härte solcher Warnungen und flüchten lieber in eine ausweichende und ausgleichende Oberflächlichkeit. Der Führer aber macht Ernst mit den Lehren der deutschen Geschichte. Das gibt ihm das Recht und die Kraft, einen neuen Staat und eine neue Ordnung zu begründen.

II. Der Führer schützt das Recht vor dem schlimmsten Mißbrauch, wenn er im Augenblick der Gefahr kraft seines Führertums als oberster Gerichtsherr unmittelbar Recht schafft: „In dieser Stunde war ich verantwortlich für das Schicksal der deutschen Nation und damit des Deutschen Volkes oberster Gerichtsherr". Der wahre Führer ist

Anstelle eines Nachworts

Max Hachenburgs Zeit als Kolumnist endet mit einem Ausflug in die schöne Welt der Literatur. Als er seine sanfte Erinnerung an die Ideale des Wahren, Schönen, Guten und die Notwendigkeit einer juristischen Ordnung gegen Oswald Spenglers vulgären Sozialdarwinismus in Stellung brachte, da war die Euphorie über die nationale Rettung wohl auch bei ihm verflogen. Seine politische Zurückhaltung hatte er das ganze Jahr 1933 über durchgehalten. Selbst wenn er solche monströsen Schritte wie das *Gesetz zur Wiederherstellung des Berufsbeamtentums* zu kommentieren hatte, das vor allem die Juden treffen sollte, versuchte er diesem Gesetzesvorhaben einige rechtfertigende Aspekte abzugewinnen. Wer von uns kann das heute beurteilen, wer will gar darüber richten? Hachenburg, seit Jahrzehnten der aufmerksamste Beobachter der deutschen Rechtsentwicklung, wird wohl geahnt haben, dass die ersten Maßnahmen des Regimes nur der Anfang waren. Zwar liest man anfänglich zwischen den nüchternen Zeilen seiner Kolumnen auch die von so vielen geteilte Begeisterung für die „nationale Erhebung“, nie aber äußerte er sich so überschwänglich wie sein Verleger und Herausgeber Otto Liebmann, der die Konstituierung des neuen Reichstages am 21. März 1933, dem „Tag von Potsdam“, im Geleitwort der DJZ als „Tag des Erwachens des Deutschen Volkes“ bejubelte. Seine Hoffnung, dass die neuen Machthaber das Recht und die Unabhängigkeit der Gerichte achten würden, stützte Hachenburg, wie wohl viele, auf die Verlautbarungen von Hitler oder dem ‚Reichsrechtsführer‘ Hans Frank. Welten trennten ihn von den völkischen Ergüssen eines Carl Schmitt, der in der gleichen Ausgabe der DJZ die Rechtmäßigkeit des „Ermächtigungsgesetzes" herbeiargumentierte.

Schon früher war Hachenburg der Vorwurf gemacht worden, er „betrachte die heutige Politik, wie ein Historiker die Vergangenheit". Er selbst schreibt 1927 dazu in seinen „Lebenserinnerungen": „Damit war der wunde Punkt getroffen. Wer bestrebt ist, unparteiisch zu sein, taugt nichts für die Partei. Wer zugibt, dass auch der Gegner im gewissen Sinne recht hat, ist kein Kämpfer, also kein Politiker. Dazu kam mir noch die angeborene oder anerzogene Zurückhaltung". Wir dürfen also vermuten, dass zumindest im weiteren Verlauf des Jahres 1933 Hachenburgs Blick auf die Zukunft skeptischer wurde, als er es den Lesern der DJZ offenbarte. Die juristische Contenance, die Verhältnisse ausgewogen zu beschreiben, war auch dann noch seine Berufung, als die Wirklichkeit die Hoffnung auf Ausgewogenheit immer offensichtlicher zu widerlegen begann. Auch zwischen Oswald Spengler und Christoph Martin Wieland, zwischen dem Ideal des Raubtiers und den Idealen der Aufklärung, erlaubte er sich in seiner letzten „Juristischen Rundschau" kein Urteil. „Jedes ist ein Kind ihrer Zeit", schrieb er am Ende; mehr als ein Lob der Vernunft gegenüber den Abgründen machtbesessener Gefühlswallungen wollte er seinen Lesern nicht mit auf den Weg geben.

Deshalb soll das letzte Wort hier ein anderer haben: Sebastian Haffner, wie Hachenburg ein Jurist, aber 1933 noch ganz am Anfang seiner Karriere. Er hat einen intimen Bericht über das Frühjahr 1933 hinterlassen, das er als Referendar am Berliner Kammergericht verbrachte. Haffner schrieb seine Erinnerungen 1939 im englischen Exil; erschienen sind sie erst 2000, lange nach seinem Tod. Haffner lässt uns auf der einen Seite an seinem Gefühl für die gediegene Würde des Rechtsstaates teilhaben, ein Gefühl, von dem sich auch Hachenburg unerschütterlich leiten ließ. Aber zwischen Haffners Erlebnissen und seinem Text darüber liegen sechs Jahre, die dieses Gefühl zutiefst erschütterten. Was Hachenburg 1933 für die Öffentlichkeit noch nicht beschreiben konnte oder wollte, sieht Haffner auch deswegen mit aller Klarheit: Die Abgründe hinter der äußerlich unberührten Fassade des Rechts. Man spürt, wie im Innern der Justizpaläste die Stützpfeiler wegbrechen. Dieser Bericht soll hier deshalb anstelle eines Nachworts stehen:

Am Kammergericht Berlin 1933 – Auszug aus Sebastian Haffners „Geschichte eines Deutschen“

Freitag, der 31. März. Am nächsten Tag sollte es Ernst werden. Ganz glaublich schien es immer noch nicht. Man blätterte die Zeitungen durch, ob sie nicht doch irgendeine Abschwächung enthielten, irgendein Einlenken ins halbwegs Normale und Vorstellbare. Nein, nichts. Nur ein paar weitere Verschärfungen und ruhig-pedantische Einzelanweisungen, wie alles auszuführen sei und wie man sich zu verhalten habe. Im übrigen business as usual. Den Straßen mit ihrem gleichmäßig-eiligen, geschäftlichen Leben war nicht anzusehen, daß in dieser Stadt irgend etwas Besonderes bevorstehe. Die jüdischen Geschäfte waren offen und verkauften wie immer. Es war heute noch nicht verboten, in ihnen zu kaufen. Vielmehr erst morgen: morgen früh Schlag 8 Uhr.

Ich ging aufs Kammergericht. Es stand grau, kühl und gelassen wie immer, vornehm abgerückt von der Straße, hinter Rasenflächen und Bäumen. Durch seine weiten Gänge und Hallen huschten wie immer eilig und fledermausartig in ihren wehenden schwarzen Seidentogen die Anwälte, Aktentaschen unter dem Arm, mit gesammelten und korrekten Gesichtern. Die jüdischen Anwälte plädierten ihre Sachen, als wäre dies ein Tag wie alle Tage.

Ich ging in die Bibliothek, als wäre dies ein Tag wie alle Tage – ich hatte keine Sitzung – und richtete mich an einem der langen Arbeitstische mit einem Aktenstück ein, über das ich ein Gutachten zu machen hatte. Irgendeine komplizierte Sache mit intrikaten Rechtsfragen. Ich schleppte die dicken Kommentarbände auf meinen Platz und umstellte mich mit ihnen, ich schlug Reichsgerichtsentscheidungen nach, machte Notizen. In dem weiten Raum herrschte – wie alle Tage – die unhörbar knisternde Stille vielfältiger, gesammelter geistiger Arbeit. Während man mit dem Bleistift auf dem Papier spielte, setzte man die unsichtbaren feinen Hobel und Feilen der juristischen Prozedur an einen Fall, subsummierte, verglich, wog die Bedeutung eines Wortes in irgendeinem Vertrag, untersuchte, welche Tragweite das Reichsgericht irgendeinem Paragraphen gab. Dann ein paar gekritzelte Worte auf einem Blatt Papier – und etwas war geschehen wie ein Schnitt in einer Operation, eine Frage geklärt, ein Element des Urteils gewonnen. Noch nicht die Entscheidung selbst natürlich: „Ist es somit irrelevant, ob der Kläger ..., so ist nunmehr zu untersuchen ...“. Vorsichtige, genaue, stumme Arbeit. Jeder im Raum vertieft und isoliert in die seine. Selbst die Wachtmeister, halb Amtsdiener, halb Polizeiposten, hatten hier in der Bibliothek einen leisen Gang und eine Tendenz, sich selbst auszulöschen. Es herrschte zugleich die äußerste Stille, und, in dieser Stille, die äußerste Spannung vielfältiger Tätigkeit: Etwas wie ein stummes Konzert. Ich liebte diese Atmosphäre. Sie war sehr dicht und hilfreich. Zu Hause an meinem vereinzelten Schreibtisch hätte ich schwer heute arbeiten können. Hier war es ganz leicht. Die Gedanken konnten hier gar nicht abirren. Man war wie in einer Festung, nein, wie in einer Retorte. Keine Luft von draußen kam herein. Hier gab es keine Revolution.

Was war das erste auffällige Geräusch? Ein Türenschlagen? Irgendein schriller unartikulierter Ruf, ein Kommando? Auf einmal saß alles aufgeschreckt da, mit dem Ausdruck gespannten Horchens. Immer noch herrschte vollkommene Stille, aber ihr Wesen war verändert: keine Arbeitsstille mehr, vielmehr die Stille des Schrecks und der Spannung. Draußen in den Gängen hörte man Getrappel, vielschrittiges grobes Laufen die Treppen herauf, dann fernes unentwirrbares Getöse, Rufen, Türenschlagen. Ein paar standen auf, gingen zur Tür, öffneten sie, spähten hinaus und kamen zurück. Ein paar traten zu den Wachtmeistern und sprachen mit ihnen, immer noch gedämpft – in diesem Raum durfte nur gedämpft gesprochen werden. Draußen der Lärm wurde stärker. Einer sagte in die vorhaltende Stille hinein: „SA“. Darauf sagte ein anderer, mit nicht besonders erhobener Stimme: „Die schmeißen die Juden raus“, und zwei oder drei

Leute lachten dazu. Dieses Lachen war im Augenblick erschreckender als der Vorgang selbst: Es ließ blitzhaft daran denken, daß ja auch in diesem Raum, wie sonderbar, Nazis saßen. Allmählich wurde die Unruhe sichtbar – zuerst war sie nur fühlbar gewesen. Die Arbeitenden standen auf, versuchten irgendetwas zueinander zu sagen und gingen langsam und sinnlos hin und her. Ein offenbar jüdischer Herr schlug schweigend seine Bücher zu, stellte sie sorgfältig in die Regale zurück, verstaute seine Akten und ging hinaus. Kurz darauf erschien jemand am Eingang, vielleicht eine Art Oberwachtmeister, und rief laut, aber mit besonnener Stimme in den Raum: „Die SA ist im Haus. Die jüdischen Herren tun besser, für heute das Haus zu verlassen.“ Zugleich hörte man von draußen, wie zur Illustration rufen: „Juden raus!“ Eine Stimme antwortete: „Sind schon raus“, und wieder hörte ich die zwei oder drei Lacher von vorhin kurz und fröhlich aufglucksen. Ich sah sie jetzt. Es waren Referendare wie ich. Das Ganze erinnerte plötzlich auf befremdliche Art an das aufgelöste Faschingsfest vor vier Wochen. Auflösung hier wie dort. Viele packten ihre Mappen und gingen. „Sie dürfen nach Hause gehen“, fiel mir wieder ein. Durften sie noch? Heute war es schon nicht mehr so selbstverständlich. Andere ließen ihre Sachen hier und gingen ins Gebäude, zu sehen, was es zu sehen gab. Die Wachtmeister, zeigten noch mehr als sonst in ihrer ganzen Haltung das Bestreben, sich selbst auszulöschen. Einer oder zwei von den Zurückgebliebenen steckten sich eine Zigarette an – hier, in der Bibliothek des Kammergerichts! Und die Wachtmeister schwiegen. Auch das war Revolution. (...)

Inzwischen erschienen die Eindringlinge auch bei uns. Die Tür wurde aufgerissen, braune Uniformen quollen herein, und einer, offenbar der Anführer, rief mit schallender, strammer Ausruferstimme: „Nichtarier haben sofort das Lokal zu verlassen!“ Es fiel mir auf, daß er den gewählten Ausdruck „Nichtarier“ und den höchst ungewählten Ausdruck „Lokal“ verwendete. Wieder antwortete einer, offenbar derselbe wie vorhin: „Sind schon raus.“ Unsere Wachtmeister standen in einer Haltung da, als wollten sie die Hand an die Mütze legen. Mir schlug das Herz. Was konnte man tun, wie wahrte man seine Haltung? Ignorieren, sich gar nicht stören lassen! Ich senkte mich auf mein Aktenstück. Ich las mechanisch irgendwelche Sätze: „Unrichtig, aber auch unerheblich ist die Behauptung des Beklagten ...“ Keine Notiz nehmen!

Indem kam eine braune Uniform auf mich zu und machte Front vor mir: „Sind Sie arisch?“ Ehe ich mich besinnen konnte, hatte ich geantwortet: „Ja.“ Ein prüfender Blick auf meine Nase – und er retirierte. Mir aber schoß das Blut ins Gesicht. Ich empfand, einen Augenblick zu spät, die Blamage, die Niederlage. Ich hatte „ja“ gesagt! Nun ja, ich war ein „Arier“, in Gottes Namen. Ich hatte nicht gelogen. Ich hatte nur viel Schlimmeres geschehen lassen. Welche Demütigung, Unbefugten auf Befragen pünktlich zu erklären, ich sei arisch – worauf ich übrigens keinen Wert legte. Welche Schande, damit zu erkaufen, daß ich hier hinter meinem Aktenstück in Frieden gelassen würde! Überrumpelt auch jetzt noch! Versagt in der ersten Prüfung! Ich hätte mich ohrfeigen können.

Als ich das Kammergericht verließ, stand es grau, kühl und gelassen da wie immer, vornehm abgerückt von der Straße hinter seinen Parkbäumen. Man sah ihm keineswegs an, daß es soeben als Institution zusammengebrochen war. Man sah wahrscheinlich auch mir nicht an, daß ich soeben eine furchtbare Schlappe erlitten haue, eine kaum zu reparierende Demütigung. Ein gut angezogener junger Mann ging ruhig die Potsdamer Straße hinunter. Man sah auch den Straßen nichts an. Business as usual. Und immer noch das Herangrollen des Unbekannten in der Luft. (...)

Der 1. April war fürs erste der Höhepunkt der Nazirevolution gewesen. In den nächsten Wochen zeigten die Ereignisse eine Tendenz, sich wieder in die Sphäre der Zeitungsberichte zurückzuziehen. Gewiß, der Terror ging weiter, die Feste und Aufmärsche gingen weiter, aber nicht mehr ganz im tempo furioso des März. Die Konzentrationslager waren nun eben eine Institution geworden, und man war eingeladen, sich daran zu gewöhnen und seine Zunge zu hüten. Die „Gleichschaltung“, also die Besetzung aller Behörden, Lokalverwaltungen, großen Geschäfte, Verbands- und Vereinsvorstände mit Nazis, ging weiter, aber jetzt systematisch und auf fast pedantisch-ordentliche Weise, mit Gesetzen und Verordnungen, nicht mehr so sehr mit wilden und unberechenbaren „Einzelaktionen“. Die Revolution nahm eine Beamtenmiene an. Es bildete sich so etwas wie ein „Boden der Tatsachen“ – etwas, womit der Deutsche kraft alter Gewöhnung gar nichts anderes tun kann, als sich darauf stellen.

Man durfte wieder in den jüdischen Geschäften kaufen. Man wurde zwar weiter aufgefordert, es zu unterlassen, man wurde auch in Dauerplakaten als „Volksverräter“ bezeichnet, wenn man es dennoch tat, aber man durfte es. Keine SA-Posten standen mehr vor den Ladentüren. Die jüdischen Beamten, Ärzte, Anwälte, Journalisten wurden zwar entlassen, aber nunmehr gesetzlich und ordentlich, nach Paragraph soundso, und es gab Ausnahmen für Frontkämpfer und alte Leute, die schon unter dem Kaiserreich gedient hatten – konnte man mehr verlangen? Die Gerichte, nachdem sie eine Woche lang suspendiert gewesen waren, durften wieder zusammentreten und Recht sprechen. Die Unabsetzbarkeit der Richter allerdings wurde aufgehoben, streng gesetzlich und ordentlich. Zugleich wurde den Richtern, die nunmehr also jeden Tag auf die Straße gesetzt werden konnten, erklärt, daß man ihre Macht unermeßlich gesteigert habe: Sie seien jetzt „Volksrichter", „Richterkönige" geworden. Sie brauchten sich nicht mehr ängstlich an das Gesetz zu halten. Sie sollten es nicht einmal. Verstanden?

Seltsam war es, wieder im Kammergericht zu sitzen, in demselben Saal wie stets, auf denselben Bänken, und so zu tun, als sei eigentlich nichts vorgefallen. Dieselben Wachtmeister standen wieder an den Türen und schützten wie stets die Würde des Gerichtshofs gegen jede Störung. Sogar die Richter waren zum größten Teil dieselben. Der jüdische Kammergerichtsrat in unserm Senat freilich war nicht mehr da, selbstverständlich. Er war zwar nicht entlassen, er war ein alter Herr und hatte längst unter dem Kaiserreich Recht gesprochen, aber man hatte ihn in die Grundbuch- oder Rechnungsabteilung irgendeines Amtsgerichts gesteckt. Statt seiner saß in unserm Senat, seltsam anzusehen zwischen den greisen Kammergerichtsräten, ein junger blonder Amtsgerichtsrat, rotwangig und aufgeschossen. Ein Kammergerichtsrat ist etwa ein General, ein Amtsgerichtsrat etwa ein Oberleutnant. Man flüsterte sich zu, daß er privat eine hohe SS-Charge habe. Er grüßte mit ausgestrecktem Arm und schallendem „Heil Hitler". Der Senatspräsident und die andern alten Herren wedelten darauf unbestimmt mit dem

Arm und murmelten etwas Undeutliches. Im Beratungszimmer, während der Frühstückspause, hatten sie früher manchmal ein wenig geplaudert, leise und abgeklärt nach Art kultivierter älterer Herren, über die Tagesereignisse oder über Justizpersonalien. Damit war es jetzt aus. Tiefes verlegenes Schweigen herrschte, während sie zwischen den Beratungen ihre Butterbrote aßen.

Seltsam verliefen oft die Beratungen. Das neue Senatsmitglied gab mit frischer, selbstbewußter Stimme befremdliche Rechtskenntnisse zum besten. Wir Referendare, mit unseren frischen Examenskenntnissen, wechselten Blicke, während er referierte. „Sollten Sie nicht, Herr Kollege“, sagte schließlich mit vollkommener Höflichkeit der Senatspräsident, „§ 816 des Bürgerlichen Gesetzbuchs übersehen haben?“ Worauf der hohe Richter, ein wenig einem ertappten Examenskandidaten gleich, in seinem Gesetzbuch blätterte und leicht verlegen, aber immer noch frisch und leichtherzig zugab: „Ach so, ja. Na, dann ist es also gerade umgekehrt.“ Das waren so die Triumphe der alten Justiz.

Es gab aber auch andere Fälle – Fälle, in denen der Neukömmling sich nicht geschlagen gab, sondern eloquent und mit etwas zu lauter Stimme Vorträge darüber hielt, daß das alte Paragraphenrecht hier zurückstehen müsse; seine alten Richterkollegen darüber belehrte, daß man auf den Sinn und nicht auf den Buchstaben blicken müsse; Hitler zitierte; und mit der Geste eines jugendlichen Bühnenhelden auf irgendeiner unhaltbaren Entscheidung bestand. Es war mitleiderregend, währenddessen die Gesichter der alten Kammergerichtsräte zu studieren. Sie blickten mit einem Ausdruck unbeschreiblicher Betrübtheit vor sich nieder in ihre Akten, während ihre Finger leicht gequält an einer Büroklammer oder einem Stückchen Löschpapier drehten. Für Gerede, wie sie es da jetzt als hohe Weisheit anhören mußten, waren sie sonst gewöhnt, Kandidaten durchs Assessorexamen fallen zu lassen; aber hinter diesem Gerede stand jetzt die Staatsmacht; dahinter drohte Entlassung wegen mangelnder nationalpolitischer Zuverlässigkeit Brotlosigkeit, Konzentrationslager ... Man hüstelte; „wir sind natürlich ganz Ihrer Ansicht, Herr Kollege“, sagt man, „aber Sie werden verstehen ...“ Und man flehte um ein wenig Verständnis für das Bürgerliche Gesetzbuch und versuchte zu retten, was zu retten war. So das Kammergericht in Berlin im April 1933.

Dank

Unser Dank gilt Rupert Harrison für sein wohlwollendes Interesse an diesem Projekt und seine freundliche Erlaubnis, die Rundschauen seines Urgroßvaters Max Hachenburg herauszugeben sowie der Verlagsgruppe Random House für die Erlaubnis, die Passage aus Sebastian Haffners Erinnerungen zu verwenden. Unterstützung aller Art haben uns die Fakultät Wirtschaftswissenschaften der Hochschule Bremen, Jan Thiessen von der Humboldt-Universität zu Berlin sowie unsere studentischen Mitarbeiter Clara Jungblut und Timo Landmann ebenso zukommen lassen, wie die Mitarbeiter des Stadtarchivs Mannheim (MARCHIVUM). Ihnen allen herzlichen Dank! Mit dem Verlag Das Kulturelle Gedächtnis haben wir den idealen Ort für dieses Vorhaben gefunden. Dass ein Buch nicht primär Gewinninteressen dient, ist dort Programm. Die ideellen Interessen werden dafür umso hingebungsvoller bedient. Wir haben jederzeit intellektuellen Beistand gefunden, ein aufmerksames Lektorat erfahren und eine nicht selbstverständliche Einbindung in die hervorragende Druckgestaltung durch das studio stg mit Janine Stratmann. Dem Verleger Peter Graf sei dafür stellvertretend gedankt.

Ulrich Krüger,

Jahrgang 1966, ist Professor für Wirtschaftsrecht an der Hochschule Bremen, veröffentlicht vor allem zu Themen des Finanzdienstleistungsrechts, ist Mitherausgeber der Zeitschrift „Verbraucher und Recht“ und interessiert sich für neuere deutsche Rechtsgeschichte. Vor seiner Hochschullehrertätigkeit war er angestellt tätig und selbständig als Rechtsanwalt. Er rettete einmal einen Jahrgang 1931 der Deutschen Juristen-Zeitung vor dem Altpapier und stieß dabei auf die Juristische Rundschau von Max Hachenburg.

Benjamin Lahusen,

Jahrgang 1979, ist Professor für Rechtsgeschichte an der Europa-Universität Frankfurt (Oder), veröffentlicht vor allem zur Rechtstheorie und Rechtsgeschichte der Neuzeit und hat vor einigen Jahren das juristische Feuilleton *Myops* mitgegründet, um abseitige Fundstücke vor dem Altpapier zu bewahren. Von Ulrich Krügers Begeisterung für Max Hachenburg und die Deutsche Juristen-Zeitung hat er sich deshalb gerne anstecken lassen.

Bildnachweis

S. 22: Bundesarchiv, Bild 183-R04159 / o. Ang.

S. 94: Bundesarchiv, Bild 183-R09876 / o. Ang.

S. 172: Bundesarchiv, Bild 102-01052 / Georg Pahl

S.268: Bundesarchiv, Bild 102-10547/ Georg Pahl

S. 344: Bundesarchiv, Bild 102-02961 / Georg Pahl

Umschlagabbildung: akg-images

Impressum

Der VERLAG DAS KULTURELLE GEDÄCHTNIS dankt seinen Unterstützern: Reinhart Binder, Frederic Böhle, BUCHMARKT, Andrew & Jeff Goldstein, Janine & Philipp Graf, Eva Großjean-Ehe, Heinz Hörner, Lucian Krawczyk, Kathrin Kunkel-Razum, DAS MAGAZIN Die Kulturzeitschrift, Friederike Mayer-Lindenberg, Ulrich Noethen, Gabriele Pohlmann, Oliver Razum, Stefan Reiserer, Elisabeth Ruge, Thomas Sarbacher, Thomas Schöttler, Hartmut Sommer, Beate Swoboda, den Gesellschaftern des Verlages sowie einigen Ungenannten, die im Dank eingeschlossen sind.

ISBN 978-3-946990-43-7

1. Auflage 2022

Der Abdruck von Sebastian Haffners Schilderung: *Am Kammergericht Berlin 1933* ist dem im Jahr 2000 bei der Deutschen Verlags-Anstalt München erschienenen Buch „Geschichte eines Deutschen, Die Erinnerungen 1914–1933" entnommen. Die Wiedergabe erfolgt mit freundlicher Erlaubnis des Verlages.

---

mis en bouteille au château

Gesamtgestaltung: studio stg / 2×Goldstein+Fronczek

Umschlag, Gestaltung & Satz: studio stg

Korrektorat: Andrea Sacher

Druck & Bindung: CPI books GmbH, Ebner & Spiegel Ulm